JN290736

実例解説英文法

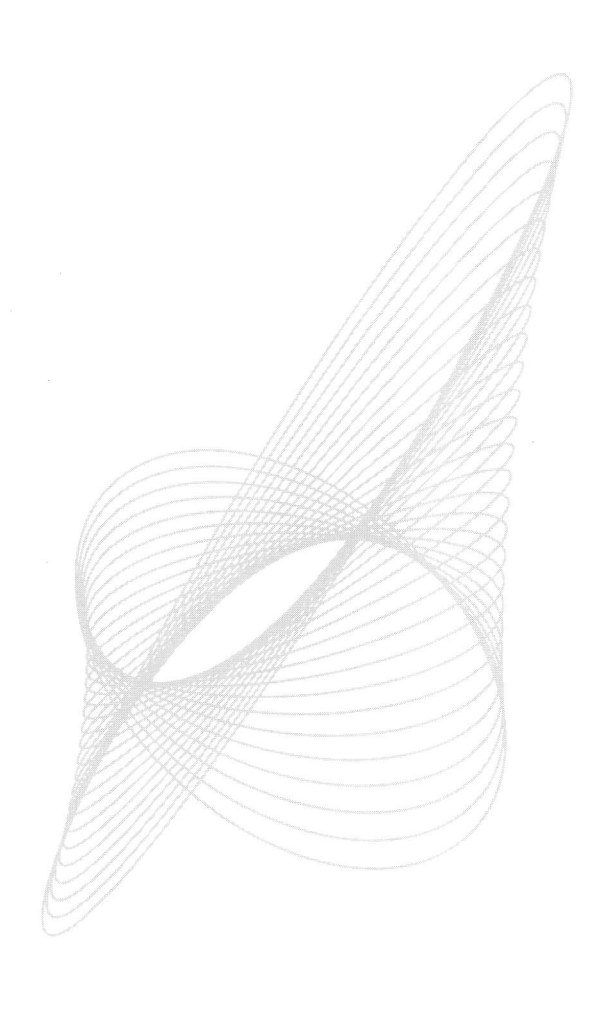

実例解説 英文法

中村 捷

開拓社

はじめに

本書の特徴と考え方

　本書の最大の特徴は，生成文法という新しい文法の考え方に基づいている点です．この考え方に基づいて，構文については，それを単に記述するのではなく，その背後にある成り立ちを図式的に説明します．文法事項については，単にその内容を記述するのではなく，その背後にある本質を説明することによって，その存在理由を明らかにします．このような新しい視点から学習文法を再構成し，より科学的で論理的な説明を試みたのが本書です．

　外国語の学習では文法規則がすべての根幹をなします．本書では，文法規則の説明から出発し，それを基本的例文によって理解し，さらに実例による実践的訓練によって定着を図る，という演繹的方法をとります．文法の規則を知っていることとそれを解釈や作文で応用できることとは別の問題です．応用力をつけるために様々な英文から採った実例をあげてあり，これによって文法の理解が十分であるかどうかを確認することができます．本書は単に参照するのではなく，「活用」することを意図しています．

　本書の特徴をあげておきましょう．

1. 文構造を単に記述するのではなく，その構造の成り立ちを図式的に説明していること．英文の構造を読み取る操作は一種の数学的解析ですから，文の成り立ちを理解しておくことは英文の解釈に非常に役立ちます．
2. 日英語の比較を取り入れることによって，日本語の知識を英語学習に生かせるように工夫をしています．日本語と英語には多くの共通点があるので，日本語の知識を英語学習に生かすのが得策です．
3. 動詞の記述が詳細であること．ことばの世界の中心をなすのは動詞です．動詞によってその言語の基本文型が決まります．そして，動詞の意味と基本文型の間には相関関係があります．本書では動詞を意味に基づいて体系的にまとめてあるので，動詞の用法と基本文型の関係を

4. 実例が豊富であること．実例を小説，論説，新聞，エッセイなど多様な英文から採っています．ここであげた実例のレベルの英文が読めるようになれば，自力でより高度な英文を読むのに十分な力がついたと考えることができます．

　各章は，章のまとめである「章の概略」，文法事項の「説明」，内容の理解を確認し定着させるための「実例」の三つの部分から構成されています．実例や内容の説明が少しむずかしいと感じる人もいるかもしれませんが，脳は多少の負荷をかけないと成長しませんし，達成感もないことを心にとめておきましょう．

　本書の出版にさいしては，金子義明氏には文法項目の整理や説明方法について知恵をお貸しいただいた．また，開拓社の川田賢氏には原稿の段階から出版に至るまですべての段階で大変お世話になった．記して感謝申し上げる．

　　2009 年 9 月

中村　捷

第 1 版第 3 刷発行に寄せて

　第 2 刷発行の際に第 1 刷に対して指摘していただいた不備を修正することができたことはありがたいことであった．ここに記して，ご指摘をしていただいた方々に感謝いたします．また，第 3 刷でも若干の修正を加えた．

2017 年 4 月　　中村

目　次

はじめに　　v

第 1 章　文の成り立ち　　1
1. 文と節　　1
2. 句の成り立ち　　3
3. 日本語と英語の語順　　5
4. 英語の基本文型　　7
5. 必須要素と修飾要素　　9
6. 句を見つける練習　　11

第 2 章　文の種類　　13
1. 平叙文　　13
2. 疑問文　　14
3. 命令文　　18
4. 感嘆文　　19
5. 文の埋め込み　　20

第 3 章　動詞の型　　23
1. 動詞の型と基本文型　　23
2. 動詞の型　　24
   - 2.1. 動詞（V のみ）　24
   - 2.2. 動詞＋補語（V-C）　25
     - 2.2.1. be 動詞など　25
     - 2.2.2. become などの動詞　26
     - 2.2.3. seem などの動詞　27
     - 2.2.4. prove, turn out などの動詞　27
   - 2.3. 動詞＋名詞句／前置詞句／節（V-NP/PP/Sn）　28
     - 2.3.1. V-NP（目的語をとる）　28
     - 2.3.2. V-PP（前置詞句をとる）　29
     - 2.3.3. V-Sn（節をとる）　32
       ［A］V＋不定詞節，［B］V＋動名詞節，［C］V＋that 節，

　　　　　　　　　［D］V + should を伴う that 節，［E］V + wh 節（疑問節）
　　2.3.4.　心理動詞　　44
　　　　　　　　　［A］like 動詞，［B］surprise 動詞
2.4.　動詞＋名詞句＋他の要素（V-NP-XP）　46
　　2.4.1.　V-NP-PP　　46
　　　　　　　　　［A］put タイプ，［B］give タイプ，［C］buy タイプ，
　　　　　　　　　［D］provide タイプ，［E］remove/deprive タイプ
　　2.4.2.　V-NP-NP　　53
　　　　　　　　　［A］give タイプ，［B］buy タイプ，［C］call タイプ
　　2.4.3.　V-NP-AP　　56
　　　　　　　　　［A］make タイプ，［B］結果を表す動詞，［C］believe タイプ
　　2.4.4.　V-NP-VP　　59
　　　　　　　　　［A］使役動詞，［B］知覚動詞，［C］want タイプ，［D］believe
　　　　　　　　　タイプ，［E］allow タイプ，［F］persuade タイプ，［G］promise，
　　　　　　　　　［H］不定詞をとる動詞のまとめ
　　2.4.5.　V-NP-Sn　　69
　　　　　　　　　［A］V-NP-that 節，［B］V-NP- 疑問節
2.5.　動詞＋前置詞＋節（V-PP-Sn）　　70
　　　　　　　　　［A］V-PP-that 節 / wh 節，［B］V-PP- 不定詞節
2.6.　There 構文の動詞　　71
　　　　　　　　　［A］存在を表す動詞，［B］出現を表す動詞
2.7.　It ... that 構文の動詞　　73
　　　　　　　　　［A］appear, seem，［B］happen, prove など

第 4 章　形容詞の型　　75

1. 形容詞の型　　75
　1.1.　形容詞＋前置詞　　75
　1.2.　形容詞＋節　　77
　　1.2.1.　形容詞＋ that 節　　78
　　1.2.2.　形容詞＋不定詞節　　79
　　1.2.3.　形容詞＋ should を伴う that 節　　80
　　1.2.4.　It ＋ is ＋形容詞＋ that 節　　81
　　1.2.5.　It ＋ is ＋形容詞＋不定詞節　　82
　　1.2.6.　It ＋ is ＋形容詞＋ should を伴う that 節　　82
　　1.2.7.　wise クラスの形容詞　　83
　　1.2.8.　hard クラスの形容詞　　84
　　1.2.9.　likely クラスの形容詞　　86
　　1.2.10.　delicious クラスの形容詞　　88

2. 形容詞の限定用法と叙述用法 ……………………………… 88
　　3. 動作的・状態的と段階的・非段階的 ……………………… 90
　　4. 実　例 ………………………………………………………… 91

第5章　名詞の型 …………………………………………………… 94
　　1. 文と名詞句の関係 …………………………………………… 94
　　2. 名詞の型 ……………………………………………………… 96
　　　2.1.　名詞＋前置詞句　97
　　　2.2.　名詞＋不定詞節　100
　　　2.3.　名詞＋ that 節 / wh 節 / should を伴う that 節　102
　　　2.4.　It ＋ is ＋名詞＋ that 節　105
　　　2.5.　The fact ＋ is ＋ that 節の型　105
　　3. 実　例 ………………………………………………………… 106

第6章　前置詞 ……………………………………………………… 110
　　1. 前置詞句の構造 ……………………………………………… 110
　　2. 前置詞の選択 ………………………………………………… 112
　　3. 前置詞の用法 ………………………………………………… 113
　　4. その他の注意点 ……………………………………………… 124
　　5. 実　例 ………………………………………………………… 127

第7章　副　詞 ……………………………………………………… 129
　　1. 副詞とは ……………………………………………………… 129
　　2. 動詞修飾の副詞 ……………………………………………… 130
　　3. 文副詞 ………………………………………………………… 133
　　4. 形容詞・副詞修飾の副詞 …………………………………… 136
　　5. 名詞・前置詞修飾の副詞 …………………………………… 137
　　6. その他の注意すべき副詞 …………………………………… 139
　　7. 実　例 ………………………………………………………… 142

第8章　不定詞節 …………………………………………………… 146
　　1. 不定詞節は文である ………………………………………… 146
　　2. 不定詞節の主語 ……………………………………………… 147
　　3. 不定詞節における「時」の表し方 ………………………… 150
　　4. 不定詞関係節 ………………………………………………… 151
　　5. 動詞修飾の不定詞節 ………………………………………… 153
　　6. 不定詞を含む慣用表現 ……………………………………… 154

7. 実　例……………………………………………………………… 159

第9章　動名詞節……………………………………………………… 162
1. 動名詞節は文である……………………………………………… 162
2. 動名詞節の主語…………………………………………………… 164
3. 動名詞節の「時」の区別………………………………………… 165
4. 動詞的動名詞と名詞的動名詞…………………………………… 166
5. 動名詞と不定詞の相違…………………………………………… 167
6. 動名詞を含む慣用表現…………………………………………… 168
7. 実　例……………………………………………………………… 172

第10章　分詞節………………………………………………………… 176
1. 分詞節の構造……………………………………………………… 176
2. 分詞節の表す意味………………………………………………… 178
3. being の削除……………………………………………………… 184
4. 分詞節の主語……………………………………………………… 186
5. 主語や目的語の状態について述べる述語……………………… 187
6. 付帯状況を表す with……………………………………………… 188

第11章　副詞節………………………………………………………… 190
1. 副詞節の働き……………………………………………………… 190
2. 時の副詞節………………………………………………………… 192
3. 理由の副詞節……………………………………………………… 198
4. 様態の副詞節……………………………………………………… 201
5. 条件の副詞節……………………………………………………… 203
6. 譲歩の副詞節……………………………………………………… 204
7. 目的の副詞節……………………………………………………… 206
8. 結果の副詞節……………………………………………………… 207

第12章　関係節………………………………………………………… 208
1. 関係節の作り方と用法…………………………………………… 208
2. 関係代名詞………………………………………………………… 211
3. 関係副詞…………………………………………………………… 229
4. 複合関係詞………………………………………………………… 233

第13章　削除構文　　240
1. 動詞句の削除　240
2. 文の削除　241
3. 動詞を含む中間部の削除　243
4. 名詞句の削除　243
5. その他の削除　244
6. 実　例　245

第14章　比較構文　　247
1. 同等比較　247
2. 比較級による比較　250
3. 最上級　253
4. 比較の慣用表現　255
5. 実　例　261

第15章　能動文と受動文　　269
1. 能動文と受動文の関係　269
2. 受動文と前置詞・イディオム　272
3. 受動文の使われ方　273
4. 受動文と不定詞節　274
5. 受動文と that 節・不定詞節　276
6. 能動受動文　278
7. 実　例　279

第16章　時制と相（完了形・進行形）　　285
1. 動詞の意味分類　285
2. 現在時制の用法　286
3. 過去時制の用法　289
4. 未来を表す表現　290
5. 時制の一致　291
6. 完了形　293
7. 進行形　301

第17章　助動詞　　310
1. 助動詞の二つの基本的意味　310
2. 助動詞の現在形の用法　312

3. 助動詞の過去形の用法……………………………………………… 328
4. 助動詞のまとめ……………………………………………………… 338

第18章　仮定法……………………………………………………… 340

1. 条件文と仮定法……………………………………………………… 340
2. 条件文と仮定法の型………………………………………………… 341
3. 条件文………………………………………………………………… 342
4. 仮定法過去…………………………………………………………… 345
5. 仮定法過去完了……………………………………………………… 350
6. if 節がない仮定法…………………………………………………… 351
7. 仮定法を用いた慣用表現…………………………………………… 353

第19章　情報の流れ・右方移動・左方移動………………… 359

1. 情報の流れ…………………………………………………………… 359
2. 右方移動……………………………………………………………… 362
3. 左方移動……………………………………………………………… 370

第20章　it の用法…………………………………………………… 374

1. 天候，時間，距離，状況などを表す it…………………………… 374
2. 予備の it……………………………………………………………… 375
3. 強調構文……………………………………………………………… 381
4. 実　例………………………………………………………………… 384

第21章　等位接続…………………………………………………… 388

1. 等位接続詞とその特徴……………………………………………… 388
2. 等位接続される要素………………………………………………… 392

第22章　否　定……………………………………………………… 397

1. 否定要素……………………………………………………………… 397
2. 文否定，部分否定，語否定………………………………………… 400
3. 否定の及ぶ範囲と意味……………………………………………… 405
4. 否定要素を用いた慣用表現………………………………………… 408
5. 実　例………………………………………………………………… 410

第23章　挿入節……………………………………………………… 414

1. 文を対象とする挿入節……………………………………………… 414

2. 句を対象とする挿入節 ……………………………………… 416
　　3. 実　例 ………………………………………………………… 416

第 24 章　**倒　置** ……………………………………………………… 420
　　1. 主語・助動詞の倒置 ………………………………………… 420
　　2. 主語・動詞の倒置 …………………………………………… 421
　　3. 実　例 ………………………………………………………… 424

第 25 章　**同　格** ……………………………………………………… 427
　　1. 併置による同格 ……………………………………………… 427
　　2. of による同格 ………………………………………………… 428
　　3. the fact that 節の型の同格 …………………………………… 428
　　4. 実　例 ………………………………………………………… 429

第 26 章　**冠詞と名詞** ………………………………………………… 433
　　1. 定冠詞と不定冠詞 …………………………………………… 433
　　2. 定冠詞 ………………………………………………………… 435
　　3. 不定冠詞 ……………………………………………………… 439
　　4. 冠詞の省略 …………………………………………………… 442
　　5. 名詞の種類 …………………………………………………… 444

参考文献 …………………………………………………………………… 449

実例について ……………………………………………………………… 451

索　　引 …………………………………………………………………… 459

第 1 章
文の成り立ち

　主部と述部から成り立っているものを文と呼びます．文は句によって構成されています．句にはその中心となる語があります．句の中心となる語の位置によって語順が決まります．また，文を構成する要素には，必ず必要とされる必須要素とそうでない修飾要素とがあります．

1.　文と節

1.1.　文＝主部＋述部

　ことばは文を単位として内容を伝達します．文は「何かについて，何かを述べる」という形をしています．「何かについて」の部分を**主部**（あるいは主語），「何かを述べる」部分を**述部**と言います．つまり**文は主部と述部（主語と述部）から成り立っています**．この点を日本語の例で見てみましょう．

　　(1)　学生たちが英語を学んでいる．
　　(2)　私の弟は大学生です．
　　(3)　ジョンが私に本をくれた．

これらの文で「何かについて」の部分が「学生たちが」「私の弟は」「ジョンが」であり，これが主部です．「何かを述べる」部分が「英語を学んでいます」「大学生です」「私に本をくれました」であり，これが述部です．つまり「〜は・が」の部分が主部，「〜する・〜である」の部分が述部です．英語でも日本語と同じです．次の例で太字の部分が主部，斜体部が述部です．

　　(4)　**The students** *are learning English.*

(5) **My little brother** *is a college student.*
(6) **John** *gave me a book.*

主部の中心となる語を主語と呼びますが，ここでは主語と主部は同じであると考えることにします．述部の中心をなす動詞を述語動詞（あるいは単に動詞）と呼びます．上例の (are) learning, is, gave が述語動詞です．

1.2. 節も文である

前節の (1)–(6) の文は一つの文から成り立っているので単文ですが，文の中にさらに文が埋め込まれている場合があります．

(1) 先生は［学生たちが英語を学んでいる**と**］言った．
(2) ［私の弟が大学生であった**時**］，両親は東京に引っ越した．
(3) ［ジョンが私に本をくれた**こと**］をうれしく思った．

これらの文の括弧内の文は，前節の (1)–(3) の文と（ほぼ）同じです．このように文の中に埋め込まれている文を**節** (clause) と呼びます．節は埋め込まれている印として，(1) の「と」，(2) の「時」，(3) の「こと」のような接続要素をもっています．この点は英語でも同じです．

(4) The teacher said [**that** the students were learning English].
(5) [**When** my little brother was a college student], our parents moved to Tokyo.
(6) I was happy [**that** John gave me a book].

これらの埋め込まれている文では，文をつなぐ接続要素として that や when が用いられているので，**that** 節とか **when** 節（あるいは副詞節）と呼ばれます．

さらに次の文を見ましょう．

(7) ジョンは［メアリーが早く帰ってくる］ことを望んでいます．
(8) ［ジョンが大きなトラックを運転する］ことが問題だ．
(9) ［夜になって］，子供たちは家路についた．

括弧の部分は「主部＋述部」の関係が成り立っているので文です．これらの文を英語に直してみましょう．

(10) John wants [**Mary to come home early**].
(11) [**John's driving a big truck**] is a problem.
(12) [**Night coming on**], the children started for home.

(10) では Mary が主部で to come home early が述部ですから，Mary to come home early は文です．これは不定詞の形をしているので不定詞節と呼びます．同様に (11) では John's が主部で driving a big truck が述部ですから，これも文です．これは動名詞の形をしているので動名詞節と呼びます．(12) では night が主部で coming on が述部ですから，これも文です．coming は分詞ですから，これを分詞節（分詞構文）と呼びます．このように that 節ばかりでなく，**不定詞節，動名詞節，分詞節**のいずれも文です．

2. 句の成り立ち

いくつかの**語**（word）が結合して一つのまとまりを成しているものを**句** (phrase) と呼びます．例えば，「あの白いフクロウ」は「あの」「白い」「フクロウ」の三つの語からなる句ですし，「彼にリンゴをあげる」は「彼に」「リンゴを」「あげる」の三つの語からなる句です（ここで助詞のついた「彼に」「リンゴを」を語とみなしておきましょう）．句を構成する語は，その性質によって次のように分けられます．これを一般に**品詞**と呼んでいます．

(1) a. **名詞** (N=Noun)：具体的なもの，抽象的なものを表す．
desk, book, beauty, happiness, fun など
b. **形容詞** (A=Adjective)：ものの性質や状態を表す．
big, wide, young, kind, happy など
c. **動詞** (V=Verb)：動作や状態を表す．
jump, run, sing, teach, know など
d. **前置詞** (P=Preposition)：方向や場所などを表す．
in, into, below, over, behind など
e. **副詞** (Adv=Adverb)：動作の様態，状態の程度，時などを表す．
very, quickly, carefully, always, yesterday など

句には必ずその中心となる語があり，それによって句の性質が決まります．例

えば,「あの美しい絵」は「あの・美しい・絵」という三つの語からなる句で, 'that beautiful painting' も同様に三つの語からなる句です. この句の中心となっている語は, それぞれ, 名詞 (N) の「絵」と 'painting' ですから, この句は名詞の性質をもつので, 名詞句 (NP=Noun Phrase) と呼びます. このほかに中心となる語に従って, 形容詞句 (AP), 動詞句 (VP), 副詞句 (AdvP), 前置詞句 (PP) などがあります. 句は文の成り立ちを理解する上で非常に重要です.（NP, AP, PP などの記号は, 後で何度も出てきますから正しく理解しておいてください）

(2) **名詞句 (NP)**: 名詞が中心となっている句
    a. 大きな**絵**   a big **painting**
    b. 女王の大きな**絵**   a big **painting** of the Queen
    c. 壁にかけてある女王の大きな**絵**   a big **painting** of the Queen on the wall
    d. 地球が平らであるという**主張**   the **claim** that the earth is flat

(3) **動詞句 (VP)**: 動詞が中心となっている句
    a. 歌を**歌う**   **sing** a song
    b. 彼にプレゼントを**あげる**   **give** him a present
    c. ジョンが来ることを**望む**   **want** John to come
    d. トムが賢いと**思う**   **think** that Tom is wise

(4) **形容詞句 (AP)**: 形容詞が中心となっている句
    a. とても**背が高い**   very **tall**
    b. 犬を**怖がって**（いる）   **afraid** of dogs
    c. ジョンが来たことが**うれしい**   **glad** that John came
    d. 君に会えて**うれしい**   **glad** to see you

(5) **副詞句 (AdvP)**: 副詞が中心となっている句
    a. 大変**すばやく**   very **quickly**
    b. 〜とは**異なって**   **differently** from 〜

(6) **前置詞句 (PP)**（英語）・**後置詞句**（日本語）
    （英語では前置詞, 日本語では名詞の後にくる後置詞が中心となる句）
    a. 東京**から**   **from** Tokyo
    b. 橋の**下に**   **under** the bridge

c. 箱の中へ　　　　　　　　　　into the box
d. 5時まで　　　　　　　　　　until 5 o'clock

このように，句には必ずその中心となる語があり，その中心となる語が，名詞であればその句は名詞句，動詞であれば動詞句，前置詞であれば前置詞句となります．

3. 日本語と英語の語順

　句には必ず中心となる語がありますが，その中心となる語の位置によって語順が決まります．そしてその中心となる語の位置には一定の規則性があります．前節の句の例 (2)–(6) をみると，日本語では，句の中心となる語が常にその句の最後に位置しています．英語ではどうでしょうか．動詞句や前置詞句ではその中心となる動詞や前置詞が句の先頭にきています．名詞句の場合は中心となる名詞の前に冠詞や形容詞などの修飾要素がきていますが，これらを除いて考えるとやはり句の先頭にその中心となる名詞がきています．例えば，前節の (3) の名詞句 'a big **painting** of the Queen on the wall' では，冠詞の a と形容詞の big を別にすると，painting は名詞句の先頭の位置にあります．(4) の 'the **claim** that 〜' でも，定冠詞の the を別にすると名詞 claim は名詞句の先頭にきています．形容詞句や副詞句でも，修飾語である very などの要素を除くと，句の中心となる語が先頭にきています．これらのことから，句について次の原則があることがわかります．

(1) 　(I) 　日本語では句の中心となる語が句の最後にくる．
　　　(II) 　英語では句の中心となる語が句の先頭にくる．

　日本語と英語は非常に異なる言語であると思っている人が多いでしょうが，最近の研究ではその違いはそんなに大きなものではないことが明らかになっています．すぐ上で見たように，日本語では中心となる語が句の最後にくるのに対して，英語では句の先頭にくる，というように対称的な関係があるのです．**日本語と英語の間に規則的な対応関係がある**ことをさらに確認しましょう．

[1] 　日本語は SOV：英語は SVO

(2) a. ジョンは [_動詞句_ メアリーを**愛している**]
 [SOV（主語・目的語・動詞）]
 b. John [_VP_ **loves** Mary] [SVO（主語・動詞・目的語）]

「ジョンは」は主語で，「メアリーを愛している」は動詞「愛している」を中心とする動詞句（VP）です．日本語では句の中心となる語は句の最後にくるので，動詞句では動詞が最後にくる OV の語順になります．英語では句の中心となる語は句の先頭にくるので，VO の語順となります．このように，日本語では SOV，英語では SVO の語順となります．（[_VP／動詞句_ ...] は括弧で括られている句が動詞句（VP）であることを示します）

[2] 関係節は日本語では名詞に先行し，英語では名詞に後続する．

(3) a. [_名詞句_ ジョンが飼っていた**ネコ**] が家からいなくなった．
 b. [_NP_ The **cat** that John kept] was away from home.

日本語の関係節は名詞に先行するのに対して，英語では名詞に後続します．括弧の部分は名詞句ですが，原理（I）により日本語ではその中心となる名詞「ネコ」が名詞句の末尾にくるので，下線で示した関係節は名詞に先行します．一方，英語では原理（II）により名詞句の中心となる cat が句の先頭にくるので，関係節は名詞の後にきます．

[3] 接続詞は日本語では文末に，英語では文の先頭にくる．

(4) a. 私は [ジョンがメアリーを愛している**と**] 思っている．［接続詞「と」］
 b. I think [**that** John loves Mary] ［接続詞 that］
(5) a. [夕食を食べた**後で**] ジョンは映画を見に行った．［接続詞「後で」］
 b. [**After** he ate dinner], John went to see the movie. ［接続詞 after］

埋め込まれた文の中心となる語が接続詞であるとすると，日本語の接続詞は文末に，英語の接続詞は節の先頭にきます．

[4] 日本語では後置詞であり，英語では前置詞である．

(6) a. ［彼のために］ [**for** him]
 b. ［部屋の中へ］ [**into** the room]

これらの句の中心となる語は「のために」や for です．したがって，その中心となる語が，日本語では末尾に，英語では先頭にきます．

このように，日本語と英語の間にはかなり規則的な対応関係があります．このような関係を理解すると，**日本語の知識は英語の学習に大いに利用できる**知識であることがわかります．

4. 英語の基本文型

英語は主語・動詞・目的語（SVO）の語順であることを見ましたが，動詞の後にくる要素は目的語だけではないので，他の要素も加えて英語の基本文型をみましょう．基本文型は動詞によって決まりますから，**基本文型を学ぶことは動詞の使い方を知ることと同じです**（☞第 3 章）．

    NP= 名詞句，VP= 動詞句，V= 動詞，AP= 形容詞句，PP= 前置詞句，
    Sn (Sentence) = 文（節），C= 補語，XP= 任意の語句・節

文型 1　NP-V

(1) John smiled.（ジョンがほほえんだ）
    NP   V

文型 2　NP-V-C (C=NP/AP/PP)

(2) He is a doctor/smart/in trouble.（彼は医者だ／頭がよい／困っている）
    NP V   NP/   AP/   PP

文型 3　NP-V-NP/PP/Sn

(3) John likes apples.（ジョンはリンゴが好きだ）
    NP   V   NP

(4) John talked about the situation.（ジョンはその状況について話した）
    NP   V   PP

(5) He tried to do it.（彼はそれをしようと試みた）
    NP V   Sn

(6) He thinks that Mary is wise.（彼はメアリーが賢いと思っている）
    NP   V   Sn

文型 4　NP-V-NP-XP (XP=NP/PP/AP/VP/Sn)

(7) He gave John a book.（彼はジョンに本をあげた）
    NP   V   NP   NP

(8) He put the book on the table. (彼は机の上に本を置いた)
　　　NP　V　　NP　　　　PP

(9) He made the table clean.
　　　NP　V　　NP　　　AP
　　(彼はテーブルをきれいにした)

(10) He saw the girl cross the street.
　　　NP　V　　NP　　　　VP
　　(彼は少女が通りを横切るのを見た)

(11) He told John that Mary was kind.
　　　NP　V　　NP　　　　Sn
　　(彼はジョンにメアリーは親切だと話した)

文型 5　NP-V-PP-Sn

(12) He said to John that Mary left early.
　　　NP　V　　PP　　　　Sn
　　(彼はジョンにメアリーは早く出発したと言った)

(13) Mary shouted to me to get out.
　　　NP　　V　　PP　　Sn
　　(メアリーは私に出て行けと叫んだ)

文型 1 は動詞の後に何もこない場合，**文型 2** は動詞の後に補語がくる場合で，補語になる要素は名詞句，形容詞句，前置詞句です．**文型 3** は，動詞の後に名詞句，前置詞句，節（Sn）のいずれか一つの要素がくる型です．文型 1～3 では動詞の後の要素が一つしかありませんから語順の問題は生じません．しかし**文型 4** では動詞の後に名詞句とその他の要素の二つの要素がありますから，その順序が問題となります．例から明らかなように，この場合には**動詞の直後に必ず名詞句**がきます．つまり，語順は V-NP-XP となります．動詞の後に二つの要素がくるもう一つの場合が**文型 5** です．これは動詞の後に前置詞句と節がくる場合ですが，節のような重い要素は文末に置くという原則により V-PP-Sn の語順となります．**基本文型は同時に基本語順を表しています**．これをまとめると次のようになります．

(14) a.　**基本語順の原則 (I)：V-NP-XP の語順**
　　　　動詞の後に NP と他の要素がある場合，常に NP が動詞の直後に位置する．

b. **基本語順の原則（II）：V-PP-Sn の語順**
　　　動詞の後に前置詞句（PP）と節（Sn）がある場合，節が文末にくる．

この二つの原則によって，英語の基本文型はすべて説明できますから，修飾語を除いた骨組みだけを見ると，英語の基本構造は意外と簡単であることがわかります．

5. 必須要素と修飾要素

　「彼らは南アフリカでダイアモンドを発見した」という文で，「ダイアモンドを」を省略して単に「彼らは南アフリカで発見した」といっても十分意味が伝わりません．しかし「南アフリカで」を省略して「彼らはダイアモンドを発見した」というと，これだけで十分意味が伝わります．この「ダイアモンドを」のように必ず必要な要素を必須要素と呼び，「南アフリカで」のように必ずしも必要のない要素を修飾要素（modifiers）と呼びます．

　　(1) a. 彼らは（南アフリカで）ダイアモンドを発見した．
　　　　b. They discovered diamonds (in South Africa).

日本語では，文脈から理解できる場合には主語や目的語を省略することができますから，ダイアモンドの話をしている文脈では単に「彼らは南アフリカで発見した」という言い方ができます．しかし英語ではこのような省略は一般的ではなく，discover を目的語なしで用いることはできません．discover にとって目的語は必須要素です．このように**動詞が必要とする要素が文の必須要素**で，それ以外の要素が**修飾要素**です．基本文型 1〜5 であげた要素は動詞の必須要素です．必須要素が木の幹であるとすれば，修飾要素は枝・葉です．しかし木に枝・葉がなければ殺風景であるように，修飾要素がなければ文が表す内容も味気ないものになってしまいます．修飾要素は文に情報を加え，彩りを添える重要な働きをします．

5.1. 必須要素

　動詞の必須要素の例を見ましょう．

(1) a. Mary became <u>a nurse</u>.　（NP）　　　　［文型 2］
　　 b. John likes <u>apples</u>.　（NP）　　　　　［文型 3］
　　 c. He gave <u>John</u> <u>a book</u>.　（NP-NP）　　　［文型 4］
　　 d. He put <u>the book</u> <u>on the table</u>.　（NP-PP）　［文型 4］

動詞の特性として，become は補語を，like は目的語を，give は二つの目的語を，put は目的語と場所の要素を必要とします．これらが一つでも欠けると正しい文にはなりません．したがって，これらの要素は必須要素です．
　ところが，必須要素の中には表現してもしなくてもよい場合があります．

(2) a. John arrived.
　　 b. John arrived **at the station**.
(3) a. John said that the earth moves around the sun.
　　 b. John said **to Mary** that the earth moves around the sun.

(2) では，文脈などから到着した場所がわかっているときには at 〜 を省略することができます．(3) でも誰に向かって言ったのかが文脈などから明らかである時には，to 〜 は省略されます．これらの要素は動詞に必須の要素ですが，表現されないことがある随意的な要素です．必須要素の中でどの要素が随意的な要素になるかは動詞によって決まります．

5.2. 修飾要素

　動詞などが必要とする必須要素以外の要素が修飾要素です．文や動詞句を修飾する副詞，場所や時間を表す表現などが修飾要素の代表です．次の文を比較してみましょう．

(1) a. I put the book **on the desk**.
　　　（私は**机の上に**その本を置いた）
　　 b. I met John **on the street**.
　　　（私は**通りで**ジョンに会った）

前置詞句はいずれも場所を表していますが，(1a) の前置詞句は動詞 put の必須要素です．これに対して，(1b) の前置詞句は動詞 meet の必須要素ではなく，場所を表す修飾要素です．meet が必要とするのは目的語だけです．

次は動詞句や文を修飾する副詞の例です．

- (2) John speaks Japanese **slowly**.
  (ジョンは**ゆっくり**日本語を話します)
- (3) I waited for John **until 10:30**.
  (私は**10時半まで**ジョンを待ちました)
- (4) She **often** visits her friends.
  (彼女は**たびたび**友人を訪問します)
- (5) **Yesterday** he went to see the movie.
  (**昨日**彼は映画を見に行きました)
- (6) **Unfortunately**, he wasn't in time.
  (**不運にも**，彼は間に合いませんでした)

(2) の日本語の「ゆっくり」は動詞句「日本語を話した」を修飾する修飾要素です．そして「ゆっくり日本語を話した」全体も動詞句です．同様に英語の slowly は動詞句 speaks Japanese を修飾する修飾要素です．speaks Japanese slowly 全体も動詞句です．一方，(5) の yesterday は文全体を修飾しています．(6) の unfortunately も同様です．したがって，これらの文の構造はそれぞれ次のようになります．

- (2′) John [$_{VP}$ [$_{VP}$ speaks Japanese] **slowly**].
- (3′) I [$_{VP}$ [$_{VP}$ waited for John] **until 10:30**].
- (4′) She [$_{VP}$ **often** [$_{VP}$ visits her friends]].
- (5′) [$_{Sn}$ **Yesterday** [$_{Sn}$ he went to see the movie]].
- (6′) [$_{Sn}$ **Unfortunately**, [$_{Sn}$ he wasn't in time]].

6. 句を見つける練習

従来の学習文法には，句とその中心語についての説明がほとんどありません．しかし句という単位は文の解釈上きわめて重要です．動詞句（VP），名詞句（NP），形容詞句（AP），前置詞句（PP）を指摘し，その中心となっている語を見つけ出す作業をしましょう．日本語との対応関係も考えてみてください．一見面倒そうに見えますが，これらの分析はわれわれがいつも直感的に行ってい

ることです．このような作業は複雑な文を理解するときには特に役立ちます．

(1) [Sn [NP John] [VP put [NP the book] [PP on the desk]]].
　　([ジョンは] [[机の上に] [本を] 置いた])

John は John を中心とする（一つの名詞からなる）名詞句（NP）で，put the book on the desk は put を中心とする動詞句（VP）です．その中の the book は book を中心とする名詞句で，on the desk は on を中心とする前置詞句（PP）です．

(2) [Sn [PP In the morning] [Sn [NP John] [VP read [NP a book [PP about Picasso]]]]].
　　([午前中に] [ジョンは] [[[ピカソについての] [本を]] 読んだ])

in the morning は in を中心とする前置詞句（PP），John は名詞句（NP），read a book about Picasso は read を中心とする動詞句（VP）で，その中にある a book about Picasso は book を中心とする名詞句（NP），その名詞句内にある about Picasso は about を中心とする前置詞句（PP）です．

(3) [Sn [NP The boy] [VP thought [Sn that [NP the girl] [VP was [AP very wise]]]]].
　　([[その少年は] [VP [Sn [その少女が] [とても賢い] と] 思った]])

the boy は名詞句（NP），thought that the girl was very wise は，動詞の thought を中心とする動詞句（VP）です．that 節の中の the girl は名詞句で，was very wise は was を中心とする動詞句（VP）です．さらにその中にある very wise は wise を中心とする形容詞句（AP）です．

(4) [Sn I [VP [VP met John] [PP at the station] [PP with my wife]]].
　　([[私は] [[妻とともに] [駅で] [[ジョンを] 出迎えた]])

John は met の目的語で必須要素です．at the station と with my wife はともに動詞句 met John を修飾する前置詞句です．

第 2 章

文の種類

　ことばは文を単位として情報を伝達します．そして伝える内容によって文の形が決まっています．単に事実を伝える場合には平叙文を，情報を求める場合には疑問文を，命令を発する場合には命令文を，感嘆の気持ちを表す場合には感嘆文を用います．

1. 平叙文

　単に事実（情報）を伝える場合，その内容が肯定的であるときには肯定文を，否定的であるときには否定文を用います．この二つの文を合わせて平叙文と呼びます．

(1) a. Miso soup is a very popular breakfast food in Japan.
    （味噌汁は日本では大変一般的な朝食の食べ物です）
   b. German education isn't the theme of this discussion.
    （ドイツの教育がこのディスカッションのテーマではありません）

(2) a. He likes potato pancakes.
    （彼はポテトパンケーキが好きです）
   b. He doesn't drink wine.
    （彼はワインは飲みません）

(3) a. He can speak three languages.
    （彼は 3 か国語を話せます）
   b. I cannot drive a car.
    （私は車の運転はできません）

2. 疑問文

情報を求める場合には疑問文を用います．どのような情報を求めるかによって疑問文の形が異なります．

2.1. Yes/No 疑問文： ある事柄が正しいかどうかを尋ねる文

日本語では文末に疑問の「か」をつけると Yes/No 疑問文になりますが，英語では主語・助動詞の倒置と文末の音調を上昇調にすることによって表します．

(1) a. **Is it** true?　(Yes, it is.)
　　　　（それは本当ですか）
　　b. **Do you** want to leave soon?　(No, I don't.)
　　　　（早く帰りたいですか）
　　c. **Do you** know that smoking causes lung cancer?　(Yes, I do.)
　　　　（喫煙が肺ガンを引き起こすことを知っていますか）

2.2. 付加疑問文： 情報の確認・同意を求める文

「今日はとてもいい天気ですね」「ええ，本当に」という会話をしますが，このように相手の同意を求めたり確認をする場合，日本語の「ね」に相当する表現として，英語では付加疑問を用います．文末を上昇調で言うと自信がなくて確認をしていることになり，下降調で言うと自信があって同意を求めていることになります．

[A] 否定の付加疑問

肯定文には否定疑問形を付加します．付加疑問形の主語は必ず代名詞になります．

(1) a. It's very fine today, **isn't it**?　(Yes, it certainly is.)
　　　　（今日はとてもよい天気ですね）（ええ，本当にそうですね）
　　b. You are hungry, **aren't you**?
　　　　（おなかがすいているのでしょう？）［上昇調：確かめている］
　　　　（おなかがすいていますよね）　　［下降調：同意を求めている］

第 2 章 文の種類

[B] 肯定の付加疑問

否定文には肯定疑問形を付加します．上昇調で確認を，下降調で同意を求めています．

(2) a. John cannot speak Spanish, **can he**? (Yes, he can.)
（ジョンはスペイン語が話せませんね）（いいえ，話せます）
b. John and Mary didn't know the fact, **did they**? (No, they didn't.)
（ジョンとメアリーはその事実を知りませんでしたね）（はい，知りませんでした）

否定と肯定のいずれの付加疑問の場合にも，英語では**答えが肯定であれば yes** で答え，**否定であれば no** で答えます．肯定の付加疑問の場合，日本語では Yes が「いいえ」に，No が「はい」に対応しますが，日本語に惑わされないようにしましょう．また，確認を求めている場合には，単に Yes, it is. のような答えではちょっと間がぬけていて，Yes, it certainly is.（ええ，本当にそうですね）のような答えでないと適切な答えとは言えません．

2.3. wh 疑問文：知らないことについて情報を求める場合

求めている情報を表す部分を疑問詞で尋ねます．

(1) a. 「君は朝食に**何を**食べましたか．」
「（朝食に）**トーストを 2 枚**食べました．」
b. "**What** did you eat ∧ for breakfast?" [∧は what のもとの位置を示す]
"I ate **two slices of toast** (for breakfast)."

日本語では尋ねたい部分を疑問詞に置き換え，文末に疑問を表す「か」を付ければよいのですが，英語では疑問詞を文頭に移動し，主語・助動詞倒置を行います．疑問詞が文頭に移動しますから，正しく意味を理解するためには疑問詞のもとの位置を知る必要があります．答えの部分は疑問詞のもとの位置に生じます．

英語の疑問詞には，who, what, which, when, where, why, how などがあります．それぞれの疑問詞のもとの位置を考えてみましょう．

(2) a. "**How** is your father?" "He is fine, thank you."

(「お父さんはいかがですか」「元気ですよ」)
- b. "**Why** did they produce more strawberries?" "In order to produce more jam." (「どうして彼らはさらに多くのイチゴを生産したのですか」「もっとジャムを作るためです」)
- c. "**Where** did he find such a nice job?" "He found it in New York." (「彼はどこでそんなよい仕事を見つけたのですか」「ニューヨークで見つけたのです」)
- d. "**When** will he return from lunch?" "Around 2 o'clock."
    (「彼はいつ昼食から帰ってくるでしょうか」「2時頃です」)
- e. "**What** is the main topic of the movie?" "War and peace."
    (「この映画の主題はなんですか」「戦争と平和です」)

疑問詞は文頭に移動しますから，that 節がある場合には長距離の移動をします．このような場合，疑問詞のもとの位置を正確に見抜くことが大切です．

(3) a. **What** do you think that John did to make money?
    (ジョンがお金を稼ぐために何をしたと思いますか)
- b. **Who** do you think loves Mary?
    (君はだれがメアリーを愛していると思いますか)
- c. **What** does the teacher suppose that the student bought at the store? (先生はその学生が店で何を買ったと思っているのですか)

(3a) では did の目的語，(3b) では loves の主語，(3c) では bought の目的語の位置から疑問詞が移動しています．次の例は二とおりの意味をもちます．どうしてそうなるか考えてみてください．

(4) a. **Why** did he say that he stole the cheese?
- b. **Which student** did the teacher promise that he would help?

文頭に移動した疑問詞 why のもとの位置は，say を修飾する位置と stole を修飾する位置の二つの場合があるので，二とおりに解釈できます．また，which student のもとの位置は promise の目的語の場合と help の目的語の場合がありますから，二とおりに解釈できるのです．

(5) a. 彼はチーズを盗んだとなぜ言ったのですか．[say を修飾する場合]

b.　彼はなぜチーズを盗んだと言ったのですか．[stole を修飾する場合]
(6)　a.　先生はどの学生に手助けすると約束したのですか．
　　　　　　　　　　　　　　　　　　　　　　　　[promise の目的語]
　　　b.　先生はどの学生を手助けすると約束したのですか．
　　　　　　　　　　　　　　　　　　　　　　　　　[help の目的語]

2.4.　wh 疑問詞と共に他の要素も移動する場合
[A]　結合全体が移動する場合
　日本語には「だれの本」「どの本」「どのような種類の動物」のように疑問詞と他の要素とが結合している表現がありますが，英語でも同じです．このような場合には，疑問詞とその要素を分離することはできず，その結合全体が文頭に移動します．

(1)　a.　**What kind of animals** did you see in the zoo?
　　　　（動物園でどんな種類の動物をみましたか）
　　　b.　**Which of these words** goes in blank (　3　)?
　　　　（空白 (3) に入るのはこれらの語の中のどれですか）
　　　c.　**Whose daughter** is he going to marry?
　　　　（彼はだれのお嬢さんと結婚するのですか）
　　　d.　**How many hours** will it take to finish this work?
　　　　（この仕事を終えるのに何時間かかるでしょうか）

[B]　前置詞が残留する場合
　「前置詞＋疑問詞」の結合の場合には，前置詞が後に取り残される場合があります．「前置詞＋疑問詞」の結合全体を文頭に移動した表現は堅苦しい表現です．

(2)　a.　**Who** were you talking **with**?
　　　b.　**With whom** were you talking?
　　　　（君はだれと話していたのですか）
(3)　a.　**Which piano** did the famous pianist play Bach **on**?
　　　b.　**On which piano** did the famous pianist play Bach?
　　　　（その有名なピアニストはどのピアノでバッハを弾いたのですか）

3. 命令文

命令文では動詞の原形を用い，主語が現れないのが原則です．命令は聞き手に向けられるものですから，隠れている主語は you です．否定形は「don't ＋ 動詞の原形」の形をとります．

(1) a. **Be** patient.
(辛抱しなさい)
b. **Wash** your hands.
(手を洗いなさい)
c. **Take** out the trash.
(ゴミを出しなさい)
d. **Don't** worry about it.
(心配するなよ)
e. **Don't** be so foolish.
(そんな馬鹿なことをするな)

主語が現れる場合には，主語に強勢を置いたり一定の音調によって，強い感情を表す効果があります．

(2) a. **You** sit down!
(君座りなさい)
b. **You** take out the trash!
(君ゴミを出してくださいよ)

完了形の命令文もあります．

(3) a. Do **have reached** a decision regarding the matter!
(その件について結論が出ているようにしておいてください)
b. Don't **have eaten** everything before the guests arrive!
(お客さんの到着以前に全部食べてしまっていることがないように)

4. 感嘆文

　感嘆文には，what 型と how 型があり，程度が並はずれていることを表します．**what 型**は「what ＋形容詞＋名詞」の型をしています．what が生じる位置は程度を表す such が生じる位置と同じです．what を含む句は疑問詞の場合と同様に文頭に移動します．

(1) a. **What** a smart student he is!
　　　（なんて頭のよい学生だろう）
　b. He is **such** a smart student.

(2) a. **What** a beautiful place Havana is!
　　　（ハバナはなんて美しい所でしょう）
　b. Havana is **such** a beautiful place.

how 型は「how ＋形容詞・副詞」の型をしています．how が生じる位置は程度を表す so が生じる位置と同じです．

(3) a. **How** difficult the problem is!
　　　（その問題はなんとむずかしいのでしょう）
　b. The problem is **so** difficult.

(4) a. **How** tall you are!
　　　（君はなんて背が高いのでしょう）
　b. You are **so** tall.

　天才 (genius) とか専門家 (expert) とか驚き (surprise) のような名詞は形容詞なしで what 感嘆文に用いられることがあります．これらの名詞には程度の意味が含まれていることに注意してください．

(5) a. **What a genius** he is!
　　　（なんという天才だ）
　b. **What an expert** he is!
　　　（なんとすばらしい専門家だろう）
　c. **What a surprise!**
　　　（驚いたなー）

how 型には次のような型もありますが，堅い表現です（不定冠詞の位置に注意）．

(6) a. **How terrible a story** it is!
（なんと恐ろしい話だろう）
Cf.　What a terrible story it is!
b. It is **so terrible a story**.

5.　文の埋め込み

5.1.　that 節の埋め込み

これまで見た文はすべて単文ですが，どんな言語でも，文の中にさらに文を埋め込んで，いくらでも新しい文を作ることができます．

(1) a. 花子が次郎に会った．
b. 太郎が [$_{S1}$ 花子が次郎に会った] ことを知っている．
c. 周平は [$_{S2}$ 太郎が [$_{S1}$ 花子が次郎に会った] ことを知っている] と思っている．

(1a) の文が埋め込まれると (1b) の文が得られ，(1b) の文が埋め込まれると (1c) が得られます．英語でも同様のことが見られます．

(2) a. Mary met Bill.
b. Tom knows [$_{S1}$ **that** Mary met Bill].
c. John believes [$_{S2}$ **that** Tom knows [$_{S1}$ **that** Mary met Bill]].

言語はこのようにして無限に文を作り出すことができます．

5.2.　疑問文の埋め込み（間接疑問文）

文の中に疑問文を埋め込むこともできます．

(1) a. 彼はいつ来るのですか．
b. 私は [彼がいつ来るのか] 知りません．

(1a) の文を埋め込んで (1b) の文を作ることができます．(1b) の文は「いつ」

に対する答えを求めている文ではありません．このような埋め込まれた疑問文を間接疑問文と呼びます．間接疑問文でも疑問詞はその文の文頭に位置しますが，**主語・助動詞の倒置は起こりません．**

(2) a. I don't know **when** he will come.
   （私は彼がいつ来るのか知りません）
  b. Do you know **what** John bought at the store?
   （ジョンがその店で何を買ったか知っていますか）
  c. The problem is **how** language evolved.
   （問題は言語がどのように進化したかである）

yes/no 疑問文に対応する間接疑問文では whether（かどうか）が用いられます．

(3) a. I haven't decided **whether** I will go there.
   （私はそこに行くかどうかまだ決めていません）
  b. Please let me know **whether** you will come next weekend.
   （今度の週末に来るかどうか知らせてください）

5.3. 感嘆文の埋め込み（間接感嘆文）

感嘆文が埋め込まれる場合もあります．

(1) a. I remember **how good** everyone was.
   ［9.11 テロについてのインタビューで］
   （みんななんていい人たちだったんだろうということを思い出します）
  b. You can't imagine **what a nice guy** he is.
   （彼は君の想像のおよばないほどすばらしい人です）
  c. I can't tell you **what a good time** we had at the party.
   （パーティーがどんなに楽しかったかお話しできないほどです）

5.4. 埋め込み文の形

これまで見た埋め込み文はすべて，that 節のように，動詞が三人称単数の -s や過去形の -ed が付く形をした時制をもつ文でした．ところが，節にはこのような時制を表面上表さない節もあります．例えば，**不定詞節**では動詞は「to ＋動詞の原形」によって，**動名詞節**では動詞は「動詞＋ing」（動名詞）によっ

て，**分詞節（分詞構文）**では動詞は「動詞＋ing」（現在分詞）によって，それぞれ表されます．つまり，埋め込み節は，that 節のような**時制をもつ節**と，不定詞節，動名詞節，分詞節のような**時制をもたない節**の二つに分けられます．そして，時制をもつ文は必ず表面上の主語をもちます．一方，時制をもたない三つの節は，表面上の主語をもつ場合ともたない場合があるという共通点があります．これら三つの節は，動詞の形を除くと，きわめてよく似た構造をしている点に注目してください．

(1) 時制をもたない節の構造（△は表面に現れない意味上の主語）

    不定詞節： 主語がある場合 (**for**) John **to** leave
          主語がない場合 △ **to** leave
    動名詞節： 主語がある場合 **John's leaving**
          主語がない場合 △ leav**ing**
    分詞節： 主語がある場合 **John** leav**ing**, ...
          主語がない場合 △ leav**ing**, ...
 cf. that 節：   主語あり   (that) John leaves

それぞれの節については後で述べますが，ここではこれらの時制をもたない節がきわめてよく似た構造をしていて，異なるのは動詞の形であることを理解しておいてください．

第3章

動詞の型

　文型は動詞を中心とする述語によって決まります．したがって，ことばの学習では**動詞の用法の学習がきわめて重要**です．ここでは基本的な動詞の用法について学習します．**動詞は一定の意味の共通性によってグループ分けされ，そのグループは共通の文型に現れる**という一般的特徴があります．つまり，動詞の意味がわかると，それが生じる文型が予測できます．

1. 動詞の型と基本文型

　動詞が補語をとるか，目的語をとるか，二重目的語をとるかなどの性質を**動詞の型**と呼ぶことにします．文の基本型は動詞によって決まるので，動詞の型は基本文型を示しています．第1章で述べた英語の基本文型をもう一度あげておきましょう．基本文型は同時に英語の基本語順も示しています．

　　(1)　**基本文型（基本語順）**
　　　　a.　NP-V
　　　　b.　NP-V-C　　　　　　　(C=補語)
　　　　c.　NP-V-{NP/PP/Sn}　　({ }の中の一つを選択)
　　　　d.　NP-V-NP-XP　　　　(XP=AP/PP/NP/VP/Sn)
　　　　e.　NP-V-PP-Sn

これらの基本文型の主語を除いた部分が動詞の型です．英語の基本語順は次の二つの原則で決まるので，きわめて簡潔であることがわかります（☞第1章）．

　　(2)　(I)　V-NP-XPの語順：動詞が必要とする要素が二つある場合には

必ず名詞句 (NP) が動詞の直後にくる．
(II) V-PP-Sn の語順：PP と Sn の二つの要素がある場合には PP-Sn の語順となる．

2. 動詞の型

2.1. 動詞（V のみ）

　この型は動詞だけで成り立つ型で，目的語はありません．目的語をもたない動詞を**自動詞**と呼び，目的語をもつ動詞を**他動詞**と呼んで区別しますが，重要なのは動詞の分類ではなく用法です．自動詞の例を (1) にあげますが，対応する日本語からもわかるように，これらの動詞はもっぱら主語のみが関わる行為・状態を表しています．

(1) break (壊れる), boil (沸騰する), change (変わる), cry (泣く), fly (飛ぶ), freeze (凍る), jump (ジャンプする), lie (横たわる), melt (溶ける), open (開く), rise (昇る), run (走る), shine (輝く), shout (叫ぶ), shut (閉まる), sit (座る), travel (旅行する), walk (歩く), work (働く) など

(2) a. The front door opens at eight.
　　　（正面のドアは 8 時に開きます）
　　b. Water boils at 100°C.
　　　（水は摂氏 100 度で沸騰します）
　　c. It's snowing.
　　　（雪が降っている）

これらの文の at eight や at 100°C は修飾要素で，動詞の必須要素ではありません．

　これらの動詞の中には，**自動詞にも他動詞にも用いられる動詞**があります．自動詞にも他動詞にも用いられる動詞は，日本語と英語でほぼ同じです．日本語と英語を比較すると，英語では語形が変わらないのが普通ですが，(3f, g) にあげたように，自動詞と他動詞で形が違う場合が少数あります．日本語では語尾が少し変わります．これらの動詞の共通点は，すべて**状態変化を表す意味**をもっていることです．例えば「壊す」—「壊れる」は，もとの形が崩れてしま

うことを意味しますから状態の変化を表しています．

(3) 　　　自動詞　　　他動詞
- a. 壊れる　　壊す　（break）
- b. 開く　　　開ける　（open）
- c. 閉まる　　閉める　（shut）
- d. 変わる　　変える　（change）
- e. 溶ける　　溶かす　（melt）
- f. 横たわる　横たえる　（lie—lay）
- g. 上がる　　上げる　（rise—raise）

(4) a. The window broke.
　　　（窓が割れた）
　　b. John broke the window.
　　　（ジョンが窓を割った）

(5) a. He lay on his back.
　　　（彼は仰向けに寝ころんだ）
　　b. She laid her baby on the bed.
　　　（彼女は赤ちゃんをベッドに寝かせた）

2.2. 動詞＋補語（V-C）

この型に現れる動詞は，次の四つに分かれます．

(1)
- a. be, keep, remain, stay などの動詞（存在・状態を表す）
- b. become, get, go, turn などの動詞（変化を表す）
- c. seem, smell, sound などの動詞（感覚に関わる状態を表す）
- d. prove, turn out などの動詞（「判明する」という意味の動詞）

2.2.1. be 動詞など

be 動詞には補語にくる要素にしたがって三つの用法があります．

[1] 補語の要素が主語の性質や状態を表す場合

(1) a. John is asleep/intelligent/wise/good at math.
　　　（ジョンは眠っている／知的である／賢い／数学が得意である）

　　　　b.　John is a fool / a doctor.
　　　　　　（ジョンは愚か者だ／医者です）

[2]　存在を表す場合

　be の後に場所を表す要素がきます．

　　(2)　a.　My dog is in the garden.
　　　　　　（私の犬は庭にいます）
　　　　b.　His sister is in Paris.
　　　　　　（彼の妹はパリにいます）

[3]　同等の関係を表す場合

　　(3)　a.　The leader is John.
　　　　　　（リーダーはジョンです）
　　　　b.　John Smith is my doctor.
　　　　　　（ジョン・スミスは私のかかりつけの医者です）
　　　　c.　The truth is that we don't know what's going to happen next.
　　　　　　（本当のところ，次に何が起こるか我々にはわかりません）

[4]　remain など

　　(4)　a.　He remained single all through his life.
　　　　　　（彼は一生独身のままでした）
　　　　b.　It is going to stay cold for the next few days.
　　　　　　（今後数日寒さが続くでしょう）

2.2.2.　become などの動詞

　become, come, get, go, grow, turn など，この型に現れる動詞はすべて「～になる」という意味で，状態の変化を表す動詞です．go は（よくない意味で）「～になる」，come は（よい意味で）「～になる」，grow は「（成長して）～になる」，turn は「（変化して）～になる」というように，動詞のもとの意味によって違いが見られます．fall (asleep)「（眠りに）落ちる」でももとの意味が感じられます．

(1) a. She will become a famous singer.
   （彼女は有名な歌手になるだろう）
   b. He got angry at the news.
   （彼はその知らせに怒った）
   c. The plan went wrong.
   （その計画はうまくいかなかった）
   d. The leaves are turning red.
   （紅葉が進んでいます）
   e. His dream came true.
   （彼の夢が実現した）

2.2.3. seem などの動詞

　appear, feel, look, seem, smell, sound, taste など，これらの動詞は**感覚に関わる**動詞で，seem は思考上の判断を，appear と look は外見上，feel は触覚上，smell は嗅覚上，sound は聴覚上，taste は味覚上の判断を表します．したがって，appear と look は実際に見ていない状況では使えませんが，seem にはそのような制限はありません．これらの動詞は状態を述べる動詞で，その状態が補語によって示されます．補語は通例形容詞です．

(1) a. John seems wise.
   （ジョンは賢いらしい）
   b. She looks good.
   （彼女は容姿が美しい）
   c. These grapes smell sweet.
   （このブドウは甘い香りがする）
   d. Her voice sounds good.
   （彼女の声は心地よく響く）

2.2.4. prove, turn out などの動詞

　これらの動詞は，「〜とわかる・判明する」という意味の動詞です．prove が「証明する」の意味をもつことを知っている人は多いと思いますが，「判明する」の意味でもよく使われます．不定詞節や that 節をとることもできます（これ

ら三つの用法には密接な関係があることについては 2.6 節を参照).

(1) a. My experience abroad has proved very useful.
    b. My experience abroad has proved to be very useful.
    c. It has proved that my experience abroad is very useful.
       (私の海外経験がとても役に立つことがわかった)
(2) a. What he said turned out false.
    b. What he said turned out to be false.
    c. It turned out that what he said was false.
       (彼が言ったことは間違っていると判明した)

2.3. 動詞＋名詞句／前置詞句／節 (**V-NP/PP/Sn**)

この型に現れる動詞は，その後にくる必須要素によって次の三つに分かれます．

(1) a. V-NP (目的語をとる)
    b. V-PP (前置詞句をとる)
    c. V-Sn (節をとる)

2.3.1. V-NP (目的語をとる)

ここに属する動詞はたくさんありますが，動詞が表す行為や状態が**目的語に直接的影響を与える**という共通の意味関係があります．

(1) a. John ate the pizza.
       (ジョンはピザを食べた)
    b. The American student speaks Japanese very well.
       (そのアメリカ人の学生は日本語をとても上手に話します)
    c. John knew the truth.
       (ジョンは真実を知っていた)
    d. They enjoyed the baseball game very much.
       (彼らは野球の試合を大変楽しんだ)

「ピザを食べる」では目的語に直接影響が及んでいることは明らかですが，「真実を知る」とか「野球の試合を楽しむ」においても，動詞と目的語に直接的関

係が見られ，その結果主語と目的語のつながりが密であると考えられます．例えば，動詞の直後に目的語がくる I know John. と，動詞と目的語の間に前置詞が介在する I know of John. とを比べると，前者は「ジョンと知り合いだ」という意味であり，ジョンと私の関係が密であることになります．一方，後者は単に「ジョンについて知っている」という意味です．このような抽象的な影響も含めて，目的語は動詞の影響を直接的に受けていると考えられます（動詞が直接に目的語をとる場合と，動詞と目的語の間に前置詞が介在する場合の意味の違いについては☞ 2.3.2 節 [B] (p. 30))．

2.3.2. V-PP（前置詞句をとる）

[A] 動詞がとる前置詞句の前置詞は動詞によって決まります．

(1) a. We talked about the plan / to John / with our boss.
       (我々はその計画について／ジョンに／上司と話した)
    b. You can count on me.
       (私を当てにしていいですよ)
    c. Can I depend on him?
       (彼は頼りになりますか)
    d. I believe in early rising.
       (私は早起きはよいと信じています)
    e. I know of her.
       (私は彼女について知っています)

(2) answer to (a name) (に返事する), ask for (を求める), approve of (をよいと認める), believe in ((存在／効果)を信じる), boast of (を自慢する), consult with (と相談する), count on (を当てにする), depend on (に依存する，を頼りにする), fight with (と喧嘩する), know of/about (について知っている), laugh at (を笑う), happen to (に対して起こる), hear of (の消息・うわさを聞く), meet with (と約束して会う，を経験する), refrain from (を慎む), prepare for (の用意をする), rely on (に頼る，を信頼する), talk about (について話す), think about/of (について考える), wait for (を待つ)

前置詞の選択は動詞によって決まりますが，その選択にも一定の規則性が見ら

れます．

(3) a. answer to, happen to に見られるように，行為の対象を表す場合には to
b. ask for, wait for に見られるように，求めている対象を表す場合には for
c. approve of, boast of のように，行為の目標を表す場合には of
d. count on, depend on, rely on のように，依存関係を表す場合には on, upon
e. know of/about, think of/about, hear of, talk about のように，「について」の意味の場合には about や of

これらの動詞の中には前置詞句を二つとるものがあります．その場合，次に示すように二とおりの語順がありますが，(a) が普通の語順です．(b) の語順では about 句に強調が置かれているように感じられます．

(4) a. I talked to Mary about Louise.
（私はメアリーにルイーズについて話した）
b. I talked about Louise to Mary.
（私はルイーズについてメアリーに話した）
(5) a. I fought with Tony about the proposal.
（私はトニーとその提案をめぐってけんかをした）
b. I fought about the proposal with Tony.
（私はその提案をめぐってトニーとけんかをした）
(6) a. Carl wrote to his mother about Mary.
（カールは母親にメアリーについて手紙を書いた）
b. Carl wrote about Mary to his mother.
（カールはメアリーについて母親に手紙を書いた）

[B] 直接に目的語をとる場合と前置詞が介在する場合の意味の違い

　動詞が直接に目的語をとる場合と，動詞と目的語の間に前置詞が介在する場合では意味に違いが生じます．動詞の直後に目的語をとる場合には，動詞と目的語の間に直接的関係があり，動詞の行為や状態の影響が直接的に目的語に及

んでいることを表します．これを**影響性**の**条件**と呼ぶことにしましょう（この条件は後での説明にも関係しますので理解しておいてください）．一方，前置詞が介在すると，動詞と目的語の関係はワンクッションおいた間接的な関係になります．このことが意味の違いを引き起こします．

(7) a. believe God（神を信じる），believe in God（神の存在を信じる）
　　b. grasp his arm（彼の腕をつかむ），grasp at his arm（彼の腕をつかもうとする）
　　c. hear him（彼の言うことを聞く），hear of him（彼のうわさなどを聞く）
　　d. know John（ジョンと知り合いである），know of/about John（ジョンについて知っている）
　　e. meet John（ジョンと会う（偶然でもよい）），meet with the president（（約束して）社長と会う，会見する）
　　f. prepare a speech（講演の準備をする），prepare for a tour（旅行のための準備をする）
　　g. search the house（家宅捜索する），search for the house（その家を探し求める）
　　h. shoot an elephant（象を撃つ），shoot at an elephant（象をねらって撃つ（必ずしも命中したとは限らない））

[C]　hit me on the face / kiss her on the cheek の表現と影響性

「私の顔をぶつ」「彼女の頬にキスする」の日本語を英語で表現すると，hit my face, kiss my cheek ではなく，通例標題のような表現となります．

(8) a. He kissed me on the cheek.
　　　（彼は私にキスをし，それは頬にであった）（＝私の頬にキスした）
　　b. He kisses my cheek.
　　　（彼は（額や手ではなくて）私の頬にキスした）

(8a) では，影響性の条件により，直接目的語である me に重点が置かれた表現となっています．これに対して，(8b) では人に重点があるのではなく，キスした場所に重点があります．したがって，人に重点を置いた (8a) が普通の

表現となります (the が用いられる点にも注意).

(9) hit NP on the head（人の頭をたたく）
slap NP on the face（人の顔を平手で打つ）
kiss NP on the forehead（人の額にキスする）
grab NP by the hand（人の手をつかむ）
catch NP by the sleeve（人のそでをつかむ）

2.3.3. V-Sn (節をとる)

［A］Sn= 不定詞節，［B］Sn= 動名詞節，［C］Sn=that 節，［D］Sn=should を伴う that 節，［E］Sn= 疑問節

［A］ V＋不定詞節

不定詞節をとる動詞は，［1］意図・決心・計画，［2］同意・拒否，［3］願望・好悪・躊躇，［4］開始，［5］記憶・忘却などの意味を表す動詞です．これらの動詞は，意味から明らかなように，未来の事柄を表します．**不定詞節は未来指向で一般に未来の事柄を表すのに用いられるので，このクラスの動詞は不定詞節をとります．**

［1］ 意図・決心・計画：

意図： attempt（〜しようと企てる），intend（〜するつもりである），manage（やっとのことで〜する），mean（〜するつもりである），try（〜しようと努める）など．

(1) a. John tried to help the old man.
（ジョンはその老人の手助けをしようとした）
b. I've attempted to convince her.
（彼女の説得を試みました）
c. I didn't mean to hurt you.
（私は君を傷つけるつもりはなかった）
d. I intend to take over the business.
（私はその商売を引き継ぐつもりだ）
e. John managed to pass the driving test.

（ジョンはなんとか運転免許試験に合格した）

(注) manage to は「どうにか成し遂げた」ことを意味します．同様に bother to は通例否定文で「わざわざ〜した」ことを，happen to は「たまたま〜した」ことを，see (think) fit to は「〜するのが適切と思ってそうした」ことを意味します．他の動詞にはそのような意味合いはありません．

決心： determine, decide, resolve, make up one's mind など（〜しようと決心する）．

(2) a. She decided to go alone.（彼女は独りで行こうと決心した）
　　b. He made up his mind to major in linguistics.
　　　（彼は言語学を専攻しようと心に決めた）

計画： arrange（〜する手はずを整える），plan（〜する計画をたてる），propose（〜するように提案する）など．

(3) a. I have planned to go to New York next week.
　　　（私は来週ニューヨークに行く計画を立てました）
　　b. Have you arranged to meet the professor this weekend?
　　　（今週末教授に会う手はずは整いましたか）
　　c. John proposed to organize a swimming club.
　　　（ジョンはスイミングクラブを作ることを提案した）

[2] 同意・拒否： agree（〜するのに同意する・賛成する），consent（〜することを承諾する・同意する）；refuse（〜することを拒否する）

(4) a. We agreed to talk about it again.
　　　（我々は再度それについて話し合うことで合意した）
　　b. She finally consented to marry him.
　　　（彼女はついに彼と結婚することを承諾した）
　　c. He refused to help us.（彼は私たちを手伝うのを断った）

[3] 願望・好悪・躊躇：
願望： hope（〜することを望む），want（〜したい），wish（〜したい）など．

(5) a. Do you want to go to college?

(あなたは大学へ行きたいですか)

  b. I hope to get a job overseas.
    (海外で仕事を得ることを希望しています)

好悪（好き・嫌い）： hate（〜するのを嫌う），like（〜したい），love（〜したい），prefer（(むしろ)〜したい）など．

 (6) a. I hate to be kept waiting.
    (待たされるのは嫌ですね)
  b. She prefers to stay at home.
    (彼女はむしろ家にいたいのです)
  c. I would like to think it over before making a decision.
    (決心する前にそのことをよく考えてみたい)

躊躇など： bother（わざわざ〜する），hesitate（〜するのを躊躇する）

 (7) a. Don't bother to look it up.
    (わざわざそれを調べるにはおよびません)
  b. She hesitated to meet him.
    (彼女は彼に会うのをためらった)

[4] **開始**： begin, start（〜し始める）．

 (8) a. It's beginning to rain.
    (雨が降り始めましたね)
  b. He started to write his report.
    (彼はレポートを書き始めた)
   (注)「終了・中止」を表す finish, stop は動名詞をとります（☞本節 [B]）．

[5] **記憶・忘却**： forget（〜するのを忘れる），remember（〜するのを覚えている）．

 (9) a. Don't forget to turn off the room light.
    (部屋の電気を消すのを忘れないでください)
  b. Remember to close the windows before you go out.

(出る前に窓を閉めることを覚えておいてくださいね)
(注) これらの動詞が動名詞をとると過去の出来事を表します (☞本節 [B]).
- (i) a. John forgot turning off the room light.
   (ジョンは部屋の灯を消したことを忘れていた)
  b. I remember locking the front door.
   (玄関の施錠をしたことを覚えています)

[B]　V＋動名詞節

　動名詞をとる動詞は，[1] 好悪，[2] 我慢，[3] 回避，[4] 開始，[5] 終了，[6] 延期，[7] 継続，[8] 許可・禁止などの意味を表す動詞です．これらの意味は事実あるいは一般的事柄を対象としています．例えば，「終了」の意味はその時点で存在している現象を終わらせるという意味ですし，「我慢」はその時点で存在する事柄を我慢することを意味します．一般に**動名詞節は事実指向で過去の事柄，その時点での事実，一般的事柄を表す**という特徴をもっていますが，これらの動詞は，この動名詞節の特徴と合致する意味をもつので，動名詞節をとります．

[**1**]　**好悪**：　detest（〜することをひどく嫌う），dislike（〜することを嫌う）[hate よりも弱い]，like（〜することを好む），hate（〜することを嫌う），love（〜することを好む），prefer（(むしろ) 〜することを好む）など．
　これらの動詞が動名詞節をとると「(一般に) 〜することが好きだ・嫌いだ」の意味を表します．一方，不定詞節をとると「(いま) 〜したい」という未来の意味を表します（最近この区別が厳密ではなくなってきているという見方もあります）．

- (10) a. I like swimming.
   (水泳が好きです)
   Cf.　I like to swim now.
   　　(いま泳ぎたい)
  b. I prefer driving to walking.
   (散歩よりドライブのほうが好きです)
  c. Jenny hates staying out late.
   (ジェニーは夜遅く外にいるのを好みません)

[2]　**我慢**：　bear, endure, stand（に耐える，我慢する）．

　我慢の対象は，その時点で目の前にある事実ですから，動名詞節の特徴に合致しています．

　　(11)　a.　I can't bear hearing such a terrible noise.
　　　　　　（あんなひどい雑音を聞いてはいられない）
　　　　b.　He could not stand hearing the boys shouting so loudly.
　　　　　　（彼はその少年たちが大声で叫ぶのを聞いていられなかった）

[3]　**回避**：　avoid（〜を避ける），escape（〜を免れる），evade（〜を回避する），can't help（〜を避けられない），miss（〜しそこなう），mind（〜をいやがる）など．

　回避される事柄は，その時点での事実ですから動名詞節で表されます．

　　(12)　a.　I always try to avoid driving in rush hours.
　　　　　　（私はいつもラッシュアワー時の運転は避けるようにしています）
　　　　b.　She could not help laughing at his performance.
　　　　　　（彼女は彼の演技を笑わずにはおれませんでした）
　　　　c.　Would you mind my smoking?
　　　　　　（たばこを吸ってもよろしいですか）

動名詞をとるときの help は「避ける」の意味です．mind は「いやがる」という意味で「私がたばこを吸うのをいやがりますか」の意味ですから，たばこを吸うことを許す場合には，"No, I wouldn't." とか "Certainly not." とか答えなければなりません．

[4]　**開始**：　begin（〜し始める），commence（〜し始める）［形式ばった表現］，start（〜し始める）．

　これらの動詞は出来事の開始を表し，その出来事を動名詞節でも不定詞節でも表すことができます．

　　(13)　a.　He began talking about his plan.
　　　　　　（彼は自分の計画について話し始めた）
　　　　Cf.　He began to talk about his plan.

b. He started reading a comic book.
（彼は漫画本を読み始めた）

「始める」という場合，始める事柄を未来のこととみなすと不定詞節が用いられ，すでに存在する事実と見なすと動名詞節が用いられると考えられます．例えば「本を読み始める」場合，すでに目の前に本があるわけですから，本を読むということはその時点での事実とみなすことができ，動名詞の特徴に合致します．一方，begin to understand（理解し始める）では不定詞節しか使えません．「理解する」ことは未来においてのみ成り立つものであって，すでに存在する事実と見なすことはできないからです．

[5]　終了：　cease（～をやめる，～しなくなる），end（～を終える），finish（～を終了する），halt（～を中止する・停止する），quit（～をやめる・断念する），stop（～を止める），terminate（～を終結させる）．

ある出来事を終了する場合，その出来事はその時点で存在する事実ですから動名詞節が用いられます．

(14) a. I'll finish typing my report in ten minutes.
（10分でレポートを打ち終わるでしょう）
b. The soldiers stopped marching.
（兵隊は行進を止めた）

これらの動詞の中で cease だけは，動名詞節に加えて不定詞節もとることができます．

(15) a. That department store ceased to exist.
（あのデパートはなくなっていました）
b. Most people had already ceased to obey the curfew.
（ほとんどの人がすでに夜間外出禁止令に従わなくなっていました）

不定詞節をとる場合，cease には終了という意味に力点があるというよりも，存在しない状態が始まるという意味に重点があるように感じられます．(15a) ではデパートが存在しない状態が始まったことを，(15b) では夜間外出禁止令がすでに効力を失っているという状態の始まりを意味しています．したがって，存在しない状態が未来に生じるわけですから，不定詞節の意味に合致する

わけです.

stop は動名詞節しかとりません.不定詞節が用いられている場合,それは動詞の修飾要素です.

(16) a. John stopped eating.
(ジョンは食べるのをやめた)
b. John stopped to eat.
(ジョンは食べるために(それまでしていたことを)やめた)

[6] 延期: delay, postpone, put off (〜を延期する).

延期はすでに予定が決まっていることを前提としているので,延期される事柄はその時点での事実です.したがって,動名詞節が用いられます.

(17) a. Let's postpone making a decision until tomorrow.
(決定を明日まで延ばしましょう)
b. She put off going to the doctor.
(彼女は医者に行くのを先延ばしにした)

[7] 継続: continue (引き続き〜する), go on (〜を続ける), keep (〜を保つ,続ける).

continue は動名詞節のほかに不定詞節もとりますが,go on と keep は動名詞節しかとりません.continue では,継続される出来事をすでに存在している事実と見なすと動名詞節をとり,その出来事が未来も継続される点に力点が置かれると不定詞節をとると考えられます.keep はある出来事を保持するわけですから,その出来事はその時点での事実であり動名詞節しかとりません.

(18) a. He continued working after dark.
Cf. He continued to work after dark.
(彼は日没後も働き続けた)
b. She kept smiling during the conversation.
(彼女はその会話中ずっとにこにこしていた)

go on は,動名詞節をとる場合と不定詞節をとる場合で意味が異なります.

(19) a. He went on studying English. [go on 〜 ing (〜し続ける)]

（彼は英語の勉強を続けた）
   b. He went on to study French.
      ［go on to ～（さらに続けて～（別のことを）する）］
      （彼はさらに続けてフランス語を勉強した）

［8］ **許可・禁止**： allow, permit（～を許可する），disallow（～を許可しない），prevent（～を妨げる），prohibit（～を禁じる）．
　許可や禁止は，一般的事柄あるいはすでに存在する事柄に対して行われるので，その事柄は動名詞節によって示されます．

(20) a. We do not permit smoking in the office.
        （オフィスでの喫煙は許されていません）
     b. Nobody can prevent our getting married.
        （だれも我々の結婚を妨げることはできません）

［9］ **その他の場合**： 以下にあげる動詞も動名詞節をとりますが，動名詞節は事実指向で「過去の事柄，その時点での事実，一般的事柄」を表すという原則に合致しています．

(21) a. She enjoyed playing tennis. ［一般的事実］
        （彼女はテニスを楽しんだ）
     b. He practiced driving the machine. ［一般的事実］
        （彼はその機械の操作を練習した）
     c. The doctor recommended taking some exercise. ［一般的事実］
        （医者は運動することを勧めた）
     d. He admitted having stolen the money. ［事実］
        （彼はお金を盗んだことを認めた）
     e. They appreciated being invited. ［事実］
        （彼らは招待されたことを感謝した）
     f. Please excuse my being late. ［事実］
        （遅刻してすみません）
     g. We are considering going to Korea. ［一般的事柄］
        （我々は韓国行きを考えているところです）
     h. It is hard to imagine working in a place like that. ［一般的事柄］

(あんな所で働くことは想像しがたい)

[10] 不定詞節をとる場合と動名詞節をとる場合で意味が異なる動詞： 不定詞節は未来指向であるのに対して，動名詞節は事実指向であることから，不定詞節をとる場合と動名詞節をとる場合で意味の違いが生じます．

(22) a. He tried to lift the piano.
 (彼はピアノを持ち上げようとした)
 b. He tried lifting the piano.
 (彼はピアノを持ち上げてみた)

(23) a. I fear to dive from the rock.
 (怖くて岩から飛び込めない)
 b. I fear diving from the rock.
 (岩から飛び込むのが怖い)
 Cf. a. I am afraid to dive. (怖くて飛び込めない)
   b. I am afraid of diving. (飛び込みは怖い)

(24) a. He had (the) flu and went on to have a stomachache.
 (彼は風邪にかかり，続いて腹痛になった) [さらに続いて〜する]
 b. Prices go on rising these days.
 (最近物価は上がるばかりです) [〜し続ける]

(25) a. The children like to play in the playground.
 (子供たちは校庭で遊びたがっている) [その時点の事柄]
 b. The children like playing video games.
 (子供たちはビデオゲームで遊ぶのが好きだ) [一般的事柄]

(26) a. Don't forget to turn off the headlight.
 (ヘッドライトを消すのを忘れないように) [未来の事柄]
 b. I won't forget seeing you here.
 (ここで君にあったことを忘れないでしょう) [過去の事柄]

(27) a. Remember to lock the door before you go out.
 (外出する前に戸締まりをするように) [未来の事柄]
 b. Do you remember going to Ueno Zoo when you were a child?
 (子供のころ上野動物園に行ったのを覚えていますか) [過去の事柄]

try が不定詞節をとる場合，目的に向かって努力したことは表していますが，持ち上げてみたかどうかについては何も述べていません（しかし一般には持ち上げてみたと推測されます）．これに対して，動名詞節の場合には，実際に持ち上げてみたことを意味しています．これは動名詞節がその時点での事実を表すからです．fear が不定詞節をとる場合には，「怖くて飛び込みできない」ことを意味していますが，動名詞節の場合には「（一般に）飛び込みを怖がる」ことを述べています（go on, forget, like, remember などの意味の違いについてはすでに述べました）．

[C]　V + that 節

　that 節をとる動詞は，[1]「～であると思う」，[2]「～ということを知る・わかる」，[3]「～であると認める」，[4]「～であると言う」などの意味を表す動詞です．日本語からもわかるように，これらの動詞は文を対象とするので that 節をとります．

[1]　「～と思う」の意味をもつ動詞：　believe（～と思う），consider（～と考える），doubt（～であることを疑問に思う，～でないと思う），figure（～と思う），guess（～と思う），imagine（～であると想像する），suppose（～と思う），suspect（～であることを正しいと思う），think（～と思う）など．

　　(28)　a.　I believe that he will come.
　　　　　　　（彼は来るだろうと思います）
　　　　　b.　I figure that he is about fifty.
　　　　　　　（彼は 50 歳位だと思います）
　　　　　c.　He thinks that your account is right.
　　　　　　　（彼は君の説明が正しいと思っています）
　　(29)　a.　I doubt that he can do it.
　　　　　　　（彼にはそれができないと思います）
　　　　　b.　John doubts that anyone can understand the explanation.
　　　　　　　（ジョンはだれもその説明を理解できないと思っている）
　　　　　c.　She suspects that her husband is lying.
　　　　　　　（彼女は夫が嘘をついていると思っている）

doubt は，that 節の内容が「おそらくは正しくないと思う」という否定的意味をもっています．このことは，(29b) のように that 節内に否定文に生じる any が用いられることからわかります．一方，suspect は that 節の内容が「おそらくは正しいと思う」という意味を表しますが，that 節の内容がよくないことを表している場合が多いようです．

[2] 「～と知る・わかる」の意味をもつ動詞： discover（～ということを発見する），know（～ということを知っている），find（～だとわかる），learn（～ということを知る・わかる），note（～ということに注目する・気づく），notice（～であることに気づく），observe（～であることに気づく），perceive（～であると了解する・わかる），realize（～であると悟る・気づく），recall（～ということを思い出す），regret（～したことを後悔する），remember（～ということを思い出す），see（～ということがわかる）など．

(30) a. John discovered that his younger son was smoking.
(ジョンは下の息子がタバコを吸っていることを知った)
b. I recalled that we had met before in Tokyo.
(私たちが以前に東京で会ったことがあることを思い出した)

[3] 「～と認める」の意味をもつ動詞 (判断を表す)： acknowledge（～と認める），admit（(しぶしぶ) ～と認める），affirm（～と断言する），decide（～と判断する），grant（～と認める），guarantee（～ということを保証する）など．

(31) a. He acknowledges that it is true.
(彼はそれが本当だと認めている)
b. You have to admit that she is working hard.
(君は彼女がよく働いていることは認めなければいけません)
c. I decided that we were mistaken.
(私は我々が誤っていると判断した)

[4] 「～と言う」の意味を表す伝達動詞： announce（～と発表する），argue（～と主張する），assert（～と主張・断言する），complain（～と不平を言う），declare（～と宣言する），insist（～と主張する），report（～と報告する），say（～と言う），state（～と述べる），write（～と書く）など．

(32) a. He said that he was very busy.
（彼はとても忙しいと言った）
b. He asserted that her theory was wrong.
（彼は彼女の理論は間違っていると主張した）
c. The workers are complaining that they have too much work to do.（労働者たちは仕事が多すぎると不平を言っている）

[D] V + should を伴う that 節

advise（〜（すべきだ）と忠告する），agree（〜（すべきだ）ということで意見が一致する），command（〜するように命令する），decide（〜（すべきだ）と決定する），demand（〜するように要求する），desire（〜してほしいと望む・頼む），determine（〜しようと決心する），insist（〜（すべきだ）と主張する），order（〜するように命令する），propose（〜（すべきだ）と提案する），recommend（〜するように勧める），request（〜するように要求する），require（〜するように要求する），suggest（〜すべきだと言う），urge（〜（すべきだ）と主張する）など．

　これらの動詞は**提案・要望・決定・命令・強制・忠告**など様々な意味をもっていますが，that 節の内容が「〜すべきだ」という意味をもっているという共通点があります．したがって，これらの that 節では should が必要となります（米語では should を用いないで，動詞の原形を用いることが多いようです）．

(33) a. It is required that you (should) wear seat belts.
（シートベルトの着用が必要です）
b. They ordered that the king (should) be sent for a trial.
（彼らは王を裁判にかけるように命令した）
c. She suggested that we (should) write that into the contract.
（彼女はそのことを契約書に書き入れてはどうかといった）
d. It is recommended that all the children (should) be immunized against measles.
（すべての子供がはしかの予防注射を受けるように勧められている）

これらの動詞では，that 節の代わりに不定詞節を用いることもできます．ただし，suggest は that 節しかとりません．

(34) a. They ordered the king to be sent for a trial.
　　　　（彼らは王を裁判にかけるように命令した）
　　　b. The doctor recommended all the children to be immunized against measles.
　　　　（医者はすべての子供がはしかの予防注射を受けるように勧めた）

[E]　V + wh 節（疑問節）
ask（尋ねる），decide（判断する），find out（探り出す），know（知っている），see（わかる），tell（わかる），wonder（〜だろうかと思う）など．
　「私は彼女がどこに行ったか思う」という文は正しくない文です．これは「思う」という動詞が wh 節（疑問節）をとらないからです．これに対して「私は彼女がどこに行ったか尋ねた」は正しい文です．これは動詞「尋ねる」が疑問節をとるからです．英語でも同じで，think は wh 節をとりませんし，ask は wh 節しかとれません．

(35) a. I wonder who he is.
　　　　（彼はだれかしら）
　　　b. Do you know when the train leaves?
　　　　（列車はいつ出発するかご存知ですか）
　　　c. I asked (her) whether she wanted coffee.
　　　　（私は（彼女に）コーヒーがほしいかどうか尋ねた）

2.3.4.　心理動詞（V + NP）

　人間の心理状態を表す動詞を心理動詞と呼びます．[A]「好き」「嫌い」のように永続的状態を表す心理動詞，[B]「驚く」「がっかりする」のように一時的状態を表す心理動詞があります．

[A]　like 動詞（永続的状態）
admire（〜に感嘆する），detest（〜をひどく嫌う），dislike（〜を嫌う），fear（〜を怖がる），hate（〜を嫌う），like（〜を好む），love（〜を好む）など．
　これらの動詞は，主語が目的語に対してもつ（好き・嫌い・感嘆・恐怖などの）心理的状態を表しています．

(1) a. I admired his honesty.
       (私は彼の誠実さに感心した)
    b. The child feared the dog.
       (子供はその犬を怖がった)
    c. I love that painting.
       (私はあの絵が好きです)

[B]　surprise 動詞（一時的状態）

amaze（〜をひどくびっくりさせる），amuse（〜を楽しませる），anger（〜を怒らせる），astonish（〜を驚かせる），bother（〜を悩ませる），disappoint（〜を失望させる），encourage（〜を勇気づける），fascinate（〜を魅了する），frighten（〜を怖がらせる），horrify（〜をぞっとさせる），interest（〜に興味を起こさせる），satisfy（〜を満足させる），scare（〜を怖がらせる），startle（〜をぎょっとさせる），stun（〜をぼう然とさせる），surprise（〜を驚かせる）など．

　日本語で心理を表す場合、「〜に驚く」とか「〜にがっかりする」のように使役の意味はありませんが、英語の心理動詞は、surprise の「驚かせる」という意味からも分かるように、使役の意味を持っています．この違いを理解しておかないと、過去分詞形の surprised と現在分詞形の surprising の区別を正しく理解できなくなります．surprised は受け身の過去分詞ですから、「(人が) 驚かせられる」→「(人が) 驚く」の意味になります．surprising は現在分詞ですから、「(人を) 驚かせる」→「驚くべき」の意味になります．心理動詞の現在分詞と過去分詞の多くは形容詞化し、形容詞とみなされています．次の例で違いを確認してください．

(2) a. It surprised us to see the actor show up so early.
       (その俳優がとても早く姿を現したことが我々を驚かせた → その俳優がとても早く姿を現したことに我々は驚いた)
    b. I was surprised at the news.
       (私はそのニュースにびっくりさせられた → 私はそのニュースにびっくりした)
    c. The news was surprising.
       (そのニュースは (我々を) 驚かせるものでした → そのニュースは驚くべ

きものでした）

(3) a. The clown amused the children.
　　　（ピエロは子供たちを楽しませた）
　　b. The children were (very) amused at the clown.
　　　（子供たちはピエロの芸を（とても）楽しんだ）
　　c. The new computer game is amusing.
　　　（その新しいコンピュータゲームは（我々を）楽しませる → その新しいコンピュータゲームは楽しい）

(4) a. The horrible sight scared them.
　　　（悲惨な光景が彼らをぞっとさせた）
　　b. They were (very) scared at the horrible sight.
　　　（彼らは悲惨な光景にぞっとした）
　　c. The scene of the accident was scaring.
　　　（事故の現場はギョッとするようなものだった）

次の表現にも注意しましょう．これらは very による修飾が可能ですから形容詞とみなされます（☞第4章）．

(5) be interested in (〜に興味がある), be surprised at (〜に驚く), be scared at/of (〜を怖がる), be satisfied with (〜に満足する), be pleased with (〜に喜んでいる), be disappointed with (〜に失望する), be amused at/by (〜をおもしろがる), be amazed at/by (〜に驚く), be frightened at/by/of (〜にぎょっとする)

2.4. 動詞＋名詞句＋他の要素 (V-NP-XP)

XP（=NP/AP/PP/VP/Sn）の要素が異なるにしたがって，五つの動詞のタイプに分かれます．**名詞句が常に動詞の直後にくる点に注意してください．**

2.4.1. V-NP-PP (XP=PP)

［A］put タイプ，［B］give タイプ，［C］buy タイプ，［D］provide タイプ，［E］remove/deprive タイプ．

これらの動詞は，基本的には**物の移動**を表しています．物の移動には，移動される物とその移動先の二つの要素が必要です．移動されるものを目的語と

し，移動先を前置詞句で表します．

[A] put タイプ
　　[1] put 動詞，[2] throw 動詞，[3] send 動詞，[4] bring/take，[5] load 動詞．

[1]　**put 動詞**：　install (設置する)，place (置く)，position (配置する)，put (置く) など．

　これらの動詞では，移動するものと移動先を表す二つの表現が必ず必要です．移動先は前置詞句で表されます．前置詞として into, onto なども用いられます．

　　(1)　a.　I put my keys on/in/under the box.
　　　　　　　(私は鍵を箱の上に／中に／下に置いた)
　　　　b.　He placed the book on the shelf.
　　　　　　　(彼は本を棚の上に置いた)

[2]　**throw 動詞**：　throw A to B / throw B A; throw A at B．kick (蹴る)，pitch (投げる)，shoot (撃つ)，throw (投げる)，toss (放り投げる) など．

　これらの動詞は，投げたり蹴ったりして物を移動する意味を表します．移動先は前置詞 to によって示されます．at の場合は「～をねらって撃つ・～にめがけて投げつける」(shoot at, throw at) を意味します．移動先が示されない場合もあります (二重目的語構文でも用いられます (☞ 2.4.2 節))．

　　(2)　a.　John threw the ball to Mary.
　　　　　　　(ジョンがメアリーに (向かって) ボールを投げた)
　　　　b.　Someone threw a stone at the car.
　　　　　　　(だれかが車めがけて石を投げた)

[3]　**send 動詞**：　send A to B / send B A．hand (手渡す)，mail (郵送する)，pass (手渡す)，send (送る) など．

　これらの動詞は一定の手段・方法を用いて物を移動することを表します．移動先を前置詞 to で表しますが，移動先が示されないこともあります (二重目的語構文でも用いられます (☞ 2.4.2 節 (p. 53)))．

(3) a. John sent a nice present to Mary.
　　　　（ジョンはメアリーにすてきなプレゼントを送った）
　　b. She handed a note to Mary.
　　　　（彼女はメアリーにメモを手渡した）

[4] **bring と take**:　bring A to B / bring B A.

　bring（持ってくる）は come に対応し，話し手がいる所に物を持ってきたり，人を連れてくることを意味します．take（持っていく）は go に対応し，話し手から離れた所に物を持っていったり，人を連れていくことを意味します（二重目的語構文でも用いられます（☞ 2.4.2 節））．

(4) a. Please bring some of your friends to the party.
　　　　（君の友人を何人かパーティーに連れてきてください）
　　b. Please take this paper to John.
　　　　（この文書をジョンのところに持っていってください）

[5] **load 動詞**:　load A on(to) B / load B with A.　load（A を B に積む），pile（A を B に山と積む）；splash（A を B にはねかける），spray（A を B に吹きかける）．

　これらの動詞は，ある物（A）をある場所（B）に「積む」とか「はねかける」などの意味を表す動詞です．移動される物を目的語で表し，場所を前置詞句で示す用法と，場所を目的語で表し，移動されるものを with 句によって表す用法があります．

(5) a. He loaded hay onto the truck.
　　　　（彼は干し草をトラックに積んだ）
　　b. He loaded the truck with hay.
　　　　（彼はトラックいっぱいに干し草を積んだ）
(6) a. She sprayed graffiti on the walls.
　　　　（彼女はスプレーで壁に落書きをした）
　　b. She sprayed herself with perfume.
　　　　（彼女は体全体に香水を吹きかけた）

場所を目的語とする (5b), (6b) の用法では，影響性の条件により目的語の場

所全体が影響を受けるという解釈をもちます．例えば，(5b) では，トラック全体が「積む」という行為の影響を受けるため「干し草がトラックの荷台一面に積まれた」ことを意味します．一方，(5a) では，トラックは直接目的語ではないので，通例「干し草がトラックの荷台の一部に積まれている」ことを意味します．(5a), (6a) では，それぞれ，hay と graffiti が動詞の直接的影響を受けています．

［B］ **give タイプ**： give A to B / give B A

allocate (A を B に配分する)，assign (A を B に割り当てる)，feed (A (食べ物) を B に与える)，give (A を B にあげる)，lease (A を B に賃貸しする)，lend (A を B に貸す)，loan (A を B に貸す)，offer (A を B に勧める)，pass (A を B に渡す)，pay (A を B に支払う)，rent (A を B に賃貸しする)，sell (A を B に売る) など．

　これらの動詞は**授与動詞**で，物を移動することによって授与することを意味します．授与の対象となる人は前置詞 to で示されます．このタイプの動詞は，二重目的語構文 V-NP-NP でも用いられます (☞ 2.4.2 節)．

(7) a. He lent his bicycle to his brother. (Cf. He lent him his bicycle.)
　　　 (彼は自転車を兄に貸した)
　　b. Pass this letter to Mary. (Cf. Pass her this letter.)
　　　 (この手紙をメアリーに渡してください)

［C］ **buy タイプ**： buy A for B / buy B A

bake (A を B のために焼く)，boil (A を B のために煮る)，build (A を B のために建てる)，cook (A を B のために料理する)，make (A を B のために作る)；buy (A を B のために買う)，fetch (A を B に取ってきてやる)，find (A を B のために見つける)，gain (A を B に得させる)，get (A を B に得させる)，leave (A を B のために残す)，save (A を B のためにとっておく)；blend (drink) (A (飲み物) を B のために混ぜ合わせて作る)，fix (meal) (A (食事) を B のために作る) など．

　このタイプの動詞は**獲得動詞**で，恩恵を受ける人が for で示されます．for 句が示されない場合もあります．このタイプの動詞は二重目的語構文でも用いられます (☞ 2.4.2 節 (p. 53))．

(8) a. John bought a dress for Mary. (Cf. John bought Mary a dress.)
       (ジョンはメアリー（のため）に服を買ってあげた)
　　 b. He got an ice cream for me. (Cf. He got me an ice cream.)
       (彼は私（のため）にアイスクリームを買ってくれた)

[D]　**provide タイプ**：　provide A for/to B / provide B with A
　[1] 供給・配給の意味を表す provide 動詞, [2] 交換・差し替えを表す replace と substitute.

[1]　**provide 動詞**：　furnish (A を B に供給する), present (A を B に贈る), provide (A を B に供給する), supply (A を B に供給する) など.
　これらの動詞は**供給・贈与**の意味を表し, provide A for/to B (A を B に供給する), provide B with A (B に A を供給する) のように for/to 型と with 型で交替形を示します (アメリカ英語では provide A B の二重目的語構文で用いられることもあります).

(9) a. They supplied drugs to street dealers.
       (彼らは麻薬を通りの密売人に供給していた)
　　 b. They supplied the city with food.
       (彼らは街（の人々）に食べものを供給した)

provide A for/to B と provide B with A は影響性の条件により重点の置き方が異なります. (9a) では麻薬に重点を置いてそれがどこに供給されるかを表す表現であり, (9b) はだれ（どこ）に供給するかに重点があり, 何を供給するかが with 句で示されている表現です.

[2]　**exchange A for B** (A を B と交換する), **replace A with B** (A を B と取り替える), **substitute A for B** (A を B の代わりに使う).
　これらの動詞は**交換・差し替え**の意味を表しますが, 交換されるものと新しく入ってくるものの表し方が異なるので注意が必要です. exchange A for B「A を B と取り替える」, replace A with B は「A を B と取り替える」では交換されるものが直接目的語となります. substitute A for B は「A を B の代わりに使う」の意味で, 新しく入ってくるものが直接目的語となります. つまり, exchange, replace では取り替える対象に重点があるのに対して, substitute で

は新しく入ってくるものに重点があります．

　一方，X replace Y（X が Y に取って代わる），X substitute for Y（X が Y の代用品になる，X が Y の代わりを務める）の表現もあり，この場合には新しく入ってくるのは X です．

(10) a. We exchanged yen for dollars.
　　　　（我々は円をドルに両替した）
　　　b. Please exchange the defective computer for a new one.
　　　　（欠陥のあるコンピュータを新しいものに取り替えてください）
(11) a. Replace the battery with a new one.
　　　　（バッテリーを新しいものと交換してください）
　　　b. We can substitute margarine for butter.
　　　　（バターの代わりにマーガリンを使いましょう）
(12) a. The computer has replaced the word processor.
　　　　（コンピュータがワープロに取って代わった）
　　　b. Honey substitutes for sugar.
　　　　（蜂蜜は砂糖の代用になります）

[E] remove/deprive タイプ

　[1] remove タイプ，[2] deprive タイプ，[3] clear タイプ，[4] steal と rob．このタイプの動詞は**除去**の意味を表します．remove タイプは物を移動させて取り除くことを，deprive タイプは何か本質的なものを取り除くことを意味します．

[1] **remove 動詞**：　remove A from B．exile A from B（B から A を追放する），remove A from B（B から A を取り除く），withdraw A from B（B から A を引っ込める）など．

　これらの動詞は，ある場所からある物を**移動によって取り除く**ことを表します．したがって，移動する物が目的語として，場所が前置詞 from によって表されます．場所を表す from 句は文脈から明らかな場合には省略できます．

(13) a. Please remove your books from the counter.
　　　　（カウンターから本を片付けてください）

b. Please remove that stain. (あのシミを取り除いてください)

[2] **deprive 動詞**： deprive A of B. cure A of B (AからB（病気、悪癖など）をなおす), deprive A of B (AからBを奪う), dispossess A of B (AからBを奪う・取り上げる), rid A of B (AからB（やっかいなもの）を取り除く), rob A of B (AからBを奪う), strip A of B (AからBをはく奪する) など.

これらの動詞は，何か**本質的なものを取り除く**ことを意味し，単なる物の移動を意味するのではありません．除去の対象となるものは前置詞 of で示され，影響をうける人・場所などが目的語で表されます．これらの動詞では，影響性の条件により動詞の「奪う」という影響が目的語に直接働きますから，目的語が本質的な影響を受けることになり，本質的なものを奪うという意味になるのでしょう．

(14) a. We should not deprive individuals of educational opportunities.
(我々は個々人から教育の機会を奪うべきではありません)
b. He is trying to rid himself of his bad habit.
(彼は悪癖から抜けだそうと努力している)

[3] **clear 動詞**： clear A from B / clear B of A. clear (BからAを取り除く), clean (BからAを取り除いてきれいにする), empty (BからAを取り除いて空にする).

このクラスの動詞は，ある場所あるいは容器からそこにあるものすべてを**取り除いて空にする**という意味をもっています．from 型でも of 型でも用いられます．from を用いると移動によって空にするニュアンスが強く感じられます．of を用いると目的語である場所が動詞の影響を直接受けることになり，その内容物をすべて取り除いたというニュアンスが感じられます．

(15) a. Empty the water from/out of the tank.
(タンクから水をぬいてください)
b. The pickpocket emptied the purse of its contents.
(スリは財布から中身を抜き取った)
(16) a. John cleared dishes from the table.
(ジョンはテーブルから皿を片付けた)

b.　John cleared the table of dishes.
　　　（ジョンは皿を片付けてテーブルをきれいにした）

［4］ **steal と rob**：　どちらの動詞も「盗む」ことを意味しますが，steal は基本的には物の移動を表すのに対して，rob は無理やりに，あるいは本質的なものを奪う場合に用いられます．したがって，steal は from を，rob は of を用います．つまり，steal は remove 動詞に，rob は deprive 動詞に属します．この違いは，動詞の影響性によって説明されます．steal では盗られるものに重点があるので，盗まれる側の人には動詞の影響は及びません．これに対して，rob は奪われる側の人を直接目的語にしますので，これが影響を受け，本質的なものを奪うという意味が生じるのです．

　(17)　a.　John stole money from the bank.
　　　　　　（ジョンは銀行から金を盗んだ）
　　　　b.　The news robbed her of the power to speak.
　　　　　　（そのニュースを聞いて彼女は話す力を失った）

2.4.2.　V-NP-NP（XP=NP）：（二重目的語）
このタイプの動詞は二つの目的語をとり，二重目的語動詞と呼ばれます．
　［A］give タイプ，［B］buy タイプ，［C］call タイプ．

［A］　give タイプ：　　give A B / give B to A
allocate（A に B を配分する），assign（A に B を割り当てる），feed（A に B（食べ物）を与える），give（A に B を与える），hand（A に B を手渡す），lease（A に B を賃貸しする），lend（A に B を貸す），loan（A に B を貸す），offer（A に B を勧める），pass（A に B を渡す），pay（A に B を支払う），rent（A に B を賃貸しする），sell（A に B を売る）など．

　このタイプの動詞は**授与**を表し，V-NP_2-to-NP_1 の文型にも，V-NP_1-NP_2 の文型にも生じますが，この二つの文型には意味の違いがあります．V-NP_2-to-NP_1 の文型は基本的には（物の）移動を表し，to NP_1 は移動先を示します．これに対して，V-NP_1-NP_2 の二重目的語構文では，移動先の NP_1（人）と移動したもの NP_2 との間に**所有関係の意味**が生じます．次の文を比較してみましょ

う．

(1) a. John passed a note to me.
　　b. John passed me a note.

(1a) は「ジョンが私に（向かって）メモを手渡した」，(1b) は「ジョンが私にメモを手渡した（受け取った）」というニュアンスの違いがあります．二重目的語構文にこのようなニュアンスが感じられるのは，間接目的語であろうと直接目的語であろうと，動詞の直後にある目的語が動詞の直接的影響を受けるからであると考えられます．つまり，(1b) では me と pass の間に「手渡し」について直接的関係が成り立ち，私が受け取ったという意味が生じるのでしょう．

移動を表す throw 動詞，send 動詞，bring/take も二重目的語構文に用いられます．これは物が移動して移動先の人の手に渡ると所有関係が生じる可能性があるからです．

(2) a. They sent a parcel to John.
　　　（彼らは小包をジョンに送った）
　　b. They sent John a parcel.
　　　（彼らはジョンに小包を送った）
(3) a. Take this newspaper to the dining room.
　　　（この新聞を食堂に持って行きなさい）
　　b. Take him this newspaper.
　　　（彼にこの新聞を持って行きなさい）

(2a) は単に荷物をジョンに送ったことを意味するだけですが，(2b) はジョンが荷物を受け取ったという意味を含んでいます．

物の移動だけを表す動詞は，移動を表す V-NP-to-NP の文型にしか用いられず，二重目的語構文には用いられません．

(4) a. They transferred the patient to another hospital.
　　　（彼らはその患者を別の病院へ移した）
　　b. John transmitted his father's message to his boss.
　　　（ジョンは父親の伝言を上司に送り届けた）

これとは逆に，物の移動が関わっていない場合には，二重目的語の文型にしか

(5) a. John gave me a headache.
　　　　（ジョンは私にとって頭痛の種だ）
　　b. Give me another chance.
　　　　（私にもう一度チャンスをください）
　　c. Give me a hand, will you?
　　　　（手伝ってくれませんか）

[B] **buy** タイプ： buy A B / buy B for A
bake（A に B を焼いてやる），boil（A に B を煮てやる），build（A に B を建ててやる），cook（A に B を料理してやる），make（A に B を作ってやる）；buy（A に B を買ってやる），fetch（A に B を取ってきてやる），find（A に B を見つけてやる），gain（A に B を得させる），get（A に B を得させる），leave（A に B を残す），save（A に B をとっておく）；blend (drink)（A に混ぜ合わせて B（飲み物）を作ってやる），fix (meal)（A に B（食事）を作ってやる）など．

　このタイプの動詞は**獲得**を意味します．V-NP$_2$-for-NP$_1$ の文型にも，二重目的語の V-NP$_1$-NP$_2$ の文型にも生じますが，この二つの文型には意味の違いがあります．

(6) a. Mary cooked a nice dinner for me.
　　b. Mary cooked me a nice dinner.

(6a) は「私のためにすばらしい夕食を作ってくれた」の意味であり，食べなかった可能性もありますが，(6b) は「私にすばらしい夕食を作ってくれた」の意味であり，その料理を食べたというニュアンスがあります．このようなニュアンスは，二重目的語構文の動詞の直後にある目的語が動詞の直接的影響を受け，(6b) では me と cook の間に直接的関係が成り立ち，その結果として生じるのでしょう．

[C] **call** タイプ
　[1] name 動詞（A を B と呼ぶ・命名する），[2] appoint 動詞（A を B に任命・指名する）．

これらの動詞では A is B の意味関係が成り立ち，V-NP-NP の文型にのみ生じます．

[1] **name 動詞**： name A B．baptize（洗礼によってAをBと命名する），call（AをBと呼ぶ），christen（洗礼によってAをBと命名する），dub（AをB（あだ名など）と呼ぶ），name（AをBと命名する），nickname（AをBとニックネームをつける）など．

これらの動詞は基本的には名前を授与する授与動詞であると考えられます．

(7) a. We named our daughter Sarah.
   （娘をサラと名付けました）
　 b. Mrs. Thatcher was dubbed 'The Iron Lady.'
   （サッチャー女史は「鉄の女」と呼ばれた）

[2] **appoint 動詞**： appoint A B / appoint A as B．appoint（AをBに任命する），designate（AをBに指名する），elect（AをBに選ぶ），nominate（AをBの候補者に指名する）など．

これらの動詞は，V-NP-NP の文型のほかに V-NP-as-NP の文型もとります．

(8) a. The President appointed Smith press secretary.
   （大統領はスミスを報道官に任命した）
　 b. The President appointed Smith as press secretary.
   （大統領はスミスを報道官として任命した）

2.4.3. V-NP-AP (XP=AP)

[A] make タイプ，[B] 結果を表す動詞，[C] believe タイプ．

[**A**] **make タイプ** (V [$_{Sn}$ NP AP])
call A C（AをCとみなす），make A C（AをCにする），render A C（AをCにする），turn A C（AをCにする）．

これらの動詞はすべて「AをC（補語）にする」，つまり「[$_{Sn}$ AがCになる] ようにさせる」という使役の意味をもっています．例えば，make John happy は「[$_{Sn}$ John が happy である] ようにさせる」という意味をもち，John と happy の間には主部・述部の関係があります．したがって，[John happy] は節

を形成し，次の構造をもちます．

(1) a. メアリーは [Sn ジョンを幸せ] にした
    b. Mary made [Sn John happy].
(2) a. John made his mother angry.
       (ジョンは母を怒らせた)
    b. The news rendered him speechless.
       (そのニュースに彼はことばを失った)
    c. His behavior turned me sick.
       (彼の行為を見ていて私は気分が悪くなった)

[B] **結果を表す動詞** (V [Sn NP AP])

少し高度な構文ですが，動作を表す動詞が「～することによってAをCの状態にする」という結果の意味を表す構文があります．次の文の意味を考えてみましょう．

(3) a. John wiped the table clean.
       (ジョンはテーブルを拭いてきれいにした)
    b. John knocked the man unconscious.
       (ジョンはその男を殴って気絶させた)
    c. John hammered the metal flat.
       (ジョンは金属をハンマーでたたいて平らにした)

これらの文は，日本語からわかるように，「拭いてきれいにする」，「殴って気絶させる」，「ハンマーでたたいて平らにする」という意味を表しています．この意味は make を使って次のように表すことができますから，基本的には make タイプと同じです．

(4) a. John made the table clean by wiping it.
    b. John made the man unconscious by knocking him.
    c. John made the metal flat by hammering it.

(3)の文は (4) の文の make の代わりに wipe, knock, hammer が用いられた文であると考えることができます．つまり，(3) の wipe は make の意味と結合

して,「拭く」から「拭いてAをCの状態にする」という意味に変化しています.

このように,結果を表す構文は基本的にはmakeタイプと同じで,wipe the table clean では the table と clean の間には主部・述部の関係が成り立ち,[the table clean] の部分は節を成しています.したがって,wipe [Sn the table clean] の構造をしています.

次の例は自動詞の laugh, talk が結果を表す文に使われている例です.それぞれの動詞の意味が変化して,laugh は「笑い飛ばして〜させる」,talk は「よく話してきかせて〜させる」という使役の意味になっています.

(5) a. They laughed the singer out of the stage.
　　　　（彼らは笑いとばしてその歌手をステージから追い出した）
　　b. John talked his wife into coming home.
　　　　（ジョンは妻を説得して家に帰らせた）

少しむずかしい表現かもしれませんが,その成り立ちがわかると理解しやすいと思います.まれな表現ではなく,時々出会う表現ですから理解できるようにしておきましょう.

[C] believe タイプ (V [Sn NP AP])

assume (AをCだと仮定する), believe (AをCだと思う), consider (AをCだと考える), feel (AをCだと思う), figure (AをCだと思う), guess (AをCだと思う), imagine (AをCだと想像する), think (AをCだと思う), suppose (AをCだと思う) など.

次の文を比較してみましょう.

(6) a. ジョンは [Sn 彼女が賢い] と思っている.
　　b. John thinks [Sn that she is wise].
(7) a. ジョンは [Sn 彼女を賢い] と思っている.
　　b. John thinks [Sn her wise].

(6a) の [Sn 彼女が賢い] は節を成し,英語の that 節に対応しています.(7a) の [Sn 彼女を賢い] の「彼女」と「賢い」の間には主部・述部関係がありますから [彼女を賢い] の部分は節です.英語でも同様で,her と wise の間に主部・

述部の関係がありますから節を構成し，V [$_{Sn}$ NP AP] の構造をもちます．なお，このタイプの動詞は V [$_{Sn}$ NP to VP] の不定詞節の構造をとることもできます．

(8) a. I believe [$_{Sn}$ that her story is true].
(私は彼女の話が本当であると思う)
b. I believe [$_{Sn}$ her story to be true].
c. I believe [$_{Sn}$ her story true].
(私は彼女の話を本当と思う)

(9) a. I found that the chair was very comfortable.
(私はその椅子がとても座り心地がよいことがわかった)
b. I found the chair to be very comfortable.
c. I found the chair very comfortable.
(私は(座ってみて)その椅子の座り心地がとてもよいとわかった)

V [$_{Sn}$ NP AP] 型と that 節をとる場合との間には，判断が**直接体験に基づいているかどうか**という点で違いがあります．例えば，(9c) では，実際に椅子に座ってみて座り心地がよいと判断していることを表しています．(9a) の that 節の場合には，人から聞いた情報による判断でもかまいません．この違いも動詞の影響性が関係していると思われます．find the chair comfortable では，the chair が直接目的語と同じ位置にありますから，いわば，find the chair でまず椅子を確認し，それが comfortable であると判明したと言っている表現です．したがって，find と the chair の間に直接的影響があり，それが実際に座ってみるなどの直接的体験を必要とすることになるのでしょう．

2.4.4. V-NP-VP (XP=VP)

[A] 使役動詞，[B] 知覚動詞，[C] want タイプ，[D] believe タイプ，[E] allow タイプ，[F] persuade タイプ，[G] promise．

[A] 使役動詞 (V [$_{Sn}$ NP (to) VP])

[1] cause, get, [2] help, let, make, [3] have, [4] have, get の「される，してもらう」の意味の用法．

使役とは「**ある事象が生じるようにさせる**」という意味です．この意味をも

つ動詞は，V-NP-VP の型に生じます．「ある事象」の部分が NP-VP に対応しますから，この文型の構造は V [$_{Sn}$ NP VP] となり，NP-VP の部分は節を構成しています．VP は to のない原形不定詞の場合と to 不定詞の場合があります．

[1] **cause と get**： 使役の意味「〜させる」を表す最も一般的な動詞で to 不定詞節をとります．

 (1) a. What caused you to change your mind?
     （どうして心変わりしたの）
   b. I couldn't get the car to start this morning.
     （今朝エンジンがかからなかった）

[2] **help, let, make**： help は「手助けして〜させる」，let は「（許して）〜させる」，make は「（強制的に）〜させる」の意味です．これらの動詞は原形不定詞節をとりますが，受動文になると to が現れます．

 (2) a. Shall I help you carry the bag upstairs?
     （荷物を2階へ運ぶのを手伝いましょうか）
   b. Don't let your children play with matches.
     （子供にマッチ遊びをさせてはいけません）
   c. What makes you think so?
     （どうしてそう思うのですか）
   d. I was made to go alone.
     （私はひとりで行かされました）

[3] **have**： have の原義は「もつ」の意味ですが，「〜の状態をもつ」の意味から，「〜させる，〜の状態にしておく」の使役の意味と「〜される，〜してもらう」の経験の意味をもちます．よいことであれば「〜してもらう」の意味となり，わるいことであれば「〜される」の被害の意味となります．

 (3) a. have ＋ NP ＋ C（形容詞）（NP を C の状態にしておく）
   b. have ＋ NP ＋ V（原形）（NP が V するようにさせる）（NP が V するのを経験する）
   c. have ＋ NP ＋ V-ed（NP を V される）（NP を V してもらう）
   d. have ＋ NP ＋ V-ing（NP を V-ing の状態にしておく）

(3a–d) に対応する例を (4)–(7) にあげます．

  (4) a. We have had everything ready.
     （準備万端整いました）
    b. She has the window open at night during summer.
     （夏の間彼女は夜窓を開けたままにしている）
  (5) a. I'll have him come tomorrow morning.
     （彼に明朝来させましょう）［使役］
    b. The professor had half the students walk out of his lecture.
     （教授は講義から半分の学生を出て行かせた）［使役］
     （教授は講義から半数の学生に出て行かれた）［経験］
  (6) a. She had all her books stolen.
     （彼女は本をすべて盗まれた）
    b. I had the roof repaired.
     （屋根を修理してもらった）
    c. She had her arm broken.
     （彼女は（事故などで）腕を折った）
  (7) a. They had four cameras running.
     （彼らは4台のカメラを回した）
    b. She always has the TV going at full blast.
     （彼女はいつもテレビのボリュームをいっぱいに上げている）
    c. He had beads of sweat dripping down from his forehead.
     （彼の額から玉の汗がしたたり落ちていた）

[4] **get**

  (8) a. get ＋ NP ＋ C（形容詞）（NP を C の状態にする）
    b. get ＋ NP ＋ to ＋ V（NP が V するようにさせる）
    c. get ＋ NP ＋ V-ed（NP を V される）（NP を V してもらう）
    d. get ＋ NP ＋ V-ing（NP を V-ing の状態にさせる）

(8c) で内容が主語にとってよいことであれば「してもらう」の意味となり，よくないことであれば「される」の意味となり被害の意味を表します．

(9) a. Get everything ready soon.
(すぐに万端整えてください)
b. Get Mary to wash the dishes occasionally.
(たまにはメアリーに皿洗いをさせなさい)
c. Where did you get your name cards printed?
(どこで名刺を印刷してもらったのですか)
d. Finally he could get the video working.
(やっと彼はビデオを動かすことができた)

[5] **have と get の意味の違い**： すでに述べたように，使役動詞の make は強制を伴う場合に，let は許可を表す場合に用いますが，have は当然やってもらえるような文脈で，get は説得してやってもらえるような状況で用いられます．

(10) a. I had my daughter clean the dishes.
(娘に皿を洗わせた)
b. I got my son to clean the dishes.
(息子に（説得して）皿洗いをさせた)

[6] **使役動詞の受動文**： なお，使役動詞の cause, make は受動文になりますが，have, get, let, help などは受動文になりません．make が受動文になると不定詞の to が復活します．

(11) a. The river was caused to overflow by the long rain.
(長雨によって川が氾濫した)
b. She was made to change her mind by what he said.
(彼の言ったことで彼女は決心を変えた)

[B] **知覚動詞** (V [$_{Sn}$ NP VP])
feel ((〜が〜するのを) 感じる)，hear ((〜が〜するのを) 聞く)，listen to ((〜が〜するのを) 聞く)，look at ((〜が〜するのを) 見る)，notice ((〜が〜するのに) 気づく)，observe ((〜が〜するのに) に気づく)，see ((〜が〜するのを) 見る)，sense ((〜が〜するのを) 感じる)，watch ((〜が〜するのを) 注意して見る) など (hear, see は特に意識をしていない行為であるのに対して，listen, look は意識的にするこ

と，watch は注意深く見ること，observe は notice より堅い語）．

知覚動詞の中で，視覚・聴覚・触覚に関する動詞は V-NP-VP 型に用いられます．VP は原形不定詞の場合と現在分詞の場合があります．（～が～する）の部分は文ですから，NP-VP の部分は節を成しています．

(12) 知覚動詞の文型：
a. V [$_{Sn}$ NP VP]　［原形不定詞］
b. V [$_{Sn}$ NP VP$_{-ing}$]　［現在分詞］

原形不定詞をとる場合は，**動作の全過程**が知覚の対象となり，現在分詞 (V-ing 形) をとる場合は，**動作の一時点**が知覚の対象となっているという違いがあります．知覚動詞が that 節をとる時には，see は「見て気がつく」の意味をもち，understand, realize などの動詞と同じ類に属します．hear も同様で，that 節を用いると「という情報を聞いて知る (be told, informed)」の意味であり，本来の知覚の意味とは異なる意味になります．

(13) a. I saw the man enter the building. ［全過程］
(私はその男が建物に入るのを見ました)
b. I saw the man entering the building. ［一時点］
(私はその男が建物に入っていくのを見ました)
c. I can see that you aren't very happy with the situation.
(君がその状況に納得していないことはわかります)
(14) a. Did you notice him come in?
(彼が入ってくるのに気がつきましたか)
b. I noticed her shivering with cold.
(私は彼女が寒さでぶるぶる震えているのに気がついた)
c. We noticed that she was looking very tired.
(我々は彼女がとても疲れている様子であることに気づいた)

[**C**]　**want タイプ** (V [$_{Sn}$ NP to VP])

[1] want, wish など「～してほしい」という**願望**の意味の動詞，[2] like, hate, prefer など「～してほしい・～してほしくない」という**好き・嫌い**の意味を表す動詞，[3] intend のように「～させるつもりだ」という**意図**の意味

をもつ動詞.

want her to come は「[彼女が来る] ことを望む」→「彼女に来てほしい」という意味ですから，want [_{Sn} her to come] の構造，V [_{Sn} NP to VP] の構造をしています．

(15) a. Do you want [_{Sn} him to go to college]?
(君は [彼が大学に行くこと] を望んでいますか)
b. I prefer [_{Sn} you to stay here].
(君にここに留まってほしい)
c. I intend [_{Sn} him to go there].
(彼にそこに行ってもらうつもりです)

これらの動詞は表面上主語をもたない to 不定詞節の構造にも現れます．その構造は V [_{Sn} △ to VP] (△ = 不定詞の意味上の主語) となります．このタイプの動詞では，不定詞節の意味上の主語△は主文の主語と同じです (☞第 8 章).

(16) a. Do you want [_{Sn} △ to go to college]?
(あなたは大学へ行きたいですか)
b. I prefer [_{Sn} △ to stay here].
(私はここに留まりたい)
c. I like [_{Sn} △ to take a bath].
(私はお風呂に入りたい)
d. I intend [_{Sn} △ to go there as soon as possible].
(私はできるだけ早くそこに行くつもりです)

[D] believe タイプ (V [_{Sn} NP to VP])

assume (〜と仮定する), believe (〜と思う), consider (〜と考える), feel (〜と思う), figure (〜と思う), guess (〜と思う), imagine (〜と想像する), think (〜と思う), suppose (〜と思う) など.

このタイプの動詞は，「〜と思う」の意味をもつ動詞です．これらの動詞は (17) の三つの型に生じますが，ここの文型に該当するのは (17b) の型で V [_{Sn} NP to VP] の構造をもちます．

(17) a. I believe [_{Sn} that her story is true].

b. I believe [$_{Sn}$ her story to be true].

c. I believe [$_{Sn}$ her story true].

(18) a. We consider this to be very important.
(我々はこれを非常に重要であると考えています)

b. Let's assume what he said to be true.
(彼が言ったことが正しいと仮定してみましょう)

c. Imagine yourself to be a movie star.
(自分が映画スターだと想像してみてください)

[E] **allow タイプ** (V [$_{Sn}$ NP to VP])

allow ((〜するのを) 許可する), permit ((〜するのを) 許可する), order ((〜するように) 命令する), force ((〜するように) 強制する), compel ((〜するように) 強制する) (compel は force ほど強い強制ではありません).

これらの動詞は**許可・命令・強制**を表す動詞で, V [$_{Sn}$ NP to VP] の構造をもちます.

(19) a. John allowed [$_{Sn}$ Bob to leave].
(ジョンはボブが去るのを許可した)

b. I won't permit [$_{Sn}$ John to come here again].
(ジョンが再びここに来ることを許しません)

c. I ordered [$_{Sn}$ the boy to bring my hat].
(私はその少年に私の帽子をもってくるように命じた)

d. John forced [$_{Sn}$ Mary to visit Bill].
(ジョンは無理やりメアリーにビルを訪問させた)

一見すると, 動詞の直後の NP は意味上動詞の直接目的語のように見えますが, そうではありません. この位置には, 主語の位置にしか現れない there 構文の there や無生物の要素も生じます.

(20) a. The government will never allow [$_{Sn}$ there to be a demonstration].
(政府はデモを決して許さないだろう)

b. Nick's father ordered [$_{Sn}$ some water to be put on the stove].
(ニックの父はストーブの上に水を架けるように命じた)

意味のない there に許可を与えたり，water に命令したりすることはできませんから，動詞の直後の NP は目的語ではなく，to 不定詞の主語であると考えられます．

[F] **persuade タイプ** (V NP [$_{Sn}$ △ to VP])
ask（人に〜してくれるように頼む），advise（人に〜するように忠告する），convince（人に〜するように説得する），persuade（人に〜するように説得する，人を説得して〜させる），tell（人に〜するように話す）など．

これらの動詞は「人に〜するように**頼む・忠告する・説得する・話す**」の意味をもつので，依頼したり説得したりする「相手」と「依頼や説得の内容」を表す二つの要素を必要とします．この「相手」は目的語として，「内容」は不定詞節として表されます．「内容」が文脈から明らかな場合には省略されます．

(21) persuade NP（人を説得する）
persuade NP to VP（人を説得して〜するようにさせる）
persuade NP into Ving（人を説得して〜させる）
persuade NP that 節（人に that 節の内容を納得させる）

不定詞をとるときの構造は次のようになります．

(22) John [$_V$ persuaded] [$_{NP}$ Mary] [$_{Sn}$ △ to leave]　[△ =Mary]

不定詞節の主語は表面上表されませんので，それを△で表しておきます．この不定詞の主語△は目的語を指します（☞第8章）．説得の内容が文脈から明らかである場合には，説得の内容を表す不定詞節を省略できますが，説得の相手を省略することはできません．

(23) a. Please try to persuade her to come with us.
　　　　（我々と一緒に来るように彼女を説得してみてください）
　　 b. John wouldn't agree, despite our efforts to persuade him.
　　　　（ジョンは我々の説得の努力にもかかわらず同意しないでしょう）

(23a) は説得の相手と説得の内容の両方が生じている例です．(23b) では，説得の内容が agree（同意すること）であるとわかっているので，persuade him to agree の to agree が省略されています．

第 3 章 動詞の型

説得の内容は，should を伴う that 節で表すこともできます．

(24) a. John persuaded Mary to leave.
(= John persuaded Mary that she should leave.)
（ジョンはメアリーに出発するように説得した）
b. I was advised by the doctor to take a complete rest.
(= The doctor advised me that I should take a complete rest.)
（私は完全休養をとるように忠告された）
c. My mother asked me to buy some bread on my way home.
(= My mother asked me that I should buy some bread on my way home.) （母は私に帰宅途中でパンを買ってくるように頼んだ）
d. The doctor told me to eat more fresh vegetables.
(= The doctor told me that I should eat more fresh vegetables.)
（医者は私にもっと新鮮な野菜を食べるように言った）

should を伴わない that 節の場合，persuade は「(that 節の内容)を信じるように人を説得する」という意味です．

(25) Mary failed to persuade them that she was innocent.
（メアリーは自分が無実であることを彼らに信じさせることができなかった）

［G］ promise

promise「約束する」は，主語のほかに，約束の相手，約束の内容から成り立っています．約束の相手は目的語によって表され，約束の内容は不定詞節あるいは that 節で表されます．約束の相手，約束の内容が文脈から明らかな場合には省略できます．

(26) promise（約束する）
promise NP（人に約束をする）
promise NP to VP（人に〜することを約束する）
promise to VP（〜することを約束する）
promise NP that 節（人に that 節の内容を約束する）
promise that 節（that 節の内容を約束する）

promise が不定詞をとる場合の文型は次のようになります．

(27)　John [v promised] [NP Mary] [Sn △ to go]　[△ =John]

「ジョンはメアリーに行くと約束した」では，「行く」という約束を実行するのはジョンであってメアリーではありません．英語でも同様で，promise の不定詞節の意味上の主語△は主節の主語を指します．

(28)　a.　John promised (me).
　　　　　（ジョンは（私に）約束した）
　　　b.　John promised (me) to be there on time.
　　　　　（ジョンは時間どおりにそこへ行くと（私に）約束した）
　　　c.　John promised (me) that he would be there on time.
　　　　　（ジョンは時間どおりにそこへ行くと（私に）約束した）

promise では約束の相手も約束の内容も文脈から明らかである場合には省略可能です．(28a) は約束の相手と約束の内容の両方が，(28b, c) は約束の相手が省略可能であることを示す例です．

[H]　不定詞をとる動詞のまとめ

これまでみた V-NP-VP 型の動詞についてまとめておきましょう．最も重要な点は，これらの動詞がすべて V＋NP＋不定詞の型をもつことですが，それぞれの動詞のもつ構造の違いにも注意しましょう．まとめの (I) 〜 (III) が同じ型で，(IV) 〜 (V) が同じ型です．

(29)　V-NP-VP 型動詞のまとめ
　　(I)　　want [Sn NP to VP]：want [Sn John to leave]
　　(II)　 believe [Sn NP to VP]：believe [Sn John to stay in the house]
　　(III)　allow [Sn NP to VP]：allow [Sn John to leave]
　　(IV)　persuade NP [Sn △ to VP]：persuade John [△ to leave]
　　　　　　　　　　　　　　　　　　　　　　　［△ =persuade の目的語］
　　(V)　 promise NP [Sn △ to VP]：promise John [△ to leave]
　　　　　　　　　　　　　　　　　　　　　　　［△ =promise の主語］

2.4.5. V-NP-Sn (XP=Sn)

［A］Sn=that 節，［B］Sn= 疑問節．

［A］ V-NP-that 節

assure（〜に〜であると請け合う），convince（〜に〜であることを確信させる），remind（〜に〜であることを思い出させる），tell（〜に〜であると告げる），warn（〜に〜であると警告する）など．

　これらの動詞は「that 節の内容を**人に確信させる・伝達する・警告する**」という意味をもっています．

(1)　a.　He convinced me that I had been wrong.
　　　　（彼は私が間違っていたことを確信させた）
　　b.　Mary reminded him that smoking was not permitted in that area.（メアリーはそのエリアが禁煙であることを彼に思い出させた）
　　c.　He told me that he saw a traffic accident on the way.
　　　　（彼は私に途中で交通事故を見たと話した）

［B］ V-NP- 疑問節

advise（〜に〜（すべきかどう）か助言する），ask（〜に〜（かどう）か尋ねる），show（〜に〜か説明する・明らかにする），tell（〜に〜か教える）など．

　これらの動詞は「**人に〜（かどう）か尋ねる，助言する**」などのように疑問節をとる動詞です．

(2)　a.　John advised me (as to) whether I should accept the offer.
　　　　（ジョンはその申し出を受けるべきかどうか（について）助言してくれた）
　　b.　John asked Mary where she lived.
　　　　（ジョンはメアリーにどこに住んでいるか尋ねた）
　　c.　Please show me which pictures you took?
　　　　（君がどの写真を撮ったのか教えてください）
　　d.　Let me tell you what he means.
　　　　（彼が何を言いたいのかお話ししましょう）

wh 節は名詞句とよく似た働きをしますから，このクラスの動詞は V-NP-NP

の型にも生じます（ask me a question / tell me a story など，ただし，advise は除きます）．

2.5. 動詞＋前置詞＋節（V-PP-Sn）
［A］Sn=that 節 / wh 節，［B］Sn= 不定詞節．

［A］ V-PP-that 節 / wh 節
explain（〜に〜を説明する），indicate（〜に〜を指摘する），propose（〜に〜（すべきだ）と提案する），say（〜に〜と言う），suggest（〜に〜（すべきだ）と提案する），whisper（〜に〜とささやく）など．

これらの動詞は情報の移動を表す**情報伝達動詞**です．これらの中で propose と suggest は「〜すべきだ」の意味をもつので，(2) のように that 節で「should ＋動詞の原形」あるいは動詞の原形が用いられます．

(1) a. You should explain to your teacher why you came late this morning.（今朝なぜ遅く来たのか先生に説明すべきです）
  b. She did not indicate to me why she had decided to quit her job.（彼女はなぜ仕事をやめる決心をしたのか私には言ってくれなかった）
(2) a. Her father proposed to her that she (should) marry the baseball player.（父親は彼女にその野球選手と結婚してはどうかと勧めた）
  b. He suggested to her that they (should) go for a walk together.（彼は一緒にちょっと散歩しないかと彼女に言った）

これらの動詞の本来の語順は explain A to B です．しかし A が that 節という重い要素ですから，重い要素は後に置くという語順の原則によって文末に置かれ，explain to B A の語順となります（第 1 章の語順の原則 (II)）．

ついでながら，これらの動詞は単に情報の移動を表すだけですから，say something to John の型しかなく，二重目的語構文には生じません．これに対して，tell は両方の構文に生じます．say と tell を比べてみましょう．

(3) a. John said to me that Mary was wise.
  b. John told me that Mary was wise.

say は情報の移動を表す伝達動詞ですから，that 節の内容が情報として me へ

移動したことを表します．これに対して，tell は二重目的語構文に相当しますから，情報が me に伝達されて，それが理解されたというニュアンスがあります．また，say something to the wall（壁に向かって何か言う）とは言えますが，ここで tell を使うことはできません．

［B］ V-PP- 不定詞節

count on（〜が〜するのを当てにする），depend on（〜が〜するのを当てにする），plead with（〜に〜してくれと嘆願する），rely on（〜が〜するのを当てにする），shout to（〜に〜せよと叫ぶ），wait for（〜が〜するのを待つ）など．

　これらの動詞では前置詞の目的語が不定詞節の意味上の主語になります．例えば，depend on Tom [$_{Sn}$ △ to help us]（△ =Tom）（トムが我々を手伝ってくれることを（トムに）当てにする）の構造をしています．

　　(4)　a.　He shouted to me to go out.
　　　　　　（彼は私に出て行けと叫んだ）
　　　　b.　I waited for him to come out of the office.
　　　　　　（私は彼がオフィスから出てくるのを待った）
　　　　c.　Can we depend on you to get this work done quickly?
　　　　　　（君がこの仕事をすぐに片付けてくれると当てにしていいですか）

2.6.　There 構文の動詞

　［A］存在，［B］出現を意味する動詞だけが there 構文に生じます．

［A］　存在を表す動詞

be（ある，いる），dwell（に住んでいる），exist（存在する），live（生きている，存続する），remain（残っている），reside（に存する，ある）など．

　　(1)　a.　Does life exist on Mars?
　　　　　　（火星に生命が存在しますか）
　　　　b.　Very few of the houses in the village remained after the earthquake.（地震の後，村に残っている家はほとんどなかった）

there 構文は会話に新しい話題を導入する働きをもちます．例えば，突然 A

picture is on the wall. というと，聞き手は a picture がどの絵を指すのか理解できず，とまどってしまいます．そこで，There is a picture on the wall. という文によって，まず新しい話題として a picture を導入することを聞き手に知らせます．そうすると，聞き手は新しい話題が a picture であることを理解します．その後 The picture was painted by John. のように会話が進んでも，その絵がどの絵を指しているのかで聞き手が迷うことはありません．このように，there 構文は会話に新しい話題を導入する働きをしますから，動詞は存在や出現を表す動詞に限られます．また，導入される話題は新情報を表します．新情報は（不定冠詞の a/an がつく）不定名詞句によって表されるので，**there 構文の動詞の後にくる名詞句は不定名詞句**に限られます（冠詞については第26章を参照）．

(2) a. There is a good solution to this problem.
    （この問題に対するよい解決法があります）
 b. There is no doubt about it.
    （それについて疑いの余地はありません）
 c. There lived a good magician in the village.
    （その村に優れたマジシャンが住んでいました）
 d. There remained much to be done.
    （やるべきことがたくさん残っていた）

[B] 出現を表す動詞

appear（出現する），arise（起こる，生ずる），come（起こる，現れる），develop（発生する，発展する），grow（生ずる，育つ），result（結果として生ずる，起こる），rise（生ずる，起こる）など．

　これらの動詞は，人あるいは物がある場面に出現することを表します．there 構文でこれらの動詞の直後にくる名詞句も不定名詞句に限られます．

(3) a. There appeared a ship on the horizon.
    （地平線に船が現れた）
 b. There arose a hurricane in the South Pacific Ocean.
    （南大西洋にハリケーンが発生した）

2.7. It ... that 構文の動詞

[A] appear, seem, [B] happen, prove などの動詞が it ... that 構文に生じます．

[A]　appear, seem

appear ((見たところ)〜らしい) と seem ((考えてみると)〜らしい) は，that 節で示される内容の可能性・蓋然性 (ありそうであること) を表しています．これらの動詞は不定詞節をとることもできます．

(1) a. It seems that John likes Mary.
 (ジョンがメアリーを好きであるらしい)
 b. John seems to like Mary.
 (ジョンはメアリーを好きらしい)
(2) a. It appears that there is no significant difference between the two.
 (その二つの間には重要な違いがないように見える)
 b. There appears to be no significant difference between the two.
 (その二つの間に重要な違いはなさそうだ)

(a) と (b) はほとんど同じ意味を表していますが，これは (a) と (b) が次のような規則によってつながっているからです．

(3) a. It seems [$_{Sn}$ that John is angry at me]
　　　　　⇩　　　　　　＜that 節を不定詞節に変える＞
 b. It seems [$_{Sn}$ John to be angry at me]　［文としては不可］
　　　　　⇩　　　　　　＜John を it の位置へ移動する＞
 c. John seems [$_{Sn}$ ＿＿＿ to be angry at me]
　↑＿＿＿＿＿＿＿｜
　　　　　⇩　　　　　　＜to be を削除＞
 d. John seems angry at me.

(3a) の that 節を不定詞節に変えると (3b) となります．it の位置に不定詞節の主語を移動すると (3c) が得られます．このように (3c) は規則によって (3a) とつながっているので，(3a) と (3c) はほぼ同じ意味を表します．しかし (3a) と (3c) は意味がまったく同じかというと，そうではなく，多少の違いがあります．(3a) では，「ジョンが私に腹を立てている」という判断が他の人から聞

いた情報に基づくものでもよいのですが，(3c) では自分自身で**直接確かめた情報に基づく判断**である必要があります．例えば，John に直接会って怒っていると感じたような場合です．(3d) のように to be を省略した型では，その意味合いがさらに強くなります (2.4.3 節 [C] も参照)．

[B]　**happen, prove** など

chance (たまたま〜する)［少し古い表現］, happen (偶然〜する，たまたま〜する); prove (〜であるとわかる・判明する)，turn out (〜であるとわかる・判明する)．

(4)　a.　It happened that she was out when he called.
　　　b.　She happened to be out when he called.
　　　　　(彼が電話をかけた時，彼女はたまたま出かけていました)
(5)　a.　It proved that the job was much harder than we had expected.
　　　b.　The job proved (to be) much harder than we had expected.
　　　　　(その仕事は我々が予想していたよりもはるかに難しいことがわかった)
(6)　a.　It turned out that what he said was false.
　　　b.　What he said turned out (to be) false.
　　　　　(彼が言ったことは間違っていることが判明した)
(7)　a.　It turned out [$_{Sn}$ that what he said was false]
　　　　　　　　⇩　　　　　　　　＜that 節を不定詞節に＞
　　　b.　It turned out [$_{Sn}$ what he said to be false]　［文としては不可］
　　　　　　　　⇩　　　　　　　　＜what he said を it の位置へ移動＞
　　　c.　What he said turned out [$_{Sn}$ ＿＿ to be false]
　　　　　　　　⇩　　　　　　　　＜to be を削除＞
　　　d.　What he said turned out false.

このように，これらの文も (3) で見た規則によってつながっています．特に，(5b), (6b) で to be が削除されていると，この文型を正しくとらえられないことがあるので注意しましょう（ただし happen では to be の削除はできません）(☞ 2.2.4 節)．

第4章

形容詞の型

　形容詞には，二つの用法があります．ひとつは be 動詞などの述語動詞とともに用いられて述部を構成し，**主語の状態・性質を述べる叙述用法**，もうひとつは名詞を修飾し**名詞を限定・分類する働きをする限定用法**です．叙述用法の形容詞には，動詞と同じように，前置詞句・that 節・不定詞節をとるものがあります．

1. 形容詞の型

　前置詞句・that 節・不定詞節をとる叙述用法の形容詞が生じる文型を**形容詞の型**と呼ぶことにしましょう．

1.1. 形容詞＋前置詞句

　前置詞句をとる形容詞は，意味上いくつかに分類できます．また，形容詞がとる前置詞は，形容詞の意味内容からある程度予測可能です．

[1]　「形容詞＋前置詞」が他動詞に相当する場合：　前置詞は of．

　「形容詞＋前置詞」が他動詞に相当する場合，前置詞として（行為の）目標を表す前置詞 of が用いられます（対応する他動詞を角括弧内に示します）．

　　　(1)　a.　She was aware of the danger.　[notice]
　　　　　　　（彼女はその危険に気づいていた）
　　　　　b.　He is fond of her.　[like]
　　　　　　　（彼は彼女が好きです）
　　　　　c.　He is very forgetful of things.　[forget]

　　　　　（彼はものごとをとても忘れやすい）
　　　d. Mary is envious of his success. ［envy］
　　　　　（メアリーは彼の成功をうらやんでいる）
　　　e. Mary is afraid of dogs. ［fear］
　　　　　（メアリーは犬を怖がります）

［2］ 形容詞が**主題に向けられる感情**を表す場合： 前置詞は about, at.

　　(2) a. He was angry at being kept waiting.
　　　　　（彼は待たされたことに腹を立てた）
　　　b. He is good at math.
　　　　　（彼は数学が得意です）
　　　c. He was very glad about her reaction.
　　　　　（彼は彼女の反応にとても喜んだ）
　　　d. He is happy about her success.
　　　　　（彼は彼女の成功をうれしく思っている）
　　　e. He was indignant at her behavior.
　　　　　（彼は彼女の振る舞いに憤慨した）

［3］ 形容詞が**対象に対する方向性・関連性**を表す場合： 前置詞は to.

　　(3) a. He is subject to criticism.
　　　　　（彼は批判を受けやすい）
　　　b. He got used to living in Boston.
　　　　　（彼はボストンの生活に慣れてきた）
　　　c. Tobacco is hurtful to the health.
　　　　　（たばこは健康に有害である）
　　　d. These facts are relevant to the analysis.
　　　　　（これらの事実はその分析に関連がある）

［4］ 形容詞が**同一・同時・合致・類似**を表す場合： 同一・同時・合致では with, 類似では to.

　　(4) a. This knife is identical with that one in design.
　　　　　（このナイフはあのナイフとデザインがまったく同じだ）

b. The discovery of America was contemporaneous with the fall of Granada.（アメリカ大陸の発見はグラナダの陥落と同時代でした）
　　　c. 'Shut' is synonymous with 'close.'
　　　　（'shut' は 'close' と同義です）
　　　d. Your idea is similar to mine.
　　　　（君の考えは私の考えと似ています）
　　　e. In intelligence, cats are about equal/equivalent to dogs.
　　　　（知能の点では，ネコはイヌとほぼ同じです）

［5］形容詞が**評判**を表す場合：　前置詞は for.

　(5) a. This town is famous for its hot springs.
　　　　（この町は温泉で有名です）
　　　b. That man is notorious for his bad behavior.
　　　　（あの人は行儀が悪いので悪名が高い）

［6］形容詞が**相違・離脱・不一致**を表す場合：　前置詞は from.

　(6) a. My mistake is quite different from yours.
　　　　（私のミスは君のとはまったく違います）
　　　b. He is absent from school today.
　　　　（彼は今日学校を休んでいます）
　　　c. The moral question is not separable from the financial one.
　　　　（道徳的問題は経済的問題と分けられません）

［7］**比較**を表す場合：　ラテン語源の inferior, superior の前置詞は to.

　(7) a. He is clearly superior to the other candidates.
　　　　（彼は明らかに他の候補者より優れている）
　　　b. This coffee is inferior to that in taste.
　　　　（このコーヒーはあのコーヒーよりも味が劣る）

1.2.　形容詞＋節

　節をとる形容詞は，that 節をとるもの，不定詞節をとるもの，その両方をとるものの三つに分かれます．形容詞がどの類に属するかは，多くの場合形容

詞の意味から予測可能です。

1.2.1. 形容詞＋that 節
[1] happy（うれしい），sorry（気の毒な），surprised（驚いた）など．
形容詞が**主語の感情**を表し，that 節がその理由や原因を表します．

(1) a. I am happy (that) you are here.
(君が来てくれてうれしい)
b. We are very sorry (that) he passed away.
(彼が逝去したことをとても気の毒に思います)
c. I was shocked that my mother was involved in the accident.
(母が事故に巻き込まれたことはショックでした)

主節の主語と that 節の主語が同一である場合は，不定詞節のほうが好まれます．

(2) a. She is happy to have found the jewel.
(彼女はその宝石が見つかって喜んでいます)
Cf. She is happy that she has found the jewel.
b. He was sorry to have his pride wounded.
(彼はプライドを傷つけられて残念に思った)
Cf. He was sorry that he had his pride wounded.

[2] angry（怒っている），anxious（切望している），conscious（気づいている），sure（確信している）など．
形容詞が that 節の内容に対する**主語の態度（確信・願望・恐れなど）**を表し，意味上 that 節が他動詞の目的語に相当します．that 節の内容を前置詞句で表すこともできます．

(3) a. I am sure that he is innocent.
Cf. I am sure of his innocence.
(私は彼が無実であると確信している)
b. He got angry that he was neglected.
Cf. He got angry at being neglected.
(彼は無視されたことに腹を立てた)

c.　We were all anxious that you should return.
　　　　　Cf.　We were all anxious for your return.
　　　　　　　We were all anxious for you to return.
　　　　　（我々はだれも君が帰ってくることを切望している）
　　　d.　They were conscious that they were being watched.
　　　　　Cf.　They were conscious of being watched.
　　　　　（彼らは監視されていることに気づいていた）

1.2.2.　形容詞＋不定詞節

[1]　形容詞が**主語の感情**を表し，不定詞節がその原因・理由を表す場合：
amazed（ひどくびっくりする），amused（（「おかしい」の意味の）おもしろい），ashamed（恥ずかしいと思う），astonished（驚く），bored（ひどく退屈した），confused（混乱した），content（満足した），discouraged（落胆した），disturbed（不安な），embarrassed（困惑した），excited（興奮した），grateful（感謝している），horrified（（恐怖で）ぞっとする），impatient（いらいらして），perplexed（困惑して）など．

　この用法をもつ形容詞には心理動詞から派生されたもの（心理動詞の過去分詞形）が多くあります．これらの形容詞は that 節もとります（☞ 1.2.1 節 [1]）．

　(1)　a.　He was shocked to hear his daughter swearing.
　　　　　（彼は娘が悪態をつくのを聞いてショックを受けた）
　　　b.　I was ashamed to be late.
　　　　　（遅刻したことを恥ずかしく思った）
　　　c.　I was amazed to see him in New York.
　　　　　（私はニューヨークで彼に会ってびっくりした）

[2]　形容詞が**主語の能力**を表す場合：　able（～できる，有能な），(in)competent（～する力量のある，有能な（～する力量のない，無能な）），entitled（～する資格のある，権利のある），privileged（～する光栄にあずかる），qualified（～する資格のある）など．

　(2)　a.　I wasn't able to lift the suitcase.
　　　　　（スーツケースを持ち上げられませんでした）

b. She is not competent to take care of little children.
   (彼女には小さな子供の世話は無理です)
c. I am not qualified to comment on this matter.
   (私にはこの問題にコメントする資格がありません)

[3] 形容詞が**主語の傾向**を表す場合： apt (〜しがちである), liable (〜しがちである), inclined (〜する傾向がある), prone ((このましくないことを) とかく〜しがちである), sure (必ず〜する) など.

(3) a. He is apt to be forgetful.
     (彼はものごとを忘れがちである)
   b. He is inclined to be lazy.
     (彼は怠慢になる傾向があります)

[4] 形容詞が**主語の意志・願望**を表す場合： anxious (切望している), eager (切望している), hesitant (ためらっている), willing (喜んで〜する) など. that 節もとります (☞ 1.2.1 節 [2], 1.2.3 節).

(4) a. Max is anxious to visit Bill.
     (マックスはしきりにビルを訪問したがっています)
   b. He is eager to go to America for study.
     (彼はアメリカへ留学することを強く望んでいる)
   c. I am willing to help you.
     (喜んでお手伝いいたします)
   d. John was hesitant to agree with you.
     (ジョンは君の言うことに同意するのをためらっていた)

1.2.3. 形容詞＋should を伴う that 節

anxious (切望する), eager (切望する), willing (喜んでいる); afraid (残念な), glad (嬉しい), sad (悲しい), sorry (残念な); amazed (驚いた), annoyed (いらいらした), disappointed (がっかりした), shocked (ショックをうけた), surprised (驚いた), upset (気が動転した) など.

これらの**願望, 喜怒哀楽, 驚き**を表す形容詞の that 節には, 感情を表す should が用いられることがあり,「〜とは驚きだ」などの意味を表します. 不

定詞を用いて書き換えることもできます（☞ 1.2.6 節）．

(1) a. I am sorry that he shouldn't come.
    Cf. I am sorry for him not to come.
    （彼が来られないとは残念だ）
  b. John is eager that his son should enter college.
    Cf. John is eager for his son to enter college.
    （ジョンは息子が大学に入ることを強く望んでいます）
  c. He is reluctant that Mary should drive a car.
    Cf. He is reluctant for Mary to drive a car.
    （彼はメアリーが車の運転をするなんてよくないと思っている）

1.2.4. It ＋ is ＋形容詞＋ that 節

主語の it は that 節を指します．この型に生じる形容詞には，that 節の内容の可能性・蓋然性を表すものと明・不明を表すものがあります．

[1] **可能性・蓋然性**： certain（確かだ），likely（ありそうだ），impossible（ありそうにない），improbable（ありそうにない），possible（可能性がある），probable（ありそうだ），unlikely（ありそうにない）など．

このクラスの形容詞は，it ... that 構文のほかに，(1b) の型にも生じます（ただし，impossible, possible, probable は除く）（☞ 1.2.9 節 (p. 86)）．

(1) a. It is likely that the Yankees will win this year.
  b. The Yankees is likely to win this year.
    （ヤンキースは今年は勝ちそうだ）

[2] **明・不明**： apparent（(〜であるのは外見上) 明らかだ），clear（(〜であるのは) 明白だ），evident（(〜であるのは) 明らかだ），explicit（(〜であるのは) 明白だ，あいまいなところがない），implicit（(〜であることが) 暗に意味されている），obvious（(〜であるのは) 明白だ）[apparent や evident よりも明白さの度合いが強い]，plain（(〜であるのは) はっきりしている），well-known（(〜であるのは) よく知られている）など．これらの形容詞は it ... that 構文しかとりません．

(2) a. It is obvious that Mary loves John.

（メアリーがジョンを愛していることは明らかです）
- b. It is clear that he can't succeed.
(彼が成功できないことは明らかです)
- c. It became apparent that he told a lie.
(彼が嘘を言っていたことが明らかになってきた)

1.2.5. It ＋ is ＋形容詞＋不定詞節

　主語の it は不定詞節を指します．この型には難易や価値・評価を表す形容詞が生じます．

[1]　**行為の難易**を示す形容詞：　difficult (むずかしい), easy (やさしい), hard (むずかしい), impossible (不可能である), tough (むずかしい) など.

　これらの形容詞は，it ... to 不定詞の構文に加えて (1b) の型にも生じます (☞ 1.2.8 節).

(1) a. It is hard to please John.
    (ジョンを喜ばせるのはむずかしい)
  b. John is hard to please.
    (ジョンは気むずかしい)

[2]　**価値・評価**：　attractive (魅力ある), bitter (つらい), boring (退屈な), comfortable (気持ちのよい), economical (経済的な), effective (効果的な), expensive (費用のかかる), regrettable (残念な), wonderful (すばらしい) など.

(2) a. It is more economical to go by bus than by taxi.
    (タクシーで行くよりもバスで行くほうが経済的です)
  b. It would be more effective to encourage him.
    (彼を激励するほうが効果的でしょう)
  c. It would be wonderful to visit Paris again.
    (パリを再訪できるならすばらしい)

1.2.6. It ＋ is ＋形容詞＋ should を伴う that 節

　主語の it は that 節を指します．**喜怒哀楽**を表す（心理動詞に対応する）形容詞や**義務・命令・必要**などを表す形容詞では should が用いられます．不定詞

を用いて書き換えることもできます．

　　admirable（賞賛すべき，実に立派な），alarming（容易ならない，不安を感じさせる），annoying（うるさい，いらいらさせる），awful（ひどい），awkward（ぎこちない，ぶざまな），curious（奇妙な），depressing（気落ちさせる），disappointing（がっかりさせる），frightening（ぎょっとさせる），imperative（緊急の，絶対必要な），necessary（必要な），shocking（ぞっとさせる），surprising（驚くべき），upsetting（狼狽させる，気を転倒させる），urgent（緊急の）など．

　　(1)　a.　Isn't it necessary that you should be more economical?
　　　　　　Cf.　Isn't it necessary for you to be more economical?
　　　　　　（君はもっと節約する必要がありませんか）
　　　　b.　It is awkward that he should be late.
　　　　　　Cf.　It is awkward for him to be late.
　　　　　　（彼が遅刻するとはぶざまだ）
　　　　c.　It is surprising that he should win the prize.
　　　　　　Cf.　It is surprising for him to win the prize.
　　　　　　（彼が受賞するとは驚きだ）

1.2.7.　wise クラスの形容詞

　ある行為に対して「賢い，親切だ，ばからしい，すてきだ」のように，その行為に対する**話し手の判断を表す**形容詞を wise クラスの形容詞と呼ぶことにしましょう．

　　bad（悪い），clever（賢い，抜け目がない），crazy（正気でない），foolish（おろかな，ばかげた），good（よい，思いやりのある），kind（親切な），nice（愉快な，親切な），polite（ていねいな，礼儀正しい），smart（りこうな，気のきいた），stupid（ばかな，愚かな），thoughtful（思慮深い），wicked（悪い，不道徳な），wise（賢い，賢明な）など．

　このクラスの形容詞はいくつかの型に生じますが，よく使用される二つの型をあげておきます．

　　(1)　(I) 型：　**It is wise of A to do ...**
　　　　(II) 型：　**A is wise to do ...**

この二つの型の間には規則性があり，(I) 型の A を主語の it の位置に移動して of を削除すると (II) 型となります．両者はほぼ同じ意味ですが，(I) 型は A のしたことが wise であると述べているのに対して，(II) 型では A についてその行為が wise であったと述べていて，A についての記述となっている点に違いがあります．

(2) a. It was wise of John to refuse the offer.
    (ジョンがその申し出を断ったのは賢明でした)
 b. John was wise to refuse the offer.
    (ジョンは賢明にもその申し出を断った)

(3) a. It was kind of him to help us out of the trouble.
    (彼が我々をトラブルから救ってくれたのは親切なことだった)
 b. He was kind to help us out of the trouble.
    (彼は親切にも我々をトラブルから救ってくれました)

(4) a. How kind of you to say so!
    (そう言っていただけるとはなんとご親切なことでしょう)
 b. How smart you are to quit smoking!
    (禁煙するとは君はなんと賢明なことでしょう)

「不定詞節は未来のことを表す」という一般原則がありますが，これに反して，wise クラスの形容詞の不定詞節で示される内容はすでに起こっている事実を表しています．この特徴はこのクラスの形容詞だけに見られるものです．

これらの形容詞が単独で用いられると，その人の本来的性質を表しますから，不定詞節をとる場合と意味が異なります．

(5) a. He is polite/wise/kind.
    (彼は (本来) 礼儀正しい／賢い／親切な人だ)
 b. He was polite/wise/kind to help the old lady.
    (彼は礼儀正しい／賢い／親切なことには老婦人の手助けをした)

1.2.8. hard クラスの形容詞

ある行為を行うのが「やさしい，むずかしい，不可能である」のように，その行為を行うことの**難易**を表す形容詞を hard クラスの形容詞と呼ぶことにし

ます．

　dangerous（危険だ），difficult（むずかしい），easy（やさしい），hard（むずかしい），impossible（不可能である），possible（可能である），simple（簡単な），tough（むずかしい，困難な）など（ただし，possibleは下の（II）型は不可）．

　また，dreadful（非常に恐い），nice（楽しい），pleasant（愉快な），fit（適している）など．

　これらの形容詞は二つの型に生じますが，その二つの型の間には規則性があります．なお，これらの形容詞の場合，for〜は「〜にとって」の意味で形容詞と結びついていて，不定詞節の主語ではありません．

(1)　(I)型：**It is hard (for 〜) to do A.**
　　 (II)型：**A is hard (for 〜) to do.**

つまり，(I)型の不定詞節内の動詞の目的語Aを主語のitの位置に移動すると(II)型となります．具体例を示しましょう．

(2)　a.　It is easy to read this book.　（この本を読むのはやさしい）
　　　　　　　　⇩　　　　　　〈動詞の目的語を主語itの位置へ移動〉
　　 b.　This book is easy to read ＿＿．（この本は読みやすい）

(2a)の日本語では「この本を読む」という節が主語になっているのに対して，(2b)では「読む」の目的語であった「この本」が主語になっています．同様のことが英語にも見られます．(2a)の不定詞節が日本語の「この本を読む」に相当し，その中の目的語this bookが主語の位置に移動して，(2b)の文ができています．このことから(2b)の主語は意味上不定詞節内の動詞の目的語であることが理解できます．

(3)　a.　It is hard (for Bill) to convince John.
　　　　（ジョンを納得させるのは（ビルにとって）むずかしい）
　　 b.　John is hard (for Bill) to convince.
　　　　（ジョンは（ビルにとって）納得させにくい）
(4)　a.　It is pleasant to talk to her.（彼女と話すのは楽しい）
　　 b.　She is pleasant to talk to.（彼女は話して楽しい人です）

(5) a. It is dangerous to swim across this river.
　　　　（この川を泳いで渡るのは危険です）
　　b. This river is dangerous to swim across.
　　　　（この川は泳いで渡るには危険だ）
(6) a. It is impossible to solve the problem.
　　　　（その問題を解決するのは不可能だ）
　　b. The problem is impossible to solve.
　　　　（その問題は解決不可能だ）
(7) It is possible to repair the car in a few days.
　　（2, 3日で車を修理することは可能です）
　　［impossibleと異なりpossibleには(b)の用法はないので注意］

これらの日本語訳からもわかるように，it構文では不定詞節の内容についての難易が述べられていますが，不定詞節内の目的語を主語に置く構文では，主語の性質について述べる構文となっています．したがって，次のような意味上の相違が生じます．

(8) a. It is easy to play sonatas on this violin.
　　　　（このヴァイオリンでソナタを弾くのはやさしい）
　　b. Sonatas are easy to play on this violin.
　　　　（ソナタはこのヴァイオリンで弾きやすい）
　　c. This violin is easy to play sonatas on.
　　　　（このヴァイオリンはソナタを弾きやすい）

1.2.9. likelyクラスの形容詞

　このクラスの形容詞は，出来事が起こる**可能性・蓋然性**を表します．certain（(〜であるのは) 確実だ，きっと〜する），likely（(〜ということが) ありそうだ），impossible（(〜という) 可能性がない），improbable（(〜ということが) ありそうにない），possible（(〜という) 可能性がある），probable（(〜ということが) かなりありそうだ），sure（きっと〜する），unlikely（(〜ということが) ありそうにない）など．

　可能性の度合いはpossible < likely < probableの順に高くなります．このクラスの形容詞はit ... that構文のほかに，that節中の主語をitの位置に移動し

た型にも生じます（ただし，impossible, possible, probable は (I) 型のみ，また sure は (II) 型のみ）．

- (1) (I) 型： **It is likely that A will 〜．**
  - (II) 型： **A is likely to 〜．**

この二つの型の関係を具体例でみましょう．

- (2) a. It is likely that our team will win.
  - ⇩ 〈that 節を不定詞節に変える〉
  - It is likely [our team to win]　［これ自体は正しい文ではない］
  - ⇩ 〈不定詞節の主語 our team を it の位置へ移動〉
  - b. Our team is likely ___ to win.
  - ↑_____|
  - （わがチームは勝ちそうだ）
- (3) a. It is certain that he will come on time.
  - （彼が時間どおりにくることは確実だ）
  - b. He is certain to come on time.
  - （彼はきっと時間どおりに来ます）
- (4) a. It is highly improbable that this wall will fall.
  - （この壁が倒れることはとてもありそうにない）
  - b. This wall is highly improbable to fall.
  - （この壁はとても倒れそうにない）
- (5) a. It is impossible/possible/probable that her daughter might have got lost on the way home.（彼女の娘が帰宅途中で道に迷った可能性はありそうにない／ありそうだ／かなりありそうだ）［(I) 型のみ］
  - b. He is sure to come on time.
  - （彼はきっと時間どおりに来ます）［(II) 型のみ］

このほかに，幸・不幸を表す形容詞 (un)fortunate, (un)lucky もこの二つの型に生じます．

- (6) a. It is fortunate that you have such a nice relative.
  - （そんなすばらしい親戚がいるのは幸せです）

b. You are fortunate to have such a nice relative.
　　　　（君はそんなすばらしい親戚がいて幸せです）
(7) a. It is very lucky that she is alive after such a horrible accident.
　　　　（彼女があんな悲惨な事故の後も生き延びているのはとても幸運だ）
　　　b. She is very lucky to be alive after such a horrible accident.
　　　　（彼女は大変幸運にもあんな悲惨な事故の後も生き延びている）

1.2.10. delicious クラスの形容詞

　このクラスの形容詞は、「食べておいしい，見て美しい，動かすのに重い」のように、**話者の評価**を表します．

beautiful（美しい），delicious（おいしい），fragrant（香りがよい），heavy（重い），hot（からい），slippery（すべりやすい），sour（すっぱい），sweet（甘い），ugly（みにくい）など．

　これらの形容詞は不定詞節をとり，主語は意味上不定詞節内の動詞の目的語に対応しています．つまり，This apple is delicious to eat. では，this apple は意味上 eat の目的語の役割をしています．多くの場合不定詞節を省略しても意味が変わりません．

(1) a. That figure is ugly to look at.
　　　　（あの図形は見た目に美しくない）
　　　b. This bag is heavy to lift.
　　　　（このバッグは持ち上げると重い）
　　　c. These apples are delicious to eat.
　　　　（これらのリンゴは食べるとおいしい）
　　　d. This floor is slippery to dance on.
　　　　（この床はダンスをすると滑りやすい）

2. 形容詞の限定用法と叙述用法

　形容詞には，形容詞を名詞の前に置く限定用法と，述語として用いる叙述用法があります．**限定用法は名詞を限定し分類する働きをします．叙述用法は主語の状態・性質を記述**します．例えば，限定用法の red boxes では，red は boxes

の集合を赤い箱に限定し，他の箱と区別する働きをしています．red wooden houses では wooden によって houses を限定し，さらに red によって wooden houses を限定することによって他の houses と区別しています．

叙述用法の The boxes are red. では，red は boxes の特徴を述べているにすぎません．形容詞が名詞の後にくる場合も叙述用法と同じ性質をもちます．例えば，a girl faint（気が遠くなった女の子）の faint は a girl の一時的状態を記述しているにすぎません．叙述用法が主語の状態・性質を記述する働きをすることは，次の対比からもわかります．

(1) a. Look out, those sticks are sharp.
（気をつけなさい，あの小枝は先がとがっているから）
b. # Look out, those are sharp sticks. ［#は不適切な表現である印］
（気をつけなさい，あれは先のとがった小枝だから）

「気をつけなさい」という場面では，小枝の先端がとがっているという特定の性質が問題となっているので，小枝の性質を述べる叙述用法は適切ですが，名詞を限定し分類する働きをもつ限定用法は不適切です．

a- の付く形容詞 ablaze（燃え立って），afire（燃えて），afloat（浮かんで），ajar（半開きで），asleep（眠っている）などは一時的状態を示すので，名詞の前に用いることはできず，叙述用法あるいは名詞の後に用いられます．例えば，a man afloat, a baby asleep などはよいのですが，*an asleep baby とは言えません．

限定用法と叙述用法で意味が違う形容詞があります．名詞の後や述語の位置では一時的特徴・性質を表し，名詞の前では分類的働きをします．

(2) a. The man is responsible.
（彼に責任があります／彼は信頼できます）
b. the responsible man （信頼できる人）［分類的］
c. the man responsible （責任をとるべき人）［一時的］
(3) a. an involved style （複雑な文体）
b. the issues involved （関連する問題）
(4) a. visible stars （（本来）目に見える星）
b. stars visible （（いま）見えている星）
(5) a. the navigable river （（本来）航行可能な川）

b. the river navigable （(いま) 航行可能な川）

3. 動作的・状態的と段階的・非段階的

　動詞の run は意識的にコントロールできる動作ですが，know は意識的にコントロールすることはできません．このように意識的にコントロールできる動作を**動作的**と呼び，意識的にコントロールできない状況を**状態的**と呼びます．意識的コントロールのできる動作である run は命令文や進行形で使うことができますが，そうではない know はできません．同様の区別が形容詞にも見られます．動作的形容詞は，命令文や進行形で使うことができますが，状態的形容詞はできません．この区別は，形容詞の意味を考えれば，比較的容易に理解できます．

(1) 　動作的形容詞： active（行動的な），careful（注意深い），cheerful（愉快な），kind（親切な），nervous（神経質な）など．
　　　状態的形容詞： blond（ブロンドの），fat（太った），intelligent（知的な），tall（背の高い），rich（金持ちの）など．

(2) a. Be careful.
　　　（注意しなさい）
　　b. Don't be nervous.
　　　（びくびくするな）
　　c. John is being active.
　　　（ジョンは活躍している）

　段階的とは程度を段階的に示すことができることで，**非段階的**とは白か黒のように段階を示すことができないことを言います．例えば，tall は他の人と比較することができるので段階的ですが，religious（宗教上の）は程度を表すことはできないので非段階的です．段階的形容詞は比較変化を行い，very によって修飾でき，感嘆文で用いることができます．一方，非段階的形容詞にはこのような性質はありません．非段階的形容詞の例として choral（聖歌隊の），mathematical（数学的な），asleep（眠っている），British（イギリスの）などがあります．

(3) a. This music is cooler than that.
   （この音楽のほうがあの音楽よりかっこいい）
   b. How cute the girl is!
   （なんてかわいいんだろう，あの娘は）

4. 実　例

(1) Many people are extremely **conservative about** what they eat.
   （多くの人々が食べ物についてとても保守的です）
(2) People seeking money **are quick to** make use of the latest discoveries.
   （金儲けを考えている人々は最新の発見をすぐに利用します）［Cf. He is slow/quick/prompt to react. = He reacts slowly/quickly/promptly.（彼は反応が遅い／速い／すばやい）］
(3) In these sterile and ritualistic setting, I have always been **uncertain** exactly **how** to answer when the doctor or nurse asks "How are you?"
   ［sterile（無意味な，むだな），ritualistic（儀式的な）］
   （このような無意味で儀式的な情況で，お医者さんや看護師さんに「いかがですか」と尋ねられて，いつもどのように答えてよいかわからないで今まできました）
(4) Many companies **are hesitant to** employ new graduates, while bankruptcies of major companies are no longer rare events.
   ［bankruptcy（倒産）］
   （多くの会社が新卒を採用することをちゅうちょしている一方で，一流会社の倒産がもはや珍しいことではなくなっています）
(5) The cost of disposal is paid for by the individual households who **are reluctant to** add newspapers to the trash they have to dispose of.
   ［disposal（(ごみなどの)処理，処分），household（家族，世帯），dispose of（～を処分する，捨てる）］
   （ゴミ処理のコストは，個々の世帯によって支払われていて，それらの世帯は処分しなければならないごみに新聞を加えることをしぶっている）
(6) Unfortunately, a small amount of the world's water **is safe to** drink, since salt water in the oceans is undrinkable.

(不幸なことに，世界の水で安心して飲めるものはわずかです．というのも海の塩水は飲料には適しませんから)

(7) It may be especially **important to** provide such programs for very young children because they **are** less **likely** than older children **to** be exposed to formal pre-school education. ［be exposed to（～にさらされる，～を受ける），pre-school（就学前（2-5, 6歳）の；幼稚園）］
(幼い子供たちにそのようなプログラムを提供することは特に重要かもしれません．というのは，その子供たちは年上の子供たちに比べて正式の就学前教育を受ける機会が少ないからです)

(8) The attraction of water is **difficult** to convey in words.
［attraction（魅力），convey（伝える）］
(水の魅力はことばでは伝えにくい)

(9) The Irish who had placed candles in carved turnips found this vegetable **hard** to come by, and used pumpkins that were readily available and **easier** to carve. ［ハロウィーンのカボチャについての話；carve（彫る，刻む），turnip（かぶ），come by = get（手に入れる），available（手に入る）］
(彫刻したかぶにロウソクを立てていたアイルランド人は，この野菜（かぶ）は手に入りにくいことに気づいて，容易に手に入り彫刻しやすいかぼちゃを使った)［easier の比較の対象はかぶ］(Cf. It is hard to come by this vegetable. / It was easier to carve the pumpkins.)

(10) Looking at a map of the Earth and the incredible amount of water on our planet, **it's** almost **impossible to** believe we could not have enough for everyone. ［incredible（信じられない，非常な）］
(地球の地図とその上にある信じられないほど多量の水を見ると，すべての人にとって十分な水がないかもしれないとはほとんど信じられません)

(11) According to his view, **it is useless to** train a child in language in order to develop his thinking ability.
(彼の見方によれば，思考能力を伸ばすために子供をことばで訓練しても無駄です)

(12) Under the circumstances, **it is understandable that** children and young people as well find **it difficult to** see why they have to learn

lessons in the first place. ［under the circumstances（そういう事情なので，現状では），in the first place（そもそも，まず第一に）］
(そういう状況なので，子供たちや若い人々も，そもそもなぜ学課を学ぶ必要があるのか理解しがたいと思っているのはもっともなことです)

(13) Today, digital networks make **it possible for** everyone **to** be a publisher. ［publisher（発行人，出版社）］
(今日，デジタルネットワークのおかげでだれでも発行人となることが可能です)

(14) Western societies have made **it possible**（though not easy）**for** one parent **to** raise a child or several children alone, by providing income subsidies, health care, education, and other benefits at public expense. ［income subsidies（所得補給金：所得が少ない場合に支給される補助金），benefits（手当），at public expense（公費で）：cf. at one's own expense（自腹で）］
(西洋社会は，公費で所得補給金，健康管理費，教育費や他の手当を支給することによって，片親だけでひとりあるいは数人の子供を育てることが（容易ではないにしても）可能であるようにしてきました)

(15) We cannot hope to understand these strange beginnings of art unless we try to enter into the mind of the primitive peoples and find out what kind of experience it is which makes them think of pictures, not as something **nice to look at**, but as something **powerful to use**. ［enter into（(気持ちなど)をくみ取る），primitive（原始（時代）の），find out（を探り出す，（正体・本質）を見破る），think of A as B の型，find out [what kind of experience] it is which makes ... ← find out it is [what kind of experience] which makes ... のように強調構文の強調されている部分（焦点）が疑問化されたもの］
(我々がこのような奇妙な初期段階の芸術を理解したいと思うなら，原始時代の諸民族の心をくみ取り，絵を見て楽しむものとしてではなく，使って力を発揮するものと考えるようにさせたのはどのような経験であったのかを探り出す努力をする必要があります)

第 5 章

名詞の型

　動詞の型と形容詞の型について見てきましたが，名詞にも一定の型に生じるものがあります．一定の型をとる名詞の多くは，対応する動詞あるいは形容詞から派生された名詞形です．したがって，これらの動詞や形容詞を含む**文とそれに対応する名詞形との間には規則的な関係**があります．この規則性を理解すると，英語の名詞表現を解釈しやすくなります．名詞形は日本語に訳しにくいのですが，対応する動詞あるいは形容詞を基にして「〜すること」とか「〜であること」と解釈するとよいでしょう．

1. 文と名詞句の関係

　動詞や形容詞から派生される名詞形は，動詞や形容詞を含む文と規則的な関係をもっていて，文の主語が名詞形の所有格に対応し，動詞の目的語が of の目的語に対応します．

(1) a. The guerrilla bands **captured** the city.
    （ゲリラ隊が街を占領した）
  b. the guerrilla bands' **capture of** the city
    （ゲリラ隊の街の占領）
(2) a. The Norman **conquered** England.
    （ノルマン人がイギリスを征服した）
  b. the Norman**'s conquest of** England
    （ノルマン人のイギリス征服）

また，文中の副詞は名詞形では形容詞に対応します．

(3) a. They **examined** the paper **carefully**.
　　　　（彼らは書類を注意深く検討した）
　　b. their **careful examination** of the paper
　　　　（彼らの注意深い書類の検討）

　受動文と名詞形の間にも規則的な関係があります．受動文では動詞の目的語が主語の位置に移動し，もとの主語は by 句で示されますが，名詞形でも同様のことが見られます．目的語が主語位置（所有格の位置）に移動し，もとの主語が by 句で示されます．ただし，名詞形では目的語が移動しないでもとの位置に留まっている場合もあり，このほうが普通です．

(4) a. The enemy **destroyed** the city. ［能動文］
　　　　（敵が街を破壊した）
　　b. The city **was destroyed by** the enemy. ［受動文］
　　　　（街は敵によって破壊された）
(5) a. the enemy's **destruction of** the city　［名詞形の能動形］
　　　　（敵が街を破壊すること）
　　b. **the city's destruction by** the enemy　［名詞形の受動形］
　　　　（敵による街の破壊）
　　c. the **destruction of the city by** the enemy
　　　　［目的語が移動していない形］
(6) a. Honda's **invention of** the new engine
　　　　（ホンダの新エンジンの発明）
　　b. **the new engine's invention by** Honda
　　　　（ホンダによる新エンジンの発明）
　　c. the **invention of the new engine by** Honda
　　d. the **invention by** Honda **of the new engine**
　　　　［by 句と of 句の入れ替え］

　名詞形の受動形では，(5c) と (6c) のように，目的語が主語の位置へ移動せず of によって示される表現もあり，このほうが普通です．また，(6d) のように（特に of 句が長い場合など）of 句と by 句の位置が入れ替わることもあります（☞第 19 章 2 節）．受動文の場合と同様に（文脈から明らかな場合には）by 句

は省略可能です．名詞形の受動形は特に珍しい用法ではないので，解釈できるようにしておきましょう．

これまでの例は，名詞形が他動詞文と受動文に対応する例ですが，自動詞文に対応する場合もあります．この場合，主語を所有格で示す方法と of で示す方法がありますが，of で示すほうが一般的です．

(7) a. God **exists**.
(神は存在する)
b. the **existence of** God / God's **existence**
(神の存在)

(8) a. Tomatoes are **grow**ing.
(トマトが生長している)
b. the **growth of** tomatoes / tomatoes' **growth**
(トマトの生長)

(9) a. The doctor quickly **arrived** at the school.
(医者はすぐに学校に到着した)
b. The doctor's quick **arrival** at the school saved the student's life.
(医者がすぐ到着したので学生の命が救われた)

(10) a. Films, radio and television **appeared**.
(映画，ラジオ，テレビが現れた)
b. This has suddenly changed with the **appearance of** films, radio and television.
(映画，ラジオ，テレビの出現とともにこの状況は突然変わった)

2. 名詞の型

前節では名詞形と文の関係についてみましたが，動詞や形容詞に型があるように，名詞にも一定の型に生じるものがあります．これを**名詞の型**と呼ぶことにしましょう．一定の型をとる名詞の多くは，対応する動詞あるいは形容詞から派生された名詞形です．

第5章　名詞の型　　97

2.1. 名詞＋前置詞句

名詞句には，the weather in England のように，修飾要素の in England が名詞 weather を修飾している構造がありますが，ここで問題とするのは，これとは異なって前置詞句が名詞の必須要素である場合です．

[1]　**名詞形が他動詞に対応する場合：**　　前置詞は of．

- (1) a. his **criticism of** the book
     （彼のその本の批評）
  - b. He criticized the book.
     （彼はその本を批評した）
- (2) a. our **election of** Bush as leader
     （我々がブッシュをリーダーとして選出すること）
  - b. We elected Bush as leader.
     （我々はブッシュをリーダーとして選出した）

動詞の目的語に対応する要素は of によって示されますが，次のように of 以外の前置詞をとる場合もあります．「〜に関する議論」「〜に対する抵抗」「〜に対する愛情」などのように意味を考えると前置詞の選択を理解できます．

- (3) a. their informal **discussion on/about** the plan
     （彼らのその計画についての非公式な議論）
  - b. They discussed the plan informally.
     （彼らはその計画について非公式に議論した）
- (4) a. their **resistance to** the police
     （警察に対する彼らの抵抗）
  - b. They resisted the police.
     （彼らは警察に対して抵抗した）
- (5) a. a mother's **love for** her own children
     （自分の子供に対する母親の愛情）
  - b. a mother's **love of** her own children
     （母親が自分の子供を愛すること）
  - c. A mother loves her own children.
     （母親は自分の子供を愛している）

これらの前置詞句は，動詞の場合と異なり，すべて随意的要素である点に注意してください．名詞形では，対応する動詞や形容詞にとっては必須である要素がすべて随意的であるのが一般原則です．例えば，John's criticism/discussion/resistance, the criticism/discussion/resistance のように，名詞形では目的語に相当する要素も主語に相当する要素も随意的要素です（随意的必須要素については第1章5.1節 (p.9) を参照）．

[2] **名詞形が前置詞をとる動詞に対応する場合：** 動詞がとる前置詞と同じ前置詞を使用．

(6) a. Mary's **failure in** business
    （メアリーの事業における失敗）
  b. Mary **failed in** business.
    （メアリーは事業で失敗した）

(7) a. our **belief in** God
    （我々の神への信仰；我々が神の存在を信じていること）
  b. We **believe in** God.
    （我々は神を信仰しています；神の存在を信じています）

(8) a. the **quarrel about** the decision
    （その決定をめぐる口論）
  b. They **quarreled about** the decision.
    （彼らはその決定をめぐって口論した）

(9) a. Women increasingly **participated in** election.
    （女性がますます多く選挙に参加した）
  b. the increasing **participation of** women **in** election
    （女性のますます増える選挙への参加）

(10) a. He rigidly **adhered to** a particular plan of study.
    （彼は特定の研究計画にかたくなに固執した）
  b. his rigid **adherence to** a particular plan of study
    （彼が特定の研究計画にかたくなに固執すること）

動詞が目的語と前置詞句の二つをとる場合には目的語が of で示され，前置詞はそのまま保持されます．この型は分析がむずかしい場合があるので注意しま

しょう.

- (11) a. They **applied** information technology for business **to** school management.
（彼らはビジネスに用いられる情報技術を学校経営に応用した）
  - b. the **application of** information technology for business **to** school management（ビジネス用の情報技術の学校経営への応用）
- (12) a. They **compared** the economy of Britain **with** that of the rest of Europe.（彼らはイギリス経済をヨーロッパの他の国のそれと比較した）
  - b. the **comparison of** the economy of Britain **with** that of the rest of Europe（イギリス経済とヨーロッパの他の国のそれとの比較）
- (13) a. They **distributed** food **to** the refugees.
（彼らは食料を避難民に配給した）
  - b. the **distribution of** food **to** the refugees
（避難民に対する食料の配給）

[**3**] **名詞形が形容詞に対応する場合**：　前置詞は形容詞の場合と同じ．

- (14) a. his **dissatisfaction with** my work
（彼の私の仕事に対する不満）
  - b. He was **dissatisfied with** my work.
（彼は私の仕事に不満でした）
- (15) a. John's **amusement at** the clown
（ジョンが道化師（の演技）を楽しんでいること）
  - b. John was **amused at** the clown.
（ジョンは道化師（の演技）を楽しんだ）
- (16) a. the **interest in** his way of thinking
（彼の思考法についての関心）
  - b. Mary is **interested in** his way of thinking.
（メアリーは彼の思考法に興味をもっている）
- (17) a. their **anxiety about** the future
（彼らの将来に対する不安）
  - b. They are **anxious about** the future.

　　　　　　　　（彼らは将来を心配している）

(18) a. He has a **concern in** the business. ［concern＝関与・関係］
　　　　（彼はそのビジネスに関係している）
　　 b. He is **concerned in** the business.
　　　　（彼はそのビジネスに関係している）
(19) a. his **concern about/for** the matter ［concern＝心配・懸念］
　　　　（彼のその問題についての懸念）
　　 b. He is **concerned about/for** the matter.
　　　　（彼はその問題について懸念している）

［4］　**対応する動詞あるいは形容詞をもたない名詞**：　前置詞の選択は，多くの場合，名詞の意味と前置詞の意味との適合性から予測できます．

(20) a. the **custom of** making a bow
　　　　（おじぎをする習慣）
　　 b. the **reason for** his departure
　　　　（彼の辞任の理由）
　　 c. his **habit of** drinking
　　　　（彼の飲酒の習慣）
　　 d. John's **attitude toward** his boss
　　　　（ジョンの上司に対する態度）
　　 e. his **advantage over** his rivals
　　　　（ライバルに対する彼の優位性）
　　 f. the **candidates for** governor
　　　　（知事候補者）

2.2.　名詞＋不定詞節

　動詞や形容詞が不定詞節をとる場合，それに対応する名詞形も不定詞節をとります．

［1］　**名詞形が動詞に対応する場合**

(1) a. his **decision to** leave early
　　　　（早く出発するという彼の決心）

第 5 章　名詞の型　　　101

      b. He **decided to** leave early.
         （彼は早く出発することにした）
(2) a. his **refusal to** help
         （彼の援助の拒否）
      b. He **refused to** help.
         （彼は援助することを断った）
(3) a. his **plan to** go abroad
         （彼の外遊予定）
      b. He **planned to** go abroad this summer.
         （彼はこの夏外遊を予定していた）
(4) a. another **attempt to** climb Mt. Fuji
         （富士山への再登頂の試み）
      b. He **attempted to** climb Mt. Fuji again.
         （彼は富士山に再び登ることを試みた）
(5) a. the **persuasion of** her boss **to** give her a pay raise
         （昇給してくれるように上司を説得すること）
      b. She **persuaded** her boss **to** give her a pay raise.
         （彼女は昇給してくれるように上司を説得した）
(6) a. her **promise** (to me) **to** write to her mother from time to time
         （母親に時々手紙を書くという（私に対する）彼女の約束）
      b. She **promised** (me) **to** write to her mother from time to time.
         （彼女は（私に）時々母親に手紙を書くと約束した）

［2］　名詞形が形容詞に対応する場合

(7) a. my **anxiety to** meet him
         （私の彼に会いたいという強い願い）
      b. I am **anxious to** meet him.
         （私は彼に会うことを切望している）
(8) a. his **ambition to** be an actor
         （彼の俳優になりたいという抱負）
      b. He is **ambitious to** be an actor.
         （彼は俳優になることを強く望んでいる）

(9) a. the **inability** of people **to** find satisfaction in society
   （人々が社会に満足を見いだせないこと）
   ［inability は unable の名詞形］

   b. People are **unable to** find satisfaction in society.
   （人々は社会に満足を見いだせない）

(10) a. my **curiosity to** know what she said
   （彼女が何と言ったか知りたいという気持ち）

   b. I am **curious to** know what she said.
   （彼女が何と言ったか知りたい）

(11) a. the **necessity for** John **to** attend the meeting
   （ジョンがその会議に出席する必要性）

   b. It is **necessary for** John **to** attend the meeting.
   （ジョンがその会議に出席することが必要です）

2.3.　名詞＋that 節／wh 節／should を伴う that 節
2.3.1.　名詞＋that 節

　この型には，［A］名詞と that 節の間に同格関係があり that 節が名詞の内容を述べている場合と，［B］もともと that 節をとる動詞あるいは形容詞の名詞形の場合の二つがあります．いずれの場合も接続詞 that は省略できないのが原則です．

［A］　同格の場合

　that 節はそれと**同格関係**にある news, fact, rumor, reason, truth, mystery, result などの名詞の具体的な内容を示します．

(1) a. **The news that** the hurricane killed the whole family upset her.
   （ハリケーンで家族全員が死んだというニュースに彼女は気が動転した）

   b. No one can deny **the fact that** he told a lie.
   （彼が嘘をついたという事実をだれも否定できません）

   c. There is **a rumor that** the big company will be bankrupt.
   （その大企業が倒産するという噂があります）

[B] 名詞形の場合

名詞形に対応する動詞や形容詞が that 節をとります．

[1] 動詞に対応する名詞形

- (2) a. I had **a** strong **feeling that** something terrible was going to happen.（何か恐ろしいことが起こりそうな感じが強くした）
  - b. I strongly **felt that** that something terrible was going to happen.
    （何か恐ろしいことが起こりそうな感じが強くした）
- (3) a. Do you believe **his claim that** he has already paid?
    （支払いはすでに済んでいるという彼の主張を信じますか）
  - b. He **claimed that** he had already paid.
    （彼は支払いはすでに済んでいると主張した）
- (4) a. I have no **doubt that** you will succeed.
    Cf.　There is no doubt about your success.
    （君が成功することに疑いをもちません）
  - b. I don't **doubt that** you will succeed.
    （君が成功することを疑いません）

[2] 形容詞に対応する名詞形

- (5) a. the **likelihood/possibility that** John will win the prize
    （ジョンが賞を獲得する可能性）
  - b. It is **likely/possible that** John will win the prize.
    （ジョンが賞を獲得することはありそうだ）
- (6) a. There is no **certainty that** he will come to the meeting.
    （彼が会議に来るかどうか確かではありません）
  - b. It isn't **certain that** he will come to the meeting.
    （彼が会議に来るかどうか確かではありません）
- (7) a. There is no **evidence that** the meeting actually took place.
    （会議が実際に開催されたという証拠はありません）
  - b. It is not **evident that** the meeting actually took place.
    （会議が実際に開催されたということは明らかではありません）

最後の例の evidence は「証拠」の意味であり，evidence to show that ... (... ということを示す証拠) の意味ですから，that 節が evidence の内容を述べているのではありません．また，形容詞の evident は「明らかな」という意味ですから，厳密に言うと (7a) と (7b) の間に直接的関係はありません．

2.3.2.　名詞＋疑問節

名詞と疑問節の間に前置詞 of, as to, about, concerning などを用いる場合もあります．

(1)　a.　**The question (of) whether** he will be elected president is important.（彼が大統領に選ばれるかどうかの問題は重要です）
　　b.　Let's discuss **the problem (of) how** to raise the funds.
　　　　（基金をどのようにして増やすかの問題を議論しましょう）
　　c.　She is in **doubt (about/as to) whether** she should go.
　　　　（彼女は行くべきかどうか迷っている）
　　d.　They had no **information about which route** they should take.
　　　　（彼らはどのルートをとるべきかについて情報を持っていませんでした）
　　e.　I had no **idea how** to overcome the difficult situation.
　　　　（その難局を乗り越える方法を思いつきませんでした）
　　f.　I have no **knowledge of where** he is now.
　　　　（彼がどこにいるかまったくわからない）

2.3.3.　名詞＋ should を伴う that 節

命令・義務・必要・要求・依頼・提案などを表す名詞の that 節には should が用いられます．これらの名詞は動詞あるいは形容詞から派生された名詞形であり，もとになっている動詞や形容詞が従える that 節にも should を用います（アメリカ英語では通例動詞の原形を用います）．that 節を不定詞節で置き換えることもできます（☞第 3 章 2.3.3 節 [D] (p. 43)，第 4 章 1.2.3 節 (p. 80)）．

(1)　a.　John gave **orders that** everyone should get back to work.
　　　　（ジョンはだれも仕事に戻るようにという命令を出した）
　　b.　John gave **orders for** everyone **to** get back to work.
(2)　a.　There was no **suggestion that** she should resign.

(彼女が辞職すべきであるという示唆はありませんでした)
 b. There was no **suggestion for** her **to** resign.
(3) a. They made **the request that** he should give evidence.
(彼らは彼に証拠を出すように要求した)
 b. They **required** him **to** give evidence.

2.4. It ＋ is ＋名詞＋ that 節

この構文では，it が that 節の内容を受けているので，that 節を主語とする文も可能です．ただし，主語が長くなるので文体上好まれません (☞第 20 章)．

(1) a. **It is a pity that** you can't come.
(君が来ることができないのは残念です)
 b. **It is a mystery that** they painted pictures on the walls of the cave.
(彼らが洞窟の壁に絵を描いたのは不思議です)
 c. **It's a wonder (that)** no one was hurt in the accident.
(その事故でけが人がなかったのは奇跡だ)
 d. **Is it a fact that** he got married?
(彼が結婚したのは本当ですか)
 e. **It is good news that** you won the scholarship.
(君が奨学金を獲得したのはよいニュースです)

2.5. The fact ＋ is ＋ that 節の型

名詞＋ that 節の型の中で，名詞と that 節の間に同格関係がある場合には，The N is that 節の表現が可能です．この型では接続詞 that は省略不可能であり，また be 動詞に強勢が置かれるので，the fact's のように短縮することはできません．

(1) a. **The fact is that** our company is not likely to survive the recession.
(事実，我々の会社はこの不況を乗り越えられそうにありません)
 b. **The truth is that** we can't afford a car.
(本当のところ，我々には車を買う余裕がありません)
 c. **The result was that** she got injured.
(結果的には，彼女はけがをしてしまった)

d. **The truth is**, we don't know what's going to happen.
   (実際のところ，何が起こるかはわかりません)
e. **The mystery was why** they chose him for the position.
   (不思議なのは，彼らがなぜ彼をその地位に選んだかでした)
f. **The question is how** we finance the project.
   (問題はそのプロジェクトにどのように融資するかです)

(1a, b, c) では，「事実」とか「本当のところ」のような日本語訳からもわかるように，主語の部分は意味上修飾語のようになっています．(1d) はそのことが形となって表れていて，もとの that 節が主節のように扱われています．

3. 実　例

(1) It is also evident that **Japanese children's willingness to work** hard for knowledge has weakened in recent years, as shown, for instance, by the international survey mentioned above. ［survey (調査), mentioned above (上で言及した)］
(例えば先に述べた国際的調査によって示されているように，最近日本人の子供が知識を求めて喜んで勉強するという気持ちが弱くなってきていることも明らかです)

(2) But this observation overlooks one curious feature of human behaviour: **our tendency to generate** new dialects as fast as we lose others. ［overlook (見落とす), behaviour (行動・振る舞い), feature (特徴), generate (作り出す), dialect ((ことばの) なまり・方言)］
(しかしこの観察は，人間行動のひとつの奇妙な特徴，つまり，我々はなまりを失うのと同じ早さで新しいなまりを作り出す傾向があることを見落としています)

(3) **His refusal to obey** a basic taboo sent **a message** throughout Hawaii **that** the old system of laws was no longer to be followed. ［taboo (禁制), throughout (〜の至る所に), no longer (もはや〜ない)］
(彼が基本的な禁制に従うのを拒否したことが，古い法律体系がもはや守られない状態になっているというメッセージをハワイのすみずみにまで伝えたの

第5章　名詞の型

(4) **Your effort to be perceived** as a kind and compassionate person will fail because that is really not how you have behaved.　[compassionate（慈悲深い），be perceived as（～とみなされている）]
(君の親切で慈悲深い人であると思われたいという努力は，実際これまでの君の振るまいがそうなっていないので，失敗することでしょう)

(5) A large part of the early prehistory of mathematics can be summed up as **the discovery, by various civilizations, of a wider and wider range of things** that deserved to be called numbers.　[prehistory（先史時代，有史以前の時代），sum up（要約する），civilization（文明），a wide range of（広範囲にわたる，いろいろの），deserve to（～するに値する），派生名詞の受動形：the discovery of ... by ... が基本型]
(数学の初期先史時代の大部分は，さまざまな文明による，さらに広範囲にわたる数と呼ぶのに値するものの発見であったと要約できます)

(6) She sighs at **her inability to make** their schedules fit together, but she accepts it as inevitable, just the way life is.　[sigh at（～にため息をつく），fit（適合した，適した），inevitable（避けられない）]
(彼女は彼らのスケジュールをうまく調整する能力に欠けていることをなげいてため息をついているが，人生と同様に避けられないものとしてそれを受け入れている)

(7) Many people point to **the fact that** the world is already lacking in resources, food, and adequate health care.　[lacking（欠けている），adequate（十分な，適切な），health care（健康管理）]
(多くの人々が，世界中ですでに資源，食料，適切な健康管理が欠けているという事実を指摘しています)

(8) I was shocked by **a distinguished Japanese sociologist's assertion that** only Japanese criminals cover their faces because Japan has a unique culture of shame.　[distinguished（有名な），sociologist（社会学者），assertion（主張），criminal（犯罪者），shame（恥）]
(日本は独特の恥の文化をもっているので，日本の犯罪者だけが顔を覆い隠すという，有名な日本の社会学者の主張にショックを受けた)

(9) Also, some companies' sales have gone down because of **rumors that**

their products cause cancer. (また，製品がガンを引き起こすという噂によって，いくつかの会社の売り上げが落ちた)

(10) There is now **no doubt** whatever **that** eco-tourism has a strong appeal to large numbers of travelers. ［whatever（少しの〜も）［強調］, eco-tourism（自然観光ツアー，環境保護観光）］
(今や自然観光ツアーが多くの旅行者に強くアピールしていることは，少しの疑問の余地もありません)

(11) In a world of specialization there is **a risk**, though, **that** we may lose sight of our place in nature, that we may view ourselves as supernatural. ［a world of specialization（専門の世界），though（もっとも（〜であるが）），supernatural（超自然的な），二つのthat節は同格関係］
(専門化した世界では，もっとも，我々が自然界における自分の位置を見失うかもしれないという危険，つまり，自分たちを超自然的なものと見なすかもしれないという危険があります)

(12) The restructuring of the economy after World War II has been built around the needs of corporations and the state, with **the consequence that** education has come to be driven increasingly by their demands. ［restructuring（再構築），corporations（会社），the state（国家），consequence（帰結，結果），increasingly（次第に，ますます）］
(第二次世界大戦後の経済再構築は，企業と国家が必要とするものを中心として行われてきたので，その結果，教育はそれらの要求によってますます追いまくられるようになってきている)

(13) Therefore, **it's no wonder that** educational systems around the world are continually being carefully looked at, criticized, and then reformed. (したがって，世界中の教育体制が絶えず注視され，批判され，そして改革されているのは不思議ではありません)

(14) **A significant question** that comes to mind **is whether** the verbal pattern of greetings reflects any social relationship in American culture. ［verbal（ことばによる）］
(心に浮かぶ重要な問題は，ことばによる挨拶のパターンがアメリカの文化における社会的関係を反映しているかどうかである)

(15) **The reason that** the packets were red **is** because it is associated with

第 5 章　名詞の型　　　　　　　　　　　　　　　109

luck and New Year activities. ［packet（(小さな）包み）；The reason is の後には that 節の代わりに because 節が用いられることがあります］
（包みが赤色である理由は，それ（赤色）が幸運と新年の活動（行事）と結びついているからです）

(16) **The government's efforts to** combat poverty have raised the issue of equality in a different way than have the civil rights movement and the women's movement. ［different ... than の型；civil rights（公民権）；than 以下は than the civil rights movement and the women's movement have raised がもとの形で主語・助動詞の倒置と raised の省略がある］
（政府の貧困との闘いの努力は，公民権運動や女性運動とは異なった方法で，平等についての論争を引き起こしている）

(17) **The frequent absorption of** a young reader **in** exciting stories in this way trains him to read fluently and accurately, for his mind is glued to the page and he wants to know everything that happens.
［absorption in（～に熱中すること），glue A to B（A を B にくっつける），A is glued to B（A が B に釘付けになっている）；A young reader frequently absorbed in exciting stories. の名詞形］
（青少年読者がこのようにしてわくわくさせる物語にたびたび熱中することが，よどみなく正確に読む訓練となる．というのは，彼の心はページに釘付けとなり，起こることすべてを知りたいと思うからだ）

(18) He became more interested in **the description of** character and in showing **the effect of** evil **on** Macbeth and his wife, **of** jealousy **on** Othello, **of** indecision **on** Hamlet, as well as in exploring the ineffectual **attempts of many characters to** escape the consequence of their acts. ［description（描写），character（性格），the effect of A on B（A の B に与える影響），jealousy（嫉妬），indecision（優柔不断，決断力のなさ），ineffectual（無駄な，効果のない），2番目の character（登場人物）；Macbeth, Othello, Hamlet シェイクスピアの悲劇の主人公］
（彼（シェイクスピア）は，登場人物の多くが自らの行為の結果から逃れようとする無駄な試みを探求することのみならず，性格描写と，邪悪さがマクベスと彼の妻に，嫉妬心がオセロに，優柔不断さがハムレットに与える影響を示すことに，さらに興味をもつようになった）

第6章

前置詞

　英語の前置詞は，日本語の助詞の「に」「へ」「から」「の前に」「のほうへ」「の間に」のような表現に対応します．日本語の助詞の場合と同様に，動詞や名詞などの**他の要素とのつなぎの役目**を果たす重要な要素です．**前置詞の大半は時間と空間（時空）に関するもの**です．前置詞の様々な用法は，これらの時空に関する意味を抽象的関係にも拡張したものであると考えることができます．

1.　前置詞句の構造

　前置詞（Preposition）は，名詞の前に生じてその名詞と他の要素との間の様々な関係を表します．前置詞の数は限られていて，次のようなものがあります．

(1)　**前置詞**
　　about, above, across, after, against, along, among, around, at, before, below, beneath, beside, behind, between, but, by, down, during, except, for, from, in, into, of, off, on, onto, out of, over, round, since, through, till, to, toward, under, underneath, until, up, with, without, etc.

前置詞は「前置詞＋名詞句」の形で**前置詞句**（Prepositional Phrase=PP）を構成します．

(2)　a.　[PP on the roof]（屋根の上に）
　　b.　[PP from Los Angeles]（ロサンジェルスから）

c. [PP below the horizon]（地平線の下に／へ）

前置詞の後にくる要素は名詞（と動名詞）に限られるのが原則ですが，前置詞の後に前置詞句がきて二重前置詞句の型を成す場合があります．最も多いのは from による二重前置詞の場合です．

(3) **from behind** a stone wall（石壁の後から）
 from among the crowds（群衆の間から）
 from between the lids（ふたの間から）
 in between the flower beds（花壇の間の中に）
 until after World War I（第一次世界大戦後まで）
 till after eight（8時すぎまで）

例外的に前置詞の後に that 節がくる in that 節（〜という点で），except that 節（〜ということを除いては），but that 節（〜ということを除いては，〜以外には）などの用法がありますが，これらは一種のイディオムと考えましょう．

(4) a. We were extremely lucky **in that** the winter was the mildest we have had for twenty years.
  （その冬は20年間で最も穏やかな冬であったという点で私たちは非常に幸運でした）
 b. I don't know the name or address **except that** it is a club of some sort.
  （それがある種のクラブである点を除いては，名前も住所も知りません）
 c. There is no doubt **but that** he is innocent.
  （彼が無実であることに疑いはない）

さらに，前置詞の後に形容詞や副詞がくる次のような表現がありますが，これらも一種のイディオムです．

(5) until recently（最近まで），from bad to worse（さらに悪く），at large（一般に，詳細に，（犯人などが）捕らえられないで），in general（概して），in public（公に），for long（長期間），of late（最近）など．

2. 前置詞の選択

前置詞の選択には，[1] それ自身の意味に基づく場合，[2] 後にくる名詞によって決定される場合，[3] 前にくる動詞や形容詞によって決定される場合の三つがあります．

[1] それ自身の意味に基づく場合： 前置詞はそれぞれ固有の意味をもつので，どの前置詞を用いるかによって意味が異なります．例えば，on the roof（屋根の上に／へ）の前置詞を入れ替えると，under the roof（屋根の下に／へ），beside the roof（屋根の側に），above the roof（屋根の上方に／へ），over the roof（屋根をおおって／の上に／を越えて）のように意味が変わります．

[2] 後にくる名詞によって決定される場合：

(1) a. **on** Sunday（日曜日に），**at** night（夜に），**in** 1945（1945 年に）
b. **in** the environment（その環境に），**for** some reason（ある理由で），**in** this way（この方法で）

Sunday は前置詞 on を，night は at を，年号は in を選択します．environment は in を，reason は for を，way（方法）は in を選択します．これらの例では，前置詞は後にくる名詞によって決まるので，前置詞と名詞の関係が緊密です．

[3] 前にくる動詞や形容詞によって決定される場合：

(2) a. It **depends on** you.
（それは君次第だ）
b. She **asked for** my help.
（彼女は私の助けを求めた）
(3) a. Your idea is quite **different from** mine.
（君の考え方は僕のとまったく違う）
b. I am very **interested in** the theory.
（私はその理論にとても興味があります）

(2) では前置詞は動詞によって決定されているので，後の名詞を変えても前置

詞はそのままです（depend on his decision/the election（彼の決心／選挙による），ask for attention/permission（注意／許可を求める））．(3) の場合も同様で，different from, similar to, interested in, surprised at のように形容詞によって前置詞が決定されます（☞第3章 2.3.2 節 (p. 29)，第4章 1.1 節 (p. 75))．

3. 前置詞の用法

　前置詞の大半は**時間**と**空間**（時空）に関するものです．前置詞の様々な用法はこれらの意味を抽象的関係に拡張したものであると考えることができます．時間でも空間でも**中心となる**前置詞は at です．

　空間の場合には at はある一地点を指します．その地点がある物の中にあれば in が用いられ，ある物の表面にあれば on が用いられます．時間の場合には at は一時点を指します．その時点がある期間の中にあれば during や in が，ある時点の後にあれば after が用いられます．このような視点から前置詞の用法を見ましょう．

3.1. 空間に関する前置詞

[**1**] **at**： 一地点を指すのが本来の意味ですから，その後にくる名詞は「**地点**」として捉えられています．

(1) a. He arrived **at** the station/the airport.
　　　（彼は駅に／空港に着いた）
　 b. He spoke **at** the conference recently.
　　　（最近彼は会議で演説した）
　 c. Many people want to live and die **at** home.
　　　（多くの人々が家で生活し死にたいと望んでいる）

「地点」という本来の意味が拡張されて，「**目標**」「**対象**」「**状態**」「**割合**」等にも適用されます．

(2) a. I was amazed **at** the news.
　　　（私はそのニュースに愕然とした）
　 b. The children are **at** a similar stage of the infection.

(子供たちは感染症の同じような段階にある)
　　c. You'll pay income tax **at** the higher rate.
　　　(君はもっと高い割合で所得税を払うことになるでしょう)

[2]　**in**：　ある人・物のいる地点が広がりのある所の「**内部**」にあることを表します．at home は家を地点として捉えた表現であり，in home は家の内部に重点が置かれています．at/in school, at/in hospital などにも同様のことが当てはまります．

　(3)　a. The problem is **in** London and Scottish cities.
　　　　(その問題はロンドンとスコットランドの諸都市にあります)
　　　b. People with AIDS have to spend a long period of time **in** hospital.
　　　　(エイズ患者は長期間病院で過ごさなければなりません)
　　　c. They had to take care of patients **in** their own homes.
　　　　(彼らは自分の家で患者の世話をしなければなりませんでした)

in の「内部にある」という意味が拡張して，「**状態**」「**領域**」「**方法**」など内部に広がりのある場合に用いられるようになります．

　(4)　a. These paintings are **in** good condition.
　　　　(これらの絵の状態はよい)
　　　b. **In** my opinion he is **in** good health.
　　　　(私の意見では彼の健康状態は良好です)
　　　c. All volunteers are trained **in** a new program.
　　　　(ボランティアはすべてが新しいプログラムで訓練されます)
　　　d. I'll solve the problem **in** my own way.
　　　　(私自身の方法でその問題を解決します)
　　　e. The number of new cases reported **in** official figures is relatively constant or falling.　[case (患者), figures (統計)]
　　　　(公式の統計で報告されている新しい患者数は，比較的一定しているかあるいは減少しています)

[3]　**on**：　ある物がある位置に「**接触**」していることを表します．壁に絵が掛かっている場合は on the wall ですし，天井に虫がとまっている場合も on

the ceiling です．反意語は off「離れている」です（Cf. put on a hat / put off a hat（帽子をかぶる／脱ぐ））．

(5) a. There is a fly **on** the ceiling.
（天井にハエがとまっている）
b. Put this picture **on** that wall.
（あの壁にこの絵を掛けてください）
c. I met a friend of mine **on** the street.
（路上で友人に会いました）

on の「接触」の意味から「**基盤**」「**依存**」「**従事**」「**関連**」などの意味に拡張して使用されます．

(6) a. His theory is based **on** these facts.
（彼の理論はこれらの事実に基づいている）
b. Japanese live **on** rice.
（日本人は米を主食としている）
c. He is away **on** business.
（彼は商用で留守です）
d. I have read many books **on** biology.
（生物学に関する本をたくさん読んだ）

[4] **under と over**： under はある物「〜の下に／へ」を意味し，離れていても接触していてもかまいません．over はある物「〜の上に／へ・を越えて」を意味し，離れていても接触していてもかまいません．

(7) a. We passed **under** three bridges.
（我々は三つの橋の下を通った）
b. Put on a sweater **under** the overcoat.
（オーバーの下にセーターを着なさい）
c. The boat floated **under** the bridge.
（ボートは橋の下へ漂って行った／橋の下に浮かんでいた）
(8) a. He bent low **over** the page.
（彼はそのページの上に体を低くかがめた）

b. There was a blanket **over** the body.
      （その死体には毛布がかけてあった）

under の「～の下に／へ」の意味から，「～のもとで／に」の意味に拡張し，「**負担**」「**義務**」「**支配**」「**影響**」「**状況**」などに用いられます（日本語でも「圧力のもとで」「保護のもとに」「政府のもとで」「影響のもとで」などの表現があるのと同様です）．

(9) a. Practically the entire school system was **under** the control of the churches. （事実上学校組織全体が教会の統制下にあった）
   b. It became law two years later **under** the next administration.
      （それは2年後に次期政権のもとで立法化された）
   c. We don't understand the necessity of violence **under** any circumstances.
      （いかなる状況のもとでも暴力の必要性を理解することはできない）

over は「～の上に／へ」の意味から「**上位**」「**以上**」の意味に拡張し，「～を越えて」の意味から「～にわたって」「～に関して」「～について」などの意味へと拡張します．

(10) a. There is a main reason for choosing one restaurant **over** another.
      （レストランを選別する主たる理由があります）
   b. A new agreement was signed by **over** one thousand men and women. （新しい合意案に千人以上の男女が署名した）

(11) a. Let's discuss it **over** lunch.
      （昼食をとりながらそれを議論しましょう）
   b. The agreement **over** education was so clear among participants.
      （教育に関する合意は参加者の間ではきわめてはっきりしていた）
   c. They also expressed reservations **over** the concept of minority rights. ［reservation（保留，控えること），minority right（少数派の権利）］（彼らもまた少数派の権利という考えに対しては保留を表明した）

[5] **above と below**： above は「～の上方に／へ」の意味を，below は「～の下方に／へ」の意味をもちます．いずれの場合も接触の意味はなく離れた関

係にあります．

- (12) a. The sun is high **above** the horizon.
    （太陽は地平線上高くにある）
  b. The illustration is **below** the examples.
    （図表は例の下にあります）

above の「〜の上方に／へ」の意味から「〜より以上に」「〜より上流に」「〜を超越して」などの意味に拡張します．逆に below は「〜の下方に／へ」の意味から「〜より下位に」「〜より下流に」「〜より以下に」などの意味をもちます．

- (13) a. The temperature is **above** 21℃.
    （温度は摂氏 21 度以上です）
  b. There is another bridge **above** this one.
    （この橋の上流にもう一つ橋がある）
  c. This article is **above** me.
    （この論文は私の理解を超えている（理解できない））
- (14) a. Your income falls **below** the American standard.
    （君の収入はアメリカの標準以下になりますよ）
  b. I have assumed that goods **below** a certain value must be duty free.（一定の価値以下の品物は免税であるべきだと思っています）
  c. Earnings forecasts for the third quarter would fall **below** expectations. [earnings forecast (収益予測), quarter (四半期) [1 年を 4 期間に分けたもの]]（第 3 四半期の収益予測は期待を下回るだろう）

[6] **to と from**： to の基本的意味は「**着点**」で，from の基本的意味は「**起点・出所**」です．

- (15) a. John fell **to** the ground.
    （ジョンは地面に倒れた）
  b. She sent many letters **to** the editor.
    （彼女は多数の手紙を編集者に送った）
- (16) a. Transport clients **to** and **from** hospital.
    （依頼人（患者）を病院へそして病院から搬送してください）

b. There is a message on the answerphone **from** Tony's brother.
（留守番電話にトニーのお兄さんからの伝言が入っています）

to の「着点」という基本的意味から，「**目標**」「**目的**」「**対象**」「**付属**」「**一致**」などの意味に拡張して用いられます．

(17) a. Thanks **to** your advice.
（君の助言のおかげです）
b. The medicine is used **to** that end.
（薬はその目的に使用されている）
c. I'm looking for meaning **to** life.
（人生に対する意味を探しています）
d. This is the key **to** my room.
（これが私の部屋の鍵です）
e. Susan danced **to** music.
（スーザンは音楽に合わせて踊った）

from の「起点・出所」の意味から，「**分離**」「**抑制**」「**（判断の）基準**」「**原因**」「**原料**」などの意味に拡張されます．

(18) a. The Channel separates England **from** France.
（英国海峡がイギリスをフランスから隔てている）
b. His illness prevented him **from** coming.
（彼は病気で来られなかった）
c. We came to this conclusion **from** the evidence.
（その証拠からこの結論に至りました）
d. He is suffering **from** a headache.
（彼は頭痛で苦しんでいる）
e. Wine is made **from** grapes.
（ワインはブドウから作られる）

[7] その他の注意点

(19) in「中に」，on「接して」，to「のほうに」
in the north（北部に），**on** the north（北端に），**to** the north（北方に）

(20) round (主として運動), around (主として静止)
  a. The earth goes **round** the sun.
      （地球は太陽の周りを回る）
  b. The students sat **around** the table.
      （学生はテーブルの周りに座った）
(21) from ((間接的) 原因, 原料), of ((直接的) 原因, 材料)
  a. die **from** fatigue（疲労で死ぬ），die **of** cancer（ガンで死ぬ）
  b. made **from** apples（リンゴから作られる），made **of** wood（木製である）
(22) between (主として二つのものの間), among (主として三つ以上のものの間)
  a. **between** John and Mary（ジョンとメアリーの間に）
  b. **among** those people（それらの人々の間に）

3.2. 時間に関する前置詞

　時間の前置詞は，空間の前置詞の応用であると考えることができます．「8時」は一時点ですから，at eight のように「時点」を表す at が用いられます．「8月」はある広がりを持ち，その中に時が含まれるので「内部」を表す in を用い in August となります．日曜日は週の特定の位置に「接触」した日ですから on を用い on Sunday となります．一般に特定の曜日，午前，午後，夜などを表すのには on を用い，in the morning に対して on Sunday morning, at night に対して on Monday night のようになります．つまり，**at は時点を**，**in はある期間を**，**on は特定の期間**を表します．

[1] at：　一時点を表すので，**特定の時点**を表す場合に用いられます．

(1) a. We reached the beach **at** sunset.
        （私たちは日没にビーチに到着した）
  b. The reality of AIDS is that the person can die **at** any time.
        （エイズの現実はその人がいつでも死ぬ可能性があるということです）
  c. It is hard to imagine the pain felt **at** the death of a son or daughter.
        （息子や娘の死に際して感じる苦しみを想像するのはむずかしい）

[2] **in**：「〜の中に」がもとの意味ですから「**(の期間) に**」の意味をもち，内部に一定の期間をもつ週や月や年などの期間を表す表現に用いられます．

 (2) a. The book was published **in** 1965.
    （その本は1965年に出版された）
   b. The conference **in** May was cancelled.
    （5月の会議は中止となった）
   c. **In** those days people were all poor.
    （その頃人々は皆貧しかった）

in は期間の意味から，さらに時間の経過を表して「**(ある期間) 経つと**」の意味をもちます．「〜以内に」の意味は **within** で表します．

 (3) a. I'll be back **in** a few minutes.
    （2, 3分したらもどります）
   b. He'll show up **in** ten minutes.
    （彼は10分したら現れますよ）
   c. We have to finish the work **within** two hours.
    （2時間以内にその仕事を終える必要があります）

「〜後に」の意味は after で表します．「1時間したらもどってくるでしょう」のような未来の事柄では He'll be back in an hour. のように in を用い，「1時間後にもどってきた」のような過去の事柄では He came back after one hour. のように after を用いることが多いようです．

[3] **for, during, through**： for は「〜の間」の意味で期間を表します．during は状態動詞と共に用いて「**〜の間ずっと**」という継続している期間を表す意味と，行為動詞とともに用いて「**〜の間のある時に**」という意味の二つの意味をもちます．through は「**初めから終わりまでずっと**」の意味です．

 (4) a. They stayed in London **for** the summer.
    （彼らは夏の間ロンドンにいた） ［How long? に対する答え］
   b. They visited London **during** the summer. ［行為動詞］
    （彼らは夏のある時期にロンドンを訪問した） ［When? に対する答え］
   c. They stayed in London **during** the summer. ［状態動詞］

第 6 章　前置詞

(彼らは夏中ロンドンにいた)
- d. They stayed in London **through** the summer.
  (彼らは夏中ずっとロンドンにいた)

(5) a. The police detained suspects for interrogation **for** a period of 10 days.（警察は取り調べのために 10 日間被疑者を拘留した）
- b. The virus may destroy your natural defenses **for** over ten years without you realizing.
  (あなたが知らないうちにウイルスは生まれながらに備わっている防御力を 10 年以上にわたって破壊するかもしれません)

(6) a. He will move into his new house **during** July.
  (彼は 6 月中に新しい家に引っ越すでしょう)
- b. Call Janet **during** office hours if you would like to know more about us.（我々のことについてもっと知りたければ，オフィスアワーの間にジャネットに電話をしてください）
- c. He greatly contributed to the modern art **during** his stay in France.（彼はフランス滞在中に現代芸術に大いに貢献した）

(7) a. We had been awake all **through** the night.
  (我々は夜中ずっとおきていた)
- b. He slept **through** the class.
  (彼は授業中ずっと寝ていた)
- c. The pictures in the art museum have been closely monitored, often **through** decades and in a few cases for centuries.
  (その美術館の絵は，多くの場合は数十年に渡ってずっと，いくつかの場合には数世紀の間，綿密に監視されている)

[4] **till/until と by**：　till は「～までずっと」の意味で**継続**を表します．by は「～までには」の意味でそれまでに**完了**していることを表します．till と until の用法は同じですが，文頭では until のほうが好まれるようです．また，口調によって一方が好まれることがあります．

(8) a. Pubs can stay open **till** 2 a.m.
  (パブは午前 2 時まで営業できます)
- b. She was dancing and drinking **until** midnight.

(彼女は真夜中まで踊ったり飲んだりした)

  c. The milkman didn't come **till** eleven in the morning.
   (牛乳配達員は午前 11 時まで来なかった)
  d. **Until** then I didn't know about it.
   (その時まで私はそれについては知りませんでした)

(8c) では配達員が来ない状態が 11 時まで継続し，(8d) では知らない状態がその時まで継続したことを表しています．

 (9) a. 2 in 5 children have had smoked **by** the time they are eighteen years old.
   (5 人中 2 人が 18 歳になるまでにタバコを吸ったことがあります)
  b. The number of clients has more than doubled from 70 in April 1990 to over 150 **by** March 1991. (顧客の数は 1991 年 3 月までには，1990 年 4 月の 70 から 150 以上へと倍以上に増えた)

[5] **from** と **since**： from は単に**起点**を表し「～から」の意味をもつのに対して，since はある時点からの**継続**を表し「～以来ずっと」の意味で**完了形とともに**用いられます．

 (10) a. The new museum will be open **from** next month.
   (新しい博物館は来月から開館します)
  b. They were imprisoned **from** June until October for organizing a new political party.
   (彼らは新政党を作ったことで 6 月から 10 月まで拘留された)

日本語の「コンサートは午後 6 時から始まります」は，英語では The concert begins at 6 o'clock. となり，from 6 o'clock とはなりません．日本語の「6 時から」の「から」はコンサートの始まる時点を表しているので at を用います．

 (11) a. **Since** 6th April 1990, married couples have been taxed independently. (1990 年 4 月 6 日以来, 夫婦は別々に課税されています)
  b. Nine such cases have been reported to AI **since** 2000.
   (2000 年以来そのような症例が 9 例アルに報告されている)
  c. Sri Lankan human rights activists estimated that 40,000 people

had 'disappeared' **since** 1987.（スリランカの人権運動家は1987年以来4万人の人々が「失踪」していると推測している）［引用符は「失踪」ではなく殺害されているのではないかという疑いを示す］

3.3. その他の前置詞

［**1**］ **for**： 本来的意味は「**方向**」を表す意味です．to は「**着点**」を表し，通例移動によって到着したことを表します．

(1) a. This is the Hayate super express bound **for** Hachinohe.
   （ご乗車の列車は八戸行きの超特急はやて号です）
   b. He left **for** Hawaii three days ago.
   （彼は3日前にハワイに向けて発ちました）
   c. He went **to** Hawaii.
   （彼はハワイに行った（着いたことを意味する））

for の「方向」という本来的意味から「**目的**」「**理由**」「**原因**」「**代用**」「**賛成**」などの意味に拡張して用いられます．

(2) a. Raising money **for** your favorite charity can be fun.
   （好きな慈善事業のためにお金を集めることは楽しい）
   b. Kay Hopps will have responsibility **for** the running of the office.
   （ケイ・ホップスが事務所の運営に責任をもつでしょう）
   c. The train was delayed **for** the fog.
   （列車は霧のために遅れた）
   d. Would you do it **for** me?
   （私の代わりにそれをしてくれませんか）
   e. Are you **for** or against the plan?
   （その計画に賛成ですかそれとも反対ですか）

［**2**］ **with**： 基本的には「**同伴**」を意味します．この意味が拡張して「**付帯状況**」「**所持**」「**道具**」「**関係**」などの意味を表します（付帯状況☞第10章6節）．

(3) a. I was waiting for him outside **with** my mother.
   （母と一緒に外で彼を待っていた）

b. He was standing at the corner **with** a cigar in his mouth.
     (彼は口に葉巻をくわえて角に立っていた)
  c. We need help for those people **with** chronic illnesses.
     (我々は慢性病をもつそれらの人々に対する援助を必要としています)
  d. The American has no difficulty eating **with** chopsticks.
     (そのアメリカ人は難なく箸で食事をします)
  e. There is nothing wrong **with** what he said.
     (彼が言ったことに関して間違っているところはありません)

4. その他の注意点

　ここでは前置詞句が形容詞句と同じ働きをする場合と前置詞句が二つ（以上）連なっている場合について見ることにします．

[A] 形容詞相当語句としての前置詞句

「of＋形容詞の名詞形」の形で形容詞と同じ働きをする場合があります．

(1) a. The scientific factor, too, was **of basic importance**.
       [of basic importance = basically important]
       (科学的要因もまた基本的に重要であった)
    b. When he collaborated directly with her in opera the result was **of historical significance**.
       [of historical significance = historically significant]
       (彼がオペラで彼女と直接共同制作した時，その結果は歴史的意義のあるものとなった)
    c. In the main, however, the appeal to history is **of minor interest** to people. [in the main (概して)]
       (しかしながら，概して歴史に訴えても人々の興味をあまり引きません)
    d. Local papers do a good job of reporting local news and sports, often with pictures that are **of local interest**.
       (地方新聞は，しばしば地方の人々に興味のある写真とともに，地方のニュースやスポーツ記事を伝えるという良い仕事をしている)

e. Communication may be **of no unique significance** for understanding the functions and nature of language.
　　　（コミュニケーションは言語の機能と本質の理解に特別な意味をもたないかもしれません）

この用法は次のような表現にも見られます．

(2) a man **of ability**（有能な人），a problem **of great importance**（非常に重要な問題），a question **of no significance**（無意味な質問），a list of themes **of interest**（面白いテーマのリスト）

[B] 前置詞句が二つ（以上）連続する場合

前置詞句が二つ（以上）連続する場合の代表例は from A to B のような表現です．

(3) a. John traveled **from** New York **to** Chicago.
　　　（ジョンはニューヨークからシカゴまで旅をした）
　　b. Certain plants impact the health of the entire ecosystem **from** bugs **to** birds **to** mammals.（ある植物は昆虫から鳥やほ乳類に至るまでエコシステム全体の健全性に影響を与えます）

この表現は固定した表現とみなすことができますが，前置詞句はもっと自由に組み合わせられます．

(4) a. John walked **down** the street **toward** the City Hall.
　　　（ジョンは市役所のほうへ向かって通りを歩いて行った）
　　b. The man ran **into** the street **from** the office.
　　　（その男はオフィスから通りへ走り出た）
　　c. Our Milky Way galaxy will be drawn **into** a vast black hole deep **in** its center.（我々の銀河系星雲は巨大なブラックホールの中心部深くに引き込まれるだろう）
　　d. I got on **to** the bed **beside** her and put my arms around her.
　　　（私はベッドの上の彼女の側に上がって，彼女に腕を回した）
　　e. He was walking **over** a chasm **on** a narrow plank.

(彼は狭い厚板の上を歩いて深い裂け目を渡った)

これらの表現では，二つの前置詞がまとまって場所を規定しています．例えば(4e) の walk over A on B では over A on B がまとまって walk した場所を規定しています．

日本語で「ここ日本では」のように自分のいる場所「ここ」を指定し，次に具体的な場所「日本」を指定する表現があります．英語でも同様の表現が見られます．

(5) a. **Here on** the earth's surface we can never escape from the influence of gravity.
(ここ地球上では引力の影響を避けることはできません)
b. Ruth will bring us **home to** Mom at Christmas.
(ルースはクリスマスには私たちを家のママのところに連れて行ってくれるでしょう)
c. I had survived three years of army service in World War II, and now I was heading **home** on a train **to** Newark, New Jersey.
(私は第二次世界大戦中の 3 年間の軍役を生き延び，汽車で家のあるニュージャージーのニューワークに向かっているところだった)

さらに，二つの前置詞句の間に広狭の関係がある場合「狭い＞広い」の順序になるのが普通です．(6) は時の前置詞句，(7) は場所の前置詞句ですが，それぞれ，「狭い＞広い」の順序に並んでいます．時と場所の前置詞句がある場合には，(8) のように「場所＞時」の順序となるのが原則です．

(6) a. I met John in my office **at** 6 o'clock **in** the morning.
(私は事務所で朝 6 時にジョンに会いました)
b. I visited Rome **in** August **in** 2000.
(私は 2000 年 8 月にローマを訪問した)
(7) a. I saw John **at** Shibuya **in** Tokyo.
(東京の渋谷でジョンに会った)
b. John sent the book **to** Nancy **in** New York.
(ジョンはニューヨークのナンシーに本を送った)
(8) a. Alex came **to** the house **at** nine o'clock in the morning.

　　　　　　　　　　第6章　前置詞　　　　　　　　　　127

　　　　（アレックスは午前9時に家に来ました）
　　b. My father was killed **in** Luzon **in** 1945.
　　　　（父は1945年に（フィリピンの）ルソン島で亡くなりました）

5. 実　例

(1) The main car jerked to a stop almost directly **in front of** us.
　　［main car（列車の中で重要人物が乗っている車両），jerk to a stop（カタンと止まる）］
　　（中心の車両が我々のほぼ真ん前でカタンと止まった）

(2) Japanese high schools exercise strict control **over** students' dress and behavior both **within** and **outside of** class.（日本の高等学校では教室の内外両方において学生の服装や行動を厳しく規制している）

(3) She would have found out that it was the custom **in** Japan for girls to put off wearing makeup and jewelry longer than girls do **in** the United States.　［find out（(本質や真実)を知る），put off（遅らせる）；would have found は仮定法の過去形］
　　（女の子がメークアップをしたり装飾品を身につけたりするのがアメリカ合衆国よりも遅いのが日本の習慣であることが彼女にはわかったでしょうに）

(4) This kind of learning was, after all, **among** the principal reasons **for** her becoming an exchange student in the first place.
　　（このようなことを学ぶのが，結局，そもそも彼女が交換留学生となる主たる理由の一つであった）

(5) The shining-eyed older brother climbed **in** the car **beside** him and the three of them began a memorable holiday ride.
　　（キラキラ輝く眼をした兄が車に乗り込んで彼の脇に座り，3人は忘れられない休日のドライブに出かけた）

(6) He sat him down **on** the bottom step, then sort of squeezed **against** him and pointed **to** the car.　［sort of（少し，ちょっと）：Cf. I'm sort of tired.（ちょっと疲れた）］
　　（彼は彼を階段の最下段に座らせ，ちょっと体を押しつけて車のほうを指さした）

(7) Bell got the idea **for** the telephone while visiting his parents in

Ontario and did actually place the first long-distance phone call **from** his parents' home **to** a telegraph office a few kilometers away.
［Bell=Alexander Graham Bell（電話の発明者）］
(ベルはオンタリオ州にいる両親を訪問しているときに電話のアイディアを思いついた．そして実際初の長距離電話を両親の家から数キロ離れた電信局へかけた)

(8) **At** the lower speeds, your opposite partner would be replaced by another **in** about five minutes, but you would not be affected by extreme centrifugal forces **on** reaching either end of the table. ［椅子がテーブルの周りを回転する方式のテーブルに関する記述；centrifugal forces（遠心力），on は時を表す前置詞で「～したとき」「～すると同時に」］
(スピードが遅いと，向かい側の相手は約5分で入れ替わり，テーブルの両端に来たときにも極端な遠心力に影響されることはありません)

第 7 章

副　詞

　副詞には，動詞を修飾するもの，文を修飾するもの，形容詞や他の副詞を修飾するもの，さらには名詞や前置詞を修飾するものがあります．

1.　副詞とは

　次の日本語と英語を比較してみましょう．

　　　(1)　a.　太郎は**すばやく**その問いに答えた．
　　　　　b.　Taro answered the question **quickly**.
　　　(2)　a.　花子は**急に**立ち上がった．
　　　　　b.　Hanako stood up **abruptly**.

これらの文で，「すばやく」は答え方について述べ，「急に」は立ち上がり方について述べています．これらは動作がどのように行われたかを表しており，**動詞を修飾**する副詞です．英語でも同様で，quickly は answered (the question) を，abruptly は stood up を修飾する副詞です．

　　　(3)　a.　**おそらく**ジョンは来るでしょう．
　　　　　b.　**Probably**, John will come.
　　　(4)　a.　**幸運にも**ジョンはその交通事故でけがをしませんでした．
　　　　　b.　**Fortunately**, John didn't get injured in the traffic accident.

これらの文で，「おそらく」はジョンが来る可能性について述べています．「幸運にも」はジョンがけがをしなかったことに対する話し手の判断を示しています．英語でも同様です．いずれも文の内容を対象としているので，これらは**文**

を**修飾**する副詞です．

(5) a. その女優は**とても**美しい．
    b. The actress is **very** beautiful.
(6) a. メアリーはジョンよりも**はるかに**うまくフランス語を話します．
    b. Mary speaks French **much** better than John.

これらの文で，「とても」は「美しい」という**形容詞を修飾**し，それを強める働きをする副詞です．「はるかに」は「うまく」という**副詞を修飾**し，それを強める働きをする副詞です．英語でも同様です．

また，「太郎でさえ」(**even** Taro) や「ちょうど6時」(**just** 6 o'clock) は名詞を修飾し，名詞を目立たせる働きをする副詞です．「花子にさえ」(**even** to Hanako) や「太郎にだけ」(**only** to John) では，副詞が，日本語では後置詞句を，英語では前置詞句を目立たせる役割をしています．

このように，日本語でも英語でも，副詞は文・動詞・形容詞・副詞・名詞・前置詞／後置詞を修飾する働きをもちます．（ここでは，動詞を修飾する，形容詞を修飾する等々，という言い方をしていますが，これは簡略化した言い方であって，正確には，動詞句を修飾する，形容詞句を修飾する等々，と言うべきところです）

2. 動詞修飾の副詞

日本語の「すばやくその問いに答えた」(answer the question quickly) の「すばやく」は正確には「答えた」だけを修飾するのではなく，「その問いに答えた」という動詞句全体を修飾しています．次の構造を比較してみましょう．

(1) a. 太郎は [$_{VP}$ **すばやく** [$_{VP}$ その問いに答えた]]
    b. 太郎は [$_{VP}$ その問いに [$_{VP}$ **すばやく**答えた]]

(1a) が基本形だとすると，(1b) は「その問いに」が「すばやく」の前に移動してできた表現であると言えます．いずれの場合も「すばやく」は **VP** を修飾しています．英語ではどうでしょう．

(2) a. Taro [$_{VP}$ **quickly** [$_{VP}$ answered the question]]

b. Taro [VP [VP answered the question] **quickly**]]

(2a) の answered the question は動詞句であり，quickly は動詞句 VP を修飾しているので，それを括弧で示しています．quickly の修飾を受けた quickly answered the question 全体もまた動詞句の働きをしますから VP です．このことは，quickly が動詞の後に生じている (2b) の場合も同じです．

　動詞修飾の副詞は意味によっていくつかに分けることができますが，その分類自体は重要なことではなく，これらの副詞が動詞句を修飾していることが重要です．

[A] 様　態

動詞の表している動作がどのように行われるかを示す副詞です．

　(3)　a.　Susan sings **beautifully**.
　　　　　（スーザンは**美しく**歌う）
　　　b.　He held the rope **tightly**.
　　　　　（彼は**固く**ロープを握った）
　　　c.　He **quickly** solved the problem.
　　　　　（彼は**すばやく**その問題を解いた）

様態を表す副詞は動詞句末の位置と動詞の前の位置に生じます．動詞句末の位置に生じると副詞が強調され，動詞の前にくると動詞句のほうが強調されるというのが一般原則です．例えば，answered the question quickly では答え方がすばやかったことに力点があり，quickly answered the question では問いに答えたことに力点が置かれます．副詞の位置と意味とのこのような関係は動詞修飾の副詞一般に当てはまります．

[B] 頻　度

　always（いつも），frequently（しばしば），often（しばしば），sometimes（時々）などの副詞は動詞の前，動詞句末，文頭に生じますが，動詞の前の位置が最も普通です．always が動詞句末にくることはまれです．

　(4)　a.　Kate has **frequently** visited Mexico.
　　　　　（ケイトは**しばしば**メキシコを訪れている）

b. **Often** the person infected doesn't notice anything wrong.
   (感染者が何か変だと気がつかないことがよくあります)
c. You need to fail as well as succeed **sometimes** to build your work.
   (作品を作り上げるためには，成功するばかりでなく失敗することも時々必要です)
d. You **always** want more.
   (君はいつもよくばりだね)

頻度が少ないことを表す rarely (まれに，めったに〜ない), seldom (ほとんど〜ない) や，never (決して〜ない) のような副詞は，動詞の前の位置に生じるのが普通です．

(5) a. She **rarely** complains.
       (彼女が愚痴をいうのはまれです)
    b. He **seldom** eats meat.
       (彼は肉を食べることがほとんどありません)
    c. I'll **never** forget what you said.
       (君が言ったことを決して忘れないでしょう)

[C] 程　度

completely (完全に), entirely (まったく), fully (十分に), quite (まったく), strongly (強く), thoroughly (徹底的に), utterly (まったく), slightly (わずかに), somewhat (いくぶん), hardly (ほとんど〜ない), scarcely (ほとんど〜ない) など．程度を強めたり弱めたりする働きをもつ副詞です．これらの副詞は動詞の前の位置にくるのが普通です．

(6) a. The fort had been **completely** surrounded.
       (砦は完全に包囲されていた)
    b. He **strongly** denied it.
       (彼はそれを強く否定した)
    c. Her feet **scarcely** touched the ground.
       (彼女の足はほとんど地面に着きませんでした)

[D] 強調

動詞の意味を強める働きをする副詞です．really（本当に），indeed（実に），definitely（まったく，紛れもなく），absolutely（絶対に）など．動詞の前に位置するのが普通です．

(7) a. I **definitely** wanted to get the job.
（私は本当にその仕事がほしかった）
b. They **really** hate the war.
（彼らは本当に戦争を嫌っている）

[E] 場所・方向・時

there（そこへ），here（ここに），home（家へ（に）），southward（南へ），upward（上方へ），now（いま），tonight（今夜），soon（すぐに）など．場所・方向と時の副詞がある場合には必ず**場所・方向＞時**の副詞の順序です．

(8) a. He will come **home soon**.
（彼はすぐに帰ってくるでしょう）
b. She arrived **there last night**.
（彼女は昨夜そこに到着しました）

3. 文副詞

文副詞の位置は文頭が最も普通ですが，動詞の前に生じることもあります．コンマを伴って文末に生じることも可能ですが，きわめてまれです．

(1) a. **Possibly**, John will come to the party.
（ひょっとしたらジョンはパーティーに来るかもしれない）
b. **Unfortunately**, John missed the nice baseball game.
（不運にもジョンはそのすばらしい野球の試合を見のがした）

possibly（ひょっとしたら）は「ジョンが来る」という文の可能性についての話し手の判断を述べています．一方，unfortunately（不運にも）は文の内容に対する話し手の判断を示しています．**文副詞はそれが修飾する文についての話し手の判断を表す**という共通点があります．

3.1. 文副詞の意味

[A] 文の可能性についての話し手の判断

　certainly（確かに，きっと），surely（確かに，きっと），definitely（確かに，必ず），necessarily（必ず，必然的に），probably（十中八九），possibly（ひょっとしたら）[可能性は高くない]，perhaps（ことによると）[可能性は高くない]，maybe（もしかしたら）[口語的，可能性は低い]，undoubtedly（疑問の余地なく），unquestionably（疑いもなく），undeniably（明白に），apparently（一見したところ（...らしい））[「明らかに」の意味もありますが前者の意味の場合のほうが多い]，evidently（明らかに）[「一見したところ（...らしい）」の意味もありますが前者の意味の場合のほうが多い]，clearly（明らかに），patently（明らかに），seemingly（一見したところでは）など．

(1) a. **Probably**, the CIA wouldn't do a thing like tapping phones.
（恐らく CIA が電話の盗聴のようなことをすることはないでしょう）
　　b. **Surely**, Susan did not mean to reject your plans.
（きっとスーザンは君の案を却下するつもりはなかったはずです）

　これらの文副詞は，it is probable that ... のように，it ＋ be ＋形容詞＋ that 節の言い換えが可能です（ただし，it is sure that ... の表現はなく，その代わりに it is certain that ... が用いられます（☞第4章1.2.9節）．また，it is apparent that ... は apparently と異なり普通「明らかだ」の意味になります．maybe と perhaps は it 構文には用いられません）．

[B] 文の内容に対する話し手の判断

　curiously（奇妙なことには），oddly（奇妙にも），strangely（奇妙なことには），surprisingly（驚いたことに），fortunately（幸運にも），luckily（運よく），happily（幸いにも），sadly（悲しいことに），unfortunately（不運にも），unluckily（運わるく），crucially（重要なことには），importantly（重要なことには），significantly（意義深いことには）など．

(2) a. **Surprisingly**, Pat protested.
（驚いたことに，パットが異議を申し立てた）
　　b. **Unluckily**, the senator was defeated in committee by a vote of 16-2.（不運にもその上院議員は委員会において投票で 16-2 で敗れた）

これらの文副詞は，it is surprising that (should) ... のように，it + be +形容詞 + that (should) 節の言い換えが可能です (☞第 4 章 1.2.6 節 (p. 82))．

[C]　主語の行為に対する話し手の判断

bravely (勇敢なことには)，carefully (注意深いことには)，cleverly (賢いことには)，foolishly (馬鹿なことには)，kindly (親切にも)，politely (礼儀正しいことには)，rudely (無礼にも)，stupidly (愚かにも)，wisely (賢明にも) など．

(3) a. **Rudely**, Max left the meeting in the middle.
　　(無礼にもマックスは会議の途中で退席した)
　　b. **Bravely**, they fought in Spain.
　　(勇敢にも彼らはスペインで戦った)

これらの文副詞は，it was rude of Max to leave ... や Max was rude to leave ... の書き換えが可能です (☞第 4 章 1.2.7 節)．

[D]　話し手の視点

話し手がどのような視点からその文を述べているかを表します．briefly (手短に言えば)，frankly (率直に言えば)，generally (一般的に言えば)，honestly (正直に言えば)，strictly (厳密に言えば)，biologically (生物学的には)，logically (論理的には)，mathematically (数学的に見ると)，socially (社会的には) など．

(4) a. **Frankly**, that's a stupid question.
　　(率直に言って，それは馬鹿げた質問です)
　　b. **Biologically** these bugs are classified by the shape of their wings.
　　(生物学的には，これらの昆虫は羽の形で分類されます)

これらの文副詞は，frankly/generally speaking のような表現でも使われます (☞第 10 章 4 節)．

[E]　その他の文副詞

文副詞は一語で多くの意味を表すことができる便利な表現です．例えば，reportedly (報告によれば)，allegedly (申し立てによれば)，presumably (推定ですが)，supposedly (推定によれば) などです．また，no doubt (きっと，確かに (～

だが，しかし))も文副詞として使われます．

3.2. 文副詞と動詞修飾の副詞

文副詞の中には動詞修飾の副詞として用いられるものもあります．そのような場合，文頭の位置では文副詞として，動詞句末の位置では動詞修飾の副詞として用いられます．

(1) a. **Rudely**, Max didn't answer the question. ［文副詞］
(無礼にもマックスは質問に答えませんでした)
b. Max answered the question **rudely**. ［動詞修飾の副詞］
(マックスはその質問に無作法な答え方をした)
(2) a. **Amazingly**, the elephant drew a picture.
(驚いたことに，その象は絵をかいた)
b. The elephant drew a picture **amazingly**.
(その象は驚くべき方法で絵をかいた)

動詞修飾の副詞としても用いられる文副詞は，curiously（奇妙なことには，奇妙なやり方で）など文の内容に対する話し手の判断を表す文副詞（3.1 節［B］），bravely（勇敢なことには，勇敢な方法で）などの主語の行為に対する話し手の判断を表す文副詞（3.1 節［C］）すべてと，definitely（確かに，明確なやり方で）などの文の可能性を表す文副詞の一部です．

4. 形容詞・副詞修飾の副詞

形容詞・副詞を修飾する副詞は程度を表します．

(1) considerably（かなり，相当に），fairly（まあまあ，かなり），much（はるかに，ずっと），pretty（かなり），quite（まったく，かなり），rather（かなり，いくぶん），slightly（わずかに，少し），very（とても）など．

これらの中で，very, fairly, pretty は形容詞・副詞の原級とのみ用いられ，much, considerably は形容詞・副詞の比較級とともに用いられます．これらは意味を強める働きをしますが，fairly だけは意味を弱める働きをし，fairly good は「まあまあよい」の意味です．quite にも同様の用法がありますが，

quite right（まったく正しい）のように意味を強める用法のほうが一般的です．

   (2) a. That's a **considerably** better suggestion.
           （それはかなりよい提案です）
      b. She turned **slightly** red.
           （彼女は少し顔を赤らめた）
      c. These new models are made **much** stronger.
           （これらの新モデルははるかにもっと頑丈です）
      d. I was **rather** surprised to come across him on the street.
           （通りで偶然彼に会ってかなりびっくりした）

5. 名詞・前置詞修飾の副詞

5.1. 名詞修飾の副詞

正確さなどを表す (1a) の副詞と唯一性などを表す (1b) の副詞があります．これらの副詞は名詞を目立たせる働きをします．

   (1) a. exactly（正確に，まさに），roughly（おおよそ），practically（事実上），precisely（正確に，まさに）など．
      b. alone（〜だけ），at least（少なくとも），chiefly（主として），even（〜でさえ），only（〜だけ），primarily（おもに〜）など．

これらの副詞は名詞句の直前に生じますが，alone だけは名詞句の後に生じます (John alone（ジョンだけ))．

   (2) a. We know **exactly** what he has in mind.
           （彼がまさに何を考えているか知っています）
      b. Our argument is based on **precisely** those grounds.
           （我々の議論はまさにそのような根拠に基づいています）
      c. He broke **practically** the most expensive sample in the lab.
           （彼は事実上研究室で最も高価な標本を壊した）
   (3) a. **Only** Simon knows the answer.
           （サイモンだけが答えを知っています）
      b. **At least** Louise agreed to it.

(少なくともルイーズはそれに同意した)

 c. He would hire **even** the worst of the candidates if they had gone to T University. (彼はT大学に行っていた候補者なら一番できの悪い者でも採用するでしょう)

onlyはそれが修飾する要素から離れた位置にある場合があるので注意が必要です．その場合，口語では強勢によって修飾されている要素がわかりますが，書き言葉ではそのような情報がないので，文脈からonlyがどの要素を修飾しているかを読み取る必要があります (only, evenなどは名詞以外の要素も修飾します)．

 (4) John **only** promised to talk to Mary.
   (ジョンはメアリーに話すと約束だけした)[promiseに強勢]
   (ジョンはメアリーにだけ話すと約束した)[Maryに強勢]
   (ジョンはメアリーに話すとだけ約束した)[talkに強勢]

 (5) a. We **only** live once.
    (人生は一度だけ)
  b. I **only** did it for the money.
    (私はその金のためだけにそれをした)
  c. Children are **only** allowed to enter if accompanied by an adult.
    (保護者同伴に限り子供の入場が許されます)

5.2.　前置詞を修飾する副詞

程度を表す (1a) の副詞と前置詞を目だたせる働きをする (1b) の副詞があります．

 (1) a. almost (ほとんど), barely (かろうじて), mostly (だいたい), slightly (わずかに) など．
  b. even (～でさえ), just (ちょうど), only (～だけ), precisely (まさに～) など．

 (2) a. **mostly** around New York
    (だいたいニューヨークの周辺では)
  b. **barely** across the line

　　　　　（かろうじて線を越えて）
　　c. **almost** in the same way
　　　　　（ほとんど同じ方法で）
　　d. It is best to chill the beer **slightly** before drinking.
　　　　　（ビールは飲むちょっと前に冷やすのが最善です）
　　e. We are **just** at the beginning of the depression.
　　　　　（我々は景気後退の丁度始まりのところにいます）

6.　その他の注意すべき副詞

[A]　**already**（すでに），**still**（まだ，なお），**yet**（まだ～（していない），もう～（しましたか））

　already は肯定文で用いるのが原則で，疑問文で用いると「もうしてしまったの」という驚きの気持ちを表します．still は肯定文で用いられ，否定文では必ず否定の影響の外の位置に置かれ「(～でない状態が)まだ続いている」という意味で，否定されている状態が続いていることを表します．yet は否定文と疑問文で用いられます．否定文で用いられると「まだ～（していない）」の意味で，疑問文で用いられると「もう～（しましたか）」の意味です．

　(1)　a.　We have **already** visited over 90 schools.
　　　　　　（我々はすでに 90 校以上を訪問しました）
　　　　b.　Have you finished your term paper **already**?　[驚き]
　　　　　　（もう期末レポートを終わったんですか）
　(2)　a.　The guard is **still** in the house.
　　　　　　（護衛はまだ家の中にいます）
　　　　b.　Many care workers **still** do not know how to protect people from HIV.（多くの介護福祉士たちは，HIV から人々を守る方法がいまだに分からないのです）[still は否定辞より前の位置にきます]
　(3)　a.　I have **not yet** made up my mind.
　　　　　　（まだ決心がついていません）
　　　　b.　Has the mailman come **yet**?
　　　　　　（郵便配達員はもう来ましたか）

[**B**] **ago**((今から)...前に),**before**((過去の時点から)...前に),**since**((ある時点)以来ずっと)

ago は単独で用いられることはなく,必ず時間の長さを表す表現を必要とし,X + ago の形で用いられます.現在から見て過去のことを指しますから,過去時制とともに用いられ,現在完了形で用いられることはありません.

 (4) a. He was born in Bradford 49 years **ago** and educated at Leeds College.(彼は49年前にブラッドフォードに生まれ,リーズカレッジで教育を受けた)

   b. They changed their menu to the fixed-price system four months **ago**.(彼らは4か月前にメニューを固定価格制に変えました)

ただし,ago が過去完了とともに生じている例があります.

 (5) a. They'd arranged a conference on ecology months **ago**.
    (彼らは数か月前に生態学に関する会議の段取りをつけていました)

   b. If I had met her 10 years **ago**, we might have been wed by now.
    (もし私が10年前に彼女と会っていたならば,今頃はもう私たちは結婚していたでしょうに)

過去完了形は,過去のある時点を基準にしてそれよりさらに過去のことを表します.したがって,その基準となっている過去形では ago が用いられ,それが平行移動した結果,過去完了形に ago が生じているのです(つまり,「過去形+ ago」をもう一つ過去に遡らせると「過去完了形+ ago」となるわけです).

X + before は過去のある時点よりも前の時点を指します.したがって,過去完了形で用いるのが原則です.

 (6) a. The prince had come to know Peter in Kenya two years **before**, when he had been his guide in safari.(王子は2年前にケニヤでピーターと知り合いました.その時彼はサファリで王子のガイドをしました)

   b. Last year he was invited to the house once owned by Raphael, which he had visited a few years **before**.
    (昨年彼はかつてラファエルが所有していた家に招かれましたが,その家には数年前に訪れたことがありました)

before が単独で「以前に」の意味で用いられることもあり，この場合には，過去形，過去完了形，現在完了形のいずれでも用いられます．

(7) a. I used to go to Sunday school all the time **before**.
(以前いつも日曜学校にかよったものでした)
b. The surprise was that Diana had never been invited **before**.
(驚いたことにダイアナは以前に一度も招待されたことがなかった)
c. I have never been on a glacier **before**.
(これまで一度も氷河の上に立ったことがありません)

since が単独で用いられると「それ以来」の意味を表します．「それ」がどの時点を指すかは文脈によって決まります．必ず完了形で用いられます．ever since（その時以来ずっと）は強調形で，long since は「ずっと前に」の意味です．

(8) a. Her family heard that she had been taken to the military camp, and she has not been seen **since**.
(家族は彼女が軍事キャンプへ連れて行かれたとの話を聞いていましたが，それ以来彼女の姿を見た人はいません)
b. He and Layton have remained firm friends **ever since**.
(彼とレイトンはそれ以来ずっと固い友情で結ばれた友人である)
c. "Here's to you," she said, raising the glass of wine and mineral water, where the ice cubes had **long since** melted.
(「かんぱい」と言って，彼女はワインとミネラルウオーターのグラスを上げたが，氷の固まりはとっくに解けていた)

[C] **once**（かつて，一度），**ever**（今までに，どんなときでも，いつか）

once は過去形とともに用いて「かつて（〜した）」の意味です．この意味の時には文頭か動詞の前にきます．once には「一度」の意味もあり，この時には文末にきます．

(9) a. Ron said, "You were **once** a university lecturer?"
(ロンは「君はかつて大学講師をしてたって？」と言った)
b. I **once** witnessed an incident that could easily have been avoided if the pilot had been more careful.（パイロットがもっと注意してい

たら，容易に避けることのできた事故をかつて目撃しました）

(10) a. "That's the spirit. You only live **once**."
　　　（「その意気だ．人生は一度なんだから」）
　　b. The batteries should be changed **once** a year.
　　　（電池は1年に一度交換する必要があります）

ever は疑問文では「今までに（～したことがありますか）」の意味で現在完了形でよく用いられ，否定文では「どんなときでも（～しない）」の意味を表し，条件節では「いつか（～するならば）」の意味を表します．

(11) a. Have you **ever** played the part of Hamlet?
　　　（これまでにハムレットの役を演じたことがありますか）
　　b. But nobody **ever** sees things the way I do.
　　　（しかし私のような物事の見方をしている人はありません）
　　c. You'll know why if you **ever** marry.
　　　（いつか結婚したら，理由がわかりますよ）

7. 実　例

(1) **Interestingly**, Americans have greater trust in television news than they do in newspapers.　［have trust in（～を信頼する），do = have trust］
（興味深いことに，アメリカ人は新聞よりもテレビニュースにより大きな信頼を置いています）

(2) I **foolishly** assumed that college rowing would be the same at Oxford.
［college rowing（大学のボート部）；「私」はハーバード出身者］
（私は愚かにも大学のボート部はオックスフォードでも同じだろうと思っていた）

(3) **Rightly or wrongly**, science is thought to be the ultimate form of objective and rational inquiry.
［ultimate（究極の），inquiry（探求，研究）］
（正しかろうと間違っていようと（真偽のほどはわからないが），科学はしばしば客観的で理性的な探求の究極の形であると考えられている）

(4) **Not surprisingly**, marriage, the most enduring and complicated of

human relationships, can have a favorable impact on one's emotional and physical well-being. [enduring（永続的），have a favorable impact on（〜に好ましい影響を与える），well-being（幸福，福利）]
(驚くことではないが，結婚，つまり人間関係の中で最も永続的で複雑な関係が，人間の感情的および肉体的幸福に好ましい影響を与える可能性がある)

(5) He **reportedly** weighs 285 pounds, but he's **only** a kid over four feet tall. (報告によれば彼は体重が285ポンドあるそうだが，身長4フィートばかりの子供にすぎない)

(6) Inventions **supposedly** arise when a society has an unfulfilled need: some technology is **widely** recognized to be unsatisfactory or limiting. [unfulfilled（満たされない）；コロン（:）はそれ以下の文が when 以下の内容の説明であることを示す]
(おそらく，発明は，社会に満たされない不足がある時，つまり科学技術が不十分であるか限定的であると広く認識されている時に生じるのでしょう)

(7) **Most dramatically of all**, we have discovered that the entire Universe of stars is in a state of dynamic change, with great clusters of stars flying away from one another into a future that will be **very** different from the present. [clusters of stars（星団），with：付帯状況を示す]
(とりわけ劇的なことには，星々からなる宇宙全体がダイナミックな変化の状態にあり，いくつもの大星団がお互いから離れて現在とは非常に異なる未来へと飛び去っていることを我々は発見した)

(8) **Obviously**, great tact is required to help the child realize what is going on. [tact（こつ）；help が原形不定詞をとっている例，(14) の help は to 不定詞をとっている]
(明らかに，何が起こっているかをその子供が理解する手助けをするのにはちょっとしたこつが必要です)

(9) You have heard, **no doubt**, that Sir Isaac Newton discovered the universal law of gravity by watching an apple fall from a tree.
(おそらく，君はアイザック・ニュートン卿がリンゴが木から落ちるのを観察して，万有引力の法則を発見したと聞いたことがあるでしょう)

(10) People say, and you would **probably** agree, that you can see your own country **better** and **more objectively** when you are out of that

country. （外国にいる時のほうが自分の国をよりよく，より客観的に見ることができると，一般に言われているし，あなたもきっと同意するでしょう）

(11) The cat is unique in the preservation of his independence after three thousand years of association with mankind, yet, **curiously enough**, the cat has become a symbol of a friendly and hospitable home.
［preservation（維持，保持），association（親交，交際），hospitable（客をよくもてなす）］
（猫は3千年にわたる人間との関わりがあるにもかかわらず自立を維持している点でユニークですが，本当に不思議なことに，猫が友好的で客をよくもてなす家の象徴となっている）

(12) But **paradoxically**, we have never been lonelier as individuals, nor more separated, one from the other. ［one from the other = from one another; 文末で than now が省略］
（しかし逆説的ではあるが，今ほど我々が個人として孤独で，お互いに孤立していたことはこれまで一度もなかったことです）

(13) **Apparently** I was quite willing to do anything that seemed reasonable and proper, but, however reasonable it might be, not to do it under any kind of pressure.
（一見したところ，理にかなっていて正しいと思われることは何でも私がとても喜んでするように見えたかもしれませんが，それがどんなに理にかなっていても，少しでも圧力があれば，それをする気にはなれませんでした）

(14) If teachers really want to be educators, to help children to develop into satisfactory men and women, and not **simply** to "stuff them with knowledge," they will **only** be really successful if they themselves have sound personalities. ［develop into A（成長してAになる），stuff A with B（AにBを詰め込む），sound（健全な），personality（人格），only は if 節を修飾］
（もし教師が教育者たることを望み，子供が満足のいく成人男女に成長するのを手助けし，単に「知識を詰め込む」ことをしないようにしたいと本当に望むならば，それは教師自身が健全な人格をもって初めて本当にうまく行くでしょう）

(15) This will not be an easy task, however, for this generation of children

has **obviously** been exposed to many new influences other than television.　[this＝テレビの影響の評価, influence（影響を与えるもの）, be exposed to（〜にさらす）]

(しかしながら，これはやさしい仕事ではないでしょう．というのは，この世代の子供たちは明らかにテレビ以外の多くの新しいものから影響を受けてきているからです)

第 8 章

不定詞節

　不定詞節は主部と述部から成り立っているので文です．通例の文と異なる点は不定詞節では動詞に時制要素が現れることがなく，「to ＋動詞の原形」が用いられる点です．

1.　不定詞節は文である

　不定詞節は主部（主語）と述部から成り立っているので文です．that 節と不定詞節を比べてみましょう．

(1)　a.　It was natural [$_\text{Sn}$ **that** everybody wore （=wear+**ed**） a tie at the party]．（パーティーでだれもがネクタイをしていたのは当然でした）
　　 b.　It is necessary [$_\text{Sn}$ **for** everybody **to** wear a tie at the party].
　　　　（パーティーではだれもがネクタイをする必要がある）
　　 c.　Everybody wore a tie at the party.
　　　　（パーティーではだれもがネクタイをしていた）

(1a) の that 節は (1c) の文と同じです．that 節の that を for に変えて，動詞の時制を表す要素 -ed を to に変えて「to ＋動詞の原形」にすると，(1b) の不定詞節になります．つまり，that 節では接続詞が that で動詞に時制要素があるのに対して，不定詞節では接続詞が for で時制要素の代わりに to があるのです．このことから不定詞節は that 節と同様に文であることがわかります．

(2)　a.　**that 節**：　　[**that 主語＋動詞＋時制**]
　　 b.　**不定詞節**：[**for 主語＋ to ＋動詞の原形**]（基本形）

(2b) が不定詞節の基本形ですが，この基本形からいくつかの**要素が欠けている不定詞節**もあります．いま「to＋動詞の原形」を「to 不定詞」と呼ぶことにすると，不定詞節には次の四つの型があります．

 (3) **不定詞節の四つの型**（△は欠けている（意味上の）主語）
  [1] [$_{Sn}$ **for 主語＋ to 不定詞**] （基本形）
  [2] [$_{Sn}$ **主語＋ to 不定詞**] （for がない）
  [3] [$_{Sn}$ **主語＋原形不定詞**]（for も to もない）
  [4] [$_{Sn}$ △ ＋ **to 不定詞**] （for と主語がない）

それぞれ型の具体例をあげておきましょう．

 (4) [1] It is necessary [$_{Sn}$ for John to go].
   [2] I want [$_{Sn}$ John to go].
   [3] I saw [$_{Sn}$ John drive off].
   [4] I promised [$_{Sn}$ △ to go].

不定詞節の構造はこの四つの型ですべてです．どの形で生じるかは，主動詞によって決まります．[3] の to のない不定詞を**原形不定詞**と呼ぶことがあります．

 なお，不定詞節で否定を表すときには，**否定辞の not を to の前に置く**のが原則です．

 (5) a. John did**n't** eat lunch.（ジョンは昼食を食べなかった）
   b. It is really unusual [$_{Sn}$ for John **not to** eat lunch].
    （ジョンが昼食を食べないのは本当に変だ）

2. 不定詞節の主語

 不定詞節の主語は，不定詞節の型 [1]–[3] のように表面上現れている場合と [4] のように現れていない場合があります．

[A] **主語がある場合**
[1] [$_{Sn}$ **for 主語＋ to 不定詞**]

 (1) a. Is it possible **for you to come** to the office earlier than usual

tomorrow?
(君は明日いつもより早くオフィスに来ることができますか)
b. It's time **for the children to go** to bed.
(子供たちが寝る時間です)
c. Sunlight is needed in order **for plants to grow**.
(植物が育つためには日光が必要です)

[2]　[Sn 主語＋to 不定詞]

(2) a. She wants [Sn **John to come** home early].
(彼女はジョンが早く帰宅することを望んでいる)
b. I would like [Sn **you to call** me this evening].
(今夕私に電話をしてほしい)

これらの動詞は「[Sn ジョンが早く帰宅することを] 望む」の意味で，want は文を対象としますから，want 以下の部分は文を構成し，それが不定詞節で表されています．不定詞節の主語は，それぞれ，John と you です（☞第 3 章 2.4.4 節 [C]）．

[3]　[Sn 主語＋原形不定詞]

(3) a. I saw [Sn **a big boy cross** the street].
(私は [Sn 大柄な少年が通りをわたる] のを見た)
b. Mary heard [Sn **him say** so].
(メアリーは [Sn 彼がそう言う] のを聞いた)

日本語の訳からわかるように，動詞 see, hear は文をとり，それが不定詞節で表されています．この不定詞節は主語（a big boy と him）と原形不定詞（cross the street と say so）からなっています．原形不定詞をとるかどうかは動詞によって決まります（☞第 3 章 2.4.4 節 [A] (p. 59), [B] (p. 62)）．

[B]　表面上主語がない場合
[4]　[Sn △＋to 不定詞]

不定詞節に表面上主語がない場合でも，**意味上の主語**があります．意味上の主語は，[i] 文脈によって決まる場合，[ii] 主文の主語と同じである場合，[iii]

第 8 章　不定詞節

主文の目的語と同じである場合，の三つの場合があります．

[i]　意味上の主語が文脈によって決まる場合

(4)　a.　It is necessary **to wear** a tie at the party.
　　　　　（パーティーではネクタイをする必要がある）
　　　b.　**To have** a house of his own is John's dream.
　　　　　（自分の家を持つことがジョンの夢です）

(4a) の不定詞節の意味上の主語は，パーティーに参加する人々で，(4b) の場合はジョンです．意味上の主語を△で示すと (4) の構造は (5) となります．

(5)　a.　It is necessary [$_{Sn}$ △ **to wear** a tie at the party]．　［△＝参加者］
　　　b.　[$_{Sn}$ △ **to have** a house of his own] is John's dream．　［△＝ John］

[ii]　意味上の主語が主文の主語と同じである場合

(6)　a.　John tried [$_{Sn}$ △ **to solve** the problem]．　［△＝ John］
　　　　　（ジョンはその問題を解こうとした）
　　　b.　John hopes [$_{Sn}$ △ **to go** abroad]．　［△＝ John］
　　　　　（ジョンは海外に行くことを希望している）

不定詞節の内容を実行するのは主文の主語なので，意味上の主語△は主文の主語と同じです（☞第 3 章 2.3.3 節 [A]，2.4.4 節 [C]）．

[iii]　意味上の主語が主文の目的語と同じである場合

(7)　a.　John persuaded her [$_{Sn}$ △ **to go** out for lunch with him]．［△＝ her］
　　　　　（ジョンは一緒に昼食に行くように彼女を説得した）
　　　b.　John shouted to Bill [$_{Sn}$ △ **to get out**]．　［△＝ Bill］
　　　　　（ジョンはビルに出て行けと叫んだ）

不定詞節の内容を実行するのは主文の目的語（(7b) では前置詞の目的語）ですから，意味上の主語△は主文の目的語を指します．**意味上の主語が主文の主語と同じか目的語と同じかは，主文の動詞の意味によって決まります**（☞第 3 章 2.4.4 節 [F]）．

3. 不定詞節における「時」の表し方

　不定詞節は動詞の原形を用いるので，時制によって「時」を表すことはできません．不定詞の表す「時」は主文の動詞の表す「時」によって決まります．主文の表す「時」よりも以前の「時」を表すためには完了不定詞を使います．

[A]　「同時」か「後」の場合：　不定詞のまま
[1]　不定詞節の表す「時」が主文の表す「時」と「**同時**」である場合．

　　(1)　a.　I saw John **swim** from one side of the pool to the other.
　　　　　　（私はジョンがプールの一方の側からもう一方の側へ泳ぐのを見た）
　　　　b.　He is said **to be** the best man for the job.
　　　　　　(They say that he is the best man for the job.)
　　　　　　（彼はその仕事に最適任だと言われている）
　　　　c.　There were reported **to be** no survivors in the accident.
　　　　　　(They reported that there were no survivors in the accident.)
　　　　　　（その事故の生存者はいないという報告であった）

[2]　不定詞節の表す「時」が主文の表す「時」よりも「**後**」（未来）である場合．

　　(2)　a.　I want **to go** to the party tonight.
　　　　　　（私は今夜パーティーへ行きたい）
　　　　b.　John promised not **to be** late.
　　　　　　(John promised that he wouldn't be late.)
　　　　　　（ジョンは遅れないと約束した）
　　　　c.　I persuaded John **to go** to college.
　　　　　　(I persuaded John that he should go to college.)
　　　　　　（私は大学に行くようにジョンを説得した）

[B]　「以前」の場合：　完了不定詞
　不定詞節の表す「時」が主文の表す「時」よりも「**以前**」（過去）である場合は，**完了不定詞**で表します．

　　(3)　a.　We believe it to **have been** a mistake.

(We believe that it was a mistake.)
（我々はそれが誤りであったと思う）
b. He is said **to have died** in Africa.
(They say that he died in Africa.)
（彼はアフリカで死亡したと言われている）
c. The terrorist is reported **to have been** killed at the recent attack.
(They report that the terrorist was killed at the recent attack.)
（そのテロリストは最近の攻撃で殺害されたと報告されている）

that 節の書き換えからわかるように，主文の動詞が現在時制であるのに対して that 節の動詞は過去時制です．このように不定詞節が主文の表す「時」よりも「以前」の時を表す場合には完了不定詞を用います．

4. 不定詞関係節

不定詞節は普通の文と同様に関係節にもなります．関係節は「先行詞＋関係節」の形をしていますが，この関係節が不定詞節であるのが不定詞関係節です．これは従来不定詞の形容詞用法と呼ばれていたものです（ただし，従来のように単に不定詞の形容詞用法というのでは，なぜ修飾される名詞に対応する空所が不定詞節内にあるのか説明できません）．

[A] **先行詞が主語に対応する場合**

普通の関係節では，(1a) のように先行詞に対応する要素が関係代名詞 (who) となって先行詞を修飾します（☞第 12 章）．不定詞関係節でも基本的には通例の関係節と同じで，次のような関係にあります．

(1) a. We need **someone [who supports us]**.　（我々を支えてくれる人）
　　　　　　⇩　　　　〈関係節を不定詞節に変える〉
　　b. We need **someone [who to support us]**.　［正しい文ではありません］
　　　　　　⇩　　　　〈関係代名詞 who を削除する〉
　　c. We need **someone [∧ to support us]**.
　　　　　　　　　　［∧ は省略された who のもとの位置を示す］

不定詞関係節では特別な場合を除いて，関係代名詞は必ず削除されます．

- (2) a. I found a man **to donate**.　[a man [∧ to donate]]
     (私は寄付してくれる人を見つけた)
  b. A man **to do the job** is hard to find.　[a man [∧ to do the job]]
     (その仕事をできる人は見つけにくい)
  c. We are looking for someone **to fix the bathroom**.
     [someone [∧ to fix the bathroom]]
     (私たちは浴室を修理してくれる人を探しています)

[B]　先行詞が目的語に対応する場合：

- (3) a. She is looking for **a fountain pen** [△ to write a letter with which]
     ⇩　　　　　〈関係代名詞を不定詞節の先頭に移動〉
  b. She is looking for **a fountain pen** [which △ to write a letter with ∧]
     ⇩　　　　　〈関係代名詞を削除〉
  c. She is looking for **a fountain pen** [△ to write a letter with ∧]
     　　　　　　　　　　　[∧ は関係代名詞のもとの位置を示す]
     (彼女は手紙を書くための万年筆を探している)

(3a) がもとの形で，不定詞関係節の中の which が不定詞節の先頭に移動して (3b) が得られます．そして (3b) の which が省略されて (3c) が得られます．従来不定詞の形容詞用法と呼ばれていたものは不定詞関係節ですから，不定詞節の中に必ず先行詞に対応するギャップ（空所）があります．(3) では with の後にギャップがあり，これが先行詞に対応しています（なお，(3) の不定詞節の意味上の主語△は she です）．

- (4) a. He has a large family **to support**.　[a large family [to support ∧]]
     (彼には養うべき大家族がある)
  b. She was looking for someone **to date with**.
     [someone [to date with ∧]]
     (彼女はデートの相手を探していた)
  c. They built a piano **to play Bach on**.
     [a piano [to play Bach on ∧]]

(彼らはバッハの曲を弾くためのピアノを作った)

「前置詞＋関係代名詞」が移動する例もありますが，少し堅い表現です．

 (5) She is looking for a fountain pen **with which to write a letter**.
  a. She is looking for a fountain pen [△ to write a letter **with which**].
          ⇩
  b. She is looking for a fountain pen [**with which** △ to write a letter ∧].

(5a)の with which が不定詞節の先頭へ移動して (5b) が得られます．「前置詞＋関係代名詞」では，関係代名詞を省略することはできません．ただし，the way ＋ to 不定詞では例外的に in which (あるいは that) が省略されていると考えられます．

 (6) a. This is the best way **to solve the problem**.
    ［＝the best way (in which/that) we solve the problem］
    (これがその問題を解く最もよい方法です)
  b. What is the right way **to say this in Japanese**?
    (日本語で正しくはこれをどう言いますか)

5.　動詞修飾の不定詞節

不定詞節が動詞句あるいは文を修飾する場合には，「〜するために」のように目的の意味を表します．従来これを不定詞の副詞用法と呼んでいました．目的の意味をさらにはっきりさせるために in order to や so as to を用いることがあります．したがって，この用法は in order to や so as to の in order や so as が省略されたものと考えてよいでしょう．

 (1) a. He made promises simply **to win** more votes.
    (彼はもっと票を得るためだけにいくつもの約束をした)
  b. He borrowed some money **to buy** her a Christmas present.
    (彼は彼女にクリスマスプレゼントを買うためにお金を借りた)

次の文の違いに注意しましょう．

(2) a. John bought a piano **to give it to her daughter**.
   (ジョンは娘にプレゼントするためにピアノを買った)
   b. John bought a piano **to give to her daughter**.
   (ジョンは娘にプレゼントするためのピアノを買った)

(2a) は目的を表す不定詞節で in order to で置き換えられます．これに対して，(2b) では不定詞節の present の後に空所がありますから，不定詞関係節であることがわかります．

6. 不定詞を含む慣用表現

[A] **in order to ～, so as to ～**「～するために」

to 不定詞だけで「目的」の意味を表すことができますが，in order to や so as to の形でより明瞭に目的の意味を表すことができます（so as to は否定で用いられることが多いようです）．

(1) She left early **in order to get** a good seat at the concert.
   (彼女はコンサートでよい席をとるために早めに家を出た)
(2) She disconnected her phone **so as not to be** disturbed any longer.
   (彼女はそれ以上迷惑を受けないようにするために電話を停止した)

[B] **too ... to ～**「～するには ... すぎる；... すぎて～できない」

(3) My brother also says he is **too** busy studying for the entrance exam **to** waste time playing with Ichiro.（兄は入学試験の勉強が忙しすぎて一郎と遊んで時間を無駄にする暇はないとも言っている）
(4) It was eleven o'clock at night and **too** late **to** call a repairman.
   (夜の 11 時で，修理屋を呼ぶのには遅すぎた)
(5) Many feel that education is **too** important a matter **to** be left simply to teachers.（多くの人々が，教育は非常に重要な事柄であるので，教師だけに任せておけないと感じている）[too important a matter の語順に注意]
   （注） 次の例は too ... to ～ の構文ではありません．
   Cf. Too much freedom to fail is another often-heard criticism of the system.

(失敗する自由がありすぎるというのがそのシステムについてよく言われるもう一つの批判です)［構造は [too much [freedom to fail]] で, freedom to fail は free to fail の名詞形］

[C] enough to ～「～するのに十分」

(6) I have got **enough** money/money **enough to** buy a new computer.
(新しいコンピュータを買うのに十分なお金を持っています)［enough が名詞を修飾する場合, 名詞の前でも後でもよい］

(7) The child is now old **enough to** begin to understand how to organize her experience into stories.
(その子供は, 今や自分の経験を物語にまとめる方法を理解し始めるのに十分な年齢である)［enough が形容詞を修飾する場合は, 必ず形容詞の後］

(8) According to some estimates, world agriculture could produce **enough to** feed up to 30 billion people.
［estimates (概算), up to ((最大で)～まで), billion (10億)］
(いくつかの概算によると, 世界の農業は 300 億人まで養うのに十分な生産量があるようです)［名詞の enough (十分な量・数) が単独で使われる場合］

[D] so ... as to ～「～するほど ... だ；とても ... なので～だ」

(9) Would you be **so** kind **as to** do the job for me?
(私の代わりにその仕事をやっていただけませんか)

(10) His suggestion was **so** ambitious **as to** be totally meaningless.
(彼の助言はあまりにも野心的でまったく無意味であった)

[E] 疑問詞＋to ～

how to ～ (～する方法) を除くと, 疑問詞＋to ～は「～すべき」の意味をもちます. これは不定詞節の間接疑問文ですから, 疑問詞が不定詞節の先頭に移動しています (why to ～の言い方はありません).

(11) He asked me [**where to** put his bag].
← He asked me [to put his bag **where**].

(彼は私にどこに鞄を置いたらよいか尋ねた)

(12) John is wondering **whether to** invite Susan.
(ジョンはスーザンを招待すべきかどうか考えている)

(13) **Who to** invite is a big problem.
(だれを招待すべきかは大問題だ)

(14) We didn't know **which way to** go.
(我々はどちらの道を進むべきかわからなかった)

(15) Do you know **when to** start?
(いつ出発するか知っていますか)

(16) It is unclear **how to** solve the problem.
(その問題の解き方は不明だ)

[**F**] **come to 〜 / get to 〜** (〜するようになる) [〜には know, understand のような状態を表す動詞がきます]，**fail to 〜** (〜しない，〜できない).

(17) When did you **come to** know each other?
(いつ頃お知り合いになられたのですか)

(18) The letter **failed to** arrive.
(その手紙は着かなかった)

(19) She never **fails to** attend school.
(彼女は決して学校を休まない)

[**G**] **be to**   予定・運命・義務・命令・可能 (すでにある事実) など．
この区別は絶対的なものではなく，文脈によって適切に理解する必要があります．

(20) John and Mary **are to** be married in June. [予定]
(ジョンとメアリーは6月に結婚することになっている)

(21) What **am I to** tell him? [義務]
(彼にどう言えばいいのですか)

(22) The peace rally was originally planned as a peace march. It **was to** begin at the United Nations, head across 42nd Street, and then turn north to Central Park. [予定]

[rally (集会), originally (もともとは), head (に向かって進む)]
(その平和集会はもともとは平和行進として企画された．その行進は国際連合を出発し，42番街を横切って進み，セントラルパークに向けて北に向きを変えることになっていた)

(23) They believed that former ages were better than the present, for the evils of the past were little known, whereas present evils **were to** be seen on every side. [可能 (すでにある事実)]
[former ages (昔), evil (悪), whereas (ところが，一方)]
(人々は昔が現在よりもよいと信じていた．というのは過去の悪はほとんど知られていないのに対して，現在の悪は至る所に見られたからである)

(24) Thus perfection **was to** be found in the achievements of past times, and men aspired to write as good books, paint as beautiful pictures, or lead as saintly lives as the great figures of old. [可能]
[perfection (完全なもの), achievement (業績), aspire (強く望む); as ～ as の型, lead a life = live (生活を送る), saintly (気高い), great figure (偉人)]
(したがって，完全なるものは過去の業績の中に見いだすことができるとされ，人々は昔の偉人と同じようによい本を書き，美しい絵を描き，気高い人生を送ることを切望した)

(注) 次例の be to は「be＋補語」の形であるので，混同しないように注意．

Cf. According to Bacon, the way to conduct research is to collect a large number of observations and experiments about a subject and arrange them systematically. [conduct research (研究を行う), subject (主題), systematically (体系的に)]
(ベーコンによれば，研究を遂行する方法は，ある主題について多くの観察と実験結果を集め，それらを体系的にまとめることである)

[H] 結果の不定詞節

不定詞節がある行為の結果を示す場合．only to ～ のように only を伴う場合もあります．

(25) I came home from a vacation one summer **to find** that my brother Robert had bought him a bike while I was away.

(私がある夏休暇から帰ってきて，留守の間に弟のロバートが彼に自転車を買ってやったことを知った)

(26) You are fourteen years old, but you must live **to be** twenty and then thirty and forty and fifty and sixty. (君はいま 14 歳だが，20 歳，そして 30 歳，40 歳，50 歳，60 歳になるまで生きるにちがいない)

(27) Then Frank would leave the office feeling great, **only to wait** for a memo from George that would never arrive.
(そしてフランクはいい気分で事務所を後にし，結局決してくることのないジョージからのメモをただ待つことになるだろう)

(28) One day I returned home to my little girl's third-year birthday party **to find** her in the corner of the front room, defiantly clutching all of her presents, unwilling to let the other children play with them.
[defiantly (反抗的に), clutch (しっかりつかむ), unwilling to (〜 するのはいやだ)]
(ある日娘の 3 歳の誕生日パーティーに帰宅すると，娘が居間の隅にいて，もらったプレゼントをすべて反抗的に抱え込んで，他の子供にそのプレゼントで遊ばせるのはいやだというようにしているのをみました)

[I] 話者の態度あるいは判断の基準を表す不定詞 (独立不定詞)
　文全体を修飾し，その文に対する**話者の態度・判断の基準**を表します．

(29) **To tell you the truth**, I don't see how you do it.
(正直に言って，あなたがどのようにするとよいのか私にはわかりません)

(30) There is no question that he failed to win the event and, **to be quite frank** (= **quite frankly**), failed badly.
(彼がその種目に勝てなかったこと，まったく率直に言えば，惨めな負け方をしたことには疑問の余地はありません)

(31) He must be mad **to do** such a thing. ［判断の基準］
(そんなことをするとは，彼は正気ではないにちがいない)

このほかに，**to be frank with you** (率直に言えば)，**to be precise** = **precisely** (正確に言うと)，**to begin with** (まず第一に)，**needless to say** (言うまでもないことだが)，**strange to say** (奇妙なことに) などがあります．

7. 実 例

(1) Unfortunately, **to regard** memory as a source of knowledge is risky.
　　［regard A as B（A を B とみなす），source（拠り所，出所），risky（危険な）］
　　（不幸なことに，記憶を知識のよりどころとするのは危険である）

(2) As a result, it is very difficult for governments **to control** what goes on.（その結果，事態をコントロールすることが政府にとってとても難しい）
　　［easy, difficult などの難易を表す形容詞では，easy/difficult for 〜のように for 句は不定詞の主語ではなく形容詞につく前置詞句であるとみなすのが普通。Cf. It is necessary [**for** John **to** go]（ジョンが行く必要があります）］

(3) At one time or another we have all stopped **to think** about the weather. ［at one time or another（時々）］
　　（時々我々だれもが立ち止まって天気はどうだろうと考えた）

(4) Greek physicians were the first **to dissect** the human body **in order to learn** how the body really functioned.
　　［physician（医者，内科医），dissect（解剖する）］
　　（人間の体が実際どのように機能しているかを知るために体を解剖した最初の人はギリシャ人の医者でした）［不定詞関係節 [the first [∧ to dissect the human body]]］

(5) American pencil makers began painting their pencils bright yellow **to communicate** the special connection with China.
　　［bright yellow（あざやかな黄色の），connection（関係）］
　　（アメリカの鉛筆メーカーは，中国との特別な関係を伝えるために鉛筆をあざやかな黄色に塗り始めた）

(6) Cats' brains, **in order to stay** active, need to process a constant flow of information and stimulation from their environments.
　　［stimulation（刺激）］
　　（猫の脳は，鋭敏さを保持するために，周囲の環境から絶え間なく入ってくる情報と刺激の流れを処理する必要があります）

(7) These people say bilingual education helps students **succeed** in school. ［bilingual education（二言語併用教育：通常は英語による授業を行う学校で，英語が不自由な学生に対してその母国語で教育を行う制度］

(これらの人々は，二言語併用教育は学生たちが学校でうまくやっていくのに役立っていると言っています）［原形不定詞］

(8) And we don't have a proper dam **to catch** the water. ［proper（適切な）］
(しかもその水を受け止めるのに適したダムがないのです）［不定詞関係節］

(9) The Greeks were also the first **to think** of mathematics as something more than a practical means of calculation and measurement.
［think of A as B（AをBであると考える），practical means（実用的な方法），calculation（計算），measurement（測定・測量）］
(数学を計算と測量の実用的な方法以上のものであると考えた最初の人もギリシャ人でした）［不定詞関係節］

(10) In the decades **to come**, genetic technologies may well migrate into our bodies. ［decade（10年），genetic（遺伝子の），may well（おそらく〜かもしれない），migrate into（〜へ入り込む，へ広がる）］
(来たるべき数十年間に，遺伝子技術が我々の体の中にまで入り込んでくるかもしれない）［不定詞関係節］

(11) Carl Friedrich Gauss, thought by many to be the greatest mathematician **ever to have lived**, once said that what matters in mathematics is "not notations, but notions."
［matter（(動詞で)重要である），notation（表記法），notion（概念）］
(カール・フリードリッヒ・ガウスは，多くの人々によってこれまででもっとも偉大な数学者であると考えられているのですが，かつて，数学で重要であるのは「表記法ではなく概念」であると述べました）［不定詞関係節］

(12) Avoiding mistakes or doing a poor job in performing a new activity can cause us **to not even try**. ［orで結ばれているのはmistakesとdoing a poor job; notが不定詞のtoの前ではなく後にある点にも注意．このような用法は時々みられる（次例も同じ）］
(間違いあるいは新しい仕事で失敗をすることを避けるために，我々は試してみることすらしないようになることがありえるのです）

(13) Is it worse **to not have** enough drinking water, or **to not have** a job to make ends meet? ［drinking water（飲み水），make ends meet（なんとかやりくりする，収入の範囲内でやりくりする）］
(十分な飲み水がないこと，あるいはなんとか生活をやりくりできるほどの仕

事がないことのほうが，より具合が悪いのでしょうか)［it ... to 不定詞の型］

(14) The Charles River is wide and straight **enough to** remain uncrowded even with dozens of boats out. ［uncrowded（混んでいない），dozens of（何十もの）；with は付帯状況；out（(川に) 出ている)］
(チャールズ河はとても川幅が広くまっすぐなので，何十隻ものボートが出ていても混みません)

(15) There is nothing more dispiriting than to arrive home in the evening **to find** the children sitting in front of the set, from which they do not move until bedtime. ［dispiriting（がっかりさせる），the set（テレビ（の受信機))］
(もっともがっかりするのは，夕方帰宅して，子供たちがテレビの前に座っていて，そこから就寝時間まで動かないということを知ることです)［結果を表す用法］

第 9 章

動名詞節

　動名詞はその名が示すように，**「動詞」の性質**と**「名詞」の性質**を合わせもっています．「動詞」の性質は，動詞＋ ing (V-ing) が動詞と同じように目的語をとることや，副詞によって修飾されることなどの内部的特徴からわかります．「名詞」の性質は，名詞の生じる主語の位置や目的語の位置に生じるという外部的特徴からわかります．

1. 動名詞節は文である

　日本語で「太郎が歌を歌う」という文に「こと」を付けて「太郎が歌を歌うこと」のようにして名詞として使うことができます．英語の動名詞も基本的にはこれと同じです．日本語では「こと」を付けて名詞にするのに対して，英語では動詞に -ing を付けて名詞であることを示します．動名詞は「名詞」なので，主語を所有格形 NP's で表すのが基本です．

(1) a. ジョンが歌を歌うこと
　　b. John's sing**ing** a song

　動名詞節と that 節を比較すると，動名詞節は名詞なので接続詞の that に相当するものはありません．主語は所有格形によって表され，動詞に時制の代わりに -ing を付加することによって名詞であることを表します．動名詞節は **NP's** が主部で **V-ing** が述部である文です．

(2) a. **that 節：**　　that 主語＋動詞＋時制
　　b. **動名詞節：**　　主語 's ＋動詞＋ ing (基本形)

162

第 9 章　動名詞節　　　　　　　　　163

(3) a. **Chris's** quickly **writing** up the paper surprised everyone.
 (クリスがすばやく論文を書き上げたことがだれもを驚かせた)
 (Chris wrote up the paper quickly.)
 b. **Her riding** a horse quite well startled them.
 (彼女の乗馬のうまさに彼らは度肝をぬかれた)
 (She rode a horse quite well.)
 c. The problem is **his being** blind to the realities of the war.
 (問題は彼が戦争の現実を知らないことである)
 (He is blind to the realities of the war.)
 d. Do you mind **my making** a suggestion?
 (提案をしてもよろしいですか)
 (I made a suggestion.)

(3a) を見ると，動名詞 writing は，動詞 write と同様に，目的語をとり副詞 quickly によって修飾されています．したがって，動名詞は**内部的には動詞の性質**をもっています．一方，動名詞が現れる位置を見ると，主語 (3a, b)，補語 (3c)，目的語 (3d) の位置であり，これらは名詞が生じる位置なので**外部的には名詞の性質**をもっています．

　これまで見た例は動名詞節の基本形ですが，動名詞節には主語が目的格で示される場合や主語が示されない場合があります．

(4) 動名詞節の型
 a. **主語 's (所有格) ＋動詞＋ ing** （基本形）　（John's/his going ...）
 b. **主語 (目的格) ＋動詞＋ ing** （主語＝目的格）（John/him going ...）
 c. **△＋動詞＋ ing** （主語がない）（△ going ...）

なお，動名詞節では否定語の not や never は動名詞の直前に生じます．

(5) a. I scolded you for **not cleaning** your shoes.
 (あなたが靴をきれいにしないから叱ったのです)
 b. A mother **not being** understood by her child is particularly sad.
 (母親が子供に理解されないことは特にさみしいことだ)

2. 動名詞節の主語

　動名詞節は文ですから，**必ず主語があります**．主語は［A］所有格の形で示されるのが基本ですが，［B］目的格で示されることもあり，［C］主語が表面上示されない場合もあります．

［A］　主語が所有格で示される場合

(1) a. **John's** driving a car recklessly is a problem.
　　　（ジョンが乱暴な運転をするのが問題だ）
　b. **His** figuring out the problem surprised us.
　　　（彼がその問題を理解していることに我々は驚いた）

［B］　主語が目的格で示される場合

　これは口語的な言い方であるとみなされていますが，書き言葉でもよく見られます．

(2) a. I insisted on **Susan** washing her hair whenever she took a bath.
　　　（私はスーザンがお風呂に入ったときにはいつも髪を洗うように強く言った）
　b. He never believed the part of **Pip and Estella** being happy ever after.（彼はピップとエステラがその後ずっと幸せであったという部分は決して信じなかった）
　c. What's the use of **me** going there?
　　　（私がそこに行って何の役に立ちますか）
　d. Michael counted on **them** finishing the book soon.
　　　（マイケルは彼らがすぐに本を完成することをあてにしていた）

［C］　主語が示されない場合

　表面上主語がない場合にも，**意味上の主語**があります．この意味上の主語は，［1］一般の人を指す場合や文脈から決定される場合，［2］文中の主語あるいは目的語を指す場合，の二つの場合があります．いずれを指すかは述語の動詞や形容詞によって決まります（△は意味上の主語）．

第9章　動名詞節　　165

[1]　一般の人を指す場合

(3) a. [△ Understanding the Japanese people] is difficult.
   （日本人を理解するのはむずかしい）
   b. [△ Riding a horse] is a good hobby.
   （乗馬はよい趣味です）
   c. [△ Having both information and knowledge] is required in today's society.
   （今日の社会では情報と知識の両方を持つことが必要とされている）

[2]　文中の主語あるいは目的語を指す場合

(4) a. Thank you for [△ inviting me].　[△= you]
   （ご招待を感謝します）
   b. He blamed me for [△ not cleaning the room].　[△= me]
   （彼は部屋を掃除しなかったことで私を非難した）
   c. I am proud of [△ having won the race].　[△= I]
   （私はそのレースに勝ったことを誇りに思っている）
   d. I cannot put off [△ answering that letter any longer].　[△= I]
   （私はその手紙の返事をもう延ばすことはできません）

3.　動名詞節の「時」の区別

主節の時から見て過去のことは**完了形の having V-ed の形**で表します．

(1) a. John is ashamed of **having lied** to his mother.
   （ジョンは母親に嘘をついたことを恥じている）
   (John is ashamed that he lied to his mother.)
   b. She deeply regrets **having lost** her temper.
   （彼女はカッとなったことを深く悔やんでいる）
   (She deeply regrets that she lost her temper.)

書き換えから明らかなように，主節が現在時制で，that 節が過去時制なので，動名詞は主節の時から見て過去のことを表しています．もともと完了形である

ものに対応する動名詞も having V-ed の形で表されます．

(2) a. He denied ever **having been** there.
（彼はこれまでにそこに行ったことがあることを否定した）
(He denied that he had ever been there.)

b. I cannot remember ever **having met** a foreigner who actually felt entirely accepted in Japanese society.
（私は日本社会に実際に十分に受け入れられたと感じている外国人にこれまで会った記憶がありません）
(I cannot remember that I have ever met a foreigner who actually felt entirely accepted in Japanese society.)

4. 動詞的動名詞と名詞的動名詞

これまで見てきた動名詞は，副詞によって修飾されたり，V-ing の直後に目的語をとったり，動詞的性質をもつ動名詞でした．これに対して，**名詞的性質をもつ名詞的動名詞**があります．名詞的動名詞は，形容詞によって修飾され，目的語を前置詞 of によって表し，冠詞をとることもできます．

(1) a. John's **riding of** his bicycle startled his mother.
（ジョンが自転車に乗れることが彼の母を驚かせた）

b. I remember Chris's **quick writing up of** the paper.
（私はクリスがすばやく論文を書き上げたのを憶えている）

c. **The shooting of** tigers is illegal.
（トラの狩猟は違法だ）

d. John's **constant monitoring of** the patient kept him busy for the weekend.
（ジョンは患者を常に監視する必要があり，週末は忙しかった）

e. He was waked by **an insistent knocking** on his door.
（彼は執拗なドアのノックによって目を覚まされた）

動詞的動名詞と名詞的動名詞を比較すると，日本語の「歌うこと」と「歌唱」に見られるような違いがあります．

(2) a. I enjoy **singing songs**.　(I enjoy [△ singing songs].)
　　b. I enjoy **the singing of songs**.

（2a）の動詞的動名詞では必ず意味上の主語があり，△は「私」を指します．これに対して，（2b）の名詞的動名詞では名詞的性質が強いので，「一般に歌を歌うこと」＝「歌唱」を表します．

　動詞的動名詞は動詞に -ing を付加することによって自由に作られますが，名詞的動名詞は，動詞から派生した名詞形がない場合に用いられます．例えば，動詞 admire には名詞形 admiration があるので，名詞的動名詞の用法は不自然です．

(3) a. Chris's **admiring** Mary
　　　（クリスがメアリーをほめること）
　　b. Chris's **admiration** of Mary
　　　（クリスによるメアリーの賞賛）
　　c.#Chris's admiring of Mary　［この表現は不自然］

これは，（3c）の内容を名詞形の（3b）で表すことができるためです．ただし，動詞 mix（混合する）の名詞形として mixture（混合物）がありますが，この名詞形は「混合」という意味をもつのではなく「混合物」という特殊化された意味をもっています．このような場合には John's mixing of several drugs（ジョンによるいくつかの薬の混合）のような名詞的動名詞の表現が可能です．

5.　動名詞と不定詞の相違

　不定詞は「未来の事柄」を表し，**動名詞は「過去の事柄，その時点での事実，一般的事柄」**を表すという一般的な区別があります（詳しくは第 3 章 2.3.3 節［B］［10］を参照）．動詞 decide, intend は未来の事柄を表すので不定詞をとります．

(1) a. He has decided **to go** to college.
　　　（彼は大学に行くことに決めた）
　　b. I didn't intend **to hurt** Mary.
　　　（私はメアリーを傷つけるつもりはなかったんです）

これに対して，stop はその時点で行われていること（その時点での事実）を中止することを表し，avoid は一般的事柄を避けるという意味なので動名詞をとります．

(2) a. John stopped **talking** when they came up to him.
    （ジョンは彼らが近づいてくると話すのをやめた）
   b. The book tells you how to avoid **getting** ill while traveling.
    （その本には旅行中病気にならないようにする方法が書いてあります）

6. 動名詞を含む慣用表現

[1] **how about 〜ing**「〜についてはどうでしょうか」

(1) a. How about going out for a meal instead?
    （その代わり外に食事に行くのはどうだろう）
   b. How about opening another bottle?
    （もう一本開けようか）

[2] **be used/accustomed to 〜ing**「〜に慣れている」accustomed のほうが堅い表現．

(2) a. They soon became accustomed to handling scissors and screwdrivers.
    （彼らはすぐにハサミやスクリュードライバーの扱いに慣れました）
   b. He is used to answering all types of questions.
    （彼はあらゆるタイプの質問に答えるのに慣れている）

[3] **cannot help 〜ing**「〜するのは避けられない，〜せずにはおれない」help は「避ける」の意味．

(3) a. The politicians cannot help thinking about the state of the economy. （政治家たちは経済の状態について考えざるをえない）
   b. I cannot help wondering what will be the result of the war.
    （戦争の結果がどうなるのか考えずにはおれない）

[4] feel like 〜ing「〜したい気がする」

(4) a. He didn't feel like laughing.
（彼は笑う気にはなれなかった）

b. If you feel like showing me a few pages in a day or two, please call me.
（もし1日，2日して数ページ私に見せる気になったら，電話をください）

[5] go on 〜ing「〜し続ける」

(5) a. He went on working at the problem till the solution emerges.
［emerge（現れる）］
（彼は解決案が出てくるまでその問題を研究し続けた）

b. Le Monde is changing and will go on doing so for some time to come.（ルモンド紙は変わり続けているし，これからもしばらくの間変わり続けるでしょう）

[6] have a hard time 〜ing「〜するのに苦労する」

(6) a. I had a hard time trying to be objective at the situation.
［objective（客観的）］
（その状況で客観的であろうと努めるのに苦労した）

b. Yet the world's water is in trouble, and even some of the wettest countries are having a hard time meeting their drinking and other water needs.
（依然として世界は水に困っていて，もっとも雨の多い国の中でもいくつかの国は飲み水や他の水の需要を満たすのに苦労している）

[7] look forward to 〜ing「〜するのを楽しみに待つ」

(7) a. We are looking forward to seeing you there.
（そちらでお会いするのを楽しみにしています）

b. We shall look forward to seeing the report and if there is new data that warrants investigation.
［warrant（に正当な根拠を与える）］

（我々は報告書を見て，調査に正当な根拠を与えるような新しいデータがあるかどうかを見ることを楽しみにしています）

[8] **spend \<time\> 〜ing**「〜するのに〈時間〉を使う」

(8) a. They spent most of their time talking about black music.
[black music（黒人音楽）]
（彼らは時間のほとんどを黒人音楽についての議論に費やした）

b. I spent a long time thinking about Marie and things we had done together.
（私は長時間マリーと我々が彼女と一緒にしたことについて考えた）

[9] **would you mind 〜ing**「〜していただけませんか」mind は「いやがる」の意味なので，頼み事を引き受ける場合は "No, I'm glad to."（いやいや，よろこんで）のように答える．

(9) a. Would you mind going with her part of the way?
（途中まで彼女と一緒にいっていただけませんか）

b. Would you mind shutting the door?
（ドアを閉めていただけませんか）

[10] **busy 〜ing**

(10) a. I am busy preparing for the examination.
（私は試験準備に忙しい）

b. She was busy washing sheets, making beds, and cleaning cupboards.（彼女はシーツを洗ったり，ベッドを整えたり，食器棚を掃除するのに忙しかった）

[11] **far from 〜ing**「〜とはかけ離れている，〜どころではない」

(11) a. Far from disappearing, traditional pubs are being restored in most cases.（伝統的なパブ（イギリスの飲み屋）は，消えるどころか，多くの場合復活しつつあります）

b. These are far from being original discoveries.
（これらはもともと発見されたものとはまったく違います）

[12] **worth ～ing** it を主語にする場合と名詞句を主語にする場合の二つの場合があります．

[i] **It is worth ～ing の型**

(12) a. It is worth hearing his words about ecology.
（エコロジーについての彼の意見を聴くことは価値がある）
b. It is worth suggesting this possibility to the pilots.
（この可能性をパイロットたちに言っておく価値はあります）

[ii] **NP is worth ～ing の型**

(13) a. His words about ecology are worth hearing.
（エコロジーについての彼の意見は傾聴に値します）
b. This possibility is worth suggesting to the pilots.
（この可能性はパイロットに言う価値がある）

[ii] 型の主語は [i] 型の目的語に対応しているので，[ii] 型は [i] 型から次のように作られます．意味は [i] 型とほぼ同じですが，[ii] 型は主語の特徴について述べています．

(14) It is worth hearing [his words about ecology].
　　　　⇩　　〈his words about ecology が it の位置へ移動〉
[His words about ecology] are worth hearing ∧ .

[13] **It goes without saying**「～というのは言うまでもない」

(15) a. It goes without saying that drunken driving should be prohibited.
（酔っぱらい運転が禁止されるべきであるのは言うまでもない）
b. It goes without saying that students should attend classes everyday.
（学生が毎日授業に出席すべきであるのは言うまでもないことです）

[14] **It is no use ～ing**「～しても無駄だ」it は ～ing 以下を指します．動名詞の代わりに不定詞を使う用法や there is no use ～ing の型もあります．

(16) a. It is no use arguing about it.
　　　　（それについて議論しても無駄です）
　　b. It is (of) no use putting forward such a new plan.
　　　　（そのような新しい計画を提唱しても無駄です）
　　c. "There is no use (in) me staying," she said to Marie.
　　　　（「私が留まっても無駄です」と彼女はマリーに言った）

[15] **There is no ～ing**「～することはできない」

(17) a. There was no knowing whether it was a happy chance for them.
　　　　（それが彼らにとって好機であるかどうかはわからなかった）
　　b. "Piper." I turned round, there was no mistaking that deep, clear voice.（「パイパー」私は振り返った．あの低いはっきりした声は間違えようがなかった）

7. 実　例

動名詞の意味上の主語が何であるかも確認しましょう．

(1) **Preparing** breakfast was her responsibility.
（朝食を準備するのが彼女の責任だった）［主語＝彼女］

(2) So **having** both information and knowledge is important in our lives, but what is the difference between knowledge and information?
（したがって情報と知識の両方を持つことが我々の生活では重要である．しかし知識と情報はどのように違うのだろうか）［主語＝我々］

(3) You should not confuse **rejecting** a request with a rejection of the person making the request.
［confuse A with B（A を B と混同する），reject（拒絶する）］
（要求を拒絶することとその要求をした人を拒絶することとを混同してはいけません）［主語＝you（一般の人々）］

(4) For Andy, the experience of **attending** the Japanese primary school proved unique and positive.　［primary school（小学校），prove（と判明する），positive（前向きの，役に立つ）］

(アンディーにとって，日本の小学校に行くという経験はまたとない役に立つ経験であることがわかった）[主語＝ Andy]

(5) Our original interest in **sending** him to a Japanese school was to have him learn the language through **interacting** with Japanese people.
[original（元来の），interact with（と相互交流する）]
（彼を日本の学校に送り込むことに対する我々のもともとの関心は，日本人との交流を通して彼にその言語（日本語）を学ばせることであった）[主語＝我々]

(6) By contrast, **spending** on mobile telephones has risen from $5.25 billion in 1999-2000 to $6.82 billion in the past financial year.
[billion（10億），financial year（財政年度）[4月から翌年の3月までの1年間]，past（最近の，過ぎたばかりの）]
（対照的に，携帯電話の支払いは1999–2000年の52億5千万ドルから前年の財政年度における68億2千万ドルにまで増加した）[主語＝携帯電話を使用している人々]

(7) Innovation often proceeds only by **testing** and **transgressing** boundaries. [innovation（革新），transgress（（限界・境界）を越える），boundaries（限界）]
（革新はしばしば実験と限界を越えることによってのみ前進します）[主語＝革新に関わっている人々]

(8) Even if I don't buy a Furby or an AIBO for now, just **seeing** them on television or **reading** about them in the newspaper makes me happy.
[Furby, AIBO はロボットの名前；for now（差し当たって，今のところ）]
（差し当たってファービーやアイボを買わなくても，それらをテレビで見たり，それらの記事を新聞で読んだりするだけでわくわくします）[主語＝私]

(9) Rather than **making** us view strangers in a negative way, **being** in an anxious mood can actually make us feel closer to them.
[A rather than B（B というよりむしろ A：A=make us feel ..., B=making us view ...；rather than B が文頭に移動），anxious mood（不安な気持ち），feel close to（身近に感じる）]
（不安な気持ちでいることが，見知らぬ人を否定的に見るようにさせるよりもむしろ，より親近感を抱くようにさせることがあります）[making の主語＝

being in an anxious mood ; being の主語＝我々〕

(10) It is perhaps because our lives are so enriched by technology that we worry about **becoming** dependent upon it, doubt its promises and fear the future it might create for us. 〔so ... that の構文；become dependent upon（依存するようになる），promises（有望さ，将来の見込み）〕
(それは恐らく我々の生活が技術によって非常に豊かなものになっているので，我々が技術に依存するようになることを心配し，その有望さを疑い，それが創り出すかもしれない将来を案ずるという理由からであろう)〔主語＝我々〕

(11) The idea behind this custom came originally from people **putting** coins strung onto colourful strings under beds, pillows, cooking-pans, and stoves. 〔strung ＜string の過去分詞＞（ひもを通してつなぐ），strung onto colourful strings（カラフルな糸でつながれた）〕
(この習慣の背後にある考え方は，もともとは人々がカラフルな糸を通してつないだコインをベッド，枕，料理用鍋やストーブの下に置いたことから来ています)

(12) Without **talking** much about oneself and not knowing much about others, social relations seem to remain at an abbreviated superficial level. 〔social relations（社交上の関係），abbreviated（範囲の狭い，縮約された），superficial（表面的な）〕
(自分については多くを語らず，他人について多くを知らないと，社交上の関係は範囲の狭い表面的レベルに留まるようである)〔前置詞句の without talking much about oneself と分詞節の not knowing ... が and で結ばれている〕〔主語＝one〕

(13) With language inextricably tied to culture, we felt that **an understanding of** the Chinese characters would not only lead him toward **understanding** the Japanese people, but might also help him later in **learning** the Chinese language and **understanding** other Asian countries with a strong Chinese cultural heritage.
〔language（(無冠詞なので) 言語一般），inextricably（解きほぐせないほどに），lead ... toward 〜（...を〜のほうへ導く），Chinese characters（漢字），cultural heritage（文化遺産）〕

(ことばは文化と複雑に結びついているので、漢字がわかると、日本人を理解できるようになるばかりでなく、後々中国語を学習したり、強固な中国の文化的遺産を持つ他のアジア諸国を理解する際にも彼にとって役に立つと我々は感じた)[主語＝彼]

(14) In the record of history there is no event more unlooked-for and more vital in its consequences than **the finding of** the unknown landmass that proved to be North and South America.
[unlooked-for (予想外の)、vital (重要な)、in its consequences (その結果において)、landmass (大陸)、prove to be (...であると判明する)]
(歴史上で、後に南北アメリカであることが判明した未知の大陸の発見ほどその結果が予想外で重大であった出来事はない)

(15) The origins of **the giving of** red packets can be traced back several hundreds of years to when parents and senior family members would place small gifts under their children's pillows after dinner on New Year's Eve. [trace back to (〜までさかのぼる)、would は過去の習慣を表す用法、pillow (枕)]
(赤い包みを贈ることの起源は数百年前までさかのぼることができ、そのころ両親や家族の長老たちが大晦日の夕食後に子供たちの枕の下に小さな贈り物を置く習慣があったのです)

第 10 章

分詞節

不定詞節や動名詞節と同様に時制を表現せず，動詞の現在分詞形 (V-ing) を用いる節を**分詞節**（分詞構文）と呼びます．これら三つの節は動詞の形が不定詞か動名詞か現在分詞かで異なるだけで，主語の有無を含めてよく似た構造をしています（☞第 2 章）．分詞節は主節との関係に基づいて，時・理由・条件・付帯状況など様々な意味を表します．

1. 分詞節の構造

分詞節は動詞の現在分詞形 (V-ing) を用いる節です．主語がある場合とない場合があります．主語がある場合に主語は主格で生じます．

(1) a. that 節： that 主語＋動詞＋時制　[that John/he wash-ed a shirt]
　　b. 分詞節： i. 主語（主格）＋動詞＋ ing
　　　　　　　　　　　　　　　　　[**John/he** wash**ing** a shirt], ...
　　　　　　　ii. △＋動詞＋ ing　　[△ wash**ing** a shirt], ...

分詞節は副詞節と似た働きをします．分詞節が生じる位置は，文頭，文中，文尾です．分詞節の要点は次の五つです．

[1] 表面上主語がある場合

(1) a. Nick was seated in the stern of the boat, **his father rowing**.
　　　（ニックはボートのへさきに座っていて，お父さんが漕いでいた）
　　b. **Other things being equal**, I would like to choose this one.
　　　（他の点が同じであれば，私はこれを選びたい）

第 10 章　分詞節　　　　　　　　　177

[2]　**表面上主語がない場合**（△は表面に現れない意味上の主語）：　**意味上の主語は主節の主語と同じである**のが原則．

　　(2)　a.　△ **Coming** from West Africa, the black people already had a rich musical tradition.　［△ =the black people］
　　　　　　（西アフリカから来たので，黒人たちはすでに豊かな音楽的伝統を有していた）
　　　　b.　The children, △ **seeing** the owner of the orchard, ran off.
　　　　　　［△ =the children］
　　　　　　（子供たちは，果樹園主を見ると，逃げ出した）

[3]　**being が削除されている場合**

　　(3)　a.　**Different** from classical music, jazz is free in form.
　　　　　　［Being different］
　　　　　　（古典音楽と違って，ジャズは形式が自由です）
　　　　b.　**Tired** from work, I went out of my study to the backyard.
　　　　　　［Being tired from work］
　　　　　　（仕事に疲れたので，書斎を出て裏庭へ行った）

[4]　**分詞節の時制**：　主節よりも前のことを表すのに完了形を用います．

　　(4)　a.　**Having** written the letter, I went to bed.
　　　　　　（手紙を書き終えてから寝ました）
　　　　b.　The sky **having** cleared, I went out for a walk.
　　　　　　（晴れたので，散歩に出ました）

[5]　**not は分詞の前に**

　　(5)　a.　**Not wanting** to stay at home, I went to a movie.
　　　　　　（家にいたくはなかったので，映画を見に行った）
　　　　b.　**Not knowing** what to do, she asked me for advice.
　　　　　　（どうしてよいかわからなくて，彼女は私に助言を求めた）

2. 分詞節の表す意味

　分詞節は様々な意味を表します．どのような意味を表すかは主節と分詞節との意味関係によって決まります．その意味を明確に分類することはできませんが，いくつかのパタンに分けることはできます．分詞節の表す意味を頻度の高いと思われる順に示しておきましょう．

(1) 　[1]「そして～」（文末に来ることが多い）
　　　[2]「～なので」
　　　[3]「～しながら」
　　　[4]「～して」
　　　[5]「～するとき」
　　　[6]「～するならば」

これらの意味を and, as, when, if などによってパラフレーズすることがありますが，分詞節はそれ自体独立して存在し，独自の意味をもちますから，常に書き換えが可能であるのではありません．したがって，分詞節を副詞節の省略形と考えるのは正しくありません．また，分詞節は書き言葉で多く用いられ，口語的ではありません．

　分詞節の実例によってそれぞれの意味を確認しましょう．

[1] 「そして～」（文末にくることが多い）

(2) Yet other languages enjoy an international role, English perhaps **being** the best example of this at the moment.
（さらに他の言語も国際的役割を果たしていて，恐らく英語が現時点ではその最適の例でしょう）

(3) At the same time, the environment will steadily grow worse, thus **being** able to support fewer and fewer people.
（同時に環境が確実に悪化していって，だんだん人々の生活を支えることができなくなるでしょう）

(4) He said good-bye to her, gently **kissing** her on the forehead, and then they walked off in opposite directions into the night.
［kiss her on the forehead（彼女の額にキスする）］

(彼は彼女にさよならと言って，やさしく額にキスをした．そして2人は反対方向に向かって夜の闇の中へ歩いていった)

(5) The unemployment rate, which had been below 2 percent in the 1960s and 1970s, rose rapidly after 1993, **reaching** 5.5 percent in November 2001. ［unemployment rate（失業率）］

(失業率は，1960年代と1970年代には2パーセント以下だったのですが，1993年以降急激に増加し，2001年11月には5.5パーセントに達した)

(6) When they see their fathers cooking dinner or changing the baby's diaper, they'll grow up **knowing** that caregiving is a human trait, rather than a female one.
［diaper（おしめ），caregiving（世話をすること），trait（特徴）］
(彼ら（子供たち）は父親が食事を作ったり，赤ん坊のおしめを替えたりするのを見て，大きくなってから，世話をすることは女性の特徴というよりもむしろ人間の特徴であることがわかるでしょう)

(7) Her book *Silent Spring* had just appeared, **criticizing** the indifference of America towards its vanishing birdlife and **raising**, for the first time, the startling concept that man was not likely to inhabit this star very long after its wildlife had disappeared.
［indifference toward 〜（〜に対する無関心），vanishing（消え行く），birdlife（野鳥），concept（概念，考え）］
(ちょうど彼女の本『沈黙の春』が出版されて，消え行く野鳥に対するアメリカの無関心さを批判し，野生動物が死に絶えれば，その後人間はそんなに長くはこの星（地球）で生きていくことはできそうにないという驚くべき考えを初めて提示した)［Rachel Carson（1907–64）の著書『沈黙の春』（1962）は公害問題の原点となった書物］

(8) Instead of having all houses centrally located, American farm houses are in the middle of their fields, this **allowing** room for large houses and a great deal of distance from their neighbors. ［room（余地）］
(アメリカの農家は，すべての家が（村の）中心に配置されているのではなく，自分の農地の中央に配置されていて，それによって大きな家のためのスペースを確保し隣人からかなりの距離を保てるのです)

(9) Assembly lines can operate much faster on paper than on plastic,

saving time and, therefore, enough money for the industry to prefer paper packaging.
［assembly line（組み立てライン），enough ～ for ... to ... の型］
（組み立てラインはプラスチックの場合よりも紙の場合にずっと速く作動し，時間と，したがって，お金も十分に節約できるので，業界は紙包装のほうを好むのです）［saving の意味上の主語を主節の主語ではなくて，前文の内容と考えることもできます．つまり，saving time and ... は文を先行詞とする非制限的関係節（, which saves time and ...）の縮約形であるとも考えられます．(10), (11) を参照］

次の二つの例では「分詞構文の意味上の主語は主節の主語と同じである」という原則を破って，意味上の主語が直前にある目的語を指しています．このような例の分詞節は**非制限的関係節の縮約形**と考えることができます．

(10) The individual members of the society are divided into groups, each **having** a specialized function and often **exhibiting** markedly different bodily structures. ［ハチやアリなどの昆虫社会についての記述］
（その社会の各個体はいくつかのグループに分けられ，そのグループはそれぞれ特殊な機能をもち，著しく異なる身体的構造をしていることが多い）［having の意味上の主語は groups であり，groups, which each have a ... → groups, each having a ... のように非制限的関係節の縮約形であるとみなすことができます（which が省略されて，have が having になっている）（☞第12章 2.1.4 節 [D]）］

(11) The political function of the schools is to teach Americanism, **meaning** not merely political and patriotic dogma, but the habits necessary to American life.
［Americanism（アメリカ気質（精神）），patriotic（愛国的），dogma（教義）］
（学校の政治的役割は，アメリカ人気質を教えることであり，その気質とは，政治的・愛国的な教義だけではなく，アメリカでの生活に必要な習慣も意味している）［meaning の意味上の主語は，直前の Americanism で，Americanism, which means not merely ... → Americanism, meaning not merely ... のように，非制限的関係節の縮約形とみなすことができます］

第 10 章　分詞節

[2]　「～なので」

(12) "**Being** disabled, I know how to make these cycles with the correct balance, brakes, and power," he says.
［cycles（ここでは（障害者用の）自動三輪車），power（動力）］
（「身体障害者だからこそ，適正なバランス，ブレーキ，動力をもつこれらの自動三輪車の作り方がわかるのです」と彼は言った）

(13) **Having** been born from the head of the almighty Zeus, Athena was regarded as the goddess of wisdom, as well as the arts and crafts.
［the almighty（全能の神），craft（技能）］
（アテナは，全能の神ゼウスの頭から生まれたので，芸術工芸ばかりでなく知恵の女神ともみなされていた）［Athena（ギリシャ神話の女神）：ヘパイトス（鍛冶（かじ）の神，工芸家の主）がゼウスを助けるために頭を割ったところ，ゼウスの頭から乙女が生まれた．これがアテナである］

(14) Not **wanting** to be alone on this night, the Irish started the custom of going from house to house and gathering food for a community feast.　［ハロウィーンについての記述；feast（お祭り，祝祭）］
（その晩に独りでいたくはなかったので，アイルランドの人々は家々を回り村の祝宴のために食べ物を集めるという習慣を始めた）

(15) Some modern items in the British Library are in a serious state of decay, **having** been produced with poor quality materials.
［item（品物），decay（腐食）］
（大英博物館の現代の収蔵品のあるものは，質の悪い材料で作られていたために，腐食の状態が深刻です）

(16) **Realizing** that all of these problems had begun after moving into our new home, and had worsened after the weather cooled and we had stopped keeping the windows open, I began to wonder about the quality of air in our home.
（これらの問題はすべて新しい家に引っ越してから起こり，気候が涼しくなって窓を開け放しておくことがなくなった後でさらに悪化したことに気がついたので，私は家の中の空気の質について疑いをもち始めた）

[3] 「～しながら」

(17) An hour later, Xiaotao came home. "Sorry I'm late," he said, **shaking** my hands with a firm grip.
(1 時間後にシアオタオ（人名）が帰宅した．「遅くなってごめんなさい」と，ぎゅっと力を込めて私の手を握りしめ揺さぶりながら言った）

(18) I flung open the bathroom door, **expecting** to see blood everywhere, but Justin seemed fine. ［fling open（さっと開ける）］
（私は，一面血の海だろうと予想して，浴室のドアをさっと開けたが，ジャスティンは無事のようだった）

(19) David was on his back **wondering** whether she could sleep.
（デイビッドは彼女は眠れたかしらと思いながら仰向けに寝転がっていた）

(20) **Shaking** his head, Stephen said, "It isn't much. Just practice, that's all. I've been doing it all my life."
（首を横に振りながら，「それでは十分とは言えないよ．練習あるのみだ．僕もずーっとそうしてきたんだ」とスティーブンは言った）

(21) The hostess came over and asked my mother if she would be willing to share her table with someone else. Barely **glancing** from her book, my mother agreed.
（ウェートレスがやって来て，母にほかのだれかと相席をしてもらってよいかと尋ねた．ちらっと本から眼をはなして，母は同意した）

(22) After he was shot and we almost lost him, he lay on his hospital bed **staring** at the ceiling and **praying**.
（彼が銃撃されて我々がもう少しで彼を失うところだった出来事の後，彼は天井をじっと見て祈りながら病院のベッドに横たわっていた）

(23) Many of those who consult a dictionary search through the meanings, often in haste, **hoping** to find the one in which they are interested or one that will satisfy their immediate need.
［search through（さがし求める），in haste（急いで），one = meaning］
（辞書を引く人たちの多くは，彼らに関心のある意味あるいは当座の必要を満たしてくれる意味を見つけ出すことを期待しながら，しばしば急いで，意味を検索します）

[4] 「～して」

(24) He was quite happy at home, **listening** to his favourite music and **reading** books, but it didn't do him any good at school.
[do one good ((人に)役に立つ)]
(彼はお気に入りの音楽を聴いたり読書をして家ではとても楽しかったが、そのことは学校では役に立たなかった)

(25) **Sinking** to his knees, David reached out to stroke her hair. It was so soft. [reach (out, up, over など)（手を伸ばす）]
(ひざまずいて、デイビッドは手を伸ばして彼女の髪をなでた。とてもやわらかだった)

(26) **Walking** quickly to the nearest car, he spoke to the family in it cheerily through the window and proposed that they take him back to his car.
(彼は最も近くの車へ足早に行き、窓越しにその車の中にいる家族に陽気に話しかけて、自分の車の所まで乗せて行ってくれないかと申し出た)

(27) He went on examining the tear for a few more seconds, then **letting** down his arm, stared blankly at the earth in front of him as though a great tragedy had just occurred. [tear（裂け目）, blankly（ぼんやりと）]
(彼はさらに数秒その裂け目を調べ続けたが、腕を垂らして、大きな悲劇が今起こったばかりであるかのように放心して眼の前にある地面をじっと見つめた)

(28) The United States, Britain, France and Canada have each prepared such laws, **claiming** they are needed to track down people who have already committed terrorist acts and to tighten up security.
[they = laws; track down（追いつめる）]
(アメリカ合衆国、イギリス、フランス、カナダはそれぞれ、そのような法律を整え、それらがすでにテロ行為を行った人間を追いつめ安全を強化するために必要であると主張している)

[5] 「～するとき」

(29) **Coming** down the hill at the main entrance, we were surprised to see

how crowded the front parking area was.
（入場口の丘を下ってきて，正面の駐車区域がとても混雑しているのに驚いた）

(30) One evening, **hearing** six-year-old Justin scream, I ran down the hall in the direction of the cry.
（ある夜，6歳のジャスティンが叫ぶのを聞いて，ホールを通って叫び声のするほうへ走っていった）

[6] 「～するならば」

(31) Why is there such a strict age limit, especially **considering** that older thoroughbreds often run faster?
（年齢のより高いサラブレッドがより早く走ることが度々あることを特に考えると，どうしてそんなに厳しい年齢制限があるのでしょうか）[considering の意味上の主語は一般の人々（☞ 4節）]

(32) **Having** decided what you want to say, you must also make sure that the reader will understand it.
（自分の言いたいことを決めたならば，読者がそれを理解するだろうとかたく信じることも必要です）

(33) **Putting** it the other way round, there is no problem about how to execute those decisions.
[put it (述べる)，the other way round (逆の方法で)，execute (実行する)]
（逆の言い方をすると，それらの決定を実行する方法については問題がありません）[putting の意味上の主語は一般の人々（☞ 4節）]

3. being の削除

being が削除されている分詞節では，be 動詞の後にくる形容詞，過去分詞，名詞の要素しか存在しません．特に主語をもつ分詞節では，being が削除されると，それが節であることを見極めることがむずかしくなりますから注意しましょう．

(1) **Exhausted** from so much fighting, Oisin fell into a deep sleep and

dreamed a strange dream. [exhausted (疲れ果てる：(being) exhausted)]
(多くの戦いに疲れ果てて，アシーン（アイルランドの英雄）は深い眠りに落ち，奇妙な夢を見た)

(2) **Amazed**, I looked at the cars around me to verify that we were all seeing the same thing. [眼の見えない夫婦が道路を横断している情景を見ている場面の記述；verify (確かめる)] [(being) amazed]
(ひどく驚いて，私は自分の周りの車を見て我々みんなが同じものを見ているのだということを確かめた)

(3) However, children in Japan eat very little bread, or any other wheat products, **compared** with children in many other industrial countries. [(being) compared]
(しかしながら，日本の子供たちは，多くの他の工業国の子供たちと比べて，パンやその他のどんな小麦製品も食べる量がとても少ない)

(4) Harold, now **retired**, loves to sit with his grandchildren and tell them his story, and all the family stories he knows dating back to his great-grandfather's childhood. [(being) now retired]
(ハロルドは，今や引退しているのですが，孫と一緒にいて，自分の話や彼が知っている家族の話の中で彼の曾（ひい）おじいさんの子供の頃まで遡る話のすべてを彼らに話して聞かせたいと思っている) [dating back to ... は the family stories he knows 全体を修飾]

(5) Still **giddy**, the twins and their friends drove into Manhattan to meet Tamara's mother, who, because she'd never known her daughter had a twin, had her doubts about the entire story.
[giddy (めまいがする)，twins (双子)] [(being) still giddy]
(依然として頭が混乱したままで，その双子と友人たちはタマラの母親に会うためにマンハッタンへ車を走らせた．そして，タマラの母親は，自分の娘に双子のもう1人の子供がいるのを知らなかったので，その話の内容すべてに疑いをもった)

(6) **Bright, spacious, set** in a cozy lot complete with mossy stones and a small stand of bamboo, it was the home that my wife and I had dreamed of since our marriage 15 years earlier. [cozy (こぢんまりした)，lot (地所)，complete with (〜の完備した)，mossy (苔むした)，stand

(立ち木）；it は新居を指す］［(being) bright, spacious, set in ...］
（明るく，広々としていて，苔むす石や少しばかりの竹が生えているこぢんまりとした地所にあり，それ（新居）は15年前に結婚して以来，妻と私が夢に見ていた家であった）

(7) The scientific results were very impressive, the historical significance of the mission utterly **apparent**.
［the historical significance of the mission (being) utterly apparent］
（科学的結果はとてもすばらしく，その任務の歴史的意味は極めて明らかでした）

(8) Pigmentation is a biological inheritance, language **a social acquisition** transmitted by the agency of the human brain. ［pigmentation（色素形成，（皮膚の）色），biological（生物学上の），inheritance（遺伝的性質），acquisition（獲得されたもの：冠詞 a が付いている点に注意），transmit（伝える），agency（働き）］［language (being) a social acquisition］
（皮膚の色は生物学上の遺伝的性質であるが，言語は社会的に獲得されたもので人間の脳の働きによって伝達される）

(9) We still face the daily tragedy of preventable human illnesses, some **ancient** and others **new, unpredicted, and even more virulent**.
［preventable（予防可能な），virulent（悪性の），some = some illnesses］［some (being) ancient; others (being) new, ...］
（我々はいまだに毎日予防可能な人間の病気の悲劇に直面しており，古くからある病気もあれば，新しく，予測ができず，さらにもっと悪性の病気もある）

(10) We sat there, elbows **on the steering wheel**, chins **cupped** in the palms of our hands, and smiles **on our faces**.
［steering wheel（(車の) ハンドル），cup（(手などを) カップ状にする），palm（手のひら）］［being の削除は elbows, chins, smiles の後］
（我々は，肘をハンドルにおいて，手のひらをカップ状にして顎を支え，顔に微笑を浮かべて，そこに座っていた）

4. 分詞節の主語

分詞節で主語が表されない場合，その意味上の主語は主節の主語と同じであ

るのが原則です．しかしながら，次のような慣用的な表現では，**意味上の主語は一般の人々を指します**．

- (1) considering ～（～を考えると），judging from ～（～から判断すると），granting ～（～であると認めると），putting it simply（簡単に言えば），speaking/talking of ～（～について言えば），strictly/generally/frankly speaking（厳密に／一般的に／率直に言えば），taking ～ into consideration（～を考慮に入れると）
- (2) a. **Speaking of** fruit, do you like avocados?
    （果物と言えば，アボカドは好きですか）
  - b. **Considering** his age, he is very active.
    （歳を考えると，彼はとても活動的だ）
  - c. **Granting** this to be true, what follows?
    （これが本当だと認めるとして，それでどうなりますか）

また，文法的に正しい用法であるとは認められていませんが，分詞節の意味上の主語は主節の主語と同じであるという原則を破っている次のような文に出会うことがあります．

- (3) a. **Walking** down the avenue, a big church came into view.
    （通りを下って行くと，大きな教会が見えてきた）
  - b. **Jogging** through the park, a brilliant idea came to me.
    （公園をジョギングしていたら，よい考えが浮かんだ）

これらの例では，分詞節の意味上の主語は話し手を指しています．このような文は時々みられますが，我々が英語を使用する場合には，分詞節の意味上の主語は主節の主語と同じであるという原則を守るようにしましょう．

5. 主語や目的語の状態について述べる述語

述語が主語や目的語の状態を述べる次のような構文があります．

[1] 目的語の状態を述べる場合

- (1) a. John ate **the meat raw**.

（ジョンは肉を生のままで食べた）
   b. John sketched **the model nude**.
      （ジョンはヌードのモデルをスケッチした）

[2] 主語の状態を述べる場合

(2) a. **He** usually arrived at school **tired**.
       （彼はたいてい疲れて学校に着いた）
    b. **I** continued to gaze at him **somewhat baffled**.
       （私はいくぶん当惑して彼をじっと見続けた）
    c. **He** came back to me **unhurt**.
       （彼は無傷で私のもとに帰ってきた）

これらの表現は，形容詞の前で being が削除された分詞節のように見えますが，それとは異なるものです．

6. 付帯状況を表す with

分詞節には，「〜しながら」「〜して」のように，状況を述べる用法があります．これと同様の働きをする表現に**付帯状況を表す with** があります．「with ＋ NP ＋ XP」の型をしていて，XP には過去分詞，前置詞，副詞，現在分詞などの要素がきます．その構造は with [$_{Sn}$ NP (be) XP] となっていて，NP と XP は主部・述部の関係にあり節を構成しています．

(1) a. He sat **with** his legs **crossed**.
       （彼は足を組んで座っていた）
    b. I saw a big man **with** a scar **on his cheek** running away.
       （頬に傷跡がある男が走り去るのを見た）
    c. **With** my elder son **away** there's more room in our house.
       （年長の息子が家を出たので，我々の家にはさらに余裕があります）
    d. The ship was moving fast toward the shore **with** its light **flashing**.
       （ライトをぱっと照らして船が岸へ向かって高速で移動していた）
(2) a. The baby stared without movement at the strange thing for nearly half a minute, **with** a stream of water **pouring** down from

his open mouth on to the napkin that was tied about his neck.
(赤ん坊は身動きもせずにその不思議なものを 30 秒程じっと見つめていた．一条のよだれが開けた口から首に巻いてあるナプキンへ垂れていた)

b. Seeing Moro standing there **with** his long tail almost **touching** the ground, he went to it and, twisting his little hands into the hair, began swinging himself to and fro.　[Moro は馬の名前；tail（しっぽ），twist into（ねじ込む，巻き付ける），to and fro（前後に）]
(モロが長いしっぽを地面につきそうになるほどにたらして立っているのを見て，彼はそばに寄り，小さな手をしっぽの毛に巻き付けて，体を前後に揺らし始めた)

第 11 章

副詞節

　副詞節は，主節に対して，その出来事が生じた**時・理由・様態・条件・譲歩・目的・結果**を表す節です．副詞節を導く接続詞の中で主要なものを見ることにしましょう．

1. 副詞節の働き

　副詞に文副詞と動詞句副詞があるように，副詞節には**文を修飾**する場合と**動詞句を修飾**する場合があります．次の日本語の文を比較してみましょう．

　　(1) a. ジョンは自転車を売った，というのはギアが壊れたからだ．
　　　　 b. ジョンは，ギアが壊れたので自転車を売った．

この二つの文はほぼ同じことを述べていますが，次のような違いがあります．(1a)では「というのは」の文は前の文の「ジョンは自転車を売った」という出来事の理由を述べています．これに対して，(1b)の「ギアが壊れたので」は「自転車を売った」理由を述べています．つまり，(1a)では理由節は文全体を修飾しているのに対して，(1b)では動詞句を修飾しています．(1)の日本語に対応する英語は(2)です．

　　(2) John sold his bike because the gears broke.

この文は(1a, b)の二つの意味を持っていて，その意味の違いはbecause節が文を修飾しているか，動詞句を修飾しているかによっています．

　　(3) a. [[$_{Sn}$ John sold his bike] [because the gears broke]]

　　　　　［文修飾で (1a) の意味］
　　b.　John [VP [VP sold his bike] [because the gears broke]]
　　　　　［動詞句修飾で (1b) の意味］

この違いは，(2) を否定文にするとさらにはっきりします．

　(4)　John didn't sell his bike because the gears broke.

この文には次の二とおりの意味があり，それが構造の違いに対応しています．

　(5)　a.　[[Sn John didn't sell his bike] [because the gears broke]]
　　　　　［Sn ジョンは自転車を売らなかった］［というのはギアが壊れたからだ］
　　　b.　John didn't [VP [VP sell his bike] [because the gears broke]]
　　　　　［ジョンは，[VP ギアが壊れたので自転車を売った] のではない］
　　　　　（ジョンが自転車を売ったのは，ギアが壊れていたからではない）

この違いは not の守備範囲がどこまで及んでいるかの違いです．(5a) では not の守備範囲は sell his bike までです．したがって，not は動詞句を否定し「自転車を売らなかった」の意味となります．一方，(5b) では not の守備範囲は because 節を含む VP 全体に及んでいるので，not が because 節を否定し「ギアが故障したからではない」の意味が生じます．多くの文法書で not ... because ... には二つの意味があることにふれていますが，その理由を明確に述べていません．この二つの意味の違いの背後にはこのような構造上の違いがあります．because 節の前にコンマがある場合や文頭にある場合は，文修飾の意味しかありません．

　(6)　a.　John sold his bike, because the gears broke.
　　　b.　Because the gears broke, John sold his bike.

ここで副詞節を導く接続詞の中で複数の意味をもつものについてまとめておきましょう．

　(7)　as（〜につれて，〜しながら，〜のように，〜する時，〜なので，（倒置を伴って）〜だけれども）
　　　before（〜する前に，〜しないうちに）

since (〜して以来, 〜なので)
  while (〜する間に, 一方〜)

特に as にはいくつもの用法があります. 頻度の高い順に並べてありますが, 最も頻度が高いのは「〜につれて, 〜しながら」の意味です.

2. 時の副詞節

英語には, **時と条件を表す副詞節では未来のことでも現在形で表す**という原則があります. この原則は英語特有のものではなく日本語にも当てはまります. 次の日本語を比較してみましょう.

(1) a. 彼が到着する時には, 彼女はすでに出発しているでしょう.
　　b. もし明日天気がよければ, 魚釣りに行くつもりです.

「彼が到着する時には」,「もし明日天気がよければ」の副詞節は明らかに未来の事柄を表していますが,「到着する」,「天気がよい」は現在形であると考えることができます. (1) に対応する英語は次のようになります.

(2) a. When he arrives, she will have already left.
　　b. If it is fine tomorrow, I will go fishing.

このように, 上記の原則は英語だけでなく, 日本語にも当てはまる原則です. なぜこのような原則があるのかは, 今のところ明らかではありません.

2.1. 時の副詞節 (1)

as (〜につれて, 〜しながら, 〜する時, …するとその時〜)
once (ひとたび〜すると)
when (〜する時, …するとその時〜)
while (〜する間に, 一方〜)

[1]　**as** (〜につれて, 〜しながら, 〜する時, …するとその時〜)

(1) a. **As** she marched towards the door that morning, Mrs Snape noticed that the photocopier was running out of paper.

[as（〜しながら），run out of（〜がなくなる，切れる）]
（その朝ドアのほうへ向かって歩きながら，スネイプさんはコピー機の紙が切れかけているのに気がついた）

 b. **As** he grew toward independence, he consciously threw off this influence, feeling he had to find his own path.
[as（〜につれて），consciously（意識的に），throw off（脱ぎ捨てる）]
（独立を目指すようになるにつれて，彼は意識的にこの影響をかなぐり捨て，自分自身の道を見つけなければならないと感じるようになった）

 c. **As** the torchlit procession passed by, city cab drivers stopped and knelt in the roadway, doffing their hats.
[as（〜する時），torchlit：torchlight（トーチで照らす）の過去分詞，pass by（通り過ぎる），doff one's hat（脱帽する：敬意を表す動作）]
（トーチに照らされた行進が通り過ぎる時，街のタクシー運転手たちは車を止めて沿道にひざまずき，帽子を取って敬意を表した）

 d. Then they heard the screech of brakes **as** a car pulled up outside the house.
[screech（キキーという音），pull up（止まる），as（…するとその時〜）]
（するとキキーというブレーキの音がして，車が家の外で止まった）

最後の例の as は時を表しますが，このように文末にくるとき「…するとその時〜」の意味の場合があります．when にも同様の用法があります．

［2］ **once**（ひとたび〜すると）

(2) a. **Once** we understand the universe difference, we at once understand the behavior. ［複数の宇宙の存在について論じた文章］
（ひとたび我々が宇宙の違いを理解すれば，すぐにその動きを理解することができるのです）

 b. **Once** we accept that animals are sentient beings, is it ethical to use them in research?
[sentient（感覚・感情のある），ethical（倫理にかなった）]
（ひとたび動物が感情のある生き物であることを受け入れると，動物を研究において使用することは倫理にかなったことでしょうか）［is it ethical …? は反語的疑問文でそうではないことを意味している］

[3] **when**(〜する時,... するとその時〜)

(3) a. I remember feeling really happy **when** I was told I had at least six or seven years to live.
(少なくとも 6, 7 年は生きることができると言われた時とてもうれしかったのを憶えています)

b. One morning at breakfast, **when** I started to get down from my high chair, my mother turned to me and said, "Baby, you must say, 'Please excuse me.'" [high chair (高い脚のある子供用の椅子)]
(ある朝朝食の時に、椅子から降りようとしたら、お母さんが私のほうを向いて、「『失礼します』と言わなくちゃね」と言った)

when (... するとその時〜) の意味の場合には、主節よりも when 節に力点が置かれていて、意味上 when 節の内容が主節のごとく扱われます。

(4) a. I was about to leave **when** he came.
(私が出ようとしていたら彼が来た)

b. I was driving along a four-lane highway **when** it began to rain.
(4 レーンのハイウェイを走っていたら雨が降り始めた)

when 節で「主語＋be 動詞」が削除されることがあります。

(5) a. At an even simpler level, consider the following problem you may have encountered **when** preparing for a party.
(さらに簡単なレベルでは、パーティーの準備をするときに出会ったかもしれない次のような問題を考えてみましょう) [when preparing=when you were preparing]

b. National characteristics are not easy to pin down, and **when** pinned down they often turn out to be trivialities or seem to have no connection with one another.
[characteristic (特徴), pin down (はっきりさせる), turn out (判明する), triviality (平凡なこと、つまらないこと)]
(国民性は明確にすることが容易ではないが、一度明らかになってしまうと、つまらないものであることが判明したり、お互いになんの関連もな

いように思えることがよくあります）[when pinned down = when they are pinned down]

[4] **while**（〜する間に，一方〜）

whileが「一方〜」の意味を表す場合は時の副詞ではありませんが，便宜上ここで扱います．「一方〜」の意味では **whereas** も用いられます．

(6) a. I found my other son Julian grinning outside the bathroom door **while** his brother continued to cry from within.
（もう一人の息子のジュリアンが，弟が風呂場から（出してくれと）叫び続けている間，ドアの外でニヤニヤしていたことを知った）

b. One day his car broke down, and **while** pushing it in an attempt to restart the engine, Silva lost his balance.
（ある日車が故障して，エンジンを再スタートさせようと車を押している時にシルバはバランスを失った）[while pushing it = while he was pushing it]

(7) a. **While** we hope new technologies will one day solve some of the current problems, we must face this problem now, before it is too late.
（我々は新しい科学技術によって現在の問題のいくつかが解決されることを望む一方で，手遅れにならないうちに，いまこの問題に対処しなければなりません）

b. His training, in a word, was concerned directly with what he could do or get, **while** his education was concerned directly with neither. [his：ここでは一般の人を指す；what he could do or get：能力と収入を指す]
（訓練は，一言で言えば，能力と収入に直接関係しますが，一方教育はそのいずれとも直接的関係をもちません）

[5] **every/each time**（〜する度に），**the moment/instant**（〜したとたんに），**the night, the day, the morning** などの名詞によって導かれる場合，**directly/immediately**（〜したとたんに）のような副詞によって導かれる場合

(8) a. But **the very instant** we break the law, we shall get into endless

trouble.（しかし法律を破ったとたんに，我々は終わりのないトラブルに陥るのです）

 b. **The day** I received my report card and saw the F for English, I went behind the science building to be alone.
（成績報告カードを受け取って英語の評価がFであることを知った日，独りになるために科学の建物の裏手へ行った）

 c. **The moment** I caught sight of him I thought it was all over with the child.　[catch sight of (〜を見つける)，him = the child]
（その子を見つけたとたん，これは助からないと思った）

[6]　慣用表現

[i]　**as soon as** 〜（〜するとすぐに）

 (9)　The firefighters started **as soon as** they heard about the forest fire.
（消防士は山火事の知らせを聞くと直ちに出動した）

[ii]　**no sooner** A **than** B（AしたとたんにBした）：as soon as よりも強意的・文語的．主節が過去完了形で than 節が過去形である点に注意．

 (10)　She had **no sooner** seen me **than** she left the room.
（彼女は私を見たとたんに部屋を出て行った）

[iii]　**hardly/scarcely** A **when/before** B（AするかしないうちにBした）：主節が過去完了形で before 節が過去形である点に注意．

 (11)　a.　She had **hardly** worn the new necklace **before** it was lost.
（彼女はその新しいネックレスをつけて，すぐになくしてしまった）

  b.　**Scarcely** had he entered the room **when** the phone rang.
（彼が部屋に入るやいなや，電話が鳴った）

2.2.　時の副詞節 (2)

after（〜した後で）
before（〜する前に，〜しないうちに）
since（〜して以来）

till/until（〜するまで）

by the time（〜するまでに（は））

[1] **after**（〜した後で）

 (1) a. Are you going to stay in London **after** you've retired?
    （退職後ロンドンに留まるつもりですか）
  b. Shortly **after** I arrived, there arose a new topic for conversation.
    （私が着いた直後に新しい話題がもちあがった）

[2] **before**（〜する前に，〜しないうちに）

 (2) a. There was a brief moment of silence **before** Susan spoke again.
    （スーザンが再び口を開く前に短い沈黙があった）
  b. Did you have any experience of a kind that helped you **before** you came to drama school?
    （演劇学校にくる前に何か手助けになるような経験をしましたか）

before（〜しないうちに）の意味では「〜しない」のように否定の意味が入っています．このことから，次の (3c) の例で否定文に使われる anybody が現れていることが説明できます．

 (3) a. The summer is gone **before** I knew.
    （知らないうちに夏が過ぎていた）
  b. We must solve the problem **before** it is too late.
    （手遅れにならないうちにその問題を解決しなければならない）
  c. The real numbers are one of the most daring idealizations made by the human mind, but they were used happily for centuries **before** anybody worried about the logic behind them.
    ［real number（実数），daring（大胆な，思い切った），idealization（理想化），human mind（人間の知性）］
    （実数は人間の知性によって生み出された最も大胆な理想化の一つであるが，だれもその背後にある論理について気にすることなく何世紀にもわたって適切に使用された）

[3]　**since**（〜して以来）

since は「**現在完了形＋ since ＋過去形**」で用いるのが基本型です．この基本型をしっかり憶えましょう．

 (4) a. Members of my church have been working with ACET **since** it started 3 years ago.（教会のメンバーは ACET が 3 年前に発足して以来一緒に活動してきています）［ACET はある団体の名称］

   b. I haven't had any of their ice cream for years **since** I last went to Rome.（この前ローマに行って以来あそこのアイスクリームは何年も食べていません）

   c. Novels have been a rich source of material for the film industry **since** the talkies were introduced.　［talkie（発声映画，トーキー）］（トーキーがもたらされて以来，小説は映画産業にとって題材の豊かな源となっている）

[4]　**till/until**（〜するまで），**by the time**（〜するまでに（は））

till/until は動作・状態の**継続**を表し，by (the time) は動作の**完了**を表します．

 (5) a. Go up to Mummy's room and wait there **till** I come.
    （ママの部屋に行って私が来るまで待っていなさい）

   b. That young man let me stay for a little while **until** the restaurant closed.（その若者はレストランが閉まるまでちょっとの間そこに居させてくれた）

   c. **By the time** it was abolished in 1953, at least 128,000 bald eagles had been killed.（1953 年にそれが廃止されるまでに，少なくとも 128,000 羽の禿鷲が殺された）

3.　理由の副詞節

 as（というのは〜だから，〜ので）
 because（〜ので，というのは〜だから）
 since（というのは〜だから，〜ので）
 for（というのは〜だから）［文末にしか用いられません］

inasmuch as（〜だから，〜ゆえに）[文語的]

　これらの中で because 節のみが新情報を表す場合にも旧情報を表す場合にも用いられます．他のものはすべて旧情報のみを表します（新情報・旧情報については第 19 章を参照）．第 1 節で，because 節が文末にある時，文全体を修飾する場合と動詞句を修飾する場合があることを述べましたが，**文を修飾する場合が旧情報**で，**動詞句を修飾する場合が新情報**であると考えてよいでしょう．

　because 節が新情報を表す場合，because 節は文末に生じます．また，it is A that ... の強調構文の A の部分に生じることができます．それは A の位置が新情報を表す位置だからです．他の理由の副詞節はこの位置には生じません（☞第 20 章 3.2 節）．

(1) a. I like them **because** they are always helpful.
　　　（いつも助けになってくれるので彼らを好ましく思っています）
　　b. It is **because** they are always helpful that I like them.
　　　（私が彼らを好ましく思うのは，彼らがいつも助けになってくれるからです）

一方，because 節が旧情報を表す場合には，文頭に置かれるか，コンマを伴って文末に置かれるのが普通です．

(2) a. Sales of chocolate have fallen for the first time since the end of the war, largely **because** children prefer to spend pocket money on their mobile phones.
　　　（チョコレートの売り上げは戦後初めて落ちました，それは主として子供が（お菓子よりも）携帯電話にお小遣いを使うからです）
　　b. But **because** there is so much information on the Internet, these knowledge skills become even more important.
　　　（しかしインターネットには非常に多くの情報があるので，これらの知識の技術はさらにもっと重要になります）

　これに対して，as 節，since 節，inasmuch as 節は文末にあっても文頭にあっても旧情報を表します．また，これらの副詞節では文末にあってもその前にコンマがないことがしばしばあります．

(3) a. Moreover, population figures are misleading, **since** they do not take into consideration the factor of consumption.
[misleading (誤解を招きやすい), consumption (消費)]
(さらに人口の数字も誤解を招きやすい，というのはそれらの数字は消費という要素を考慮に入れていないからです)

b. Dolphins are highly intelligent, but **since** we have not been able to understand their communication system, there is no way of telling exactly how intelligent they are.
(イルカは知能が高いのですが，我々は彼らの伝達システムを理解できていないので，イルカがどの程度の知能をもっているかを正確に知る方法はありません)

(4) a. Then **as** I continued to gaze at him somewhat baffled, he said: "The third bad thing. Now mother and father, they will make me go back to Japan."
[baffled (当惑した); they= mother and father (☞第19章3.2節)]
(私がいくぶん当惑して彼をじっと見つめ続けたので，彼は「三つ目の悪いことには，いまや父と母が私を日本へ強制的に帰らせようとしているんだ」と言った)

b. If you find something useful, either print it out or make notes from the screen immediately, **as** you may never get a second chance.
(有益なものを見つけたら，それをプリントアウトするか画面からすぐにメモをとりなさい，第二のチャンスは決してないかもしれないから)

as が理由の意味を表す用法は一般の文法書に書いてあるほど多くありません．as にはいくつかの意味があるので，明確に理由の意味を表すには since や because がより頻繁に用いられます．

inasmuch as は文語的で堅苦しい感じがします．for は付け足し的に理由を述べるので文末にしか用いられず，また口語ではあまり用いられません．

(5) a. The search seemed fairly pointless, **inasmuch as** they didn't go through my pockets. (その捜索はかなり無意味なように思われた．というのは彼らは私のポケットの中を調べなかったから)

b. English law might be said to recognize a right to self-determination, **inasmuch as** suicide is no longer a crime, but that right does not yield a clear answer to the present difficulty.
［self-determination（自己決定），suicide（自殺）］
（自殺はもはや犯罪ではないので，英国の法律は自己決定の権利を認めていると言われるかもしれないが，その権利は現在の困難な問題［自殺］に対して明確な答えを与えていない）

(6) a. I have never completely resolved my own dilemma, **for** I do not think it has a simple resolution.
（私は自分のジレンマを完全には解決していません．というのは，それには簡単な解決法はないと思っていますから）

b. As you become interested in film acting it is likely that you will also become interested in film making, **for** the actor's work depends so much on the technical decisions of the director and editor. ［you は一般の人々］
（映画の演技に興味を持つようになるにつれて，映画制作にも興味をもつようになるでしょう．というのは，俳優の仕事は映画監督と編集者の技術的判断に大きく依存しているからです）

4. 様態の副詞節

as（～のように）
as if/though（あたかも～のように）
(just) as ..., so ～（（ちょうど）... のように～）

［1］ **as**（～のように）

(1) a. There are, **as** there always have been, people who say that lasting peace is impossible — that we have always had wars and always will have.
（恒久平和は不可能である，つまり，いつも戦争はあったし，また将来もあるだろうと言う人々が，これまでにも常にいたように，現在もいる）

b. John doesn't speak French **as** his elder sister does.

(ジョンは姉と異なってフランス語を話せません)

(2b) のように主節が否定文である場合には注意が必要です．この文を「姉のようにフランス語を話せない」と訳すと，姉もフランス語が話せないことになり，正しい解釈とはなりません．as his elder sister does は，as his elder sister speaks French の下線部が主節の speak French と同じなので削除されたものですから，否定の意味はもちません．したがって，日本語に直す際には「姉がフランス語を話せるのとは異なって」のように訳す必要があります．**主節が否定文である場合には as は「〜と異なって」の意味**であると考えるとよいでしょう．(like 〜 (〜のように) などでも同様です)

[2] **as if/though** (あたかも〜のように)

as if 節と as though 節は仮定法であるのが原則です (☞第 18 章)．「主語＋be 動詞」が省略されることもあります．

(2) a. People she never laid eyes on would smile, wave and greet her **as if** they knew her. [lay eyes on (〜を見る，に会う)]
(会ったこともない人々が，彼女と知り合いであるかのように，微笑みかけたり，手を振ったり，挨拶をしてくれたりしたものでした)

b. Peggy, **as if** reading my mind, said, "No, really, I was totally confused when I got here."
(ペギーは，あたかも私の心を読んでいるかのように，「いいえ，本当はここに来たときにはまったく混乱していたのです」と言った)

[3] (just) **as ..., so** 〜 ((ちょうど) ... のように〜)

so が省略され，as ..., だけの場合もあります (just は as の強調).

(3) a. **As** China continued to prosper in the last decade, **so** did my friends. (中国が最近の 10 年間に繁栄し続けたのと同様に，私の友人も成功し続けた)

b. **As** those foods spread to the rest of the world, **so** did the cultures that created them. (それらの食べ物が世界の他の地域に広まったように，それらを生み出した文化も広まっていった)

c. Just **as** Muni developed a complete repertoire of gorilla behavior

over the years, my daughter will learn some very specific human things such as language. ［Muni ＝ 雌ゴリラの名前, repertoire（レパートリー）, specific（特定の, 特有の）］
（ちょうどムニが何年もの間にゴリラの行動様式を完全に発達させたのと同様に, 私の娘は言語のようなとても特異な人間的特徴を習得するのでしょう）

5. 条件の副詞節

if（もし〜ならば）
unless（もし〜でなければ, 〜の場合を除いては）
(just) in case（万一〜する場合に備えて, 〜であるといけないので）

時の副詞節と同様に，**条件を表す副詞節では未来の事柄を現在形で表します**．

[1] **if**（もし〜ならば）
条件を表します（☞第18章）．

(1) a. Our aim is to enable people to live and to die at home **if** that is their wish and appropriate to their needs.
（自宅で生活し最後を迎えるのが人々の希望であり彼らのニーズに合っているならば, 我々の目的は人々がそのようにできるようにすることです）
b. **If** we develop techniques for cloning humans, should we use them?
（クローン人間を造る技術を開発したら, それを使用すべきでしょうか）
c. **If** you do not organize your own thoughts clearly before writing a letter, it will inevitably appear confused to the reader.
［inevitably（必ず）］
（手紙を書く前に考えを明確にまとめておかないと, その手紙は読み手にとって必ずやごちゃごちゃしたように見えるでしょう）

[2] **unless**（もし〜でなければ, 〜の場合を除いては）
unless には「もし〜でなければ (if not)」の場合と「〜の場合を除いては」の意味の場合があります（unless のもとの意味は後者）．

(2) a. **Unless** you are considering a particularly large donation, you wouldn't need to fill out any complicated form.
[donation (寄付 (金)), fill out (記入する)]
(特に多額の寄付を考えているのでなければ、複雑な書類を作成する必要はありません)

b. You will find that the normal aircraft compass is quite useless **unless** you are flying straight and at a steady speed.
[compass (方位磁石), steady (一定の, 決まった)]
(まっすぐに一定の決まった速度で飛行している場合を除いては、普通の飛行機方位磁石はまったく役に立たないことがわかるでしょう)

[3] (just) **in case** (万一〜する場合に備えて, 〜であるといけないので)

(3) a. So I stay there just **in case** she wakes up.
(だから彼女が目を覚ます場合に備えて、私はここにのこります)

b. I don't want to give any details just **in case** it gives other landlords ideas. [detail (詳細), landlord (家主, 地主)]
(他の家主にアイディアを与えることになるといけないので、詳細は言いたくありません)

6. 譲歩の副詞節

(al)though (〜にもかかわらず, 〜とはいえ, たとえ〜でも)
even if/though (たとえ〜でも, 〜にもかかわらず, 〜であるけれども)
倒置を伴った as (〜にもかかわらず, 〜とはいえ)
whether A or B (A にせよ B にせよ)

[1] **(al)though** (〜にもかかわらず, 〜とはいえ, たとえ〜でも)

(1) a. **Though** she has had little education, her vocabulary is excellent: she fountains out ideas and observations at breathless speed.
[vocabulary (語彙), fountain out (ほとばしるように出す), observation ((観察に基づく) 意見, 感想)]

(彼女はほとんど教育を受けてこなかったけれども,語彙は豊富で,息もつかせぬスピードでアイディアや意見をどんどん出すのです)

b. He spent the rest of his life writing about the philosophy and method of science, **though** he did not make any scientific discoveries himself.
(彼自身は科学上の発見をしませんでしたが,科学の哲学と方法論について著述をすることで余生を過ごしました) [the [philosophy and method] of science の構造]

though には次のような倒置の表現もあります (although にはなし).

(2) a. **Young though** he is, he is extremely efficient.
(若いけれども,彼はとても有能です) [=though he is young]

b. ... and **much though** the British may admire, respect and love their loyal family, ... (そして英国人は王室をとても賞賛し,尊敬し,敬愛しているけれども ...) [= though the British may admire, respect and love their loyal family much, ...]

[2] **even if/though** (たとえ～でも,～にもかかわらず,～であるけれども)
この表現では although は用いられません.

(3) a. **Even if** something goes wrong, don't panic.
(たとえ何かうまく行かなくても,パニックに陥ってはいけません)

b. It always took us an hour to work up the courage to ask for \$3 for the movies, **even though** our father never once said no.
(お父さんが一度もだめと言ったことがないとはいえ,映画に行くから3ドルちょうだいとたのむ勇気を絞り出すのにいつも1時間かかった)

[3] 倒置を伴った as (～にもかかわらず；～とはいえ)
as が譲歩の意味をもつのは,倒置を伴う場合に限ります.

(4) a. The lamp's light, **powerful as** it was, seemed not much stronger than a match's, and almost as short-lived.
[文末で as a match's の省略]
(ランプの光は,強力ではあるけれども,マッチの光とほぼ同じ明るさで,

ほとんどマッチと同じ位短命の(はかない)ように思われた)

b. But **uncertain as** its exact meaning may have been, the appearance of a truly popular culture was certainly one of the consequences of the Industrial and Democratic Revolutions.
[consequence (結果, 帰結), revolution (革命)]
(その正確な意味が不確かであったかもしれないにせよ, 真の大衆文化の出現は確かに産業革命と民主主義革命のもたらした結果の一つであった)

[4] **whether A or B** (A にせよ B にせよ)

(5) a. The reflection on principles, **whether** those of natural science **or** of any other department of thought or action, is commonly called philosophy.
[reflection (考察), those = principles, department (分野)]
(自然科学の原理であれ, 思想あるいは行動の他のいかなる分野の原理であれ, 原理に関する考察は通例哲学と呼ばれる)

b. Innovation is putting modern technologies in the hands of users, **whether** those be personal communicators **or** genetic testing kits, rather than in the hands of states.
[innovation (技術革新), personal communicator (個人的通信機器), genetic testing kit (遺伝学的試験キット)]
(技術革新は現代技術を, その技術が個人的通信機器にせよ遺伝学的試験キットにせよ, 国家の手にではなくて, 使用者の手に委ねている)

7. 目的の副詞節

so (that) A can/will/etc. 〜 (A が〜するように) [that は省略されることもあります]
in order that A may/might/shall/should/etc. 〜 (A が〜するために)
for fear that 〜 (もしかしたら〜しないかと心配して)
lest A should 〜 (A が〜しないように)

(1) a. Every letter you send should be your best work **so that** its reader **will** gain a good impression of you. (読む人が好印象をもつように

するために，君が送る手紙はどれも最高傑作であるべきです）

  b. I locked the door **in order that** our discussion **might** not be disturbed.（我々の討論が邪魔されないように私はドアにかぎをかけた）

(2) a. When I first lived alone I used to be in a state of anxiety every time I left the house, **for fear that** I had forgotten something.
（私が初めて独りで住み始めた頃，何かを忘れていないかと心配して，家を出る時にはいつも不安な気持ちになったものでした）

  b. He cut the remark out of the final program **lest** it **should** offend the listeners.　［remark（所見，批評）］
（彼はリスナーに不快感を与えないように最後のプログラムからその所見を削除した）

8.　結果の副詞節

so (that) ～（その結果～）［that が省略されることもあります］

(1) a. And it will influence the local varieties of English **so that** they do not turn into separate languages.　［local varieties（地域的変種）］
（そしてそのことが英語の地域的変種に影響を与え，その結果それらが別々の言語に変わってしまうことがないのでしょう）［it は文脈上「現在の多様な種類の英語は，それらが頻繁に使用されるために一定の統一性を保っていること」を指しています］

  b. There are, as with any other material, good and bad aspects to this: somewhere on the Internet, for example, there is probably most of the information you need; there is also a vast amount of other material, **so that** it can take a long time to find exactly what you want.　［this＝学生が本や雑誌ばかりでなくインターネットから情報を得ていること］
（他のいかなる資料についても言えることですが，これにはよい面と悪い面があります．つまり，例えば，インターネット上のどこかに必要とするほとんどの情報があるでしょうが，膨大な量の他の資料もあるので，その結果まさに欲しい情報を見つけ出すのに長い時間がかかるかもしれません）

第 12 章
関係節

　関係節には，名詞を修飾し限定を加える**限定用法**と，情報や説明をさらに付け加える**叙述用法**（非限定用法）の二つがあります．関係節には，関係代名詞によるものと関係副詞によるものがありますが，基本的特徴は同じです．

1. 関係節の作り方と用法

1.1. 関係節の作り方

　名詞修飾要素の中でもっとも一般的なものは形容詞です．例えば，a red rose（赤いバラ）は rose に red という限定を加えて a white rose（白いバラ）と区別する働きをしています．これと同様の働きをする節を関係節と呼びます．日本語の関係節を見てみましょう．

(1) ［$_{Sn}$ 太郎が花子に ∧ 送った］プレゼント
(2) 太郎が花子にプレゼントを送った．

関係節［$_{Sn}$ 太郎が花子に送った］は，「プレゼント」を限定する働きをしています．この関係節に対応する文は (2) ですが，関係節ではこの文の「プレゼント」に相当する部分が欠けています．そしてその欠けている部分（∧ で示してあります）が修飾されている名詞句「プレゼント」に対応しています．関係節によって修飾される要素を**先行詞**と呼びますが，関係節には常に先行詞に対応する空所があります．これを図示すると次のようになります．

(3) ［$_{Sn}$ 太郎が花子に ∧ 送った］プレゼント　［∧＝プレゼント］
　　└─────────────┘（先行詞）

同様の関係が英語にも当てはまります．

    (4)   the present [$_{Sn}$ which Taro sent ∧ to Hanako]　[∧ = the present]
    (5)   Taro sent <u>the present</u> to Hanako.

(4) の関係節では，(5) の文の the present の部分が欠けています．その欠けている部分が先行詞の the present に対応しています．日本語と違う点は which があることです．which は (5) の the present に対応する位置から関係節の先頭に移動し，先行詞と関係節(Sn)を**関係づける**役割をしています．そして which は名詞句 the present の**代わり**をしていますから，**関係代名詞**と呼びます．英語の関係節はすべて次のような方法で形成されます．

    (6)   a.   the present [$_{Sn}$ Taro sent <u>the present</u> to Hanako]
                             ⇩　〈the present を which に換える〉
           b.   the present [$_{Sn}$ Taro sent <u>which</u> to Hanako]
                             ⇩　〈which を節の先頭に移動する〉
           c.   the present [$_{Sn}$ which Taro sent ∧ to Hanako]

このことから，先行詞が関係節の空所に対応する要素であることが説明できます．日本語と英語で異なる点は，英語には関係代名詞があるのに対して，日本語にはそれがなく，先行詞と関係節が単につながっている点です．

関係節を解釈する時の重要なポイントは次の二つです．

    (7)   a. **先行詞はどれか**
           b. **関係代名詞のもとの位置はどこか（空所はどこか）**

日本語では関係節と先行詞は常に隣り合っていますが，英語では先行詞と関係節が離れていることがあります．そのような場合正しい先行詞を見つけることが大切です（☞第 19 章 2.3 節）．

    (8)   a. **A man** just walked in **who** we knew ∧ in high school.
              （高校で知り合いだった男が丁度歩いて入ってきた）
           b. **Many books** had already sold **that** I wanted to buy ∧．
              （私が買いたいと思っていた多くの本が売れてしまっていた）

もう一つ重要な点は、関係節中の正しい空所の位置を見つけることです。これができないと関係節の解釈はできません。関係節の作り方は、叙述用法の関係節でも関係副詞でも同じです。

1.2. 関係節の用法

関係節には二つの用法があります。一つは、先行詞に限定を加えることによって先行詞の表す範囲を限定し、他のものと区別をする働きをする**限定用法**です。これまで見た関係節はすべて限定用法の例です。もう一つは、先行詞に限定を加えるのではなく、先行詞についてさらに説明を追加する働きをする**叙述用法**です。

[A] 限定用法

(1) a. I like red apples.
(私は赤いりんごが好きです)
b. I like apples which are red.
(私は赤い色のりんごが好きです)

限定用法の修飾語の代表例は形容詞です。日本語の「赤いりんご」の「赤い」は「りんご」を赤いものに限定することによって、「青いりんご」や「黄色いりんご」と区別する働きをしています。(1a) の英語の red apples の red も同じです。これと同様に、(1b) の関係節は apples を red であるものに限定し、apples which are green/yellow と区別する働きをしています。(形容詞の限定用法と叙述用法については、第4章2節 (p. 88) を参照)

[B] 叙述用法

叙述用法の関係節は先行詞についてさらに説明を追加する働きをもち、先行詞を限定する働きはありません。その理由は、先行詞がすでに他のものと区別するのに十分な情報をもっていて、関係節によってさらに限定する必要がないからです。したがって、叙述用法の関係節は、先行詞が固有名詞のようにそれだけで何を指すのかがわかるような場合に用いられます。

(2) a. My teacher, who will be eighty-eight next month, is still a keen

swimmer. （私の先生は，来月で 88 歳になるのですが，いまだに熱心なスイマーです）
b. That's Westminster Abbey, which is one of the oldest churches in Great Britain.
（あれがウエストミンスター寺院で，英国で一番古い教会の一つです）

my teacher, Westminster Abbey はそれだけで何を指しているのか明らかなので，さらに限定を加えて他のものと区別する必要がありません．このような場合，関係節はさらに情報を追加し説明する働きをしています．

2. 関係代名詞

2.1. 限定用法の関係節
2.1.1. 関係代名詞の種類

関係代名詞は，どのような名詞の代用になるかによって形が異なります．

(1) 　　代用される要素　　　　　　　　主格　　所有格　　目的格
　　a. 人を表す場合　　　　　　　　　**who**　　**whose**　　**who (m)**
　　b. もの・動物を表す場合　　　　　**which**　**whose**　**which**
　　c. もの・動物・人を表す場合　　　**that**　　—　　　　**that**

前節で見たように，関係代名詞はある要素の代用ですから，その格は**代用される要素がもっていた格**によって決まります．that は所有格の要素の代用になることはできません．

[1] 主格の場合

(2) a. I praised a student **who** ∧ wrote an excellent paper.
（私はすばらしい論文を書いた学生をほめた）
b. John read the advertisement **which/that** ∧ appeared in the newspaper yesterday. （ジョンは昨日新聞に出た宣伝文を読みました）

[2] 所有格の場合

(3) a. The man **whose book** you borrowed ∧ is my friend.

(君が本を借りた人は私の友人です)
  b. The car **whose windshield** ∧ is broken is mine.
     (フロントガラスが壊れている車が私のです)

[**3**]　目的格の場合

(4) a. John is the man **who(m)** I want to introduce ∧ to you.
       (ジョンが私が君に紹介したいと思っている人です)
    b. They still live in a house **which/that** they bought ∧ twenty years ago.（彼らは20年前に買った家にいまも住んでいます）

[1]の主格の関係代名詞は，主語の位置から（さらに）文頭に移動しています．[2]の所有格の場合には，直後の名詞もいっしょに移動していることに注意してください．my book の my と book を引き離せないのと同じように，whose book では whose と book は引き離せません．whose book 全体が移動します．

(5) The man [$_{Sn}$　you borrowed his book]
                           ⇩　　〈his を whose に換える〉
           ────── whose book　〈whose book を節の先頭へ移動〉

which の所有格形として of which をあげる文法書がありますが，これは異なる構造ですので，ここでは whose のみを which の所有格形としておきます．(4a)の関係代名詞は目的語に対応しますから，規則に従えば whom が正しいのですが，実際には who が使われます．また，関係代名詞の目的格はしばしば省略されることがあります（☞ 2.1.4節 (p. 217))．

2.1.2.　関係代名詞の長距離移動

これまでの例では，先行詞の直後の節の中に空所がありましたが，もっと遠い位置に空所があることがあります．

(1) a. [$_{Sn1}$ 次郎が [$_{Sn2}$ その男の子が花子に ∧ 送った] と思っている]
       プレゼント　［∧＝プレゼント］
    b. [$_{Sn1}$ 次郎が [$_{Sn2}$ ∧ 花子にプレゼントを送った] と思っている] 男の子　［∧＝男の子］

第 12 章　関係節

これらの例では，[$_{Sn1}$ 次郎が [$_{Sn2}$ その男の子が花子に<u>プレゼント</u>を送った] と思っている] の内側にある文 (Sn2) から「男の子」あるいは「プレゼント」が関係節化されています．同様の関係節は英語にもあります．(1) に対応する英語は (2) です．

(2) a. the present [$_{Sn}$ **which** Jiro thinks [$_{Sn}$ (that) the boy sent ∧ to Hanako]]　[∧ = the present]
　　b. the boy [$_{Sn}$ **who** Jiro thinks [$_{Sn}$ ∧ sent the present to Hanako]]
　　　[∧ = the boy]

動詞 send は V-NP-PP の型をとりますから，(2a) では sent の直後に空所があることがわかります．文には必ず主語がありますから，(2b) では sent の主語の位置に空所があることがわかります．(2b) のような，関係代名詞からかなり離れた位置にある主語の空所は見つけにくいので，次の文で練習しましょう．

(3) They are criticizing decisions or policies that they think are wrong or mistaken.　[criticize (批判する)，decision (決定)，policy (政策)]

(4) "Well, it's just a way of encouraging students to ask questions and allowing the teacher to talk about something that she thinks is important."
　[encourage (奨励する)，allow (可能にする)，she = the teacher]

(5) He has the task of arranging these meanings in the order which he thinks will be of most help to those who use his work.
　[arrange (配列する)，order (順番)，of most help = most helpful]

(3) の think are wrong のつながりは不可能ですし，are wrong の主語が見あたりません．文には必ず主語がありますから，think と are の間に空所があることがわかります．同様の観察に基づいて，(4) では is important の前に，(5) では will be of most help の前に空所があることがわかったでしょうか．これらの文の構造と意味は次のとおりです．

(3′) They are criticizing [decisions or policies] [$_{Sn}$ **that** they think [$_{Sn}$ ∧ are wrong or mistaken]] （彼らは自分たちが間違っている，あるいは誤りであ

(4′) "Well, it's just a way of encouraging students to ask questions and allowing the teacher to talk about [something] [$_{Sn}$ **that** she thinks [$_{Sn}$ ∧ is important]]"
(さて，それは学生たちに質問をすることを奨励し，教師が重要であると考えていることについて話をできるようにするまさにそのような方法です)

(5′) He has the task of arranging these meanings in [the order] [$_{Sn}$ **which** he thinks [$_{Sn}$ ∧ will be of most help to those who use his work]]
(彼は自分の研究を利用する人にとって最も役に立つと思われる順番に，これらの意味を配列する作業をしている)

　これらの関係代名詞は省略されることがあり，その場合さらに理解がむずかしくなります (実例は 2.1.4 節).
　ここで，もう少し限定用法の関係節の例を見ておきましょう．

(6) The best I can say about these ideas is that they are difficult to prove wrong. (私がこれらのアイディアについて言うことができる最善のことは，それらが誤りであると証明しにくいということです) [the best が先行詞，その直後に関係代名詞が省略．say something about ... という表現を思い出すと，say の直後に空所があることがわかります]

(7) We have all had the experience of having an idea which we find difficult to express in words.
(我々はみな，ことばでは表しにくいアイディアをもつという経験をしたことがあります) [先行詞は an idea です; find は find NP difficult ... の型に生じますから，find の直後に空所があることがわかります]

(8) People are enormously adaptive in dealing with situations they perceive to be too crowded. [enormously (非常に), adaptive (適応性のある), deal with (対処する), perceive (知覚する)]
(人々はとても適応性があるので，非常に混みあっていると感じる状況でも対処できます) [先行詞は situations, その直後で関係代名詞が省略; perceive to be ... の結合はないので，perceive NP to be too crowded の型であることを見いだす; 空所は perceive の直後にあります]

2.1.3. 関係代名詞と前置詞

関係代名詞が前置詞の目的語である場合，前置詞が関係代名詞とともに移動する場合と前置詞が後に取り残される場合があります．前置詞が関係代名詞とともに前置されるのは文語体で，前置詞が後に残るのが口語体というのが一般的区別です．

(1) a. The man (**who**) you were talking **with** ∧ is the principal.
  b. The man **with whom** you were talking ∧ is the principal.
     (君が話していた人が校長です)
(2) a. She is the girl (**who**) John gave a necklace **to** ∧ .
  b. She is the girl **to whom** John gave a necklace ∧ .
     (彼女がジョンがネックレスをあげた女の子です)

look for (探す) や deal with (処理・対処する) のように前置詞と動詞の結びつきが強い場合には，前置詞は後に残ります．逆に for the purpose や under the circumstances のように前置詞と名詞の結合が強い場合には前置詞は関係代名詞とともに前置されます．

(3) a. He is a director I have been **looking for** ∧ .
     (彼が私がずっと探し求めていた監督です)
  b. The purpose **for which** people wish to use the public space ∧ varies from case to case.
     (人々が公共の空間を使いたい目的は，ケースごとに異なります)

前置詞以外の要素が関係代名詞とともに移動する，もっと複雑な場合もあります．

(4) a. This is the car **the owner of which** the patrolman arrested ∧ .
     [← the patrolman arrested the owner of which]
     (これがパトロール巡査がその所有者を逮捕した車です)
  b. These are the books **the covers of which** ∧ are all red.
     [← the covers of which are all red]
     (これらがカバーがすべて赤い本です)

(4a) では the patrolman arrested the owner of the car の the car が関係代名詞

which に代わり，the owner of which 全体が移動している例です．(4b) では the covers of the books の the books が which に代わり the covers of which 全体が移動しています．書き言葉では時々出てくる表現です．

　ここで前置詞がもとの位置に残っている例と関係代名詞とともに移動している例をいくつか見ましょう．

(5) They need to control every situation they are in.
　　［先行詞は every situation；その直後で関係代名詞が省略；空所は in の後］
　　（彼らは自分たちが置かれるあらゆる状況をコントロールする必要があります）

(6) The foreign students will continually meet with just those everyday words and combinations which the foreigner is above all in need of.
　　［meet with（遭遇する，経験する），combinations（語結合），above all（とりわけ），be in need of（〜を必要とする）；those everyday words and combinations が先行詞；空所は of の直後］
　　（留学生たちは外国人がとりわけ必要とする日常語や語結合にいつも出くわすことになるでしょう）．

(7) In this age of international interdependence in which all nations must learn to cooperate peacefully with one another, full understanding is necessary in all fields.
　　［interdependence（相互依存），field（分野）；先行詞は this age of international interdependence；in the age of international interdependence の the age of international interdependence の部分が which によって代用され，in which 全体が移動；これは時を表す修飾要素なので，もとの位置は節の末尾］
　　（すべての国が平和的にお互いに協力することを学ぶ必要がある，この国際的相互依存の時代には，すべての分野で十分な理解が必要です）

(8) The effectiveness of human society, therefore, is largely dependent upon the clarity, accuracy, and efficiency with which language is used or understood. ［effectiveness（有効性，効果があること），clarity（明晰さ），accuracy（正確さ），efficiency（効率，能率）；先行詞は the clarity, accuracy, and efficiency；language is used or understood with the clarity, accuracy, and efficiency の the clarity, accuracy, and efficiency の部分が which に代わり，with which が節の先頭に移動］

（したがって，人間社会の有効性は，言語が使用あるいは理解される際の明晰さ，正確さ，効率性に大部分依存しています）．

2.1.4. 関係代名詞の省略

関係代名詞が省略できるのは，[A] 関係代名詞が目的格である場合，[B]「主語＋動詞」の直前にある主格の関係代名詞の場合，の二つです．目的語が文頭に移動されると，その直後には「主語＋動詞」がきますから，これら二つは，**関係代名詞はその直後に「主語＋動詞」がある場合には省略可能である**という規則にまとめられます．

[A] 目的格の関係代名詞

(1) a. The teacher scolded a Japanese student (**who(m)**) I know ∧ very well. （その先生は私がよく知っている日本人学生をしかった）

　　b. These are the problems (**which/that**) many famous mathematicians have tried to find the answer to ∧. （これらの問題は多くの有名な数学者が解答を求めて努力してきた問題です）

これらの関係代名詞は動詞や前置詞の目的語に対応しているので目的格です．目的格の関係代名詞は「主語＋動詞」の直前の位置にあるので，この省略は上記の規則によって説明できます．なお，with whom のように前置詞がついている場合には目的格でも省略できません．

[B] 主格の関係代名詞が「主語＋動詞」の直前にある場合

主格の関係代名詞は省略できませんが，それが「主語＋動詞」の直前にある場合には省略できます．次の例を比較しましょう．

(2) a. She is talking about something **which** ∧ is very important to her theory.
（彼女は自分の理論にとって大変重要であることについて話しています）

　　b. She is talking about something (**which**) she thinks ∧ is very important to her theory. （彼女は自分の理論にとって大変重要であると思っていることについて話しています）

(2a) の which は主格ですから省略できません．(2b) の which も主格ですが，その直後に「主語＋動詞」の she thinks がありますから省略可能です．文法書によっては she thinks が挿入節であると説明していますが，それは誤りです．she thinks something is very important の something が関係節化しているのであって，she thinks が挿入節として入っているのではありません．次の例で理解できているかどうか確認しましょう．

> (3) a. Dentists, however, have welcomed **the trend** they say can benefit the state of children's teeth.　[trend (傾向), benefit (を益する), state (状態)；関係代名詞の省略は the trend の後]
> (しかしながら，歯医者は子供たちの歯の状態によい効果をもたらす可能性があると言われているその傾向を歓迎している)
>
> b. We continue to find microbes living in **places** we didn't think could support life.
> [microbe (微生物)；関係代名詞の省略は places の後]
> (我々は，かつては生命を支えることができないと思われていた場所に生きている微生物を，次々に発見しています)
>
> c. They are mostly languages which currently have **fewer than a thousand native speakers** I hear are already elderly.
> [native speaker (母国語話者)；関係代名詞の省略は speakers の後]
> (それらの言語のほとんどには，現在ではすでに年老いていると言われる千人に満たない母語話者しかいません)

[A] と [B] を合わせると，関係代名詞の省略は，その格が目的格か主格かとは無関係に，その直後に「主語＋動詞」がある場合に可能であると言うことができます．このような規則を知っていると文の構造を正しくとらえる上でとても役に立ちます．

[C]　「主格の関係代名詞＋ be 動詞」の省略

「主格の関係代名詞＋ be 動詞」が省略されることがあります．

[1]　形容詞の場合：「who/which/that ＋ be 動詞」の省略

(4) a. He is a man **likely to win**.　［= a man who is likely to win］
　　　（彼は勝ちそうです）
　　b. This is a flavor **peculiar to an orange**.
　　　［= a flavor that is peculiar to an orange］
　　　（これはミカンに特有の風味です）
　　c. I didn't notice that there was a clear danger of an accident **about to happen**.　［= an accident which was about to happen］
　　　（私は事故になりそうだという明らかな危険があることに気がつきませんでした）

［2］ 現在分詞の場合：「who/which/that ＋進行形の be」の省略

(5) a. The man **holding the wine bottle** disappeared.
　　　［= the man who was holding the wine bottle］
　　　（ワインボトルを抱えていた男がいなくなった）
　　b. The boy **running over there** is my son.
　　　［= the boy who is running over there］
　　　（向こうで走っている男の子が私の息子です）

［3］ 過去分詞の場合：「who/which/that ＋受身の be」の省略

(6) a. The jewels **stolen from the safe** have not been found yet.
　　　［= the jewels that were stolen from the safe］
　　　（金庫から盗まれた宝石はまだみつかっていません）
　　b. That is the only step **left for us to take for the preservation of the kind**.　［= the only step which is left for ...］［kind（種，類）］
　　　（それが種の保護のために我々に残されている唯一の手段です）

［D］ 関係代名詞の主格が省略されて動詞が現在分詞形になる場合

　主格の関係代名詞が省略されて，その省略の印として動詞が現在分詞形になる場合があります．

(7) a. the man **knowing** the answer　［= the man who knows the answer］
　　　（答えを知っている男）
　　b. a daughter **resembling** her father

[= a daughter who resembles her father]
（父親似の娘）
c. a man **owning** many companies
[= a man who owns many companies]
（たくさんの会社を所有している男）

これらの動詞は状態動詞ですから，V-ing 形は進行形ではありません．この現在分詞形は主格の関係代名詞が省略されていることを表す印です．

2.1.5. 二重関係節

一つの先行詞を二つの関係節が修飾しているように見える場合を二重関係節と呼びます．しかし二重関係節では，一つの先行詞を二つの関係節が修飾しているのではなく，[[先行詞＋関係節1]＋関係節2]のように，一つの[先行詞＋関係節]のまとまりがあって，さらにそれを関係節が修飾しています．関係節2の先行詞は[先行詞＋関係節1]全体になります．

(1) [[$_{先行詞2}$ [$_{先行詞1}$ the people] [$_{Sn1}$ I know $\wedge$]] [$_{Sn2}$ who $\wedge$ are French]]

1番目の関係節（Sn1）が the people を限定し，さらに2番目の関係節（Sn2）が1番目の関係節を含む the people I know を限定しています．これはドーナツ状の限定の仕方で，1番目の関係節が外側の円を限定し，2番目の関係節が内側の円を限定していると考えるとよいでしょう．したがって，二重関係節の示す部分はドーナツの内側の円の部分になります．(1)の意味は「私が知っている人の中でフランス人である人」の意味になります．

(2) That reminded me of [[$_{先行詞2}$ [$_{先行詞1}$ a Japanese student] [$_{Sn1}$ I knew $\wedge$]] [$_{Sn2}$ who $\wedge$ was upset by the accident]]
（そのことから，私が知っている日本人学生で，事故に非常に取り乱した学生がいたことを思い出した）[Sn1 で関係代名詞 who(m) が省略]

関係節 Sn1 の先行詞は a Japanese student で，関係節 Sn2 の先行詞は a Japanese student I knew です．次の例で練習しましょう．

(3) a. **One thing** you can definitely say about the Japanese people that

第 12 章　関係節　　　　　　　　　　　　　　　　　　　　221

      virtually everybody will agree on is that they have a lot of trouble with their stomach.　[definitely (はっきりと，明確に)，virtually (事実上)，stomach (胃，お腹)，they = everybody]

      (日本人についてはっきりと言うことができることで，事実上すべての人の意見が一致することは，みんなが胃にたくさんの病気をかかえていることです)

  b.　The late Ginette Neveu, **the one woman violinist** she had known whose tone and attack matched any man's, proved the point by being most unwomanly.　[late (故)，Ginette Neveu (ジネット・ヌヴー：フランスのバイオリニスト (1919–1949))，the one (唯一の)，attack (音の発出法)，match (に匹敵する)，prove the point (その点を証明する)，unwomanly (女らしくない)]

      (故ジネット・ヌヴーは，彼女がそれまでに知っていた女性バイオリニストで，音調と音の発出法がいかなる男性のものにも匹敵する唯一の女性バイオリニストなのですが，最も女らしくないことによってその点を証明しました)

  c.　He was **the only horse** I ever possessed that when at full speed could be brought to a sudden stand, and then, with a touch on his neck, be made to spin round as on a pivot.

      [possess (所有する)，when at full speed = when the horse was at full speed，bring A to a sudden stand (A を急に立ち止まらせる)，spin round (くるくる回る)，on a pivot (軸を中心に)]

      (それは今までにもっていた馬の中で，フルスピードで走っているときでも急に止まらせることができ，首に軽く触れれば，軸を中心にしているかのごとくくるくると回転させることのできる唯一の馬でした)

これらの例からわかるように，二重関係節では最初の関係代名詞が省略されることが多いようです．確認のため，(3) の例の関係節の構造を示しておきましょう．Sn1 の先行詞が「先行詞 1」，Sn2 の先行詞が「先行詞 2」です．

  (3′)　a.　[[先行詞2 [先行詞1 one thing] [Sn1 you can definitely say ∧ about the Japanese people]] [Sn2 that virtually everybody will agree on ∧]]

      b.　[[先行詞2 [先行詞1 the one woman violinist] [Sn1 she had known ∧]] [Sn2 whose tone and attack ∧ matched any man's]]

c. [[先行詞2 [先行詞1 the only horse] [Sn1 I ever possessed ∧]] [Sn2 that when at full speed ∧ could be brought to a sudden stand]]

2.2. 叙述用法（非限定用法）

限定用法の関係節は，先行詞に限定を加えることによって先行詞の表す範囲を限定し，他のものと区別をする働きをします．一方，**叙述用法の関係節は，先行詞についてさらに説明を加える働きをします**．したがって，叙述用法の関係節の先行詞は，固有名詞のようにそれだけで何を指すかが明らかな要素に限られます．叙述用法の関係節の作り方は限定用法の場合と同じです．限定用法の関係節と異なる点は，先行詞と関係代名詞の間にコンマによる区切りがあること，関係代名詞を省略できないこと，先行詞と関係節は必ず隣り合っていなければならないこと，文を先行詞とする場合があること，二重関係節がないことなどです．

[A] 名詞句を先行詞とする場合
[1] 単純な場合

(1) a. My brother Harry, **who** loved me dearly, especially begged me to be good. ［dearly（深く），beg（懇願する）］
(兄のハリーは，私を深く愛してくれていたので，私にまっとうになるように特に懇願した)

b. My daughter, Olivia, **who** just turned three, has an imaginary friend whose name is Charlie Ravioli.
［turn（に達する，になる），imaginary（想像上の）］
(娘のオリビアは，ちょうど3歳になったところですが，チャーリー・ラヴィオリという名前の想像上の友達をもっています)

これらの叙述的関係節は固有名詞の先行詞について補足的説明を加えています．叙述用法の関係節は，「そして…」という単なる接続の意味，「…なのですが」という譲歩の意味，「…ので」という理由の意味，「しかし…」の意味など様々な意味を表しますが，どのような意味関係をもつかは文脈によって決まります．

［2］ 関係代名詞が前置詞を伴っている場合

(2) a. However, that answer is not in line with modern Darwinist thinking, **according to which** the evolutionary advantage has to favor an individual, and not a group.
［in line with（と合致して），Darwinist（ダーウィン説（信奉者）の），evolutionary（進化上の），advantage（有利な点，利点），individual（個体），Darwin：(1809-82) 進化論の提唱者］
（しかしながら，その答えは近代ダーウィン説の思考法に合致していません．というのは，その思考法によれば，進化上の利点はグループではなく，個体をよしとせざるをえないからです）［関係節は先行文の理由を表しています］

b. Japan went through a two-century period of isolation from the West, **during which time** several European languages were establishing the base of their subsequent expansion.
［go through（を経験する），isolation（分離，孤立），subsequent（その後の，次の），expansion（拡張，発展）；during that time の that が関係代名詞となったもので，that time は a two-century period of isolation from the West を指します］
（日本は2世紀にわたる西洋からの孤立を経験した．そしてその間にいくつかのヨーロッパの言語はその後の発展の基礎を確立していった）

［3］ 関係代名詞が所有格の場合

(3) At 5 p.m. the philosopher would take his daily, healthful walk, **whose timing** was so precise and unvarying that the housewives of the town could set their clocks by the minute at which Professor Kant walked past their windows.
［would：過去の習慣を表す用法；precise（正確な），unvarying（一定不変の），by the minute（瞬間に）；whose の先行詞は his daily, healthful walk］
（午後5時にその哲学者は毎日の健康によい散歩に出かけたものでした．そしてそのタイミングはとても正確でいつも変わらなかったので，町の奥さんたちがカント教授が軒下を通る瞬間に時計を合わせることができるほどでした）

[4] 関係代名詞を含むより大きな部分が移動している場合

(4) a. India has two official languages, Hindi and English, and fourteen regional languages, **some of which** are completely unrelated to Hindi. ［official language（公用語），Hindi（ヒンディー語：インド北部の地方語），regional language（地方語）；some of which = some of the fourteen regional languages］
（インドにはヒンディー語と英語の二つの公用語と 14 の地方語があります．その地方語のいくつかはヒンディー語とまったく関係がありません）

b. Each year, the United States issues about 70,000 patents, **only a few of which** ultimately reach the stage of commercial production. ［issue（発行する），patent（特許），ultimately（最終的に），stage（段階），commercial production（営利的生産，商売として成り立つ生産）；a few of which = a few of the about 70,000 patents］
（毎年アメリカ合衆国では約 7 万件の特許を交付している．しかし最終的に営利的生産の段階に至るものはその中の極めて少数です）

c. Japanese corporations, **the needs of which** seem to have determined the current status of the education system, are increasingly moving toward globalization.
［corporation（株式会社），needs（要求）：cf. the needs of students（学生の要求），status（現状，地位），increasingly（ますます），globalization（世界化）；産業界が日本の教育を曲げていること］
（日本の企業は，その要求によって教育システムを現在のような形にしてしまったと思えるのですが，ますますグローバリゼーションに向かって進んでいます）

[B] 文を先行詞とする場合

叙述用法の関係節では文を先行詞とする場合があります．関係代名詞は which に限られます．

(5) Virtual-reality "idols" capture young men's hearts now, **which** is strange, I think.
［virtual reality（仮想現実）；I think は挿入節；which は前文全体を指す］

第 12 章　関係節　　　　　　　　　　　　　　　　　　　　225

(仮想現実世界の「アイドル」がいま若者の心をとらえているが，それは奇妙なことだと思う)

(6) Up to this day people still believe that pencils contain lead, **which** is not the case.
［up to this day (今日まで)，lead (鉛)；which はその前の that 節を指す］
(今日まで人々はいまだに鉛筆には鉛が含まれていると信じていますが，それは正しくありません)

(7) The economy of Europe was becoming capitalistic, **which** meant that there were investors who had surplus money which they were willing to risk, even in something as dangerous as an expedition, in the hope of obtaining profits.　［capitalistic (資本主義の：しばしば軽蔑的に)，mean that (〜という結果を引き起こす)，investor (投資家)，surplus money (余剰金)，risk ((命・金などを) かける)，expedition (探検)，profit (利益)］
(ヨーロッパ経済は資本主義になりつつあった．そしてその結果，利益を求めて，探検のような危険なことにさえよろこんで投資できる余剰なお金を持つ投資家が存在するようになった)

最後に which が接続詞のように用いられている例を見ましょう．少し奇妙な形ですが，それほど珍しい用法ではありません．このような用法は，叙述用法の関係節が独立した文に近い性質をもっていることを示しています．

(8) a. Someone had stolen the bag, and because the book was in its pocket, the book was gone, too.　**Which** meant that my mother's telephone number was also gone.
［母親の電話番号が本に書いてある状況；which = the book was gone］
(だれかがそのバッグを盗んだ．そしてその本はそのポケットに入っていたから，その本もなくなった．だから，お母さんの電話番号もなくなったんだ)

b. Surely this phenomenon was not newly observed by him; it must have been previously observed by many other people.　**Which** brings me to question: Why did he, and not someone else, discover the law?　［which は前文の内容を指します］
(確かにこの現象は彼によって新しく観察されたものではなかった．以前

に他の多くの人々によって観察されてきたにちがいない．このことから私には次の疑問が生じた．なぜ，他の人ではなくて彼が，その法則を発見したのか）

2.3. 関係代名詞 what

関係代名詞の what は，他の関係代名詞と異なり，先行詞をその中に含んでいます．したがって，what は「～するところのもの（こと）」という意味を表し，what を含む節は名詞句です．what は単一のもの指す場合（what = that which）と総称的な（一般的な）ものを指す場合があります（what = all that）．what も他の関係代名詞と同様に節の先頭に移動しているので，そのもとの位置を正しく捉えることが重要です．

(1) a. He is particular about **what** he eats ∧．［一般的なもの］
(彼は食べ物にうるさい)

b. **What** ∧ pleased John was the good news from his mother.
［単一のもの］
(ジョンを喜ばせたのは，母からのよい知らせでした)

c. He is not **what** he used to be ∧．［単一のもの］
(彼は昔の彼ではありません)

d. **What** ∧ were once truths are true no longer．［総称的な場合］
(かつて真実であったものがもはや真ではない)

次の例で用法を確認しましょう．

(2) You are **what** we are fighting the War for ∧．
(我々が戦っているのはあなたのためです)

(3) a. **What** ∧ is necessary is an income which will be the basis for a dignified human existence. ［dignified（威厳・品位のある）］
(必要であるのは，尊厳ある人間存在の基盤となる収入です)

b. That is exactly **what** ∧ happened to Latin some 1,500 years ago, when Italian, Spanish, French, Portuguese, Romanian, and other Romance languages began to develop out of local dialects of Latin. ［Romanian（ルーマニア語），develop（発達する），dialect（方

言），Romance languages（ロマンス語：ラテン語に由来する言語）〕
(それが約1,500年前にラテン語に起こったことです．その頃イタリア語，スペイン語，フランス語，ポルトガル語，ルーマニア語や他のロマンス諸語がラテン語の地域方言から発達し始めたのです)

(4) a. People all have a tendency to be selective about **what** they put ∧ into their mouths. 〔be selective about（〜についてえり好みする）〕
(人々はだれも自分が口に入れるものについてえり好みする傾向があります)

b. By selecting, over many generations, seeds from the plants which were most desirable, they ended up with **what** we might consider ∧ to be a genetically modified variety of peas.
〔over many generations（何世代にも渡って），seed（種），desirable（望ましい，よい），end up with（結局〜になる，結局〜で終わる），genetically modified（遺伝的に変化した），variety（品種，変種，種類），pea（エンドウ）〕
(何世代にも渡って，最も望ましい苗木から取った種を選別することによって，結局遺伝的に改良した品種のエンドウであると考えられるものが得られた)

2.4. 関係代名詞の実例

(1) Perhaps **the person** my friend should have aimed her anger at was cousin Judy. 〔aim A at B（AをBに向ける）；the person の後に who が省略，空所は at の後〕
(恐らく私の友人が怒りの鉾先を向けるべきだったのは，いとこのジュディーだった)

(2) **What** we are likely to see in the future is an international English that is pretty much the same all over the earth.
〔much the same（ほとんど同じ）；空所は see の後〕
(将来我々が見ることになりそうなものは，地球上のどこでもほとんど同じ姿をした国際英語です)

(3) **The special difficulty** the Japanese have in learning foreign languages is probably the greatest barrier standing in the way of their making

the contributions to world peace and stability.

[have (some) difficulty in (〜に苦労する), barrier (障害), stand in the way (邪魔になる), stability (安定); 関係代名詞の省略, 空所は have の後; the greatest barrier standing in ... は the greatest barrier which stands in ... の which が省略されて stand が現在分詞形になったもの]

(日本人が外国語の学習に特に苦労していることが, 恐らく, 日本人が世界の平和と安定に貢献する際の妨げとなる最大の障害でしょう)

(4) The strength of primary and secondary education in Japan lies in the thoroughness **with which** basic knowledge is inculcated in a wide range of students.　[primary and secondary education (初等・中等教育), lie in (〜にある), thoroughness (徹底さ: with thoroughness = thoroughly), inculcate A in B (A を B に教え込む), a wide range of (広範囲の〜); 先行詞は thoroughness, 空所は文末]

(日本における初等・中等教育の強みは, 基本的知識を広範囲の学生に教え込む際の徹底ぶりにあります)

(5) They decide they must talk about subjects **of which** they have little or no knowledge and **to which** they have devoted little or no attention. [have (some) knowledge of (〜を知っている), devote attention to (〜に注意する); of which の空所は knowledge の後, to which の空所は attention の後; 先行詞はともに subjects で二つの関係節が and で結ばれている]

(彼らは, ほとんどあるいはまったく知識がなく, これまでほとんどあるいはまったく注意をはらったことのない主題について論じる必要があると判断した)

(6) But this feeling is extremely widespread, and shared even by **those** we tend to think of as safely occupying the top.　[widespread (広く行き渡っている), share (共有する), think of A as B (A を B であるとみなす), safely (差し支えなく); those = those people で those は関係節を受けて「(関係節によって表されている) そのような人々」の意味, 空所は think of の後]

(しかしこの感情は非常に広く行き渡っていて, 我々がトップを占めているとみなしても差し支えないと思うような人々でさえ, そのような感情をもっています)

(7) On the other hand, a person may be complimented on something

that might actually merit praise but **which** the person doing the complimenting may not have had sufficient occasion to make an appropriate judgment about. ［compliment A on B（BのことでAをほめる），merit（〜に値する），praise（賞賛），occasion（理由，根拠），appropriate（適切な）；二つの関係節がbutによって接続されている；先行詞はsomething，thatの空所はmightの直前，whichの空所はaboutの後；the person doing the complimentingはthe person who does the complimentingの関係代名詞whoが削除されてdoが現在分詞形になったもの］
（他方，実際に賞賛に値するかもしれないが，賞賛する側の人が適切な判断をするのに十分な根拠をもっていなかったかもしれないことで，ほめられてよい人がいるかもしれません）

(8) When I first came to Japan, everywhere I went people told me how smart I was, **which** I thought very funny since they certainly had not spoken to me enough to find out just how brilliant I really am!
［smart = brilliant（頭のよい），everywhere I went：everywhereが関係副詞として用いられている例；enough to「〜するほど十分に」の意味でspeakを修飾；find out（探り出す）；whichの先行詞は文 people told me how smart I was，空所はthoughtの直後；how brilliant I really amは感嘆文］
（私が初めて日本に来た時，どこへ行っても，君はとても頭がいいねと言われたが，私にとってはそれはとても奇妙に思えた．というのは，人々は明らかに私がとても頭がよいかわかるほど十分に話をしたことがなかったからです）
［日本人はsmartを日本語の「スマート（スタイルがよい）」の意味で用い，私は本来の「頭がよい」の意味で理解していることから生じた誤解］

3. 関係副詞

先行詞が時・場所・方法・理由である関係詞の場合にも，関係代名詞の場合と同様に，関係節内に空所があります．

(1) a. ［ニュートンが ∧ 生まれた］［日］を知っていますか．
b. ［ニュートンが ∧ 生まれた］［町］を知っていますか．
c. ［ニュートンが ∧ その問題を解いた］［方法］を知っていますか．

d.　［ニュートンが ∧ 国会議員になった］［理由］を知っていますか．

(1a)の空所は，例えば「15日に」に対応する空所ですから，この空所は時を表す副詞に対応しています．日本語の関係節では，先行詞が何であっても関係節内に空所があるだけですが，英語では先行詞の内容に従って関係詞が異なります．それらの関係詞は文中で副詞の働きをするので，**関係副詞**と呼ばれます．

(2)　　　先行詞　　　　　　　　　　　関係副詞
　　時　　(time, day, year など)　　**when**　(at/in/on the time)
　　場所　(place, town など)　　　　**where**　(at/in the place)
　　方法　(way)　　　　　　　　　　**how**　　(in the way)
　　理由　(reason)　　　　　　　　　**why**　　(for the reason)

関係副詞は前置詞句に相当する副詞要素であると考えてよいでしょう．このことは関係副詞を前置詞句で書き換えることができることからもわかります．

(3)　a.　Do you know the day **when/on which** Newton was born?
　　b.　Do you know the town **where/in which** Newton was born?

関係副詞も関係代名詞と同様に関係節の文頭に移動します．

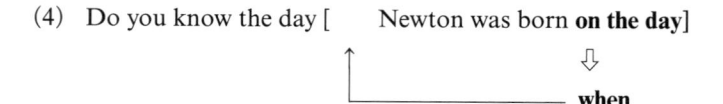

(4)　Do you know the day [　　Newton was born **on the day**]
　　　　　　　　　　　　↑　　　　　　　　⇓
　　　　　　　　　　　　└──────────── when

on the day の the day を which に換えて，on which 全体を移動すると関係代名詞を用いた文になります．

　以上が関係副詞に関する一般論ですが，関係副詞はそれぞれ少しずつ異なる性質をもっているので，個別に見ることにしましょう．

3.1.　関係副詞 when と where
[A]　限定用法

(1)　a.　Still, there are **days when** the weather seems to change from hour to hour.

(依然として，天気が時間毎に変わるように思われる日々があります)
　b. I remember **the house where** I was born.
　　(私が生まれた家を覚えています)

[B] 叙述用法

(2) a. I visited Scotland in **May, when** the weather was beautiful.
　　(5月にスコットランドを訪問しましたが，その時の天候はすばらしかった)
　b. Instead of having class that day, Miss Jennings brought us to **the Columbia campus, where** we happily sat on the grass holding signs that said, "Peace Now" and "End the War in Vietnam."
　　(その日授業をしないで，ジェニングス先生は私たちをコロンビア大学のキャンパスへ連れて行ってくれました．そこで私たちは「今すぐ平和を」とか「ベトナム戦争の終結を」とかのプラカードをもって楽しく草の上に座っていました)

[C] 先行詞あるいは関係副詞の省略

　when は先行詞が time, day, month, year の場合には省略されることがあります．where は先行詞が place の場合に省略されることがあります．

(3) a. **The last time** I went to Tokyo was in April.
　　(最近東京に行ったのは4月でした)
　b. This is **the place** I saw him last.
　　(ここが彼に最後に会った場所です)

次の例では先行詞が省略されているように見えますが，この場合には the place や the time などの要素が関係副詞に含まれていると考えるのがよいでしょう．

(4) a. She drove to **where** he was waiting.　[where = the place at which]
　　(彼女は彼が待っている場所へ車で行った)
　b. Saturday is **when** I can relax.　[when = the time at which]
　　(土曜日が私がリラックスできる時です)

[D] **that** を用いる場合

関係副詞の代わりに that を用いることがありますが，場所の場合には先行詞が place, direction などに限られ，時の場合には先行詞が day, month, year, time などに限られます．

 (5) a. **the place** (**that**) he has been living for twenty years
    （彼が20年間住んでいる家）
   b. **the day** (**that**) he started for America
    （彼がアメリカへ出発した日）

3.2. 関係副詞 how と why

方法や様態を表す関係副詞 how の先行詞は通例 way に限られます．the way (in which) ... や the way (that) ... の表現はありますが，the way how ... の表現はありません．

 (1) a. I don't like **the way** (**in which**) young mothers spoil their children.（若い母親が子供を甘やかすやり方が気にくわない）
   b. Look at **the way** (**that**) John's dressed.
    （ジョンの服装を見てごらん）

how が単独で使われる用法もあります．

 (2) a. That was **how** he always did it.
    （それが彼のいつものやり方でした）
   b. That reminded me of **how** I once caught sparrows.
    （そのことからかつてスズメを捕まえた方法を思い出した）

理由を表す関係副詞の先行詞は reason に限られます．the reason why, the reason, why の三つの表現があります．

 (3) a. This is **why** he never laughs.
    （これが彼が笑わない理由です）
   b. That's **the reason** I came here earlier than usual.
    （それが私がいつもより早くここに来た理由です）
   c. The deepest-lying **reason why** the nature of these constructions

has not been understood is that ...
［deep-lying（深く根ざした），construction（構造）］
（これらの構造の本質が理解されてこなかった深層にある理由は ...）

4. 複合関係詞

4.1. 複合関係代名詞 whoever, whichever, whatever

　複合関係代名詞には名詞用法と譲歩の二つの用法があります．これは複合関係代名詞が who, which, what の部分と ever の部分から成り立っていることと関係があります．who, which, what を中心に見ると，これらは名詞ですからこれらを含む節は名詞節となります．一方，後者の ever は本来「どんなときでも」という意味の副詞ですから，ever を中心に見ると譲歩の副詞節になります．これらの関係詞も関係代名詞と同様，節の先頭に移動しますからそのもとの位置を的確に見つける必要があります．

(1) 　　　　　　　　　**名詞用法**（名詞節）　　　　**譲歩の意味**（副詞節）
　　whoever　　(a) 〜する人はだれでも　　(b) だれが〜しようとも
　　whichever　(a) 〜するものはどれでも　(b) どれが（を）〜しようとも
　　whatever　 (a) 〜するものは何でも　　(b) 何が（を）〜しようとも

[A]　whoever
[1]　〜する人はだれでも

　(2) a. I'll take **whoever** ∧ wants to come with me.
　　　　　（一緒に来たいという人はだれでも連れて行きます）
　　　b. She gave a box of albums to **whoever** she thought ∧ cool.
　　　　　（彼女はかっこいいと思った人にはだれにでも一組のアルバムをあげた）

[2]　だれが〜しようとも

　(3) a. **Whoever** you are ∧, I should not forgive you for this conduct.
　　　　　（君がだれであろうとも，この行為を許すわけにはいきません）
　　　b. I won't give it to you, **whoever** you may be ∧.
　　　　　（君がだれであろうとも，君にはそれをあげません）

[B]　whichever

[1]　〜するものはどれでも

　　(4)　a.　You can take **whichever** you like ∧ best.
　　　　　　　（君が最も好きなものどれをとってもかまいません）
　　　　b.　We'll go to **whichever restaurant** ∧ is cheaper.
　　　　　　　（どのレストランでも安いほうに行きます）

[2]　どれが（を）〜しようとも

　　(5)　a.　**Whichever route** you take ∧ , it takes five hours.
　　　　　　　（どのルートを通っても，5時間はかかります）
　　　　b.　**Whichever** you choose ∧ , it has a one-year guarantee.
　　　　　　　（どれをお選びになっても，1年の保証が付いております）

[C]　whatever

[1]　〜するものは何でも

　　(6)　a.　Help yourself to **whatever** you like ∧ .
　　　　　　　（好きなものを何でもめしあがってください）
　　　　b.　The writer is free to work in **whatever place** and at **whatever time** he chooses ∧ .
　　　　　　　（作家は好きな場所で好きな時間に自由に仕事ができます）

[2]　何が（を）〜しようとも

　　(7)　a.　**Whatever** you do ∧ , you will be criticized.
　　　　　　　（君は何をしても，批判されるだろう）
　　　　b.　**Whatever** your native language is ∧ , you start with Esperanto.
　　　　　　　（母国語が何であっても，まずエスペラント語から始めなさい）

4.2.　複合関係副詞 however, whenever, wherever

　複合関係副詞 however, whenever, wherever には二つの用法があり，いずれの用法の場合も副詞節です（whyever は大変まれですので，扱いません）．

第 12 章　関係節

(1)　　　　　　　　　　**本来の意味**　　　　　　　**譲歩の意味**
　　　however　(a) どのような方法で〜し　(b) どんなに〜しようとも
　　　　　　　　　　ようとも
　　　whenever　(a) 〜する時にはいつでも　(b) いつ〜しようとも
　　　wherever　(a) 〜する所ではどこでも　(b) どこへ（で）〜しようとも

ただし，whenever と wherever には，本来の意味の場合に先行詞を含む名詞節の用法があります．

[A]　however
[1]　どんな方法で〜しようとも

(2) a. You can do it **however** you like.
　　　（どんな方でも好きなようにやってください）
　　b. **However** you try to solve this problem, you will not succeed.
　　　（どんな方法でこの問題を解こうとしても，うまく行かないでしょう）

[2]　どんなに〜しようとも（この場合には〜の所に形容詞や副詞がきます）

(3) a. It is strange that he should keep the window open, **however cold** it is.（どんなに寒くても彼が窓を開けたままにしているのは奇妙です）
　　b. I was not willing to do anything under any kind of pressure, **however reasonable** it might be.
　　　（それがどれだけ理にかなっていようとも，いかなる種類のものであれ圧力のもとではどんなことも喜んでする気にはなりませんでした）

[B]　whenever
[1]　〜する時にはいつでも

(4) a. She leaned on the table **whenever** she stood to talk.
　　　（彼女が立ち上がって話をする時にはいつでもテーブルに寄りかかっていた）
　　b. He would pretend to be busy **whenever** he heard Moran come.
　　　（彼はモランが来る足音を聞くといつでも忙しいふりをしたものでした）

[2] いつ〜しようとも

(5) a. **Whenever** she called on him, she never stayed for long.
（いつ彼を訪れても，彼女は決して長居はしませんでした）
b. **Whenever** you (may) come, we'll welcome you.
（君がいつ来ようとも，私たちは君を歓迎します）

[C] wherever
[1] 〜する所ではどこでも

(6) a. They could send the documents to **wherever** he happened to be in the world.　［wherever = any place where で先行詞を含む用法］
（彼らは，彼が世界のどこにいようともそこへ書類を送ることができた）
b. He was treated with great hospitality **wherever** he went.
（彼は行くところどこでも大変歓待された）

[2] どこへ（で）〜しようとも

(7) a. **Wherever** he went, he was surrounded by many people.
（彼はどこへ行っても，多くの人々に囲まれた）
b. **Wherever** the beer is kept, the temperature must be carefully controlled.（ビールをどこに保存するにしても，温度を注意深くコントロールする必要がある）

[D] **no matter what/which/who, no matter how/when/where**
これらの複合関係詞には**譲歩の意味**しかありません．

(8) a. **No matter who** is following, you will only notice him if you are alert and aware of what is going on around you.
［alert（注意を怠らない）］
（注意を怠らず，周りで何が起こっているかに気を配っていれば，だれがつけてこようと気付くことでしょう）
b. **No matter what** he tried, he could not get a response from George.
（どうやってみても，ジョージから返答を引き出すことはできなかった）

c. One can see that the task of interpreting will share similarities in its processes **no matter which languages** are being used.
[will は推量]
(翻訳という仕事は，使用されている言語がなんであろうとも，そのプロセスには類似性があることは理解できます)

(9) a. **No matter how hard** you try to be objective, you can't help but be influenced by your fear.
[can't help but (〜しないわけにはいかない)]
(どんなに客観的であろうと努めても，恐怖の影響を避けることはできない)

b. They always found me **no matter where** I hid.
(彼らは私がどこに隠れてもいつも見つけ出しました)

[E] **whether** (〜であろうとなかろうと)

whether は疑問の wh- と either (A or B) からなる複合語です．疑問詞の場合には「(A か B) かどうか」の意味をもちますが，副詞節の場合には「A であろうと B であろうと」という譲歩の意味をもちます．三つ（以上）の選択肢がある場合もあります．

(10) a. **Whether** you like it or not, you have to go to New York.
(好き嫌いにかかわらず，君はニューヨークに行かなければなりません)

b. The angle at which a woman's thigh is joined to her knees make climbing awkward for her, **no matter whether** it is a ladder or stairs or a mountain that she is tackling.
[thigh (ふともも), ladder (はしご); it is ... that は強調構文]
(女性が取り組むのが，はしごであろうと，階段であろうと，山であろうと，女性のふとももがひざに接合している角度が，登る動作をやりにくくしているのです)

4.3. 複合関係詞の実例

(1) Our chances of recognizing Martians, **whatever** they are, will surely be greater when we know more about life here.

[chance（可能性），Martian（火星人）]
（我々が地球の生命についてもっと多くのことを知ると，火星人がどんなものであれ，その正体がわかる可能性が確かにより大きくなるでしょう）

(2) Children usually manage to adapt to **whatever system** the adults decide on, and can generally cope even with inconsistency in the long run.
[manage to（どうにかうまく〜する），adapt to（〜に順応する），decide on（〜に決める），cope with（〜にうまく対処する），inconsistency（矛盾，一貫性のないこと），in the long run（結局は，最後には）；空所は on の後]
（子供は，通例大人が決めたどんなシステムにもなんとかうまく順応し，一般に最後には矛盾にさえもうまく対処することができます）

(3) **Whatever** the case and **whatever** the cause or causes, stomachache seems to be a feature of life in this country. [case（症状，病気），cause（原因），stomachache（腹痛，胃の痛み），feature（特徴）；本来は whatever the case is and whatever the cause or causes are のように be 動詞があるところですが，複合関係節の構文では be 動詞の省略がよく見られます]
（症状がどうであろうとも，特定の原因あるいは諸原因がなんであろうとも，胃の痛みがこの国の生活の特徴らしい）［日本ではストレスで胃痛に悩んでいる人が多いこと］

(4) Of course, we need both these knowledge skills **whenever** we get information from anywhere, **whether** from newspapers, the television, or even our friends. （もちろん，我々が新聞からであろうと，テレビからであろうと，さらには友人からであろうと，どこからでも情報を得た時にはいつでも，これら両方の知識処理のスキルを必要とします）

(5) When you have eliminated the impossible, **whatever** remains, **however** improbable, must be the truth.
[eliminate（除く），the impossible（不可能なこと：「the ＋形容詞」の名詞用法），improbable（ありそうにない）；however improbable = however improbable it is で，it は whatever remains を指す]
（不可能なことを取り除いてしまうと，残っているものはなんであれ，それがいかにありそうにないことだとしても，真実に違いない）

(6) **Whoever** he is, **whatever colour** he is, **however mistaken** he may be in

第 12 章　関係節　　　　　　　　　　　　　　　　　　　　239

what he believes, he is my friend, not my enemy, for he is no different from myself. ［no different from（〜とちっとも変わらない）；however mistaken のもとの位置は may be の直後］

（彼がだれであろうとも，肌の色がなんであろうとも，彼が信じていること（彼の信念）に誤りがあろうとも，彼は私の友人であって敵ではない．というのは，彼は私自身となんら違うところがないのだから）［no different については第 22 章 5 節の実例 (14) (p. 412) を参照］

(7) Those principles, he says, apply to all children—**no matter what** their age, sex or family makeup—although **the way** parents use them varies.

［apply to（〜に当てはまる），makeup（構成）；makeup の後で are が省略］

（彼の言うことには，それらの原則は，年齢，性別，家族構成がどうであっても，すべての子供に当てはまります．もっとも親がそれらの原則を使う方法は様々です）

第13章

削除構文

ことばにはエネルギーの節約という面があり，重複する要素を削除（省略）する傾向があります．例えば，日本語で「君は昨日だれに会いましたか」という問いに対して，「太郎です」と答えるのが普通で，「私は昨日太郎に会いました」という長い答えは普通しません．英語でも Did you go to school yesterday? に対して，Yes, I did. と答えますが，Yes, I went to school yesterday. と長い答えをすることは普通ありません．短い答えでは Yes, I did (go to school yesterday). の括弧の部分が削除されています．このように，日本語でも英語でも，解釈するためには削除された部分を補う必要があり，そのためには削除がどのように行われるかを理解することが必要です．

1. 動詞句の削除

動詞句削除は，一定の文脈内に同一の動詞句が複数ある場合その一つを削除するものです．その文脈とは等位節（and, or, but で結ばれる節），従属節（when, because などの節），談話文（異なる文の間）などです．動詞句が削除されると後に do(n't), did(n't) や助動詞（will, may など）が残ります．不定詞節の場合には to が残ります．

(1) a. John talked to Mary and Tom **did**____ too. ［talk to Mary］
   （ジョンはメアリーに話をし，トムもした）
   b. Sue ate meat but Mary **didn't**____. ［eat meat］
   （スーは肉を食べたが，メアリーは食べなかった）
(2) a. Because she **shouldn't**____, Mary doesn't smoke cigars.

[smoke cigars]（すうべきではないので，メアリーはたばこをすわない）
    b. Mary left the party early because Susan **did**＿＿．
       [leave the party early]（メアリーはパーティーを早く抜け出した，というのはスーザンがそうしたからだ）
(3) a. "Did you go to see him?" "Yes, I **did**＿＿． [go to see him]
       （君は彼に会いに行きましたか．はい，行きました）
    b. "I'm going to throw the ball through the hoop."
       "I don't think you'll be able **to**＿＿．"
       [throw the ball through the hoop]
       （「ボールを投げてあの輪を通してやるぞ」「できないと思うよ」）
(4) a. John became a doctor because his parents wanted him **to**＿＿． [become a doctor]（ジョンは両親が望んだので医者になった）
    b. Ginger had not visited him in prison. Perhaps his parents had told him not **to**＿＿． [visit him in prison]
       （ジンジャーは刑務所に彼を訪問しませんでした．恐らく，両親から訪問しないように言われていたのでしょう）

(1)が等位節の場合，(2)が従属節の場合，(3)が談話文の場合，(4)が不定詞節の場合です．

2. 文の削除

次の日本語の文を見ましょう．

  (1) a. <u>スーザンがビルに出て行くようにたのみましたが</u>，**なぜ**かはわかりません．
      b. <u>スーザンがビルに出て行くようにたのみましたが</u>，**なぜ**[$_{Sn}$ スーザンがビルに出て行くようにたのんだ]かはわかりません．

(1a)は(1b)の括弧の部分が削除されたものです．削除されている部分は下線部と同じです．英語でも同様の削除が見られます．

  (2) a. Susan asked Bill to go out, but **why** remains a mystery.
     b. <u>Susan asked Bill to go out</u>, but **why** [$_{Sn}$ Susan asked Bill to go

out] remains a mystery.

(2a) は (2b) の括弧内の文が削除されたものです．括弧内の文は下線部と同じですから，削除されている内容は文脈から知ることができます．このような，間接疑問文の疑問詞を除いた部分を削除するのが文の削除です．

(3) a. I know that we are going to have a party, but I don't know **when/where**. (パーティーがあることは知っていますが，いつあるのか／どこであるのかは知りません)
　　b. I know that we are going to have a party, but I don't know **when/where** [Sn we are going to have a party].

(4) a. Somebody just left. Guess **who**.
　　(誰かが今出て行きました．誰だか当ててみてください)
　　b. Somebody just left. Guess **who** [Sn ∧ just left].
　　[who は主語位置から文頭に移動]

(5) a. We know someone bought the picture, even though we are not sure **who**. (我々は誰かがその絵を買ったことを知っています．もっとも誰であるかははっきりしません)
　　b. We know someone bought the picture, even though we are not sure **who** [Sn ∧ bought the picture].

次の文はもう少し複雑です．(6b) のように who のみが文頭に移動している場合には John went to Tokyo が削除されて who with の形が，(6c) のように with whom が文頭に移動している場合には with whom の形が残ります．

(6) a. John went to Tokyo with someone but I couldn't find out **who with/with whom**. (ジョンが誰かと東京に行ったのですか，誰とかはわかりませんでした)
　　b. John went to Tokyo with someone but I couldn't find out **who** [Sn John went to Tokyo with ∧]
　　c. John went to Tokyo with someone but I couldn't find out **with whom** [Sn John went to Tokyo ∧]

3. 動詞を含む中間部の削除

日本語に「ジョンはりんごを，メアリーはミカンを<u>食べました</u>」とか「彼は彼女に，彼女は彼に<u>何も言いませんでした</u>」のように動詞を中心とする要素を削除する現象があります．これと同様の現象が英語にも見られます．

(1) a. John ate an apple, and Mary an orange.
   （ジョンはりんごを，メアリーはミカンを食べました）
   b. John <u>ate</u> an apple, and Mary (ate) an orange.
(2) a. He didn't say anything to her, and she to him.
   （彼は彼女に，彼女は彼に何も言いませんでした）
   b. He <u>didn't say anything</u> to her, and she (didn't say anything) to him.
(3) a. Books have to be read, music listened to, and pictures seen.
   （本は読むべきもの，音楽は聴くべきもの，絵は見るべきものである）
   b. Books <u>have to be</u> read, music (has to be) listened to, and pictures (have to be) seen.

下線部と削除されている要素が同じです．日本語では前の節の要素が，英語では後ろの節の要素が削除されていますが，これは英語が VO（動詞・目的語）の語順であるのに対して，日本語は OV の語順であるという日英語の語順の違いによるものです．

4. 名詞句の削除

名詞句の一部が削除されることがあります．この場合にも削除される要素と同じ要素がその文脈中にあります．名詞句の削除は，所有格の名詞や all のような数量表現の後で生じます．

(1) a. John's <u>computer</u> is much better than **Tom's** (computer).
   （ジョンのコンピュータはトムのよりもはるかによい）
   b. John put his <u>suitcase</u> down next to **the old man's** (suitcase).
   （ジョンは自分のスーツケースを老人のものの側に置いた）

c. John's criticism of Bush was impressive, but **Mary's** (criticism of Bush) was annoying.（ジョンのブッシュについての批判は印象的だったが，メアリーのはいらいらさせるものだった）
d. The students attended the lecture but **most/some/all** (students) went home disappointed.（学生たちはその講義に出席したが，ほとんど／いく人か／すべてががっかりして帰って行った）

5. その他の削除

[1] **if possible** など： if it is possible の「it + be 動詞」が削除されたもの．it は前文の内容を指しています．

(1) They will check you **if necessary**.
（必要なら彼らは君を調べるでしょう）
(2) Will you fix the smoke alarm on the ceiling **if possible**?
（可能なら天井に煙探知機を取り付けてくださいませんか）

[2] **when young** など： when he is young の「主語＋ be 動詞」が削除されたもの．

(3) Lynne remembers being taken to a ballpark **when a child**.
（リンは子供の頃野球場へ連れて行ってもらったのを憶えています）
(4) People must learn **while young**.
（若い内に学ばなければならない）
(5) His jeans and checked shirt, **though old and well worn**, looked clean.
（彼のジーンズとチェックのシャツは，古くてすり切れていたけれども，清潔そうだった）
(6) Walters is a man of few words. **When asked** by the press why he did it, he said: "You can't just sit there."　[you は一般の人々を指す用法]
（ウォルターは口数の少ない男ですが，記者になぜあのような行動をしたのか尋ねられ「（あのような状況で）ただあそこに座っていることはできないよ」と言った）
(7) Consider the following problem you may encounter **when preparing**

第 13 章　削除構文　　　　　　　　　　　　　　　　　　　　245

for a party.（パーティーの準備をしている際にでくわすかもしれない次の問題について考えてください）

6. 実　例

(1) Many scientists test drugs and vaccines on animals simply because they are required to by law rather than out of scientific merit.
［vaccine（ワクチン）］
（多くの科学者たちは動物を使って薬やワクチンのテストをするが，それは単に科学的利点からよりもむしろ法律によって要求されているからである）
［required to = required to **test drugs and vaccines on animals**］

(2) All languages change constantly. They have to, in order to adapt to changes in human knowledge and society.　［adapt to（〜に順応する）］
（すべての言語が絶えず変化しています．人間の知識や社会における変化に順応するためにそうすることが必要なのです）［have to = have to **change constantly**］

(3) A school can educate in ways in which its curriculum cannot.
［curriculum（カリキュラム）］
（学校とはそのカリキュラムでは教育することができない方法で教育できるところです）［its curriculum cannot = its curriculum cannot **educate**］

(4) Because the man had no ox to rely on, he had the idea to catch the horse to replace his ox and he did.　［物々交換の社会に関する記述］
（その男は頼るべき雄牛を持っていなかったので，雄牛の代わりになる馬を捕らえようと考え，実際にそうした）［he did = he **caught the horse to replace his ox**］

(5) It is also considered unlucky for a bride to look into a mirror when she is wearing her wedding dress. If she does, it will bring unhappiness to her marriage.
（花嫁がウエディングドレスを着て鏡を見ると縁起が悪いと考えられてもいます．もし花嫁がそうすると，彼女の結婚に不幸をもたらすのです）［she does = she **looks into a mirror when she is wearing her wedding dress**］

(6) He likes his friendship to extend automatically from country to

country, and he expects it to.
(彼は友との交わりが自動的に国から国へ拡がっていってほしいと思い，そしてそうなることを期待している) [he expects it to = he expects it to **extend automatically from country to country**; it=his friendship]

(7) The product did not contain the large amount of radium and thorium it claimed to.
[radium ((元素) ラジウム), thorium ((元素) トリウム)]
(その製品は主張されているほど大量のラジウムとトリウムを含んではいませんでした) [it claimed to = it claimed to **contain the large amount of radium and thorium**]

(8) As the industry developed, it gave birth to the inevitable wave of fake and misleading products—misleading in the sense that they did not emit the high levels of radiation they claimed to.
[inevitable (必然的な・不可避の), fake (偽の), in the sense that (...という意味で), emit (放射する), radiation (放射エネルギー・放射熱)]
(産業が発達するにつれて，それは必然的に偽物や人をだますような製品を波のように生み出してきました．人をだますようなとは，それらの製品が，言われているほどに高いレベルの放射エネルギーを出さないという意味です) [they claimed to = they claimed to **emit the high levels of radiation**]

(9) And yet the landscapes of Mars are astonishing and the views breathtaking. (そしてさらに火星の景観は驚くようなもので，眺望は息をのむようなものです) [the views breathtaking = the views **are** breathtaking]

(10) The hunter-gatherer society was characterized by sharing, the pre-industrial agricultural society by owning, and the industrial society by steadily increased ownership.
[hunter-gatherer (狩猟・採集者), ownership (所有権)]
(狩猟採集社会は分かち合いによって，産業発達前の農業社会は所有によって，産業社会は絶え間なく増加する所有権によって特徴づけられた) [the pre-industrial agricultural society **was characterized** by owning, and the industrial society **was characterized** by steadily increased ownership]

第 14 章

比較構文

　比較はある基準に基づいて何かと何かを比べることです．したがって，比較構文では，比較の基準は何か，何と何とを比較しているかを理解することが重要です．A is as tall as B や A is taller than B は，単に背の高さを基準にした比較のように見えますが，実は**比較の根底にあるのは文と文との比較**です．
　比較に用いられる形容詞や副詞は，段階を表す性質を持つものに限られます．日本語の「独身の」という表現を比較することができないのと同様に，英語の single という形容詞を比較表現で用いることはできません．この区別は意味を考えればすぐにわかります．

(1) a. 比較に用いることができる形容詞・副詞（段階的）
beautiful, deep, fast, high, rich, tall, young, etc. ［形容詞］
carefully, cleverly, loudly, quickly, rapidly, etc. ［副詞］
b. 比較に用いることのできない形容詞・副詞（非段階的）
alive, animate, asleep, dead, married, single, utter, etc. ［形容詞］
allegedly（申し立てによれば），apparently（一見したところ），logically（論理的に），mathematically（数学的に）etc. ［副詞］

1. 同等比較

　同等比較とは二つのものが同じであることを述べる表現です．同等比較の A is as ～ as B は，B を基準として～の部分が同じであることを述べています．したがって，B の大きさとか背の高さはあらかじめ話し手にわかっていて，それを基準として A は B と同じ大きさだとか同じ背の高さだとか述べています．

(1) The egg is **as** big **as** the ball.
    (その卵はそのボールと大きさが同じだ)

この文は卵の大きさとボールの大きさを比較していますが，話し手はボールの大きさをすでに知っていて，それを基準にして卵の大きさがボールの大きさと同じだと言っています．卵の大きさがあるものと同じ (as) であるといっているので，それを (2a) で表します．そしてボールもあるものと同じ (as) と言っているので，それを (2b) で表します．

(2) a. The egg is as big.
    b. The ball is as big.

これを合体すると次のようになります．

(2) c. The egg is as big ＋ the ball is as big.
              ⇩ 〈as を文の先頭に移動して as 〜 as を形成〉
    d. The egg is as big as the ball is big.
              ⇩ 〈2 番目の big は重複しているので削除〉
    e. The egg is as big as the ball is.
              ⇩ 〈2 番目の is も重複しているので削除可能〉
    f. The egg is as big as the ball (is).

このように，一見すると卵とボールの比較のように見える同等比較の基本には文と文との比較が潜んでいます．上の操作をもう少し説明しておきましょう．(2c) の 2 番目の文の as がその文の先頭に移動して (2d) の as 〜 as の形を作ります．(2d) の big は重複していますから 2 番目の big を削除すると (2e) となります．(2e) の is も重複していますから is を省略することもできます．この is は削除しないで残すこともできますので，それを丸括弧で示しておきました．このようにして (1) の文が得られます．

同等比較 (1) の文は，卵の大きさがボールの大きさと同じであると言っているのであって，卵が大きいと言っているのではない点に注意してください．次の文でもジョンが背が高いという意味はありません．

(3) John is as tall as Bill.
    (ジョンはビルと背の高さが同じだ)

ただし，ビルがたまたま背の高い人であれば，ビルもジョンも背が高いことになりますが，これが本来の意味ではありません．これに対して，tall の反意語である short を使うと，ビルが背が低い人であることが前提とされ，ビルは背が低いが，同様にジョンも背が低いという意味になります．

(4) John is as short as Bill.
((ビルは背が低いのですが) ジョンはビルと同様に背が低い)

このような違いが見られる形容詞のペアには，big—small, tall—short, long—short, wide—narrow, high—low, thick—thin, old—young などがあります．前者がプラス方向の意味を，後者がマイナス方向の意味をもっています．単に，**背丈，大小，長短など**を比較する時にはプラス方向の意味をもつものを使うのが原則です．マイナス方向のものを使うと，背が低い，小さい，短いなどの前提があることになります．

副詞の同等比較の場合も文と文の比較が背後にあります．

(5) a. John speaks Japanese as quickly ＋ I speak Japanese as quickly.
 ⇩ 〈as を節の先頭に移動し as 〜 as を形成〉
 b. John speaks Japanese as quickly as I speak Japanese quickly.
 ⇩ 〈同一動詞句の削除〉
 c. John speaks Japanese as quickly as I ~~speak Japanese quickly~~.
 ⇩ 〈do の挿入〉
 d. John speaks Japanese **as** quickly **as** I (do).
(ジョンは私と同じ速さで日本語を話します)

(5a) の 2 番目の as を文の先頭に移動し，(5b) の as 〜 as の形を作ります．2 番目の文の動詞句 speak Japanese quickly は前の文の動詞句と重複しているので削除され，(5c) となります．動詞句が削除されているので，その後に do を入れることもできます．その結果が (5d) です．

数の比較でも文と文の比較が根底にあります．

(6) a. John has as many books ＋ Bill has as many books.
 ⇩ 〈as 〜 as の形成〉
 b. John has as many books as Bill has many books.

⇩　〈同一動詞句の削除〉
   c.　John has as many books as Bill ~~has many books~~.
⇩　〈do の挿入〉
   d.　John has **as** many books **as** Bill (does).
（ジョンはビルと同じ冊数の本をもっている）

(6a) から (6b) の as 〜 as の形を作ります．次に重複している動詞句 has many books を削除すると (6c) が得られます．動詞句を削除した後に does を入れることもできます．その結果 (6d) が得られます．

次の例では，注意深さと不注意の程度が比較されています．

(7)　He drives **as carelessly as** I drive **carefully**. ［程度の比較］
（彼の運転の不注意さの程度は私の運転の注意深さの程度と同じだ）
(8)　a.　He drives as carelessly ＋ I drive as carefully.
⇩　〈as 〜 as の形成〉
   b.　He drives as carelessly as I drive carefully.

この場合には，動詞句が drive carelessly と drive carefully のように異なるので，動詞句削除は起こりません．

2.　比較級による比較

比較級による比較の場合も文と文の比較が潜んでいます．A is more 〜 than B は，B の 〜 の程度がわかっていて，それを基準にして A の 〜 の程度が B の程度よりも大きいことを述べています．

(1)　Mary is **more** intelligent **than** Susan.
（メアリーはスーザンより知的である）

この文ではスーザンの知性の度合いがわかっていて，それを基準にしてメアリーの知性と比較し，メアリーのほうがスーザンよりも知的であると言っています．いまスーザンの知性の程度を [x-much] で表すとスーザンの知性は次のように表されます．

(2)　a.　Susan is [x-much intelligent].

（スーザンは x-much 程度知的である）

メアリーはスーザンの x-much 程度より知性が高いので，それを [-er much] (-er は比較級を作る要素) で表すとメアリーの知性は次のように表されます．

(2) b. Mary is [-er much intelligent].
（メアリーはある基準以上に知的である）

この二つの文を than を用いて合体すると，次のようになります．

(2) c. Mary is [-er much intelligent] than Susan is [x-much intelligent].
⇩ 〈much intelligent は重複しているので削除〉
d. Mary is [-er much intelligent] than Susan is [~~x-much intelligent~~].
⇩ 〈is も削除可能〉
e. Mary is [-er much intelligent] than Susan (is).
⇩ 〈-er much を more に〉
f. Mary is more intelligent than Susan (is).

(2c) は「Susan は x-much 程度知的だが，Mary はその x-much 程度よりも知的である」という意味です．x-much intelligent は前文の much intelligent と重複していますから削除され (2d) が得られます．is も削除可能ですので (2e) となります．is は削除しなくてもよいので，それを括弧で示しておきます．[-er much] は much の比較級ですから more となり，(2f) の文が得られます．

次に -er による比較級の場合を見ましょう．(1) の場合と同様に二つの文が than によって結ばれます．

(3) a. John is [-er much tall] than Bill is [x-much tall].
⇩ 〈much tall は重複しているので削除〉
b. John is [-er much tall] than Bill is [~~x-much tall~~].
⇩ 〈is も削除可能〉
c. John is [-er much tall] than Bill (is).
⇩ 〈-er much tall を taller に〉
d. John is taller than Bill (is).

2番目の x-much tall は前の文の much tall と重複していますから削除されま

す．is も削除可能です．[-er much tall] は比較級の taller となります．
もう少し別の比較についても見ましょう．

 (4) a. I have **more books** than you have **magazines**. ［数の比較］
    （私の本の冊数のほうが君の雑誌の冊数より多い）
   b. This lake is **deeper** than that river is **wide**. ［長さの比較］
    （この湖の水深はあの川幅より大きい）

(4a) では冊数が，(4b) では深さと幅が，それぞれ比較されています．これらの文もこれまでと同様に説明できます．(4a) から見ましょう．

 (5) a. I have [-er many books] than you have [x-many magazines].
    ⇩ 〈x-many の削除〉
   b. I have [-er many books] than you have [x̶-̶m̶a̶n̶y̶ magazines].
    ⇩ 〈-er many を more に〉
   c. I have **more books** than you have **magazines**.

(5a) の x-many が前の節の many と重複しているので削除されます．-er many は many の比較級ですから more となり，(5c) が得られます．

 (6) a. This lake is [-er much deep] than that river is [x-much wide].
    ⇩ 〈x-much の削除〉
   b. This lake is [-er much deep] than that river is [x̶-̶m̶u̶c̶h̶ wide].
    ⇩ 〈-er much deep を deeper に〉
   c. This lake is **deeper** than that river is **wide**.

x-much はここでは長さの程度を表しています．[x-much wide] の x-much は much と重複しますから削除されます．deep と wide は異なりますから wide は削除できません．-er much deep は deep の比較級を表しますから deeper となります．その結果 (6c) が得られ，深さと幅の長さが比較されている文となります．

同等比較のところで tall—short のようなペアをなす形容詞の違いについて見ましたが，比較の場合にも同様の違いが見られます．つまり，tall を用いると単に背の高さを比較していることになりますが，short を用いると比較の基準となる than 以下の人の背が低いことが前提となります．

(7) a. The boy is **taller than** the girl.
    (その男の子はその女の子よりも背が高い)
   b. The boy is **shorter than** the girl.
    ((その女の子は背が低いのですが) その男の子はその女の子よりも背が低い)

ただし，old—young のペアでは事情が少し違います．

(8) a. John is **older than** Jim.
   b. John is **younger than** Jim.

(8a) はジョンが年寄りであることも，ジムが年寄りであることも意味しません．ジョンがジムより年齢が上であることだけを意味しています．ただし，比較の基準となるジムが老人であれば，ジョンも老人と言うことになります．(8b) でも単に年齢の比較をしているので，ジョンが若いとかジムが若いとかは意味しません．ジョンが60歳でジムが65歳という場合にも用いられます．つまり，old は年上かどうかを，young は年下かどうかを問題にしています．

ついでながら，tall—short のようなペアに見られる違いは，疑問文でも見られます．

(9) a. How tall is the child?
   b. How short is the child?

(9a) は単に背の高さを尋ねているのに対して，(9b) では背が低いことが前提となっていて，どのくらい背が低いかを尋ねています．

3. 最上級

最上級は，三つ以上のものの集まりの中で，最も程度の高いものを表すのに用いられます．

[**A**]　形容詞の限定用法の場合：「the ＋最上級＋ of/in ～」が基本形

形容詞の限定用法の場合には，最上級に the が付きます（☞第 26 章 2 節 [4]）．

(1) a. You are **the happiest girl** in the world.
　　　　(君はこの世で一番幸せな女の子だ)
　　b. This is **the most expensive car** in our store.
　　　　(これが当店で一番高価な車です)
　　c. She is **the most sensible (member)** of her family.
　　　　(彼女は家族の中で一番分別がある)
　　d. He is **the most annoying person** I have ever met.
　　　　(彼は今まで会った中で最もいらいらさせる人物だ)

［B］　形容詞の叙述用法の場合
同一の物や人の状態について述べる場合には the を付けません．

(2) a. The river is **deepest** here.
　　　　(川はここが一番深い (同一の川についての状態))
　　　Cf. The river is the deepest here.
　　　　　(その川はこの辺りの川の中で最も水深の深い川です)
　　b. The view of Lake Shinji is **most wonderful** at sunset.
　　　　(宍道湖の眺めは夕日の時が最もすばらしい)

［C］　副詞の最上級
副詞の最上級には通例 the を付けません．

(3) a. This engine runs **most quietly** at this speed.
　　　　(このエンジンはこのスピードで一番静かに作動します)
　　b. I came here **earliest**.
　　　　(私が最も早く着きました)
　　c. He worked **hardest** of the workers here.
　　　　(彼がここの労働者の中で最もよく働きました)

［D］　最上級のその他の用法
［1］　最上級が「～でさえ」の意味をもつ場合があります．いつこのような意味をもつかは文脈によって決まります．even が現れている場合もあります．

(4) a. **The slightest error** would make you jobless.
(きわめて小さな間違いでさえ失職に至ることがあります)
b. **The finest musicians** in the world hit many sour notes in their hours and hours of practice.
［hit many sour notes（たくさんの音符をはずして弾く）］
(世界でもっともすばらしい演奏家でさえ，何時間にもわたる練習中にはたくさんの音符をはずして弾くことがあります)
c. **Even the best players** in the world made many, many mistakes on their way to becoming the best.（世界中で最も優れた選手でも，そうなる過程で何度も何度も間違いをした）

［2］ 最上級のものの中で順番を付ける場合には，「the second/third ＋最上級」の表現を用います．

(5) Korean is **the third most popular** foreign language, following Chinese and French.（韓国語は，中国語とフランス語に次いで，三番目に最も人気のある外国語です）

4. 比較の慣用表現

4.1. 原級を用いる場合
［1］ **as ～ as possible/one can**（できるだけ～）

(1) Scientists have tried to extract **as many** dollars **as possible** from governments. ［extract（引き出す）］
(科学者たちは政府からできるだけ多くのお金を引き出そうと努めてきた)
(2) However, she was very patient and more or less answered all those questions **as succinctly as** she **could**.
［more or less（程度の差はあるが），succinctly（簡潔に）］
(しかしながら，彼女はとても辛抱強く，程度の差はあるがそれらすべての質問にできるだけ簡潔に答えた)

［2］ **as ～ as any ...**（どんな ... にも劣らず～）［any＝どんな］

(3) St James's Park, famous for its bird-life, would be **as good** a place **as any** for bird-watching. ［bird-life（鳥類）; as good a place の語順に注意: as a good place とはならない］
(鳥類で有名な聖ジェイムズ公園は野鳥観察に最適な場所です)

(4) Somewhere in the psyche the cinematic illusion becomes **as real** or **as powerful as any** actual experience.
［psyche（心理），cinematic illusion（映画の幻覚）］
(心のどこかで，映画の幻影がどんな実体験よりも現実的あるいは影響力のあるものとなります)

[3] **as 〜 as ever ...** (これまでに ... したことがないほど〜) ［ever = これまでに］

(5) He is **as great** a pianist **as ever** lived.
(彼はこれまでにないほどの偉大なピアニストです)

(6) The important messages are translated **as crisply as ever**.
［crisply（歯切れよく）］
(その重要なメッセージはこれまでになく歯切れよく翻訳されている)

Cf. So wrote Confucius some five hundred years before the birth of Christ, and his statement is as true today as it ever was. ［これは単なる as 〜 as の形です．文脈を考えて混同しないように注意; Confucius（孔子）; so wrote Confucius は Confucius wrote so の倒置］
(キリスト誕生の約 500 年前に孔子はそう書いています．そして彼の述べていることは以前と同様に今日でも当てはまります)

[4] **so much as** (= even) (でさえ)

(7) We fished for several hours without seeing **so much as** a fin.
［fin（魚のひれ）］
(何時間も釣りをしていたが，魚のひれさえ見えなかった)

(8) She left the room without saying **so much as** goodbye.
(彼女はさよならも言わないで部屋を出て行った)

[5] **not so much A as B** (A よりはむしろ B): **not so much as A (but) as B** の形もあります．

(9) Winning the next election depended **not so much** on her **as** on us.
(次の選挙に勝てるかどうかは彼女よりはむしろ我々しだいだ)

(10) Lawson remembers Tim **not so much as** a staid, jolly, reliable type **as** a chap with a sense of humor.
[staid (きまじめな), jolly (陽気な), chap ((親しみをこめて) やつ)]
(ローソンの記憶によれば, ティムはきまじめで, 陽気で, 頼りになるタイプというよりは, むしろユーモアのセンスのあるやつだった)

4.2. 比較級を用いる場合

[1] **the ＋比較級 ～, the ＋比較級 ～** (～すればするほど～になる)

(1) As is well known, **the more** important a decision is, **the harder** it is to stay objective. (よく知られているように, 決定が重要なものであればあるほど客観性を保つことはむずかしい)

(2) **The more** education they get, **the better** their chances will be in the labor market. (教育を受ければ受けるほど, 労働市場でのチャンスはよくなります)

[2] **比較級＋ and ＋比較級** (ますます～)

(3) I believe that **more and more** people are becoming aware that to use animals thoughtlessly diminishes us as human beings.
[diminish (～をおとしめる)]
(私が思うには, 動物を無分別に利用していることが人間としての我々をおとしめていることに気づいている人々がだんだん多くなっている)

(4) They believed that their audiences would lose interest as Mars was revealed to be **less and less** like the Earth.
[reveal A to be ～ (A が～であると明らかにする)]
(火星が地球と似ていないことがだんだん明らかになるにしたがって, 聴衆が興味を失っていくだろうと, 彼らは考えた)

[3] **much/still/even less ～**: 否定の内容に続けて「まして～ない」の意味. much/still/even は強意要素.

(5) That would not make for easy writing, **still less** reading.
　　［make for（役に立つ）］
　　（それが書きやすいことに役立つことはないし，まして読むことに役立つこともないでしょう）

(6) William never visited Europe, **still less** was he tempted to expatriate himself.
　　［be tempted to（〜する気になる），expatriate oneself（国外に移住する）］
　　（ウィリアムはこれまでにヨーロッパを訪問したことはないし，ましてや国外に移住する気になったこともなかった）

［4］ A ... no more 〜 than B（B が〜ではないと同様に A も〜ではない）［A が〜でないことを強調］

(7) a. His Japanese is **no more** fluent **than** his German.
　　b. His Japanese is no -er much fluent than his German [is no x-much fluent].

(7a) のもとの形は (7b) です．括弧の下線部は前の節の下線部と同じですから削除されます．ここで括弧内に否定の no が入っていることに注意してください．これによって than 以下に否定の意味があることがわかります．意味は「彼のドイツ語は (x-much 程度) 流ちょうではないが，彼の日本語がそれ以上 (-er much) に流ちょうであることもない (no)」→「彼の日本語は彼のドイツ語同様に流ちょうではない」

次の有名なクジラ文の説明はどうなるのでしょうか．

(8) A whale is no more a fish than a horse is (a fish).
　　（馬が魚でないのと同様にクジラは魚ではない）

この文は A whale is a fish. と A horse is a fish. の二つの文の比較ですから，次の構造をしていると考えることにしましょう．

(9) A whale is no -er much a fish than a horse is no x-much a fish.

この文で下線部が同じであるので no x-much a fish を削除できます．そうすると a horse is の形ができます．もし no x-much だけが削除されると a horse is a fish の形ができます．この説明が理論的に正しいかどうかは別として，削除される部分に否定の no があるので，「馬が魚でないのと同様にクジラは魚ではない」の訳のように a horse is (a fish) の部分に否定の意味があることを理解するのには役に立つと思います．同様の説明が次の例にも当てはまります．

(10)　a.　He is **no more** a genius **than** I am.
　　　　　（彼は私（が天才ではないの）と同様に天才ではない）
　　　b.　I'm **no more** a child **than** you are.
　　　　　（君が子供でないのと同じように私も子供じゃない）

[5]　A ... no less ～ than B （A は B に劣らず～である）［A, B 共に～であることを強調］

(11)　a.　He is **no less** clever **than** his brother.
　　　b.　He <u>is no -er little clever</u> than his brother [<u>is no x-much little clever</u>]．［-er little ＝ less］

(11a) のもとの文は (11b) です．角括弧の部分は下線部と同じですから削除されます．little は否定の意味を含んでいますが，それが no によって打ち消され二重否定になっているので，かえって肯定の意味が強まった表現となっています．意味は「兄が賢くないということは（とんでも）ないが，彼はそれよりもっと賢くないことはない」→「彼は兄に劣らず賢い」

(12)　His pertinent description of the aims of higher education is **no less** valid today **than** when it was written.　［pertinent（適切な）］
　　　（彼の高等教育の目的についての適切な記述が，それが書かれた当時に劣らず現在でも妥当である）

[6]　no/nothing more than A （A だけ［＝ only A］，A 以上ではない）

(13)　This is very interesting, she said, but I'm afraid that it is **nothing more than** a performance.（これはとても面白いと彼女は言ったが，私には単なるパフォーマンスに思える）

(14)　If you have a low income and **no more than** £8,000 savings, you may qualify for Income Support.

[savings (貯蓄), qualify for (〜の資格がある)]
(収入が低くて 8,000 ポンドの貯蓄しかないならば,「収入支援」を受ける資格があります)

[7]　**no less than A** ((少なくとも) A 以上, A より少なくはない, A ほども多くの)

(15) After a pitched battle, **no less than** 29 of the gang were arrested.
[a pitched battle (激戦)]
(激戦の末, ギャング一味の少なくとも 29 人以上が逮捕された)

(16) The government approved the opening of **no less than** four new stations and the long awaited electrification of the Tonbridge-Hastings line. [approve (承認する)]
(政府は少なくとも四つ以上の新駅と長い間待たれていたトンブリッジ・ヘイスティング線の電化を承認した)

[8]　**more than A** (A 以上) ／ **not more than A** (せいぜい多くて A ← A 以上ではない)：　日本語の「二つ以上」は二つを含みますが, more than two は two を含みません. したがって, more than two は日本語では「三つ以上」となります.

(17) Around the world today, **more than** 100 countries still retain the death penalty. (今日世界中で 100 を超える国々がまだ死刑制度を保持している) [厳密には 101 以上ですが, 特に厳密な数字が問題となっている場合を除くと, more than 15,000 のような大きな数のときには「15,000 を超える」のような訳でよいでしょう]

(18) His face was **not more than** a foot away from hers.
(彼女の顔からせいぜい 1 フィート程離れたところに彼の顔があった)

(19) They lost **more than** their liberty.
(彼らは自由以上のものを失った)

[9]　**less than A** (A 以下) ／ **not less than A** (少なくとも A ← A 以下ではない)

(20) Twenty years ago lager accounted for **less than** 10 per cent of total beer sales. [lager (ラガービール), account for (の割合を占める)]
(20 年前にはラガーがビールの売り上げに占める割合は全体の 10 パーセントに満たなかった)

(21) The applicant had to sign an agreement to a statement that confirmed he or she was **not less than** eighteen years of age.
　　　［applicant（応募者），sign agreement（合意の署名をする），statement（文書），confirm（確認する）；he or she は the applicant を指す］
　　　（応募者は，少なくとも18歳であることを裏付ける文書に合意の署名をしなければならなかった）

[10]　more A than B（BよりもむしろA）／less A than B（AよりもむしろB）［二つの異なる性質の比較］

(22) He is **more** wise **than** clever.　（= He is wise rather than clever.）
　　　（彼は利口（clever）であるというよりも賢明（wise）である）
(23) He is **more** a teacher **than** a scholar.
　　　（彼は学者であるというよりもむしろ教師である）
(24) She was **less** surprised **than** annoyed.（= She was annoyed rather than surprised.）
　　　（彼女は驚いていたというよりもむしろいらいらしていた）

5．実　例

　第1節の「同等比較」と第2節の「比較級による比較」において，比較を表す文の成り立ちについて少し詳しく述べましたが，それは比較の成り立ちの過程を知っておくと，比較構文がより的確に解釈できるようになるからです．比較の解釈は than 以下でどのような要素が省略されているかを正しく判断することであると考えてもよいでしょう．
　次の用例によって，比較が文と文の比較である点を理解しましょう．なお，比較級を強めるのには，even, much, (by) far, a lot, lots などが用いられます．

5.1．副詞の比較

(1) a. Peter Johnson has studied why women are injured at the workplace **more often than** men.
　　 b. Peter Johnson has studied why women are injured at the

workplace -er much often than men [are injured at the workplace x-much often].

(1a) のもとの形は (1b) のようになります．角括弧内の動詞句は前文の動詞句（下線部）と同じですから削除されます．「ピーター・ジョンソンは，男性が仕事場でけがをする頻度よりも女性が仕事場でけがをする頻度が高いのはなぜかを研究した」→「ピーター・ジョンソンは，女性が男性よりも仕事場でけがをする頻度が高いのはなぜかを研究した」

(2) a. Television brings information to homes much **more quickly than** newspapers do.
 b. Television brings information to homes -er much quickly than newspapers do [bring information to homes x-much quickly].
 ［強調の much は省略］

括弧の部分は下線部の動詞句と同じですから削除されます．「テレビは新聞よりもはるかに速く情報を家庭に伝えます」

(3) Most people are likely to trust the word of a scientist much **more than** they do that of a journalist, lawyer, or politician. ［do=trust］
（ほとんどの人々が，ジャーナリスト，弁護士，あるいは政治家のことばよりも科学者のことばをはるかにもっと信用するでしょう）

(4) It doesn't seem to me that Americans compliment others **more often than** Japanese people do. ［compliment（ほめる），Japanese people do = Japanese people compliment others (often)］
（アメリカ人のほうが日本人よりもはるかに頻繁に他人をほめるということはないように思われます）

(5) This means that women generally get sick **less often and less seriously than** men. ［than men = than men get sick (often and seriously)］
（このことは，一般に女性のほうが男性よりも病気になりにくく，また重症になりにくいことを意味しています）

5.2. 形容詞の比較（述語の場合）

(1) a. The answer is actually much **simpler than** you might have thought.
　　b. The answer is -er much simple than you might have thought [the answer is x-much simple]　［actualと強調のmuchは省略］

-er much simple は simpler となります．括弧内の文は下線部と同じですから削除されます．「答えは君が考えていたかもしれないよりも実際にははるかに簡単です」

(2) a Of course, English is even **more important** as a world language today **than** it was when Ludovic Zamenhof was alive.
　　b. English is even -er much important as a world language today than it was [x-much important as a world language] when Ludovic Zamenhof was alive.

-er much は more となり，括弧の部分は下線部と同じですから削除されます．「もちろん，ルドヴィッチ・ザメンホフが生きていた時代よりも今日では英語は世界語としてはるかに重要です」

(3) a. The language barrier has certainly made Japan **less influential than** its economic size would warrant.
　　　［warrant A (to be) C (AがCであると保証する)］
　　b. The language barrier has certainly made Japan -er little influential than its economic size would warrant [Japan x-much little influential].

(3a)のもとの形は(3b)です．「経済規模が保証しているほどに日本に影響力がないのは言語の障害のためであることは確かである」

(4) Quite a few turned back without reaching First Avenue. But the turnout was still much **greater than** most had expected.
　　［quite a few (かなりたくさんの(人々)), turnout (人出)］
　　(かなりたくさんの人たちが一番街まで行かないで引き返した．しかしそれで

も人出は大方の予想していたよりもはるかに多かった）

(5) Whereas a majority of people were **more willing** to believe newspapers **than** television in the 1950s, by 1990 more than twice as many people trusted television news more.
［**同等比較の倍数表現**は twice/three times as 〜 as のように表します］
（1950年代にはテレビよりも新聞を信用したいと思っている人が大多数であったが，1990年までには3倍以上の人たちがテレビニュースのほうを信用するようになった）

(6) Americans are characteristically **more preoccupied** with the present and the immediate future **than** with the past.
［characteristically（特徴的に），be preoccupied with（〜に夢中になる）］
（アメリカ人は過去よりも現在と近未来に夢中になるという特徴があります）

(7) But it may be especially important to provide such programs for very young children because they are **less likely than** older children to be exposed to formal pre-school education.
［be exposed to（〜に触れさせる）］
（しかしそのようなプログラムをとても幼い子供たちに提供することが特に重要であるかもしれません．というのは，そのような子供たちはより年長の子供たちよりも正式の就学前教育に触れる機会が少ないからです）［後半の文は they are <u>less likely</u> to be exposed to formal pre-school education <u>than older children</u> の下線部が likely 直後の位置に前置したもの］

(8) The sad truth is that most parents are **better** at catching their kids doing something wrong **than** they at catching them doing something right. ［than they at catching ... = than they <u>are x-much good</u> at catching ... の下線部が削除されたもの］
（悲しいことに，ほとんどの親は子供が正しいことをしているときよりも，間違ったことをしているときを見つけるほうがうまいのです）

5.3. 形容詞の比較（名詞修飾の場合）

(1) a. Science is **a more sophisticated activity than** technology.
　　b. Science is a <u>-er much sophisticated activity</u> than technology [<u>is a x-much sophisticated activity</u>]

(1a) のもとの形が (1b) で，括弧の部分が下線部と同じですから削除されます．「科学は技術よりももっと精錬された活動である」

(2) a. Just because the contents of the Internet are so vast, there is **an even greater temptation** to be distracted **than** there is in a bookshop or library.

b. Just because the contents of the Internet are so vast, there is a -er much great temptation to be distracted than there is [a x-much great temptation to be distracted] in a bookshop or library.
［強調の even は省略；temptation (誘惑)，distract ((心・気など) をそらす，散らす)］

(2b) の括弧の部分が下線部と同じですから削除され，-er much great が greater となります．「インターネットの内容が非常に多岐にわたっているという理由だけで，（インターネットには）本屋や図書館におけるよりも気を散らすさらに大きな誘惑があります」

(3) For example, women generally smoke cigarettes less than men. They also drink **less alcohol** on average. ［後者の文で than men が省略］
（例えば，女性は一般に男性よりもたばこを吸いません．また女性は平均して（男性よりも）お酒を飲む量がより少ない）

(4) Overall, males tend to hold **more stereotyped views** about gender **than** females, and individuals with more years of formal education tend to be **less stereotyped** in their views about gender **than** those with less formal schooling. ［overall (全体として)，stereotyped (型にはまった)］
（全体的に見て，男性は女性よりも性別について型にはまった見方をする傾向があります．そして，より多くの年数の正式な教育を受けた人のほうが，それほどには正式な教育を受けていない人よりも性別について型にはまった見方をすることが少なくなる傾向があります）［less formal schooling の less は formal を修飾しているのではなく，量を表す little の比較級で formal schooling 全体を修飾していて，more years of formal education と対照をなしている］

(5) This means that women generally get sick less often and less

seriously than men. The common cold is a good example: women, on average, get **fewer colds than** men.
(このことは，一般に女性のほうが男性よりも病気になりにくく，より重症にならないことを意味しています．普通の風邪がよい例です．つまり女性は平均して男性よりも風邪にかかることが少ないのです)

(6) We must conclude that the more developed and evolved man has real need of **a larger vocabulary than** will serve a coarser person.
［serve（役に立つ）］［the more developed and evolved man（発達し進歩した人）と a coarser person（粗野な人）は絶対比較級の例（☞ 5.5 節）］
(発達し進歩した（教養のある）人は，粗野な（教養のない）人に役立つ語彙よりも多くの語彙を本当に必要とすると結論せざるをえません)［the more developed and evolved man has real need of a larger vocabulary than [a x-much large vocabulary] will serve a coarser person の括弧の部分が削除されたもので，一見 than が関係代名詞の働きをしているように見えます］

5.4. 数・量の比較と倍数表現

(1) a. **More** top UK companies are led by engineers **than** by any other professional group, including accountants or lawyers.
b. -er many top UK companies are led by engineers than [x-many top UK companies are led] by any other professional group, including accountants or lawyers.
［UK=United Kingdom（英国），accountant（会計士）］

(1b) の括弧の部分が下線部と同じですから削除されます．-er many = more ですから (1a) となります．「英国のトップ企業では，技師によって率いられている企業のほうが会計士や弁護士を含む他の専門職の人によって率いられている企業よりも多い」

(2) a. Believe it or not, kids do **more** things right **than** they do wrong.
b. Believe it or not, kids do -er many things right than they do [x-many things] wrong.

(2b) の角括弧の部分が下線部と同じですから削除され，-er many = more で

すから (2a) となります.「信じようと信じまいと，子供たちは間違ったことをするよりも正しいことをするほうが多い」

(3) **Less than** half of the girls in Africa finish primary school.
（アフリカの少女たちの中で小学校を卒業できるのは半分にも満たない）

(4) **More** Japanese people have French dolls that they display in glass cases **than** Americans do.（ガラスケースにフランス人形を並べているのはアメリカ人よりも日本人のほうが多い）

(5) **More** of his time is spent with the TV set **than** with his father or mother, and TV does keep children from more constructive activities.
［his = a child］
（子供がテレビを見て過ごす時間が父親や母親と過ごす時間よりも多く，テレビが子供たちがもっと建設的な活動をするのを妨げています）［量を表す much (of his time) の比較］

(6) The increase in the density of population has made the utilization of the available space much **more of a problem**.
［density (密度), utilization (利用), available (利用可能な)］
（人口密度の増加により使用可能なスペースの利用がさらに大きな問題になっている）［量を表す much (of a problem) の比較 : cf. She is not much of a dancer.（彼女は大したダンサーではない）］

(7) Poverty rates for high school dropouts are three times **higher than** poverty rates among high school graduates.
［dropout (中途退学者), graduate (卒業生)］
（高校の中途退学者に対する貧困率は，高校卒業者の貧困率の3倍である）
［**比較の倍数表現**は twice/three times ＋比較級＋ than の形で表します］

5.5. than 以下の省略

than をとらない比較級に**絶対比較級**があります．これは比較の対象を示さず，全体を程度の高いものと低いものに分けて分類する表現です．例えば，younger generation (若年層), older generation (旧世代), poorer developing countries (貧困発展途上国), the lower lip (下唇), the upper Nile (ナイル川上流) などです．

次の例は，文脈などから than 以下が容易に推測できるので削除されている例です．**比較級がある場合には必ず比較の対象があります**から，それを探すことが大切です．

(1) The problem becomes even **more serious** when we consider educating girls.（女子教育のことを考えると，問題は（これまで見てきたよりも）さらに深刻になります）

(2) If people are spending **less money** on chocolate, that is good news for children and for dentists, as it is dreadful for children to have extractions. ［extraction（抜歯）］
（（これまでよりも）チョコレートにお金を使わなくなっているのなら，それは子供たちにとっても歯医者にとってもよいニュースです．というのは，抜歯は子供たちにとって恐ろしいことだからです）

(3) Babies now have **a much greater chance** of living long enough to produce children in turn—hence a population explosion.
［chance（可能性），in turn（今度は（の順番になる））］
（赤ん坊は，現代では（昔に比べて）自分が子供を産む順になるのに十分なほど長生きをする可能性がはるかに大きくなっているので，人口爆発が起こるのです）

(4) We call these people "primitive" not because they are simpler than we are but because they are **closer** to the state from which all mankind once emerged.
（我々はこれらの人々を「原始的」と呼びますが，それは彼らが我々よりも素朴であるからではなくて，かつてすべての人類が出現したもとの状態に（我々よりも）近いからです）

(5) Dogs are by and large **more like** humans and **less like** cats.
（概略，犬は人間に似ているが，猫には似ていない）

第15章
能動文と受動文

一つの出来事について述べるのに，次の二とおりの言い方があります．

(1) John invited Mary.　　　　ジョンがメアリーを招待した．
(2) Mary was invited by John.　メアリーがジョンに招待された．

(1) を能動文，(2) を受動文と呼びます．これら二つの文は同じ出来事を述べているのですが，**能動文は行為を行う側に視点が置かれている表現**であるのに対して，**受動文は行為を受ける側に視点を置いた表現**であるという違いがあります．ここでは，能動文と受動文の関係，能動文と受動文の違い，受動文が用いられる環境について見ます．

1. 能動文と受動文の関係

まず日本語から見ましょう．

(1) a. ジョンがメアリーを招待した．［能動文］
　　 b. <u>メアリー</u>がジョンに ∧ 招待された．［受動文］

受動文は能動文と次の三つの点で違います．

(2) i. 目的語の「メアリー」が新しい主語になっている（主語位置へ移動している）．
　　 ii. もとの主語の「ジョン」が「に」によって示されている．
　　 iii. 動詞に「られ」がついて，「招待される」の形になっている．

英語でも同様の違いが見られます．

(3) a. John invited Mary.
　　b. Mary was invited ∧ by John.
　　　　↑_____|
　　i. 目的語の Mary が新しい主語となっている（主語位置へ移動している）．
　　ii. もとの主語 John が by によって示されている．
　　iii. 動詞に be と -en（過去分詞を作る要素）がついて，invite が「be + invited」となっている．

このことから，日本語と英語の受動文を作る操作は同じであることがわかります．(i) の操作はまったく同じで，(ii) は「に」= by と考えると同じです．また (iii) も「られ」= be V-en と考えると同じです．受動文は行為を受ける側に視点を置いた文ですから，最も注意すべき特徴は (i) の主語位置への移動です．主語位置へ移動するのは，必ず動詞の直後の名詞句で，これは文型のいかんを問わず変わりません．

受動文の主語の原則： 受動文の主語となるのは，能動文の動詞の直後の名詞句である．

次の例では動詞の後に二つの名詞句がありますが，常に動詞の直後の名詞句が主語になっていることに注意してください．（∧ は受動文の主語のもとの位置を示す）

(4) a. His devoted fan named Tezuka "the manga god."
　　b. Tezuka **was named** ∧ "the manga god" by his devoted fans.
　　　　（手塚は熱烈なファンによって「漫画の神様」と名付けられた）
　　　　["the manga god" を主語にする受動文は不可]
(5) a. The president presented the car to the winner.
　　b. The car **was presented** ∧ to the winner by the president.
　　　　（その車は会長によって勝者にプレゼントされた）
　　　　[the winner を主語にする受動文は不可]
(6) a. My father bought me a new car.

b. I **was bought** ∧ a new car by my father.
　　　（私は父に新しい車を買ってもらった）
　　　[a new car を主語にした受動文は通例不可]
(7) a. Everybody considers Mary an intelligent person.
　　b. Mary **is considered** ∧ an intelligent person by everybody.
　　　（メアリーはだれもに知的な人であると思われている）
(8) a. Everybody regarded him as a fellow artist.
　　b. He **was regarded** ∧ as a fellow artist by everybody.
　　　（彼はだれもに仲間の芸術家だとみなされていた）

次の例は不定詞節が関わっている例です．persuade は「目的語＋不定詞節」をとり，believe は節（Sn）をとりますから，それぞれ，次の構造をもちます（☞ 4 節）．

(9) The officer persuaded [$_{NP}$ the soldiers] [$_{Sn}$ to retreat].
(10) Japanese believe [$_{Sn}$ this characteristic to be unique to Japan].

上で述べた受動文の主語の原則により，動詞の直後の名詞句が受動文の主語となり，次の文が得られます（by 句を省略）．

(9′) The soldiers **were persuaded** ∧ to retreat.
　　　（兵隊たちは撤退するように説得された）
(10′) This characteristic **is believed** ∧ to be unique to Japan.
　　　（この特徴は日本独特のものであると思われている）

persuade の直後の名詞句は目的語ですが，believe 直後の名詞句は不定詞節の主語であって believe の目的語ではありません．このことから，受動文の主語位置へ移動する要素は，動詞の直後の名詞句であり，目的語である必要はないことがわかります．受動文の by 句は，文脈から理解できる場合にはしばしば省略されます．

2. 受動文と前置詞・イディオム

2.1. 前置詞について

受動文では動詞の直後の名詞句が主語になると述べましたが，一見これに反するように見える例があります．

(1) a. Everyone objected to the plan.
    b. The plan **was objected to** by everyone.
       （その計画はだれにも反対された）
(2) a. The manager asked about the sales effort.
    b. The sales effort **was asked about** by the manager.
       （販売努力についての問いがマネージャーによってなされた）
(3) a. Everyone talked about John.
    b. John **was talked about** by everyone.
       （ジョンは世間のうわさの種にされた）
(4) a. They thought of graphite as similar to lead.
    b. Graphite **was thought of** as similar to lead.
       ［graphite（黒鉛），lead（鉛）］
       （黒鉛は鉛に似ていると考えられていた）

これらの例では動詞の直後に前置詞がきているので，受動文の主語は能動文の動詞の直後にある名詞句であるという原則に反しているように見えます．しかし，これらの「動詞＋前置詞」の結合はきわめて緊密であって，「動詞＋前置詞」を一つの動詞と考えることができます．そうすると，object to, ask about, talk about, think of は一つの動詞とみなされ，受動文の主語となっているのはやはり動詞の直後の名詞句ということになります．

2.2. イディオムの受動文

イディオムの一部を受動文の主語にすることもできます．

(1) a. Everyone took advantage of Mary.
    b. Advantage **was taken** of Mary by everyone.
    c. Mary **was taken advantage of** by everyone.

（メアリーはだれにも利用された）
(2) a. They took good care of Mary.
    b. Good care **was taken** of Mary.
    c. Mary **was taken good care of**.
    （メアリーは十分面倒を見てもらった）

これらのイディオムでは二つの受動文が可能です．(1b), (2b) では動詞の直後の名詞句 advantage, good care が主語になっているので問題はありません．(1c), (2c) では take advantage of, take good care of が一つの動詞とみなされ，これらの動詞の直後の名詞句が受動文の主語になっています．このように，これらのイディオムは，普通の動詞句の構造とイディオム全体が一つの動詞となっている構造の二つの構造をもっているので，二つの受動態が可能となります．このような特徴をもつイディオムには，make efforts to（〜する努力をする），make much of（〜を重要視する），make use of（〜を利用する），find fault with（〜のあら探しをする），take notice of（〜に注意を払う），pay attention to（〜に注意を払う）などがあります．

(3) Soon efforts **were made** to overcome this problem.
    （すぐにこの問題を克服する努力がなされた）
(4) I know how little attention **is paid** to those issues.
    （これらの問題にほとんど注意が払われていないことは承知しています）
(5) In the range of poetry or play texts little use **was made** of pre-20th century literature.（詩歌や演劇のテキストの領域では，20世紀以前の文学はほとんど利用されませんでした）
(6) Little notice **was taken** of Wordsworth's writings before 1798.
    （1798年以前にはワーズワースの作品にほとんど注意が払われることはありませんでした）

3. 受動文の使われ方

受動文は次のような場合に用いられます．

[1] 能動文の主語よりも，受動文の主語により関心がある場合：

(1) a. The man was struck by lightening.
   (その男が雷に打たれた)
   b. The boy was run over by a car.
   (その少年が車にひかれた)

[2] 談話の流れを旧情報から新情報の流れに整える場合：

(2) a. He rose to speak, and was listened to enthusiastically by the crowd. (彼は立ち上がって演説をし，聴衆から熱心に耳を傾けられた)
   b. Just then John came in. He was accompanied by his father.
   (ちょうどその時ジョンが入ってきた．彼は父親を同伴していた)

(2a) の第 2 文を能動文にして He rose to speak, and the crowd listened to him enthusiastically. のようにすると，第 2 文で he と異なる新しい主語がくるので談話の情報の流れが乱れます．(2b) でも第 2 文の主語を his father とすると情報の流れが悪くなります．

[3] 能動文の動作主が不明かまたは文脈から明らかで表す必要がない場合：

(3) a. My father was killed in World War II in 1945.
   (私の父は 1945 年に第二次世界大戦で戦死しました)
   b. English is used as an international language.
   (英語は国際語として使用されている)

(3a) では動作主が不明です．(3b) では動作主が人々であることは明らかです．したがって，受動文を用いることによって新しい主語に力点を置いています．

4. 受動文と不定詞節

不定詞節が関わる次のような受動文があります．

(1) a. **I am believed** to be outgoing.
   (私は外向的だと思われています)
   b. She **is believed** to have rejected his proposal.
   (彼女は彼のプロポーズを断ったと思われている)

第 15 章　能動文と受動文

- c. The pilot **is said** to have made a simple error of judgement.
（パイロットが単純な判断ミスをしたと言われています）
- d. Vietnamese boat people **were** not **considered** to be genuine refugees.
（ベトナムのボートピープルは真の難民だとは考えられていなかった）

このような受動文には次のような操作が関わっています．

(2) a. They believed that Zeus ruled the lives of all Greeks.
　　　　⇩　〈that 節を不定詞節に変える〉
b. They believed Zeus to rule the lives of all Greeks.
　　　　⇩　〈受動化により Zeus が主語位置へ移動〉
c. Zeus was believed to rule the lives of all Greeks.
（ゼウスはすべてのギリシャ人の生命を支配していると信じられていた）

(2a) と (2b) は that 節と不定詞節の関係を述べたものです．(2b) で動詞の直後にある名詞句は Zeus ですから，これが受動文の主語の位置へ移動し (2c) が得られます．(2c) は「ゼウスが信じられていた」のではなく，「ゼウスがすべてのギリシャ人の生命を支配している」と信じられていたことを意味しています．このことは，もとの文が (2a) であることがわかると容易に理解できます．文法書によっては，be considered/expected/thought to のような受動文をイディオムのように扱っているものもありますが，それは正しくありません．これらの受動文は (2) の過程を経て作られる表現です．be supposed to (〜することになっている) のような言い方も基本的には同じです．(2) の受動文で by 句が現れる場合には，過去分詞形の動詞の直後に生じます (7.2 節の実例 (5)，(6) を参照)．なお，願望の意味を表す want タイプの動詞や好き・嫌いを表す prefer タイプの動詞は，(2b) と同じ「V + NP + to 不定詞」の型をしていますが，受動文にはできません．

(3) a. His family wanted John to go to college.
　　　［John を主語にした受動文は不可］
b. They preferred Mary to stay longer.
　　　［Mary を主語にした受動文は不可］

5. 受動文と that 節・不定詞節

that 節をとる動詞が受動文になると，動詞の直後の that 節が受動文の主語になります．そのような文は頭でっかちな文になりますから，普通は it を主語にした表現が使われます．

(1) a. Everybody believes that John is wise.
    ⇩ 〈受動文に〉
  b. That John is wise is believed (by everybody).
    ⇩ 〈it を主語にした文に〉
  c. It is believed (by everybody) that John is wise.

日本語でもよく似た関係が見られます．英語と比較して見ましょう．

(2) a. 彼らは [$_{Sn}$ 人々が飢えに苦しんでいる] と報告した．
    They reported that people were suffering from hunger.
  b. [$_{Sn}$ 人々が飢えに苦しんでいる] ことが報告された．
    That people were suffering from hunger was reported.
  c. [$_{Sn}$ 人々が飢えに苦しんでいる] と報告された．
    It was reported that people were suffering from hunger.

(2b) では文 (Sn) に主格の「(こと) が」がついていますから，文が主語であると見なすことができます．日本語には英語の it に相当するものはありませんから，(2c) が it を主語にした英語の文に相当すると考えてよいでしょう．

動詞 report は that 節をとることも不定詞節をとることもできます．どちらをとるかによって異なる受動文が得られます．(3) が that 節をとる場合，(4) が不定詞節をとる場合です．

(3) a. They reported that young children were very weak from lack of food.
    (彼らは幼い子供たちが食料不足で大変弱っていると報告した)
  b. It **was reported** that young children were very weak from lack of food.
(4) a. They reported young children to be very weak from lack of food.

b.　Young children **were reported** to be very weak from lack of food.

　(3b) と (4b) の二つの受動文の間にはわずかですが意味の違いがあります．(3b) では that 節が文末にあり新情報となっています．したがって，「報告によれば，幼い子供たちが食料不足で大変弱っているとのことであった」の意味になります．一方，(4b) は「幼い子供たち」に視点を置いた表現ですから「幼い子供たちが食料不足で大変弱っていると報告された」の意味になります．
　　受動文の主語が不定詞節である場合もあります．

　　(5)　a.　To break a looking glass **is said** to bring seven years of bad luck.
　　　　　　（姿見（鏡）を壊すことは7年にわたる不運をもたらすと言われている）
　　　　b.　To see lightning in a mirror **is** commonly **supposed** to blind you.
　　　　　　（鏡に映る稲光を見ると目が見えなくなると一般に思われている）

日本語訳からわかるように，主語の不定詞節は意味上それぞれ bring と blind の主語です．これらの文は次のようにして作られます．

　　(5′)　a.　___ is said [$_{Sn}$ [to break a looking glass] to bring seven years of
　　　　　　↑_____｜
　　　　　　bad luck].
　　　　b.　___ is commonly supposed [$_{Sn}$ [to see lightning in a mirror] to
　　　　　　↑_____｜
　　　　　　blind you].

不定詞節はそれぞれ bring と blind の主語の位置から主節の主語の位置へ移動しています．したがって，不定詞節は意味上これらの動詞の主語として解釈されます．ここでも動詞の直後にある不定詞節が受動文の主語になっている点に注意してください．
　これまで見たように，受動文では，名詞句だけでなく，不定詞節や that 節も主語なることができます．したがって，受動文の主語については次のようにまとめることができます．

　　受動文の主語：　受動文の主語となるのは，能動文の動詞の直後にある
　　　　　　　　　　名詞句，不定詞節，that 節である．

6. 能動受動文

　形は能動形で意味は受動の意味を表す動詞を能動受動動詞とよびます．能動と受動の中間のような性質をもっていることから中間動詞と呼ばれることもあります．日本語の能動受動文を見ましょう．

(1) a. この車は運転しやすい．（この車を運転する）
　　b. このドアは開けやすい．（このドアを開ける）
　　c. この本は読みにくい．（この本を読む）

この文には「〜しやすい」とか「〜しにくい」とか難易を表す表現がつくのが普通です．そしてこれらの文の主語は動詞の目的語に相当するものです（このことは括弧の日本文から明らかです）．英語でも事情は同じです．

(2) a. This car **drives** smoothly. (X drives this car.)
　　　　（この車はスムーズに運転できる）
　　b. This door **opens** easily. (X opens this door.)
　　　　（このドアは開けやすい）
　　c. This book **reads** hard. (X reads this book.)
　　　　（この本は読みにくい）

これらの動詞はすべて他動詞で，その目的語が主語となっていますから，次のような操作が関わっていると考えられます．

(3) a. ＿＿＿ drives this car smoothly.
　　　　↑＿＿＿＿＿｜
　　b. This car drives smoothly.

このように考えると，能動受動文では目的語が主語位置へ移動しているので，受動文と同じく受動の意味があることが理解できます．

　これまであげた例の意味からわかるように，**能動受動文は主語の一般的性質について述べる文**ですから，通例現在形で用いられ，過去形や進行形で用いられることはありません．このような用法をもつ動詞は，状態変化を表す動詞（bake, break, build, cook, cut, frighten, kill, open, paint, shut, smash など）や行為動詞（drive, feel, play, read, ride, sell, smoke, tease, wear など）です．

第15章　能動文と受動文

7. 実　例

7.1. 受動文
[1] 単純な場合

(1) Crowds of total strangers **were put** together in a limited space.
[crowds of (たくさんの)]
(たくさんのまったく見知らぬ人たちが狭い空間に集められた)

(2) A century ago, many key scientific breakthroughs **were made** by lone amateurs working in laboratories at home.
[breakthrough ((科学上の) 大発見), lone (ただ1人の, 孤独な), amateur (アマチュア), laboratory (実験室)]
(1世紀前，多くの重要な科学的大発見が，自宅の実験室でひとりで研究しているアマチュアによって成し遂げられた)

(3) In some homes children **are allowed** to view TV only on weekends. In other homes they **are allowed** certain times and programs, selected with the parents' approval.
[allow A B (AにBを割り当てる), times (回数), approval (許可, 承認)]
(子供たちが週末だけテレビを見ることを許されている家庭もあり，両親の承認のもとで，一定の回数と一定の番組を割り当てられている家庭もあります)
[空所はともに allowed の直後]

[2] 「動詞＋前置詞」の場合

(4) For example, the teacher in Japanese society **is** quite highly **looked up to**. (例えば，日本の社会では先生はとても尊敬されています) [空所は up to の直後]

(5) The Celts believed that fairies were very active at this time and they **were** often **thought of** as being hostile to humans.
[think of A as B (AをBだと思う), hostile to (〜に対して敵対的な)]
(ケルトの人々は，妖精たちはこの時期にはとても活動的であると信じていた．そして妖精たちは人間に対して敵意をもっているとしばしば考えられていた) [空所は of の直後；by the Celts の省略]

(6) I have never known a cat that can **be relied upon** to display affection or provide companionship when required, unlike a dog.
[rely on A to 〜（〜することを A に当てにする），display（(感情など）を表す），affection（愛情），companionship（友情）；when required = when they (= affection and companionship) are required]
（犬と違って，必要な時に愛情や友情を示してくれることを当てにできるような猫にこれまで出会ったことはありません）[空所は upon の直後]

[3] 「動詞＋名詞＋形容詞」(V-NP-AP) の場合

(7) Today, 75% of the pencils sold in the United States **are painted yellow**.（今日，アメリカ合衆国で売られている鉛筆の 75 パーセントは黄色に塗られています）[空所は painted の直後]

(8) French **is considered more suitable** than English for only one function: opera.（フランス語が英語よりも適切だと考えられているただ一つの役割があります．それはオペラです）[空所は considered の直後]

(9) On this score, Holmes' methods must **be considered logically inadequate and scientifically invalid**.　[on this score（この点に関しては），inadequate（不十分な，妥当でない），invalid（根拠のない）]
（この点に関しては，ホームズの方法は論理的に妥当でないし，科学的に根拠がないと考えざるをえません）[空所は considered の直後]

[4] 受動文の進行形

(10) A new shopping mall **is** now **being built** near the station.
（駅の近くに新しいショッピングモールが建設中です）

(11) Some scientists argue that the extinction issue **is being exaggerated** by describing the loss of species as more alarming than it really is.
[extinction（絶滅），issue（問題），exaggerate（誇張する），describe A as B（A を B であると述べる），species（種），alarming（憂慮すべき）]
（絶滅の問題は，種の喪失を現実よりももっと憂慮すべきものであると述べることによって誇張されている，と論じる科学者もいます）[空所は exaggerated の直後]

7.2. 受動文と不定詞節（V-NP-不定詞）

(1) The difficult employment environment **is expected to** continue.
（雇用悪化の状況が続くであろうと予想されている）

(2) This **is believed to** be the origin of our custom of trick-or-treating.
［"Trick or treat."（「ごちそうくれなきゃ，いたずらだ」）：ハロウィーンに家々を回りながら子供たちが言うことば］
（これがトリックオアトリートの習慣の源であると信じられている）

(3) One's personal life and one's income **are considered to** be very private and even taboo topics.（個人の生活や収入はとても個人的でタブー視さえされる話題であると考えられている）

(4) In the Celtic tradition, the night we now call Halloween was the time that the dead **were thought to** visit the earth.
［Celtic（ケルトの），the dead（死者），the earth（この世）］
（ケルトの伝統では，現在我々がハロウィーンと呼んでいる夜は，死者がこの世を訪れると考えられている時でした）

(5) The riding of a broom through the air **is thought by** some **to** symbolize the ability to blend domestic life with an ability to visit other dimensions.
［魔女についての記述；broom（ほうき），symbolize（を象徴する），blend A with B（A と B を融合する），domestic（家庭の），dimension（次元）］
（ほうきに乗って空中を飛ぶことは，ある人たちによっては，家庭（日常）生活と異次元に行くことができる能力を融合する能力を象徴していると考えられている）［by 句が動詞と to 不定詞の間に生じている］

(6) Witches may **have been presumed by** these ancient people **to** play a role in both the passages into and out of life on this earth.
［presume（と想像する，思う），passage（通行，通過），into and out of life = into life and out of life；on this earth（この世），into life on this earth（この世に生を受けること）］
（これら古代人には，魔女はこの世における生の始めと終わりの両方において役割を果たすと考えられていたのかもしれない）［by 句が動詞と to 不定詞の間に生じている］

(7) Nowadays, students **are expected to** take notes from computer sources as well as the more traditional books and journals.
[take notes of (を書き留める，のメモをとる)]
(今日，学生たちは，伝統的な本や学術雑誌ばかりでなく，コンピュータの情報源からも情報を得ることを期待されています) [more traditional の比較の対象は computer sources]

(8) In particular, August is the only month when the entire route **is guaranteed to** be free of snow and ice.
[guarantee A to be C (A が C であると保証する), be free of (〜のない)]
(特に，8月はルート全体に雪や氷のないことが保証されている唯一の月です)

(9) Evolution by inheritance has to be measured in millions of years; no measurable biological change **is known to** have occurred in man since the beginning of written history. [evolution (進化), inheritance (遺伝), measurable (計測可能な), biological (生物学上の)]
(遺伝による進化は，何百万年単位で計測する必要があります．有史以来，計測できるような生物学上の変化が人間に生じたということは知られていません)

(10) The owner of a renowned sporting goods store **is reported to** have once said, when someone told him that with a little effort he could triple his business, "What for? I can't eat four meals a day."
[renowned (有名な), sporting goods (スポーツ用品), triple (3倍にする)]
(ある有名なスポーツ用品店のオーナーが，ある人にちょっと努力すれば商売を3倍にできると言われて，次のように言ったと伝えられています．「何のために，1日に4食も食べられないのに」)

(11) Modern man **is said to** have no larger brain, and no greater innate capacity of thought, than his ancestor 5,000 years ago.
[innate (生まれながらの，生得的), ancestor (祖先);「**no ＋比較級**」は比較されているものの間に違いがないことを示す：no better than a beggar (乞食よりよいのではない→乞食も同然), no bigger than an ant (アリくらいの大きさ)]
(現代人は，脳の大きさや生得的思考能力において，5千年前の先祖と違いがないと言われている)

(12) There **are estimated to** be about 5,000 languages currently spoken in the world today, depending on which you count as dialects and which as distinct languages.　[estimate A to be C（AがCであると見積もる），count A as B（AをBとみなす），dialect（方言），distinct（別個の）；languages currently spoken = languages which are currently spoken；which as distinct languages = which you count as distinct languages]
（どの言語を方言とし，どの言語を別個の異なる言語とみなすかによりますが，今日世界で広く話されている言語は約5,000あると概算されています）

この文は次のような操作で作られます．

(13)　It is estimated that there are about 5,000 languages ...
　　　　　　⇩　〈不定詞節に変える〉
　　It is estimated [there to be about 5,000 languages ...　［正しくない文］
　　　　　　⇩　〈there を it の位置（主語の位置）へ移動〉
　　There are estimated to be about 5,000 languages ...

7.3.　受動文と that 節

ここで，it を主語とする受動文の例をいくつか見ましょう．

(1) **It is** often **said that** we are living in the Information Age.
（よく言われるのは，我々は情報時代に生きているということです）

(2) **It was thought that** the chance of having a glider struck by lightning in cloud was negligible.
[chance（可能性），have a glider struck（グライダーが（雷に）打たれる：have＋名詞＋過去分詞の型），negligible（無視できる）]
（グライダーが雲の中で雷に打たれる可能性は無視できると考えられていた）

(3) **It is** widely **believed that** Kerr's ambitions are backed by money belonging to Jack Cohen.　[ambition（野心），back（支える）]
（広く信じられているのは，カーの野望はジャック・コーエンの資金によって支えられているということです）

(4) **It is** generally **considered that** there are no surer means of achieving this aim than encouraging young people in the city.

[means (方法, 手段)]
(一般に考えられていることは，この目的を達成する方法として，街の若者たちを励ますことよりもっと確実な方法はないということです)

(5) **It has been remarked by** many observers **that** for a young country ours is already overcrowded with monuments. [remark (述べる), for (〜の割には), be overcrowded with (〜ですし詰めである)]
(多くの観察者が述べてきているところでは，我国は，若い国の割にはすでに記念碑が多すぎるということです)

(6) By the end of the nineteenth century **it had been appreciated that** once upon a time the Earth and our solar system had not existed. [appreciate (正しく認識する, と思う)]
(19世紀末までには，地球と太陽系はかつて存在していなかったことが正しく認識されていた)

(7) Finally, **it was decided** that downstream water should not be used any longer.
(最終的には，下流の水は今後使用禁止にすべきであると決まりました)

(8) **It has been estimated that** a child born in the United States today will consume during his lifetime at least twenty times as much as one born in India, and contribute about fifty times as much pollution to the environment. [estimate (見積もる, 判断する), consume (消費する), twenty times as 〜 as (20倍の〜); one = a child; contribute ((悪い意味で)助長する・原因となる), pollution (汚染)]
(最近の見積もりによれば，アメリカ合衆国で生まれた子供は，生涯において，インドで生まれた子供の少なくとも20倍の消費をし，環境に対して約50倍の汚染を及ぼすということです)

第 16 章

時制と相（完了形・進行形）

「時制」(Tense) と「時」(Time) は区別しなければいけません．**「時制」とは，時の関係を表すのに用いられる動詞の形のことです．**例えば，walked は -ed を付加することによって作られた walk の過去時制を表す形です．これに対して**「時」は実際の時間を表します．**「時制」と「時」の間には，「過去形」が「過去の時」を表すように対応関係がある場合が多いのですが，必ずしも対応しない場合があります．例えば，現在形が未来の事柄を表す場合などです．

動作や出来事が継続中であるか完了しているかのような，動作・出来事の様態の区別を**相（Aspect）**と呼びます．その出来事が**継続中である場合には進行形**を，完了している場合には完了形を用います．

1. 動詞の意味分類

動詞の意味上の特徴と時制・完了形・進行形との間には緊密な関係があります．そこで，まず動詞の意味上の特徴について述べておきましょう．動詞は意味上の特徴から次の四つに分類できます．日本語で考えてみましょう．

(1) a. 信じている，持っている，知っている，愛している，など（**状態**）
  b. 走る，泳ぐ，歩く，運転する，（カートを）押す，など（**活動**）
  c. （円を）描く，（家を）建てる，（本を）書く，作る，など（**達成**）
  d. 死ぬ，見つける，気がつく，到着する，など（**瞬時的到達**）

(1a) の動詞は，「〜ている」が付いていることからわかるように「状態」を表しています．(1b) の動詞は「活動」を表しています．(1c) の動詞は，「家を建てる」では，家が建ったときにその行為が完了し，家が建ったという結果が達

成されますから「達成」(あるいは「完了」)を表しています．(1d)の動詞は一瞬にして完了する事柄ですから，「瞬時的到達」(あるいは「瞬時的完了」)を表しています．同じことが英語の動詞にも当てはまります．

(2) a. 状態動詞： believe, desire, have, know, love, ...
　　b. 活動動詞： run, swim, walk, drive a car, push a cart, ...
　　c. 達成動詞： draw a circle, make a chair, write a novel, ...
　　d. 瞬時的到達動詞： die, find, notice, reach, ...

状態動詞(2a)は一定の状態を述べています．例えば，believe は「信じている」という状態を表しています．活動動詞(2b)は一定の活動・行為を表しています．達成動詞(2c)は，その行為を行うと，ある結果に達しその行為が完了するという特徴をもっています．例えば，draw a circle (円を描く)では，draw という行為の結果，円ができあがり，その時点で行為が完了します．瞬時的到達動詞(2d)は，動詞で示される内容が瞬時的に完了することを表しています．例えば，notice (気づく)は瞬時的に完了する事柄です．

2. 現在時制の用法

現在時制の用法：
　　[A] 現在の状態　　[B] 現在の習慣的行為　　[C] 普遍的な事柄
　　[D] 歴史的現在　　[E] 確定されている予定　　[F] 眼前の出来事，など．

これらの用法に共通している点は，**現在時制は現在の時点で成立している事柄を表す**ということです．現在の状態や眼前の出来事は，当然現在の時点で成立していることですし，現在の習慣や普遍的な事柄も現在の時点で成立していることです．確定的な予定も現在の時点ですでに成立しています．また，歴史的現在はあたかも現在の時点で起こっているかのごとく記述する方法なので，やはり現在の時点が問題となっています．このように，現在時制の本質は現時点で成立している事柄を表すということです．

[A]　現在の状態

現在形が現在の状態を表すのは，動詞が**状態動詞**のときにだけです．日本語でも同じであることは，日本語訳からわかります．

(1) a. John knows the answer.
（ジョンは答えを知っている）
b. Mary believes the story.
（メアリーはその話を信じている）
c. He resembles his father.
（彼は父親似だ）
d. I want a glass of water.
（水が一杯欲しい）

[B] 現在の習慣的行為

動詞が**状態動詞以外の動詞**である場合には，現在時制は（現在の行為ではなく）習慣的行為を表します．したがって，every day とか always の表現がしばしば必要になります．日本語でも同じで，「太郎は歩く」はちょっと変ですが「太郎は毎日歩く」は自然な日本語です．

(2) a. John walks a mile (every day).
（ジョンは（毎日）1マイル歩きます）
b. My father teaches English.
（父は英語を教えています／英語の教師です）
c. John always keeps his word.
（ジョンはいつも約束を守る）
d. The buses leave here every five minutes.
（バスは5分毎にここから出発します）

[C] 普遍的な事柄

普遍的な事柄は現在形で表されますが，日本語でも同じです．

(3) a. Two and two makes four.
（2 + 2 は 4 です）
b. The moon moves round the earth.
（月は地球の周りを回る）
c. Honesty is the best policy.
（正直が最上の策である）

[D] 歴史的現在
歴史的事柄を現在形で表して，今起こっているような劇的効果をあげます．

 (4) a. Caesar crosses the Rubicon and enters Rome.
    （シーザーがルビコン河を渡り，ローマに入る）
   b. The life-boat still needs one man. Ned Brown wishes to fill the place.（救命艇にはまだ一人足りない．ネッド・ブラウンがその任を果たしたいと思う）

[E] 確定されている予定
未来のことを現在形で表すことによって，予定が現時点で確定していることを表します．このように用いられる動詞は主として往来発着を表す go, come, leave, start, return などや begin, end, take place のような動詞です．日本語でも同様です．

 (5) a. We start tomorrow morning.
    （我々は明朝出発します）
   b. John comes back next week.
    （ジョンは来週もどります）
   c. The boat race takes place next week.
    （ボートレースは来週開催の予定です）

[F] 眼前の出来事
スポーツの実況放送，料理の実演，電車がくる場合など，眼前で起こっていることは現在形で表されます．日本語では，料理の場合には現在形が用いられますが，スポーツの実況放送では過去形が用いられます．

 (6) a. Matsui hits a home run.
    （松井がホームランを打ちました）
   b. Here comes the train!
    （ほら電車が来た）
   c. Now I put a teaspoonful of sugar into the cup.
    （ここでカップに茶さじ一杯の砂糖を入れます）

3. 過去時制の用法

過去時制は，過去のある時点における状態あるいは行為・出来事を表します．

［A］ 状態動詞の場合

過去のある時点における状態を表します．

(1) a. I had a lot of money in those days.
 （その頃はお金がたくさんあった）
 b. We lived in Tokyo in 1980.
 （1980 年には東京に住んでいた）
 c. There was an old bridge here when I came home ten years ago.
 （10 年前に帰郷した時にはここに古い橋があった）

［B］ 状態動詞以外の動詞の場合

過去のある時点における行為・出来事を表します．

(2) a. World War II ended in 1945.
 （第二次世界大戦は 1945 年に終わった）
 b. I wrote many letters yesterday.
 （昨日たくさん手紙を書きました）
 c. They found diamonds in the cave.
 （彼らは洞窟でダイヤモンドを見つけた）

過去形単独で過去の習慣の意味を表すことはできません．過去形で過去の習慣を表すためには every Sunday, in those days, whenever などを補います．

(3) a. We played together in those days.
 （その頃一緒に遊んだものです）
 b. I went to church every Sunday.
 （日曜日毎に教会へ行きました）
 c. Whenever I had a chance to speak English, I took it.
 （英語を話す機会があればいつでも，その機会を捉えました）

4. 未来を表す表現

　未来時制というものはなく，未来の事柄を表すためには，will, shall, be going to, be about to, be to などの表現を用います．未来に関しては，**単純未来**と**意志未来**があります（☞第 17 章 2.4, 2.5 節）．

[A]　単純未来

　単に未来の事柄を表す単純未来では，人称の区別なく will が用いられます．イギリス英語では一人称で shall が用いられることがあります．

(1)　a.　I **will/shall** be very happy to go with you.
　　　　　（喜んでご一緒します）
　　　b.　Father **will** be angry when he notices it.
　　　　　（それに気づいたら父は怒るでしょう）
　　　c.　**Will** there be time to do a little shopping in the mall?
　　　　　（モールでちょっと買い物する時間がありますか）

[B]　意志未来

[1]　話者の意志：　話者の意志を表す場合には，主語の人称にかかわらず shall が用いられます．普通 shall には強勢が置かれます（☞第 17 章 2.5 節）．

(2)　a.　I **shall** write to you soon.
　　　　　（すぐに君に手紙を書きます）
　　　b.　You **shall** have my answer tomorrow.
　　　　　（明日返事を差し上げます）
　　　c.　If he works harder, he **shall** have higher wages.
　　　　　（もっとよく働けば，彼の賃金を上げてあげます）

(2a) のように主語が一人称の時には，話し手と同じですから主語の意志を表すことになります．I/we shall は I/we will よりも強い意志を表します．

[2]　主語の意志：　人称にかかわらず will が用いられ，will に強勢が置かれるのが普通です．

(3) a. I **will** go whatever happens.
(何が起ころうとも私は行きます)
b. He **will** have his own way.
(彼は自分の思いどおりにする)
c. She **won't** accept my offer.
(彼女は私の申し出をがんとして受け入れない)

[C] **be going to, be about to, be to などの表現**

be going to は will と同様に単純未来にも主語の意志未来にも用いられますが，**単純未来ではその予兆がすでにある**ような場合に，**意志未来では前もって予定されていた意図**を表す場合が多いようです．It's going to rain. は雲行きを見ての判断ですが，It will rain this afternoon. はその時点で晴れていても使える表現です．

(4) a. John **is going to** paint the walls this weekend.
(ジョンはこの週末に壁を塗るつもりです)
b. Our teacher **is going to** give an exam tomorrow.
(先生は明日試験をするつもりだ)

be about to は**きわめて近い未来**を表します．**be to** は**予定**を表します（☞第8章6節[G]）．

(5) a. I **was about to** call him when he came.
(まさに彼に電話をかけようとしていたら，彼が来ました)
b. They **are to** get married next month.
(彼らは来月結婚します)

5. 時制の一致

主節動詞の時制が現在形あるいは未来表現である場合には，従属節の時制は実際の状況に則して現在・過去・未来のいずれも用いられます．これに対して，主節の時制が過去時制である場合には，それに対応して従属節の時制も過去時制に変わります．これを**時制の一致**と呼びます．

[A]　時制の変化

 (1)　現在形　→　過去形
   過去形　→　過去完了形
   過去完了形　→　そのまま

日本語にはこのような現象はありません．日本語訳と英文を比較してみてください（過去完了形はそれをさらに過去にすることはできませんから，時制の変化は起きません）．

 (2)　a.　It seems that the bus is late.
    （バスは遅れているようです）
   b.　It **seemed** that the bus **was** late.
    （バスは遅れているようだった）
 (3)　a.　He says that he will go abroad for study some day.
    （彼はいつか留学すると言っている）
   b.　He **said** that he **would** go abroad for study some day.
    （彼はいつか留学すると言っていた）
 (4)　a.　I think that he lost his watch on the way.
    （彼は途中で時計をなくしたのだと私は思います）
   b.　I **thought** that he **had lost** his watch on the way.
    （彼は途中で時計をなくしたのだと私は思いました）

[B]　時制の一致を受けない場合

　一般的真理，習慣，ことわざ，歴史上の事実，仮定法や **must, ought to, had better** などの助動詞は時制の一致を受けません．これらはいわば時間を超越した事柄だからでしょう．

 (5)　a.　In the old days people did not know that the earth **goes** round the sun in 365 days.　［一般的真理］
    （昔人々は地球が 365 日で太陽の周りを一周することを知らなかった）
   b.　I remembered that boys **will** be boys.　［ことわざ］
    （男の子はどこまでも男の子（男の子のいたずらはしようがない）ということわざを思い出した）

第 16 章　時制と相（完了形・進行形）

  c. The teacher told us that World War II **broke** out in 1939.
   ［歴史的事実］
   （先生は第二次世界大戦は1939年に勃発したと教えてくれた）
  d. He said that you **had better** leave right away.　［助動詞の例］
   （彼はすぐに出発すべきだと言った）

現在も当てはまると考えられる事柄についても時制の一致は見られません．

 (6) a. Many years ago men discovered that bees **have** a sense of time.
    （何年も前に人間はハチが時間感覚を持っていることを発見した）
   b. Ruth told her this **happens** because she always **gives** her name on the phone.（電話でいつも名前を名乗るからこんなことが起こるんだとルースは彼女に言った）
   c. The author of *The Kimono Mind*, originally published in 1965 and still read today, found Japanese **are** exceedingly punctual.
    （初版が1965年に出版され今日でも読まれている『着物の精神』の著者は，日本人が時間にとても几帳面であることに気がついた）

6.　完了形

　現在完了形は「過去の行為や状態が現在と何らかの関係がある場合」，過去完了形は「以前の行為や状態がそれより後の過去のある時点と何らかの関係がある場合」に用いられます．

6.1.　現在完了形
　現在完了形は，**過去の行為や状態が現在と何らかの関係がある**場合に用いられます．これを図示すると次のようになります．

  (1)   過去の時点   現在
   ［A］ ×─────────────┤　（完了・結果）
   ［B］ ×···┤　（経験）
   ［C］ ─────────────···　（継続）

［A］は現在までに出来事（×で示す）が完了してしまっていること，あるいは

過去のある時点で起こった出来事の結果の状態が現在も存続していることを実線で表しています．[B] は過去のある時点で生じた出来事が現在に関係していることを点線で表しています．[C] は過去のある時点で生じた状態が現在も続いていることを表しています．このように，現在完了形に共通の意味は，過去に起こった出来事が現在と何らかの関係があるという点です．

[A] 完了・結果

(2) a. The train **has** just **arrived**.
(列車が丁度到着した)
b. The train **has** already **started**.
(列車はすでに出発した)
c. He **has** completely **recovered** from his illness.
(彼は病気が完治した)
d. Mr. White **has gone** to New York to attend the meeting.
(ホワイト氏はその会に出席するためにニューヨークに行ってしまった)

(2a) は列車が直前に到着し，駅に止まっていることを表しています．(2b) では列車がすでに出発して駅にいない状態であることを，(2c) は現在では回復して元気な状態になっていることを，(2d) ではホワイト氏はすでに日本にいないことを表しています．この用法では，already (すでに)，just (ちょうど)，lately (最近)，now (今，もう)，not ... yet (まだ ... ない) などの表現が一緒に用いられることがしばしばあります．

[B] 経験

(3) a. **Have** you ever **seen** a koala bear?
(これまでにコアラを見たことがありますか)
b. He **has** often **been** to Los Angeles.
(彼は何度もロスに行ったことがあります)
c. I **have visited** London once.
(一度ロンドンに行ったことがあります)

(3a) ではかつてコアラを見たことがあり，その経験が現時点で問題となって

います．(3b) の have been to ～ (～に行ったことがある) は一種のイディオムとして覚えましょう (これには「～に行ってきたところだ」の完了の意味もあります：I've been to the station (駅に行ってきたところです))．(3c) では過去にロンドンを訪問したことがあり，それが現時点で問題になっていることを表しています．この用法では，before (以前に)，ever (今までに)，once (かつて)，often (しばしば) などの表現が一緒に用いられることがよくあります．

[C] 継続

この用法は**状態動詞**の時に限られます．過去の状態が現在まで継続していて，これからも続くであろうということを表します．

(4) a. I **have known** him for thirty years.
(彼とは 30 年来の知り合いです)
b. I **have** long **wanted** to see the drama.
(そのドラマをずっと見たいと思っていました)
c. There **has been** no rain here for the past three months.
(当地ではこの 3 か月間雨が降っていない)

この用法では，期間を表す for (～の間)，long (長い間)，for the past three months (この 3 か月間)，since (～以来) などの表現が用いられることがしばしばあります．**活動動詞**で継続の意味を表すためには，現在完了進行形を用いる必要があります (☞ 7.5 節)．

(5) a. He **has been reading** a novel for the past few hours.
(彼はこの数時間ずっと小説を読み続けています)
b. It **has been raining** since this morning.
(今朝からずっと雨が降っている)

[D] 動詞の意味と完了形

第 1 節で述べた動詞の意味分類と完了形の表す意味との間には緊密な関係があるので，それをまとめておきましょう．

(6) a. 状態動詞の完了形 (継続)
I **have wanted** to see him for many years.

(何年も彼に会いたいと思っていた)
b. 活動動詞の完了形 (完了・結果と経験)
He **has** (just) **run** 20 miles.
(彼は 20 マイル走り終えた)
I **have driven** a F-1 once.
(一度 F-1 (車) を運転したことがある)
c. 達成動詞の完了形 (完了・結果と経験)
I **have** (just) **made** a chair.
((ちょうど) 椅子を作り終えた)
I **have painted** a big picture once.
(大きな絵を描いたことがある)
d. 瞬時的到達動詞の完了形 (完了・結果)
They **have reached** the summit.
(彼らは頂上に到達した)
The 4:30 train **has arrived** at the station.
(4 時半の列車が駅に到着した)

6.2. 過去完了形

過去完了形は，**以前の行為や状態がそれより後の過去のある時点と何らかの関係がある**場合に用いられます．過去完了形は，現在完了形の時制を過去に戻したものであると考えてよいでしょう．

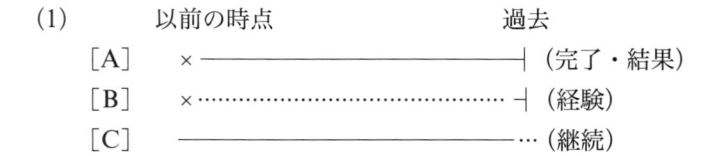

(1)　　　　以前の時点　　　　　　　　過去
　　[A]　　×————————————┤ (完了・結果)
　　[B]　　×·······························┤ (経験)
　　[C]　　　————————————··· (継続)

[A] は過去のある時点までに出来事 (× で示す) が完了してしまっていること，あるいは過去のある時点で起こった出来事の結果の状態が過去のある時点まで存続していることを実線で表しています．[B] は以前のある時点で生じた事柄が過去のある時点に関係していることを点線で表しています．[C] は以前のある時点で生じた状態が過去のある時点でも継続していることを表しています．

第16章 時制と相（完了形・進行形）

[A] 完了・結果

(2) a. When we arrived at the stadium, the game **had** already **started**.
（スタジアムについた時には，すでに試合は始まっていた）
b. We **had got** everything ready for them long before they came.
（彼らが来るずっと前に準備万端整えていました）
c. He **had died** five years before his son returned home.
（彼は息子が帰国する5年前に亡くなっていた）

これらの例のように，視点となる過去の時点が副詞節によって示されることがしばしばあります．(2a) では when 節によって示される時点より以前にすでにゲームが始まっていたことを，(2b) では before 節によって示される過去の時点より以前に準備が整っていたことを，(2c) では before 節によって示される過去の時点では，彼はすでにこの世にはいなかったことを表しています．

[B] 経験

(3) a. I **had visited** the museum twice when I saw the vase for the first time.（博物館に二度行って初めてその壺を見ました ← 初めてその壺を見た時，博物館にすでに二度行っていた）
b. Since I **had seen** him before, I recognized him easily.
（以前に彼にあったことがあったので，容易に彼だとわかりました）

[C] 継続

この用法をもつのは**状態動詞**です．

(4) a. After I'**d been** here an hour I realized that I did not understand one word.
（1時間ここにいて，一言も理解できないことがわかりました）
b. In 1985 I **had known** her for 20 years.
（1985年には彼女と知り合ってから20年経っていた）

[D] ある時点よりも前に起こった事柄

過去完了形は，完了・経験・継続の用法の他に**ある時点よりも前に起こった**

事柄を表すのにも用いられます．

 (5) a. He arrived at 2:30. He **had been** told to wait in the VIP lounge.
    （彼は 2 時半に到着しました．（到着以前に）VIP ラウンジで待つように言われていました）
   b. She **had retired and married**. Her children were now at school.
    （彼女は（すでに）仕事をやめて結婚していました．その時点で子供はもう学校に行っていました）

(5a) では最初の文の過去形が，(5b) では 2 番目の文の過去形が基準となって過去完了形が用いられています．

6.3. 実　例
6.3.1. 完了形

 (1) Erica, a teenager from an American suburb, **has worn** earrings since she was eight years when she had her ears pierced.
   ［teenager（13 歳から 19 歳までの若者：11 歳 (eleven) と 12 歳 (twelve) は teen が付かないので含まれない）］
   （エリカはアメリカの都市近郊出身のティーンエージャーで，8 歳の時に耳にピアスをしてからずっとイヤリングをしています）

 (2) In some parts of the Amazon rain forest in Brazil, all the trees **have been cut** down. The earth lies bare and dry in the hot sun.
   ［bare（むき出しの）］
   （ブラジルのアマゾンの熱帯雨林のいくつかの場所で，木がすべて切り倒されている．大地はむきだしとなり，熱い太陽の日射しで乾燥している）

 (3) The past thirty to forty years **have seen** a huge increase in the number of children who suffer from allergies, and scientists are still looking for the explanation.　［allergy（アレルギー），explanation（原因，理由）］
   （過去 30 年から 40 年の間にアレルギーに苦しむ子供の数が非常に増加しているが，科学者は今なおその原因を探し求めている）

 (4) Japan, however, is not and never **has been** a European-dominated society.（しかしながら，日本は今もそしてこれまでもヨーロッパ人に支配

第 16 章　時制と相（完了形・進行形）

された社会になったことはない）

(5) A short time later, David stood in the doorway of his daughter's room. It **had** literally **been** a month since he**'d seen** her awake.
［literally（文字どおり）］
（ちょっとしてからデイビッドは娘の部屋の戸口のところに立っていた．娘が目を覚ましているのを見るのは文字どおり一か月ぶりであった）

(6) Lately, his work schedule **had been** extremely busy. He often left home before daylight and rarely returned until well after his family **had gone** to bed.　［before daylight（夜明け前に），rarely（めったに～ない），until after（～してしまうまで）；well は強めで「十分に」の意味］
（その頃彼の仕事のスケジュールは過密でした．夜明け前に家を出ることがしばしばあり，家族が寝静まってしまうまで家に帰らないことがよくありました）

(7) Several times during the past few weeks, he **had** not **come** home at all.（その前の 2, 3 週間の間，彼が家にまったく帰らないことが何度もありました）

(8) Hermine lived in Austria then, a country that **had been taken** over by the Nazi army before the war.　［take over（乗っ取る，占拠する）］
（ハーマインは当時オーストリアに住んでましたが，その国は戦争以前にすでにナチの軍隊によって占拠されていた）

(9) Late that afternoon, David and a team of management personnel **had gathered** in the executive conference room. By five, they **had begun** working the phones, feverishly asking for stockholder support.
［management personnel（経営幹部：personnel（（複数扱いで集合的に）職員，人員）），executive（重役，役員），feverishly（無我夢中で），stockholder（株主）］
（その午後遅く，デイビッドと経営幹部は役員用会議室に集まった．5 時までには，彼らは電話をかけ始めていて，無我夢中で株主の支持を求めた）

(10) Vienna was filled with American soldiers, who **had driven** out the Nazis, and one night she met one of those soldiers, a man named Bill Wilber.（ウィーンはアメリカ兵で溢れかえっていた，彼らがナチを追い出したのだった．ある夜彼女はそんな兵士の中の 1 人，ビル・ウィルバー

という名前の男に出会った）

(11) David remembered the very moment she **had been born** twelve years ago today.（デイビッドは12年前の今日彼女が生まれたまさにその瞬間を思い出した）［この過去完了形は時制の一致によるものですから，本来過去形にしか用いられない ago が可能です］

(12) Michael Lewis wrote in 1992 that Japan's domestic, social, and economic arrangements **had**n't **changed** in 200 years.
［domestic（国内の，自国の），arrangements（体制，組織）］
（マイケル・ルイスは1992年に日本の内的，社会的，経済的体制は200年間変わらなかったと書いています）

(13) Next Louis used books, but they were not books like the ones you use. The teacher **had made** them.
［Luis Braille（ルイス・ブライユ (1809-52)：点字の考案者)］
（次にルイスは本を用いたが，皆さんが使っているような本ではありませんでした．それらの本は先生（ルイス）が作ったものでした）

(14) Tears filled my eyes because I shamefully realized at that moment that I **had been doing** with my children what my own father **had done** with me.（私の父が私にしてきたことを自分の子供たちにしてきていたのだということに，その時恥ずかしながら気がついて，目に涙が溢れた）

6.3.2. 助動詞＋完了形, to ＋完了形

この場合の完了形は「**過去の事柄**」を表します（☞第8章3節［B］, 第17章）．

(1) It is hard now to look back and imagine what it **must have been** like when the bomb fell on Hiroshima.
（いま振り返って，広島に原子爆弾が落ちたときの様子がどうであったのかを想像することはむずかしい）［2番目の it ＝状況］

(2) The term "popular culture" describes a cultural condition that **could** not **have appeared** in Western civilization before the late eighteenth century. ［term（用語，ことば）］
（「大衆文化」という用語は18世紀末以前には西洋文明に現れる可能性のなかった文化的状態を述べています）

(3) Cady Stanton may **have been** discouraged, but that didn't stop her.
(キャディー・スタントンはがっかりしたかもしれませんが，それで彼女が諦めることはありませんでした）

(4) No one knows why or how this marvelous system came about. It is obvious that it **must have involved** some evolution of the species, as no other animals talk, but all humans do.
［come about（生じる），species（種），involve（関係する）］
（この驚くべきシステムが，なぜどのように生じたかはだれにもわかりません．明らかなことは，なんらかの種の進化が関係していたにちがいないということです．というのは，他の動物は話すことができませんが，人間はすべて話すことができるからです）

(5) In those dictionaries, the first meanings given are the earliest a word is known **to have had**, and the more modern meanings come later.
（それらの辞書では，最初に与えられている意味は，単語が最初に持つに至ったことがわかっている意味で，もっと新しい意味はその後にきています）

(6) Life like our own will die. Survivors will need **to have changed** their forms, their homes and their nature to such an extent that we would be challenged to call their continued existence 'living' by our own standards today. ［宇宙の大変動に関する記述；life（生き物，生命体），survivor（生き残り，残ったもの），form（形態），home（棲息地），to such an extent that（～の程度まで），be challenged to ～（強いて～する）］
（我々のような生命体は死滅するだろう．残ったものは，現在の我々の基準からして，それらの継続的存在をどうにか「生きている」とみなすことができるほどに，その形態，棲息地，性質を変えてしまっている必要があるだろう）

7. 進行形

進行形はある時点で進行中の行為・出来事を表すのが基本的用法です．

7.1. 現在進行形の用法

現在進行形は**現在の時点で進行中の行為・出来事**を表すのが基本的用法ですが，それから派生していくつかの他の用法もあります．

現在進行形の用法：
　　［A］　現在進行中の行為・出来事
　　［B］　現在の行為・動作の継続的状態
　　［C］　確定的な予定
　　［D］　習慣的行為（話者の感情を伴う）

これらの用法に共通する点は，**現在の時点での継続的行為・出来事**であるという点です．［A］の進行中の出来事は言うまでもなく，［B］は実際に現時点で進行中ではなくても現在継続的状態にあり，［C］の確定的予定は現時点ですでに始まっていて継続状態に入っています．［D］は習慣的行為ですからやはり現時点で継続的です．

［A］　現在進行中の行為・出来事

現在実際に行われている行為や起こっている出来事を表します．

(1) a. "What **are** you **doing**?" "I'm **writing** a letter."
（「何をしているの」「手紙を書いています」）
b. My father **is reading** a newspaper at his desk.
（父は机で新聞を読んでいます）
c. As you **are reading** these words, you **are taking** part in one of the wonders of the natural world.（これらの語を読んでいる時，自然界の驚異の一つに参加しているのです）［ことばが自然界の驚異の一つであることについての記述］

［B］　現在の行為・動作の継続的状態

行為・動作が一定期間継続していることを表します．［A］では実際に現時点で行われている行為・動作を表すのに対して，これは（現時点で行われていなくても）現在継続的状態にある行為・動作を表します．

(3) a. We **are looking** for a flat.
（ずっとフラット式住宅（アパート）を探しています）
b. John **is walking** to school this semester.
（ジョンは今学期は歩いて学校へ行っています）
c. The situation continues today, though the matter **is being**

discussed with increasing urgency because of the unprecedented rate at which native languages **are being lost**, especially in North America, Brazil, Australia, Indonesia and parts of Africa.
[the situation：ここでは言語の消滅を指す；urgency（緊急性），unprecedented（前代未聞の），rate（割合，速さ）］
（その状況は今日も続いている．もっとも，特に北アメリカ，ブラジル，オーストラリア，インドネシア，そしてアフリカの一部において，前代未聞の速さで土着の言語が失われつつあるために，ますます緊急のこととしてその問題が議論されています）［受動進行形☞第15章7節［4］］

［C］ 確定的な予定

進行形によって確定的な予定（近い未来）を表す動詞は，主として往来発着を表す動詞（arrive, come, go, leave, return など）です．

(4) a. When **are** you **leaving** Tokyo?
　　（いつ東京を発つのですか）
　b. She **is coming** to lunch on Sunday.
　　（彼女は日曜日に昼食に来ます）

He leaves tomorrow. と He is leaving tomorrow. を比較すると，現在形を用いるほうがより確定的な言い方になります（☞第2節［E］(p. 288)）．

また，特に口語体では，往来発着以外の多くの動詞が，進行形によって近い未来を表すのに用いられます．進行形が近い未来を表すことができるのは，その時点ですでにその動作・行為が始まりつつあるという感じがあるからでしょう．

(5) a. We **are seeing** them next Wednesday.
　　（我々は次の水曜日に彼らに会うことになっています）
　b. We **are dining** with our parents tomorrow.
　　（私たちは明日両親と会食します）
　c. He **is speaking** at the conference tomorrow.
　　（彼は明日会議で講演することになっています）

[D] 習慣的行為（話者の感情を伴う）

現在進行形は，現に進行中の動作・出来事を述べるので，描写性が強く，感情が表れやすくなります．習慣的行為を表す用法では，be ＋〜ing の部分が強く発音され，しばしば always, continually, constantly（いつも）などの副詞を伴い，非難の感情が含まれることが多いようです．

(6) a. He **is continually drinking**.
　　　（彼はのべつ酒を飲んでいる）
　　b. She **is always finding** fault with other people.
　　　（彼女は人のあら探しばかりしている）
　　c. My father **is always reading** a newspaper at breakfast.
　　　（父は朝食の時にいつも新聞を読んでばかりいる）

7.2. 進行形と動詞・形容詞の意味

進行形は動作や出来事が進行し，継続していることを表しますから，本来状態を表す**状態動詞は原則として進行形にはなりません**．

(1) i. 所有・所属の意味の動詞： belong (to)（に所属している），have（持っている），possess（持っている），own（所有している）など
　　ii. 知覚・心理動詞の一部： fear（怖がっている），feel, hear, see, smell, sound（に聞こえる），taste など
　　iii. 認識動詞： believe, forget, know, remember など
　　iv. 好き嫌い・欲求の動詞： hate, like, desire, dislike, want, wish など
　　v. 関係を表す動詞： consist (of)（から成っている），contain（を含んでいる），depend on（に依存する），deserve（に値する），differ (from)（と異なっている），involve（（必然的に）含む，伴う），resemble（似ている）など

これらの動詞の中には，belong, consist, contain などのように進行形で用いられることがほとんどない動詞もありますが，状況によっては進行形に用いられる動詞もあります．次の例では more and more があることによって段階を表し，resemble が進行形で用いられています．

(2) He **is resembling** his father **more and more**.
    (彼はますます父親に似てきている)

hear (聞こえている) のような知覚動詞や hope (望んでいる) などの願望動詞は状態を表しますが，進行形によって状態が継続していることを強調します．

(3) a. **I'm actually hearing** his voice.
       (本当に彼の声が聞こえています)
    b. **I am feeling** better **now**.
       (前より気分がよくなっています)
    c. She'**s hoping all the time** that his son will come back from the war. (彼女は息子が戦争から帰ってくることをいつも願っています)

次の例では，状態動詞の進行形によって習慣的行為を表しています．

(4) a. He **is forgetting** names **nowadays**.
       (彼はこの頃よく名前を忘れます)
    b. You **are always imagining** that you'll win a prize.
       (いつも賞を取ることを心に描いていますね)

言うまでもなく，これらの動詞が動作・行為などの意味を表す場合（例えば，see (会う)，have (食べる)) には自由に進行形で用いられます．
　また，live (住む，住んでいる)，lie (横たわる，横たわっている)，sit (座る，座っている)，stand (立つ，立っている) などの動詞は，「動作・行為」を表す場合と「状態」を表す場合があります．これらが現在形の時，動作・行為を表す意味では「ジョンは立つ」のように習慣的意味になり奇妙ですから，「ジョンは立っている」のように状態動詞の意味になります．一方，進行形の場合には，状態動詞は進行形になりませんから，動作動詞の意味になります．

(5) a. I live in Sendai. ［状態］
       (私は仙台に住んでいます)
    b. **I am living** in Sendai. ［行為］
       ((一時的に) 私は仙台に住んでいます)
(6) a. A big oak tree stands in the center of the park. ［状態］
       (公園のまん中に大きな樫の木が立っている)

b. John **is standing** in the center of the park. ［行為］
(ジョンが公園のまん中に立っている)

最後に**形容詞が進行形で用いられる場合**について見ましょう．形容詞には，tall や intelligent (知的な) のように**永続的性質**を表すものと，brave (勇敢な)，careful (注意深い)，difficult/hard (気むずかしい)，polite (礼儀正しい)，wise (賢明な) などのように**一時的状態**を表す形容詞があります．これらの一時的状態を表す形容詞は進行形で用いることができ，その場合には意図的・一時的にそうしているという意味です (☞第4章3節).

(7) a. He is careful.
(彼は (本来) 注意深い人です)
b. He **is being careful** now.
(彼は今は注意深く振る舞っている)

(8) a. My boss is hard.
(私の上司は気むずかしい人です)
b. My boss **is being hard** lately.
(私の上司は最近気むずかしい)

7.3. 過去進行形

過去のある時点で進行中の行為・出来事を表すのが基本用法ですが，過去の継続的状態・習慣を表す用法もあります．

［A］ 過去のある時点で進行中の動作・出来事

(1) a. **Was** it still **raining** when you came in?
(君が入って来たときにまだ雨が降っていましたか)
b. My hat blew off when I **was crossing** the bridge.
(橋を渡っていたときに帽子が吹き飛んだ)

［B］ 過去における動作の継続的状態

しばしば期間を表す副詞を伴います．

(2) a. She **was watching** TV **all evening**.

(彼女は夕方ずっとテレビを見ていた)

 b. **I was always helping** my mother when I was a schoolboy.
   (小学生の頃いつも母の手伝いをしていました)

7.4. 未来進行形

 未来進行形は，未来のある時点で進行中の動作・出来事を表します．また，確定的予定を表すこともあります．

[A] **未来のある時点で進行中の動作・出来事**

 (1) a. He **will be walking** on Broadway at this time tomorrow.
     (明日の今頃彼はブロードウェイを歩いていることだろう)
   b. The hurricane **will be approaching** Miami tomorrow morning.
     (明朝ハリケーンはマイアミに近づいているだろう)

[B] **確定的な予定**

 (2) a. **Will** you **be coming** to the party?
     (パーティーにいらっしゃいますか)
   b. He **will be writing** to you soon.
     (彼は君にすぐに手紙を書くでしょう)
   c. We **will be stopping** at Utsunomiya.
     (もうすぐ宇都宮に到着いたします)

確定的な予定を表す場合には，現在形，現在進行形，未来進行形の三つがありますが，確定度の最も高いのは現在形で，現在進行形，未来進行形と続きます．相手の都合を尋ねる (2a) のような文では，すでに予定の決まったこととして，その成り行きを尋ねるので，丁寧な感じを与えます．I must be leaving. (そろそろおいとまします) も同様です．(2c) は新幹線の電光掲示板に出てくる文ですが，未来進行形によって予定どおり進行していることを表し，やわらかな表現となっています (☞第 17 章 2.4.4 節 (p. 325))．

7.5. 現在完了進行形

進行形はある動作・行為が継続中であることを表し，現在完了形は動作・行為が現時点では完了していること，あるいはある状態が現時点まで継続していることを表します．それでは，この両方を組み合わせた現在完了進行形はどのような意味をもつのでしょうか．

[A]　「現在完了形（完了）＋進行形」の場合

進行形が動作・行為が継続していていることを表し，完了形はそれが完了したことを表しますから，「現在完了形（完了）＋進行形」では，**それまで継続していたある動作・行為が現時点では完了していることを表します**．

(1) a. The students **have been playing** tennis. That's why they're so hot.
   （学生たちは今までずっとテニスをしていました．だから熱いのです）
   b. Be careful! John **has been painting** the bench.
   （気をつけて．さっきまでジョンがそのベンチにペンキを塗っていたから）
   c. I don't feel like going out this evening. **I've been working** in the garden all day. （今夜は出かける気にはなりません．（さっきまで）一日中庭仕事をしていましたから）

これらの例からも，完了形が現時点と何らかの関係があることがわかります．例えば，(1b)では，ついさっきまでペンキを塗っていて現時点ではまだ乾いていないので，注意を促しています．

[B]　「現在完了形（継続）＋進行形」の場合

現在完了形には過去の状態が現在も継続していることを表す用法があります．進行形はある動作・行為が継続している状態を表します．そうすると，「現在完了形（継続）＋進行形」は，**過去に起こった進行形で示される状態が現在も継続していて，さらに将来も継続する意味**をもちます．

(2) a. She **has been waiting** for you for two hours.
   （彼女は2時間ずっと君を待っています）
   b. It **has been snowing** a whole week.

(1週間ずっと雪が降り続いている)

    c. The baby **has been crying** since his mother left.
       (お母さんがいなくなってから赤ちゃんはずっと泣いています)

7.6. 実　例

(1) "I'm lost. **I've been walking** about here for hours and I can't find my way out of the wood." (道に迷ったんです．ここら辺りを何時間も歩き回っているのですが，森から出る道を見つけられないのです)

(2) **I've been planning** to get involved in some JCR activities.
(ずっと学部生用社交室の活動に関わるつもりでいたのです) [JCR=Junior Common Room]

(3) "**I've been meaning** to come say hi to you," said Peggy. "**I've been hearing** about you because you're the only other American woman here. [say hi to (〜に挨拶する)]
(「わたしずっとあなたに挨拶しようと思っていたの」とペギーは言った．「ここにはあなた以外にアメリカ人の女性はいないので，あなたのことはこれまでも聞いていたわ」)

(4) Although we have no way of knowing how long people in different parts of the world **have been using** language, we do know that writing has been used for only the past few thousand years. (世界の様々の地域の人々がどの位の期間ことばを使用してきているのかを知る方法はないが，書くことが始まったのは過去わずか数千年前であることはわかっている)

(5) Inside a wooden bunk lay a young Indian woman. She **had been trying** to have her baby two days. All the old women in the camp **had been helping** her. [bunk (寝棚)]
(木の寝棚の中には若いインディアンの女が横たわっていた．この2日間なんとか赤ん坊を生もうとしていた．部落の老婆たちはみんなずっと彼女の手伝いをしてくれていた)

第 17 章

助動詞

　助動詞はその名のごとく動詞を助けて意味を補う働きをする要素です．英語の助動詞には can, may, must, will 等があります．これらの助動詞には，**主語の能力・許可・義務・意志**などについて述べる場合と，**出来事の可能性（推量）**について述べる場合の二つがあります．例えば，must の「～しなければならない」の意味では主語の義務を表し，「～に違いない」の意味では出来事についての可能性を述べています．

1.　助動詞の二つの基本的意味

次の日本語を比較してみましょう．

(1)　a.　私は独力でその問題を解くことができる．
　　　b.　このことが問題を引き起こす可能性があります．
(2)　a.　ここでたばこを吸ってもよろしい．
　　　b.　彼は正しいかもしれない．
(3)　a.　我々は命令に従わなければなりません．
　　　b.　彼は独身であるに違いない．
(4)　a.　僕は（もう 30 分間）彼女を待つつもりです．
　　　b.　明日は晴れるでしょう．

(1a) では「解く」に可能の「できる」がついて「解くことができる」となっています．この「解くことができる」は主語の能力を表しています．(1b) では「このことが問題を引き起こす」という文について，その「可能性」を表しています．(2a) では「吸う」に「してもよい」が付いて，主語に対する許可を表して

います．(2b) では「彼は正しい」という文に関して，「かもしれない」という可能性についての判断をしています．(3a) では「従う」に「しなければならない」が付いて主語の義務を表しています．(3b) では「彼は独身である」という内容について，「に違いない」という可能性についての判断をしています．(4a) では「待つ」に「つもりだ」が付いて，主語の意志を表しています．(4b) では「明日は晴れる」という内容について未来の予測をしています．

このように，これらの例の (a) では**主語についての能力・許可・義務・意志**などを表し，(b) では**文の内容についての可能性の判断**を表しています．この違いは次のように図式的に表すことができます．

(1′) a. 私は独力で [[$_{VP}$ その問題を解くことが] [できます]]
 b. [$_{Sn}$ このことが問題を引き起こす] [可能性があります]
(2′) a. ここで [[$_{VP}$ たばこを吸っても] [よろしい]]
 b. [$_{Sn}$ 彼は正しい] [かもしれない]
(3′) a. 我々は [[$_{VP}$ 命令に従わ] [なければなりません]]
 b. [$_{Sn}$ 彼は独身である] [に違いない]
(4′) a. 僕は [[$_{VP}$ 彼女を待つ] [つもりです]]
 b. [$_{Sn}$ 明日は晴れる] [でしょう]

(3′) を例にとりましょう．(3′a) では動詞句「命令に従う」と「ねばならない」が結合し，いわば一つの単位となって，主語の義務を表しています．これに対して，(3′b) の「に違いない」は「彼は独身である」という文の内容の可能性について述べています．この違いを構造の違いとして括弧によって示してあります．

日本語では，(1)–(4) の (a) のように主語に関する能力・義務・許可・意志を表す場合と，(b) のように文の内容の可能性を表す場合では異なる表現を用いますが，英語ではこの二つの意味を同じ助動詞で表します．(1)–(4) を英語で表すと，それぞれ (5)–(8) のようになります．

(5) a. I **can** solve the problem by myself. ［能力：できる］
 b. This **can** cause problems. ［可能性：可能性がある］
(6) a. You **may** smoke here. ［許可：してよろしい］
 b. He **may** be right. ［可能性：かもしれない］

(7) a. We **must** obey the order. ［義務：ねばならない］
    b. He **must** be single. ［可能性：に違いない］
(8) a. I **will** wait for her (for another 30 minutes).
       ［意志：つもりである］
    b. It **will** be fine tomorrow. ［可能性：だろう］

このように，日本語では異なる表現で表す意味を，英語では同一の助動詞によって表します．日本語では (1′)–(4′) に示したように意味が異なるに従って構造が異なりますが，英語でも同様に意味が異なるに従って構造が異なります．(7) を例にとって日本語と英語の構造を比べてみましょう．

(9) a. 我々は [[VP 命令に従わ][なければなりません]]
    b. We [must [VP obey the order]]
(10) a. [Sn 彼は独身である][に違いない]
     b. [＿＿ must [Sn he be single]] → He must be single.
        ↑_____|

日本語の (9a) では動詞句「命令に従う」と「ねばならない」が結合して主語の義務を表しています．英語の (9b) でも同様に must が動詞句 (VP) と結びついて主語の義務を表しています．これに対して，(10a) の日本語では「に違いない」が文 (Sn) を包み込む構造になっていて，文の可能性を表しています．同様に英語の (10b) の must は文 (Sn) を包み込む構造をしていて，その文の可能性について述べています．日本語と英語で異なる点は，英語では文 (Sn) の主語が must の前に移動して，文全体の主語となっている点です．このように，must が義務を表す場合と可能性を表す場合では構造が異なりますが，この構造と意味の対応関係は他の助動詞にも同様に当てはまります．

　このように，**助動詞の二つの意味の違いは，助動詞が動詞句をとるか，文をとるかの構造の違いに反映されています**．このことを理解すると，助動詞の二つの意味の違いの理解がいっそう深まるはずです．

2. 助動詞の現在形の用法

　助動詞の意味は前節で述べた二つの意味が基本で，その他の用法はこの基本

的意味からの派生的な用法であると考えられます．したがって，二つの基本的意味をしっかり身につけることが大切です．

2.1. can の用法

can には主語の「能力・可能」を表す用法と文の内容の「可能性」を表す用法があります．「許可」を表す用法は「能力」の意味の拡張と見なすことができます．

2.1.1. 能力・可能

主語の能力を表す場合は，be able to による書き換えが可能です．

(1) a. I **can** do it on my own.　［= I'm able to do it on my own.］　［能力］
　　　（私は独りでそれをすることができます）
　　b. We **can** support all of the people who need help.　［可能］
　　　（我々は助けを必要としているすべての人々に援助できます）
　　c. You **cannot** ski today.　There is little snow on the ground.
　　　［不可能］
　　　（今日はスキーができません．ほとんど雪がありませんから）

能力を表す場合の can と be able to には違いがあり，can はもともと備わっている能力を表すのに対して，be able to は一時的に発揮される能力を表します．したがって，「英語が話せる」「運転ができる」というような場合には Can you drive a car / speak English? のように can を用い，be able to を用いると不自然な感じがします．また，I was able to lift the suitcase. のような文で could を使うことはできません．could は「（過去に）一回限りできた」ことを表すことはできないからです（☞ 3.1 節［B］(p. 328)）．もちろん，I've always wanted to be able to speak English.（私はずっと英語が話せるようになりたいと思っている）のような不定詞では be able to しか使えません．

can は「許可」の意味を表すこともできますが，これは「能力・可能」の意味の拡張とみなしてよいでしょう．may を用いるよりも口語的です．

(2) a. You **can** smoke here.　［許可］
　　　（ここで喫煙してもかまいません）← （ここで喫煙できます）

b. **Can** I pay by check?
(チェックで支払ってよろしいですか) ← (チェックで支払いできますか)

2.1.2. 可能性

この用法は「可能性がある」の意味で，文の内容の可能性（推量）について述べています．

(1) a. These things **can** happen.
(こんなこともあるよ)
b. Anything **can** happen before then.
(それより前にどんなことが起こるやもしれない)
c. A friend **can** infect you without your knowing.
(友人が君の知らないうちに病気をうつしていることがあり得ます)
d. Even genuine memories **can** be unreliable.
(本物の記憶ですら信用ならないことがあります)

可能性を表す can は文の内容の可能性について述べていますから，例えば，(1d) のもとの構造は次のようになります．

(1) d′. ＿＿＿ can [$_{Sn}$ even genuine memories be unreliable] → (1d)
↑＿＿＿＿＿＿＿＿＿＿＿｜

「可能性」を表す can は文（Sn）全体を包み込む形となりますので，[本物の記憶ですら信用ならない][可能性がある] という意味になります．

可能性を表す can の否定形 cannot は「可能性がない」という意味ですから「であるはずがない」という日本語に対応します．

(2) a. That **cannot** be true.
(それが本当であるはずがない)
b. A single agent **cannot** have given all of the support required.
(単一のエージェントが必要とされるすべての援助を提供できたはずがない)

(2b) のように，過去の事柄 (A single agent gave all of the support required) の可能性がないことを示すには，「cannot ＋ have ＋過去分詞」の形になり

ます．助動詞の後では過去のことがらは「**have＋過去分詞**」の形で示されます．

2.1.3. 実　例

(1) A study just released by the Kaiser Family Foundation shows a disturbing difference between parents and children about just how effective family talks **can** be. ［release（公表する）］
（カイザー家族財団によってつい先だって公表された研究は，家族の会話の効果の程度について，親と子供の間に憂慮すべき相違があることを示しています）

(2) They believed that the money **could** protect children from evil, give a smooth transition for a new year and give thanks to all the spirits inside a house at the end of a year. ［transition（移行），spirit（精霊）］
（彼らはそのお金が悪霊から子供を守り，新年への移行を円滑にし，年の瀬に家の中にいる精霊のすべてに感謝を捧げることになり得ると信じていました）

(3) They may well expect robots to have brains and characters so that they **can** interact with them as colleagues or pets.
［may well（～するのももっともだ），colleague（(仕事上の) 同僚，仲間)］
（ロボットが頭脳と個性をもち，同僚あるいはペットとして彼らと交流できるようになると期待するのももっともだ）

2.2.　may の用法

　may には，主語に対する「許可」を表す用法と，文の内容の「可能性（推量）」を表す用法があります．

2.2.1.　許　可

(1)　a.　**May** I use a cell-phone in this building?
　　　　（このビルでは携帯電話を使ってもよろしいですか）
　　b.　You **may** cross the road here.
　　　　（ここで道路を渡れます）

この意味で can を用いることもできますが，may のほうが丁寧な言い方です．

否定形の **may not** は,「許可しない」という意味ですから not は may を否定していて「〜してはいけない」の意味となり,軽い禁止の意味を表します.

    (2) a. You **may not** smoke here.
            （ここで喫煙してはいけません）
        b. You **may not** sleep during a class.
            （授業中居眠りをしてはいけません）

2.2.2. 可能性

    (1) a. Your friend **may** be right.
            （あなたの友達が言っていることは正しいかもしれません）
        b. The place **may** still have water.
            （その場所にはまだ水があるかもしれません）

可能性を表す may は,文の内容の可能性について述べています.例えば,(1a) では "Your friend be right" の可能性を may が表しています.このことは,日本語でも［あなたの友達が言っていることは正しい］［かもしれません］という構造になっていることからもわかります.

  可能性を表す may の否定形 **may not** では,**not は may を否定しているのではありません**.次の日本語と英語を比較してみましょう.

    (2) a. You **may not** be right.
            （［君は正しくない］かもしれません）
        b. Those people **may not** be familiar with problems of pollution.
            （［それらの人々は汚染の問題には詳しくない］かもしれません）
        c. There is writing about plants which may or **may not** be regarded as art.（［植物に関する書物で,芸術であるとみなされる］かもしれないものとそうでないものがあります）

例えば,(2a) は次のようにして作られる文です.

    (3) ____ may [you not be right] → You may [not be right]
          ↑_____|

第 17 章　助動詞

もとの構造が may [you not be right] ですから，not は be right を否定していて，may が否定されることはありません．日本語でも同様で，[君は正しくない][かもしれない]の構造になっています．

過去に起こったかもしれない出来事に対する可能性は，「may + have + 過去分詞」の形で表します．

(4)　a.　It seems that she **may have chosen** the wrong sort of topic.
　　　　（彼女は間違った種類のトピックを選んでしまったようだ）
　　b.　The reader **may have found** difficulty in following Johnson's story.
　　　　（読者はジョンソンの話を理解するのに困難を感じたかもしれません）

例えば，(4a) では may は過去の事柄 "She chose the wrong sort of topic" の可能性を表しています．

2.2.3.　may を含む慣用表現
[A]　**may well**（〜するのももっともだ）
　この表現は許可を表す may に強意のための well（十分に）が付いたもので，「十分に〜してよろしい」→「〜するのももっともだ」となります．may が可能性を表す場合にも well は強めと考えてよく「多分，恐らく」の意味をもちます．

(1)　You **may well** say so.
　　（君がそう言うのももっともだ）
(2)　You **may well** expect him to come to the party.
　　（君が彼がパーティーに来ることを期待するのももっともだ）
(3)　It **may/might/could well** be true．　［可能性］
　　（それは多分本当だろう）

[B]　**may/might as well**（〜してもさしつかえない）
　may/might as well do A as do B（B と同様に A をしてもよろしい）の形で，as do B が省略されている形です．もとは may/might do A as well as do B（B と同様に A をしてもよろしい）のように as well as の形であり，この形から may/might と as well が結合したものであると考えられます．as well as では前の要素に強調があるので，後ろの as do B が省略されるわけです．

(4) You **may as well** call a cat a little tiger **as** call a tiger a big cat.
（虎を大きな猫と呼ぶのなら，猫をかわいい虎と呼んでもよいわけだ）

(5) So I decided that I **might as well** enjoy it while I have the chance.
（そこで，機会がある時には楽しんでもよいのではないかと思いました）

(6) He **may as well** not bother.
（彼は心配しなくてもよいのです）

[C]　**may/might as well do A as do B**（B するくらいなら A するほうがましだ）

　[B] のもとの形と同じですが，「B をしても A をしても同じならば，A をしたほうがよい」の意味です．[B] よりも do A により力点が置かれている表現であると考えられます．

(7) "We **might as well** go home **as** stand here," John said.
（「ここに立っているくらいなら家に帰るほうがましだ」とジョンは言った）

(8) I **might as well** keep silent **as** tell him about it.
（それについて彼に話すくらいなら，黙っているほうがましだ）

(9) One **may as well** not know a thing at all **as** know it but imperfectly.
（中途半端にだけ知っているよりも，まったく知らないほうがましだ）[but = only]

(10) You **may as well** begin at once.
（（始めても始めなくても同じなら）早速始めたほうがよい）

may/might as well do A as do B = had better do A than do B の関係にありますが，had better が命令的で強い表現であるのに対して，may/might as well はもっと消極的な表現です．なお，as do B が省略されることもあるので，その時 [B] と同じ形になります．したがって，may/might as well は「〜してもさしつかえない」「〜するほうがましだ」の二つの意味をもつことになります．

2.2.3.　実　例

(1) Throughout the continent, half a million bald eagles **may have lived**.
（大陸全体で，50 万羽のハゲワシが生息していたのかもしれない）

(2) Today, with more than 6,000 breeding pairs, bald eagles **may** soon be

taken off the endangered species list entirely. ［breed（繁殖する），take A off B（A を B から取り去る），endangered species（絶滅危惧種）］
（今日，6千以上の繁殖中のつがいがいるので，ハゲワシはすぐに絶滅危惧種のリストから完全に取り除かれるかもしれません）

(3) There **may** be yet more complicated objects than us on other planets, and some of them **may** already know about us.
［object：ここでは生物のこと］
（他の惑星に我々よりもさらに複雑な生物がいるかもしれません．そしてその中のいくつかはすでに我々について知っているかもしれません）

(4) Techniques **may** never be developed that will make possible years of study of sea life in the detail now customary when studying land animals. ［関係代名詞 that の先行詞は techniques；detail（詳細さ）；in the detail now customary = in the detail which is now customary；customary（普通の）；make possible years of study of sea life = make years of study of sea life possible］
（陸上動物を研究する際には今や当たり前になっているような詳細さで，何年にもわたる海洋生物の研究を可能にする技術が開発される可能性は決してないかもしれません）

2.3. must の用法

must は主語の義務を表す意味と出来事の可能性（推量）を表す意味をもっています．

2.3.1. 義務・必要

義務は「～しなければならない」の意味ですから，「～する必要がある」の意味にもなります．義務・必要を表す場合，must を have to で置き換えることができますが，must は話者の意志や権威などによって決められた義務を表すのに対して，have to は周囲の客観的状況から見て必要であることを表す場合が多いようです．

(1) a. They **must** change their behavior.
　　　(They have to change their behavior.)

(彼らは行動を改める必要があります)
    b. We **must** follow exactly what he says.
       (我々は彼の言うことにきちんと従わなければなりません)

義務を表す must の否定形 **must not ～** は**禁止の意味**を表します．これは not が ～ の部分を否定していることによります．つまり，must [not ～] の構造をしていますから「～しないことが義務である」の意味であり，「～してはいけない」という禁止の意味になります．

  (2) a. You **must not** make noise here.
       (ここで騒いではいけません)
    b. You **must not** swim in the pond.
       (池で泳いではいけません)

これに対して，have to ～ の否定形 **not have to ～** は「～する必要がない」の意味です．これは not が have to を否定しているので，「～する義務がない」の意味ですから「～する必要がない」の意味になります．

  (3) a. You **don't have to** finish it in the morning.
       (それを午前中に終える必要はありません)
    b. You **don't have to** come if you don't want to.
       (来たくないのであれば，来る必要はありません)
    c. You **don't have to** make a firm commitment.
       (確約をする必要はありません)

2.3.2. 可能性

must は may に比べてはるかに確かな可能性（推量）を表します．

  (1) a. The rumor **must** be true.
       (その噂は本当であるに違いない)
    b. There **must** be something wrong.
       (何か間違いがあるに違いない)
    c. He **must** remember that he met you at the party.
       (彼はパーティーで君にあったことを覚えているに違いない)

d. You **must** be joking.
   （君は冗談を言っているに違いない）

may の場合と同様に，must は文の内容の可能性について述べています．例えば，（1a）のもとの形は must [the rumor be true] ですから，must は "The rumor be true" の可能性がきわめて高いことを示しています．

過去に起こったかもしれない出来事の可能性は，「must ＋ have ＋過去分詞」の形で表します．

(2) a. He **must have wanted** to go to France for a long time.
     （彼は長い間フランスに行きたいと望んでいたに違いない）
   b. While I was away, it **must have rained**.
     （私が留守の間に雨が降ったに違いない）
   c. The picture **must have been** painted about 1660.
     （その絵は 1660 年頃に描かれたに違いない）

例えば，（2b）では must によって過去の出来事である "It rained" が起こった可能性がきわめて高いことが示されています．

2.3.3. 実　例

(1) We **must** worry about pollution in the world's seas, rivers and oceans.
   ［pollution（汚染）］
   （我々は世界の海や川や大洋の汚染について心配する必要があります）

(2) Also, countries **must** share water supplies. Next, the world **must** agree on strict rules against polluters, especially among the wealthiest countries. ［polluter（汚染者，公害犯人）］
   （また，国々は水の供給を共有する必要があります．次に，世界は，特に最も豊かな国々では，汚染者に対して厳しい規則を課することで意見が一致していなければなりません）

(3) It was an accident. We all know that. She **must have caught** her heel and **tripped**. （それは事故でした．みんなそのことを知っています．彼女はかかとをとられてつまずいて倒れたに違いありません）

2.4. will の用法

will には主語の意志を表す場合と未来（予測）を表す場合とがあります．

2.4.1. 意志

主語の意志を表す場合には「～するつもりだ」の意味になります．

(1) a. I **will** answer the phone.
    （私が電話にでます）
   b. I **will** wait for him in this room.
    （この部屋で彼を待つことにします）

意志を表す will の否定形 **won't** は意志の否定ですから**拒絶**を表し，「どうしても～しない」の意味になります．意志を表す will の主語は有生名詞に限られますが，否定形では無生名詞も主語になることができます．一種の擬人化（無生のものを有生に見立てること）によるのでしょう．

(2) a. The patient **won't** eat anything.
    （その患者はどうしても何も食べようとしない）
   b. The machine **won't** start.
    （どうしても機械が動かない）

2.4.2. 未来予測（可能性）

単に未来の事柄を示す場合：

(1) a. You **will** understand what I said someday.
    （いつか私の言ったことが理解できるでしょう）
   b. Who **will** deal with my estate when I die.
    （私が死んだらだれが私の財産を管理するのだろう）
   c. The effect in the future **will** be devastating.
    （未来における影響は壊滅的になるでしょう）
   d. You **will** be asked to complete an application form.
    （君は応募書類を完成させるように求められるでしょう）
   e. Time **will** tell.
    （時間がたてばわかるでしょう）

未来の事柄を表すことは予測することですから，可能性（推量）と解釈できる場合も出てきます．例えば，ノックの音を聞いて「あれはジョンでしょう」という場合，未来において確かめてみるとジョンであることが判明するだろうという意味で推量を表しています．will は may よりも強い確信のある可能性（推量）を表し，must に近い意味となります．

 (2) a. "Someone is knocking on the door." "That **will be** John."
    （「だれかドアをノックしています」「ジョンでしょう」）
   b. He **will be** Bill's grandfather.
    （彼はビルのおじいさんでしょう）

未来予測や推量の場合には，否定形の will not 〜 の not は will を否定しているのではなく，will [not 〜] のように 〜 の部分を否定しています．日本語でも［〜しない］［でしょう］の構造になっているのと同じです．

 (3) a. That **will not** make me change my plans.
    （そのことで私が計画を変えることはないでしょう）
   b. More training **will not** help to stop this type of accident.
    （さらに訓練してもこの種の事故を防ぐ助けにはならないでしょう）
   c. But they **will not** ask me to do the job.
    （でも彼らは私にその仕事をするようにたのんでこないでしょう）

「will + have + 過去分詞」の場合にも，単純未来の場合と可能性（推量）の場合があります．単純未来の場合には「（〜ころ・までには）〜していることになるでしょう」の意味で，完了形の意味の未来です．つまり，「will +完了形」の構成になっています．

 (4) a. By the age of 25 he **will have graduated** from college.
    ［will +完了形］
    （25 歳までには彼は大学を卒業してしまっているでしょう）
   b. We'll **have lived** here for twenty years by next year. ［will +完了形］
    （来年でここに 20 年住んでいたことになります）

これに対して，可能性（推量）の場合には過去に出来事が起こった可能性について述べています．したがって，「will + have + 過去分詞」の形は，もとは

「will ＋過去形」の構成になっています．不定詞では「過去形」は「have ＋過去分詞」の形になりますから「will ＋ have ＋過去分詞」の形が生まれます．したがって，過去に起こったかもしれない出来事についての可能性を表し，「～したのでしょう」の意味になります．

(5) a. He **will have made** a definite decision to become an actor last year. ［will ＋過去形］
(昨年彼は俳優になるという確固たる決心をしたのでしょう)
b. The inexperienced pilot **will have forgotten** the wind direction. ［will ＋過去形］
(その未熟なパイロットは風の方向を忘れていたのでしょう)

この用法では過去形が基本にあることは，(5a) で過去形にしか用いられない last year が生じていることからもわかります．

まとめると次のようになります．

(6) i. 単純未来の場合： will ＋完了形 → will ＋ have ＋過去分詞
ii. 可能性（推量）の場合： will ＋過去形 → will ＋ have ＋過去分詞

このように「will ＋ have ＋過去分詞」の形は，単純未来と推量の場合ではもとの形が異なっていて，それが意味に反映されています．

2.4.3. その他の用法（習慣・性質）

will には，現在の習慣・性質を表す場合もあります（would に過去の習慣を表す用法があるのと似ています（☞ 3.3 節 ［D］ (p. 333)))．

(1) a. Our dog **will** lie in the house all day.
(我が家の犬は終日家の中で横になっています)
b. Oil **will** float on water.
(油は水に浮かびます)
c. Women below 50 **will** not be invited routinely.
(50 歳以下の女性は通常招待されません)
d. Smoking a cigarette **will** not normally set off a smoke alarm.
(たばこを吸っても普通は煙探知機が作動しないようになっています)

この用法では現在形に置き換えてもほとんど意味は変わりませんが，will を用いることによって，譲歩の意味が感じられ，(1a) では「ほうっておくと」，(1b) では「油を水に注ぐと」というようなニュアンスがあります．

2.4.4. will ＋進行形

will は進行形とともに用いられることがよくあります．この用法には二つの場合があります．

[1] **単純な未来**： 進行中の事柄が未来時に生じることを表す単純な場合

(1) a. At 6:00, he **will be having** supper.
(6 時には彼は夕食の最中でしょう)
b. **I'll be traveling** through Southeast Asia this time next year.
(来年の今頃は東南アジアを旅行しているでしょう)

[2] **決定事項**： 進行形で表されている内容がすでに決定事項であって，その未来の成り行きを決まったこととして表す場合

(2) a. The programs **will be starting** in the next few months in Uganda.
(そのプログラムはウガンダで数ヶ月後に始まるでしょう)
b. Over the next twelve months we **will be providing** support to a growing number of new local programs.
(次の 12 か月にわたって，我々は次々と出てくる新しい地方のプログラムに支援をすることになるでしょう)
c. Al **will be sending** out information on other street children's cases in Guatemara. (アルはグアテマラの他の路上生活をしている子供のケースについて情報を送ることになっています)

(2a) ではプログラムはすでに出来上がっていて，その実行が問題となっています．(2b) では支援はすでに決まっていて，その実施時期が問題になっています (☞第 16 章 7.4 節 [B] (p. 307))．

2.5. shall の用法

従来，未来を表す場合，一人称主語では shall を，二人称・三人称主語では

will を用いるとされてきました．しかし現在では，未来を表す場合には主語の人称と関係なく will のほうが好まれ，特にアメリカ英語では shall が用いられることはほとんどありません．さらに shall は will に比べて形式張った感じを与えます．shall と will の用法の違いをまとめると次のようになります．

(1) 　　　　　一人称主語　　　　　　二・三人称主語
　　未来　will (shall は米ではまれ)　　will
　　意志　will (shall も可)　　　　　　shall (話者の意志：堅い表現)
　　　　　　　　　　　　　　　　　　　will (主語の意志)

このことから，（少なくともアメリカ英語では）**話者の意志を表すときには shall を，それ以外では will を用いる**という一般化ができます．

2.5.1. 未来

未来を表すときに shall を用いるのは主としてイギリス英語で，アメリカ英語ではほとんど用いられません．

(1) a. In 2010 we **shall** need support even more.
（2010年には我々はさらにもっと援助を必要とするでしょう）

b. And all we **shall** have to do is to stick together.
［stick together（協力し合う）］
（そして我々が今後すべきことは協力し合うことです）

c. I **shall** look forward to Saturday evening then.
（それでは土曜日の夜を楽しみにしています）

2.5.2. 話し手の意志

shall は**話し手の意志**を表します．この場合 shall に強勢が置かれます．主語が一人称の時には話し手と主語が同じですから，話し手の意志は同時に主語の意志になります．I/we shall は I/we will よりも強い意志を表します．

(1) a. I **shall** overcome some day.
（いつかきっと克服してみせるぞ）

b. We **shall** never give up.
（我々は決してあきらめない）

c. This need to be looked into.　**I shall** telephone Sir Harry's butler.
　　　［butler（執事）］
　　　（この件は調べてみる必要があります．私がハリー卿の執事に電話をしておきましょう）

　次の例では主語が話し手と異なる二人称ですから，話し手の意志を表します．

　(2) a. Since you've been so good, you **shall** have your ice-cream. (I'll get you an ice-cream.)（ずっといい子にしていたから，アイスクリームをあげよう）
　　b. You **shall** have my answer tomorrow morning. (I'll give you my answer tomorrow morning.)（明朝返事をさしあげます）
　　c. You **shall** have my permission. (I will give you my permission.)（君に許可をあげましょう）

この用法は，大人が子供に対して用いることが多く，多少高圧的な感じがしますから，shall を用いないでそれぞれの括弧内に示した表現を用いるのがより一般的です．

2.5.3. Shall I～と Shall we～：　申し出・提案

　これらは「～しましょうか」という意味を表す決まり文句として覚えるのがよいでしょう．この表現でも shall が話者の意志（同時に主語の意志）を表しています．

　(1) a. **Shall I** pour you a cup of tea?
　　　（お茶をお入れしましょうか）
　　b. **Shall I** tell you how much the contract is worth?
　　　（その契約がどのくらい価値があるかお話ししましょうか）
　　c. **Shall we** go out to see a film tonight, Frankie?
　　　（フランキー，今夜は映画を見に行きましょうか）
　　d. What **shall we** drink?
　　　（何を飲みましょうか）

3. 助動詞の過去形の用法

助動詞には現在形と過去形がありますが，助動詞の過去形はそれ独自の意味をもつ場合が多く，単に過去の事柄を表す場合はそう多くありません．

(1) 現在形　　　　　　　　　過去形
　　can　(am/is/are able to)　　could　(was/were able to)
　　may　　　　　　　　　　　might
　　must　(have/has to)　　　　なし　(had to)
　　will　　　　　　　　　　　would
　　shall　　　　　　　　　　should
　　ought to　　　　　　　　　なし
　　なし　　　　　　　　　　　used to
　　need　　　　　　　　　　　なし

could, might, would の過去形としての用法は，時制の一致に見られます．should ではこのような用法はまれです．could, might, would が依頼文で用いられる場合には丁寧な表現となります．丁寧さが加わるのは，これらの過去形が仮定法と関係があるために「もしできるのであれば」のような意味が背後に含まれるからです．

3.1.　could の用法
[A]　時制の一致の場合

(1) a. It soon became clear that I **could** no longer rely on friends for help.（私がもはや友人の助けを当てにすることができないことがすぐに明らかになった）
　　b. Sometimes I thought I **could** hear the noise of the rapids.
　　　[rapids（急流）]
　　　（時々急流の音が聞こえるように思った）

[B]　能力・可能

日本語の「私はよい席をとることができた」を could を用いて *I could get a

good seat. のように表現することはできません．could は過去の習慣的な事柄を表すことはできますが，「(過去に) 一回限りできたこと」を表すことはできないからです．そのような場合には was/were able to を用います (☞ 2.1.1 節 (p. 313))．次の例では，過去の習慣を表しているので could の使用が可能です．

(2) a. I **could** do the same job better when I was young.
(若い頃は同じ仕事をもっとうまくできた)
b. When I was a boy, I **could** speak three languages.
(子供の頃には 3 か国語が話せた)

ただし，否定の couldn't は過去の一回限りの出来事にも使うことができます．

(3) a. I **couldn't** get a good seat.
(よい席をとることができなかった)
b. I **couldn't** see her at the party last night.
(昨夜のパーティーで彼女に会うことができなかった)

could がなぜこのような用いられ方をするのかの理由は，今のところ不明です．

[C] 可能性

この場合，could は過去の事柄を表すのではなく，現在の可能性（推量）を表す点に注意してください．これは could が一種の仮定法で「もしあるとしても」の意味が背後にあるためです．「ことによると〜かもしれない」という意味であまり高くない可能性を表します．

(4) a. They **could** win.
(ひょっとしたら彼らは勝つかもしれない)
b. We **could** finish the work on time.
(ことによるとその仕事を時間通りに終えられるかもしれない)
c. The drug **could** ruin your entire life.
(ドラッグが君の人生を崩壊させてしまうかもしれない)

過去の事柄の可能性を述べるのには「could ＋ have ＋過去分詞」の形を用い，「ひょっとしたら〜したかもしれない」の意味になります．

(5) a. Jay **could have slammed** her head against the table.
（ジェイはテーブルで頭を打ったのかもしれない）
b. They **could have ordered** her to return.
（彼らが彼女に帰るように命令したのかもしれない）
c. Who **could have forecast** that the sector would be announcing such an improvement in this financial situation?
［sector（(会社などの) 部門)］
（その部門がこの経済状態の中であれほどの改善を公表するようになるとだれが予測できただろうか）［修辞疑問文］

[D]　**Could you ～**（～していただけませんか）／ **Could I ～**（～いたしましょうか）
could you ～ は can you ～ よりも丁寧な依頼を表します．could I ～ は can I ～ よりも丁寧な許可を求める表現となります．

(6) a. **Could you** please send these papers to Dr. Johnson?
（これらの論文をジョンソン博士に送っていただけませんか）
b. **Could you** give me the phone number there?
（そこの電話番号を教えていただけませんか）
(7) a. **Could I** see the room before I decide?
（決める前に部屋を見せていただけますか）
b. **Could I** have a drink of water?
（水を一杯いただけますか）

3.2.　might の用法
[A]　時制の一致の場合

(1) a. I thought that I **might** see her shortly.
（私はすぐに彼女に会えるかもしれないと思った）
b. He thought that it **might** rain, and decided to take a taxi.
（彼は雨が降るかもしれないと考え，タクシーに乗ることにした）

[B]　可能性
現在あるいは未来のかなり低い可能性（推量）を述べます．過去のことにつ

いて述べているのではない点に注意してください．

- (2) a. It is possible that the infection **might** cause lung cancer.
    ［infection（伝染病）］
    （伝染病が肺ガンを引き起こすかもしれません）
  - b. He **might** not appear on time.
    （彼は時間どおりに現れないかもしれません）

(2b) の [[現れない][かもしれない]] という日本語からもわかるように，可能性を表す場合 not は might を否定しているのではなく，[might] [not 〜] の構造になっています．

過去の可能性は「might + have + 過去分詞」の形で表し「〜したかもしれない」の意味になります．

- (3) a. He **might have had** a cold.
    （彼は風邪を引いていたのかもしれない）
  - b. He **might have listened** to complaints about the matter.
    （彼はそのことについての不満を聞いていたのかもしれません）
  - c. The detective **might have considered** this just a coincidence.
    ［coincidence（偶然）］
    （探偵はこれをただの偶然と考えたのかもしれません）

［C］ **Might I 〜（許可を求める）**

May I 〜 よりもさらに丁寧な言い方です．

- (4) a. **Might I** see your list?
    （あなたのリストを拝見できますでしょうか）
  - b. How **might I** help you?
    （何かご用でしょうか）
  - c. **Might I** suggest the four o'clock train?
    （4時の列車ではいかがでしょうか）
  - d. **Might I** ask whether you were acquainted with a friend of mine, Samuel Johnson?
    （友人の1人であるサミュエル・ジョンソンをご存じないでしょうか）

[D] 実例

(5) We **might** expect cloning to change our relationships.
[cloning：クローン（複製）をつくること]
（クローン化は我々の人間関係を変えてしまうことになるかもしれません）

(6) A school with a large Chinese population **might** have an English-Chinese bilingual program. （中国人の子供が多い学校には，英中二か国語のプログラムがあるかもしれません）

(7) Also, you would expect that countries with very high populations **might** have trouble meeting the needs of all the people, for water or any other necessity. [have trouble 〜 ing（〜するのが困難である），meet（満たす），necessity（必需品）]
（また，非常に人口の多い国々が，水や他のいかなる必需品についても，すべての人々の需要を満たすのは困難であるかもしれないことは予測できるでしょう）

(8) Although most scientists in the mid-1970s believed colds were spread through the air when infected people coughed or sneezed, Waltney suspected physical contact **might** play an important role.
[sneeze（くしゃみをする），physical（肉体的な）]
（1970年代半ばの科学者のほとんどは，風邪は感染者が咳をしたりくしゃみをしたりしたときに空気感染によって広がると信じていたが，ウォルトニーは肉体的接触が重要な役割を果たしているのではないかと考えた）

3.3. would

[A] 時制の一致の場合

(1) a. I considered that letters to the editor **would** be welcome.
（私は編集者への手紙が歓迎されるだろうと考えました）
b. He had no idea what **would** happen next.
（彼には次に何が起こるかわかりませんでした）

[B] 過去の意志・（否定文で）拒絶

(2) a. I **would not** give another year of my life to a new version.

[version ((本の) 版))]
(私は新しい版に人生のもう一年をかけるつもりはありませんでした)

 b. She **would not** let him eat anything canned or frozen.
   (彼女は，缶詰類や冷凍食品はどんなものでも彼に食べさせなかった)

[C] 可能性

現在の可能性 (推量) を表します．

 (3) a. She **would** not make that mistake again.
    (彼女は二度とあのような誤りはしないでしょう)
   b. This **would** give a tax saving of £2,000.
    (これで 2,000 ポンドの節税になるでしょう)

(3a) で not は make that mistake を否定しているのであって，would を否定しているのではない点に注意しましょう．

過去の出来事の可能性 (推量) を表すのには，「would ＋ have ＋過去分詞」の形を用います．

 (4) a. As a historian he **would have felt** a duty to do something in that situation. (歴史家として彼はそのような状況下で何かすべきであるという義務を感じたのでしょう)
   b. Paolo **would have been** the most delightful and imaginative genius. (パオロは最も愉快で想像力に富む天才であったのでしょう)

[D] 過去の習慣

過去の習慣を表し「かつて～したものでした」の意味になります．この用法は意外によく出てきます．

 (5) a. He **would** ask her to run an errand or make a phone call.
    (彼は彼女にお使いや電話をかけてほしいと頼んだものでした)
   b. On Saturdays he **would** paint all day, either at home or in Central Park. (土曜日には彼は自宅かセントラルパークで終日絵を描いていたものでした)
   c. After his guests had departed, Kant **would** often take a nap in an

easy chair in his sitting room. (客が帰ると，カントは居間の安楽椅子でうたた寝をしたものでした)

[E] 過去の習慣を表す would と used to の違い

違いの一つは，used to は過去と現在の対比を強調しますが，would にはそのような特徴はありません．もう一つは，used to では動作動詞も状態動詞も用いられますが，would では状態動詞は用いられません．

(6) a. There **used to** be a bridge here.
(昔ここに橋がありました)
b. I **used to** be a big chocolate eater.
(かつてはチョコレートをたくさん食べていました)

be は状態動詞ですから，would を使うことはできません．次の例は動作動詞の例です．

(7) a. I **used to** meet him most often in the museums.
(私は美術館で彼と頻繁に会ったものでした)
b. "Computer **used to** frighten me, but not now," she said.
(「私はかつてコンピュータに恐怖を抱いていたのですが，今はそうではありません」と彼女は言った)
c. Schoolchildren who **used to** visit their local shop to buy sweets are instead spending on their mobiles. ［mobile（携帯電話）］
(かつてお菓子を買いに近所の店に行っていた学童たちが，代わりに携帯電話にお金を使っているのです)

[F]　**Would you ～**（依頼）／**would like to ～**（願望）

Would you ～ は Will you ～ よりも丁寧な依頼の表現です．would like to ～ は want to ～ よりも控えめな願望を表す表現です．

(8) a. **Would you** be prepared to leave?
(出発の準備をしていただけませんか)
b. Where **would you like to** eat?
(どこで食事をしたいですか)

[G] 実例

(9) Many people **would** find it hard to sympathize with rats, but dogs and cats are part of our lives. （多くの人々はネズミには同情しがたいと思うでしょうが，一方犬や猫は我々の生活の一部となっています）

(10) As she was falling asleep she **would** recite a math problem or a paper topic to herself; she **would** then sometimes dream about it, and when she woke up, the problem might be solved. ［recite（暗唱する）］
（彼女は眠りそうになりながら，数学の問題や論文のトピックをひとりで暗唱したものでした．そして時々その夢を見たこともあったし，目が覚めると問題が解けているようなこともありました）

(11) After that, he **would** go to his study and write until time for dinner. （その後，彼は書斎に行って夕食の時間まで書き物をしていたものでした）

(12) Even when individuals appeared to behave mysteriously, large groups **would** follow predictable patterns. ［predictable（予測可能な）］
（個人個人が不可解に振る舞っているように見えても，大きな集団となると予測可能なパタンに従っているものです）

(13) After Holmes had observed all the details of a case, he **would** begin to form a theory about possible explanations.
（事件の詳細をすべて観察した後で，ホームズはいくつかの可能な説明についての理論を作り始めたものです）

3.4. should

shall の過去形ですが，shall にはない意味をもっているので，独立した助動詞であると考えるのがよいでしょう．

[A] 義務・必要

弱い義務や提案を表し「～するほうがよい」の意味です．日本語の「～すべきだ」よりはもっと弱い意味であることを憶えておきましょう．

(1) a. We **should** discuss the problem with him.
   （彼とその問題を議論するほうがよいでしょう）
   b. Many of the old laws and institutions **should** be changed or given

up altogether. (その古い法律や組織の多くは改革するかすべて廃止するほうがよい)

  c. She did not receive any particular instruction about how she **should** organize the Korean language lessons.
(彼女は韓国語の授業をどのように編成するのがよいかについては，特別な指導を受けませんでした)

過去の義務・必要を表すのには「should ＋ have ＋過去分詞」の形を用い，「～するほうがよかった (のにしなかった)」の意味を表します．

 (2) a. "You **should have said** earlier," he complained.
(「それをもっと早く言ってくれればよかったのに」と彼は不平を言った)

  b. The students **should have learned** the lesson by heart.
(学生たちは当然その課を暗唱しておくべきでした)

  c. You **should have sent** an invitation to him.
(彼に招待状を送っておいたほうがよかったですね)

[B] 可能性

現在の可能性 (推量) を表し「きっと～だろう」「～のはずだ」の意味を表します．

 (3) a. The kit **should** be here in a few weeks.
(そのキットはきっと数週間で着くでしょう)

  b. This certainly **should** help you in looking for the information you need.
(これはきっと君が必要としている情報を探すのに役立つでしょう)

  c. The church **should** be able to respond to these urgent needs more effectively than any other group.
[urgent (緊急の)，effectively (効果的に)]
(きっと教会のほうが他の団体よりも効果的にこれらの緊急の要求に応えることができるでしょう)

過去の可能性を表すのには，「should ＋ have ＋過去分詞」の形を用い，「きっと～していたはずだ」の意味です．

第 17 章　助動詞

(4) a. He **should have heard** that she got crazy for vegetarianism.
    ［vegetarianism（菜食主義）］
    （彼は彼女が菜食主義に夢中になっていることを聞いていたはずです）
   b. She **should have received** your invitation for screening by then.
    （彼女は，その時までには，あなたからの選考の案内状を受け取っていたはずです）

［C］　義務を表す should と ought to と had better

　すべて義務を表しますが，ought to は客観的判断による義務を表し，should より強い義務を表します．should は主観的判断による義務を表します．had better は better があるので「〜したほうがよい」と訳されることが度々ありますが，実際には should や ought to よりも強い表現で「〜すべきである」「〜しなさい」の意味です．一人称以外で用いる時には高圧的感じを伴いますから注意が必要です．「ought to + have + 過去分詞」の形は「〜すべきであった（のにしなかった）」の意味を表します．

(5) a. You **ought to** think again.
    （君はもう一度考えてみるべきです）
   b. We **ought to** consider another possibility.
    （我々はもう一つの可能性を考えるべきです）
   c. She **ought to have worn** high heels.
    （彼女はハイヒールを履くべきだった）
   d. She felt she **ought to have bought** a pass.
    （彼女は定期券を買っておくべきだったと思った）
(6) a. We **had better** tell him nothing.
    （彼には何も言うべきではないですね）
   b. You **had better** come to my room, then.
    （それでは私の部屋にきなさい）
   c. He **had better** look for another career.
    （彼は別の職業を探すべきです）

3.5.　need の用法

　need は「〜する必要がある」の意味で，助動詞としても本動詞としても用い

られます．助動詞として用いるのは，主としてイギリス英語で，アメリカ英語では本動詞（need + to 不定詞）として使うのが普通です．また，助動詞用法は主として否定文・疑問文に見られます．

(1) a. You **needn't** go in the details of the matter.
(その件を詳細に調べる必要はありません)
b. We **need not** agree entirely with him.
(彼の言うことに全面的に同意する必要はありません)
c. There **needn't** be an election for two years and more.
(2年以上選挙の必要はありません)

「need + not + have + 過去分詞」の形は「～する必要はなかったのに（～した）」の意味です．not は need を否定しています．

(2) a. She **need not have worried** about him.
(彼女は彼について心配する必要はなかったのに)
b. He thought he **need not have asked** the question.
(彼はその質問をする必要はなかったと思った)
c. Looking back, I **need not have turned** my nose up when any of them approached me. [turn one's nose up (鼻であしらう)]
(振り返ってみれば，彼らの中のだれかが言い寄ってきても，鼻であしらったりする必要はなかったのだ)

4. 助動詞のまとめ

助動詞には，(1) 主語の能力・許可・義務・意志などを述べる場合と，(2) 可能性（推量）について述べる場合があることを見ました．そしてこの二つの意味の違いは構造の違いに対応しています．助動詞を M，主語を S，動詞句を VP で表すことにしましょう．

(1) **主語の能力・許可・義務・意志など**
[S [M VP]]　　　　　　　([Sが[VPできるなど]])

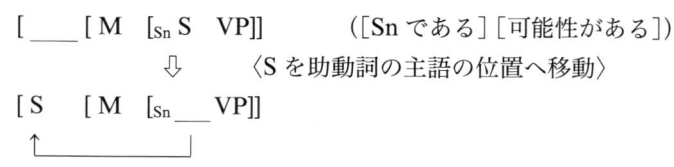

(2) **可能性（推量）**
　　　[＿＿ [M [$_{Sn}$ S　VP]]　　　（[Sn である] [可能性がある]）
　　　　　　⇩　　〈S を助動詞の主語の位置へ移動〉
　　　[S　[M　[$_{Sn}$＿＿ VP]]
　　　 ↑＿＿＿＿＿｜

　(1) では，[M VP] の部分が主語 S の能力・許可・義務・意志を表している構造になっています．一方，(2) では，助動詞 M が文（Sn）全体をつつみこみ，その可能性を表す構造になっています．さらに，否定文でも違いが見られます．(1) では「できない」「してはいけない」「すべきではない」「するつもりはない」のように，能力・許可・義務・意志の部分，つまり助動詞が否定されます．一方，(2) では [VP でない] [可能性がある] のように，VP が否定されます．（ただし，(1) の義務を表す must の否定形の must not ～ は禁止を表し，「～しないのが義務である」→「～してはいけない」の意味ですから，not は助動詞ではなく ～ の動詞句を否定しているので，他の助動詞とちょっと違います）．

　助動詞が表す可能性（推量）の度合いは助動詞ごとに異なります．一応の目安をあげておきましょう．一般に過去形のほうが可能性が低いと言えます．

　　(3)　He might ＜ may ＜ could ＜ can ＜ should ＜ would ＜ will ＜ must be honest.

左から右に向かって可能性の度合いが高くなります．can が中程度，must ではほとんど確実な可能性を表しています（可能性を表す形容詞の possible や probable については第 4 章 1.2.9 節 (p. 86) を参照）．

第 18 章

仮定法

　人間は，目の前で起こっていることや過去に起こったこと，未来に起こるかもしれないことを述べるだけではなくて，**仮想世界**を頭の中で作り出し，その仮想世界の中の出来事について述べることができます．そのような用法を**仮定法**といいます．仮定法は一見難しそうに見えますが，形式と意味の関係が決まっていますから，これをしっかり学習することが大切です．仮定を表す文には，「明日天気なら，ピクニックに行きます」のように単なる条件を表す**条件文**，現在の事実と異なる仮定を表す**仮定法過去**，過去の事実と異なる仮定を表す**仮定法過去完了**の三つがあります．仮定法には if 節のない文もありますが，そのような仮定法を理解するのには，if 節のある仮定法をしっかり理解しておくことが必要です．

1. 条件文と仮定法

　まず日本語の文を考えてみましょう．

　　(1) もし税金を払わないと，罰せられます．

この文では，単に「もし税金を払わないと」という条件を示し，その時どうなるかについて述べています．実際に税金を払ったのか払わなかったのかについては何も述べていません．これは**単なる条件**を表す条件文です．

　　(2) もし税金を払っていないなら，罰せられるでしょう（に）．

この文は，現実には「税金はすでに納めてあり，罰せられない」ことを意味しています．したがって，「もし税金を払っていないなら」という仮定は**現在の**

事実に反する仮想世界の事柄について述べています．

(3) もし税金を払っていなかったら，罰せられたでしょう（に）．

この文は，過去において「税金を払っていたので，罰せられなかった」ことを意味しています．したがって，「もし税金を払っていなかったら」という仮定は**過去の事実に反する仮想世界の事柄**について述べています．

このように，仮定に関わる表現には次の三つの場合があります．

(4) 単なる条件
「もし～ならば，～です」
(5) 現在の事実に反する仮定
「もし～であるならば，～であるのに」
(6) 過去の事実に反する仮定
「もし～だったならば，～であったのに」

日本語では，現在や過去の事実に反する仮定は「～であるのに」とか「～であったのに」のような表現によって示されますが，英語ではこのような仮定を決まった時制の形によって表します．

2. 条件文と仮定法の型

英語では仮定に関わる表現を次の三つの型によって表します．

(1) 条件文（単なる条件）
「もし～ならば，～です」
If S＋現在形など，S＋現在形など
(2) 仮定法過去（現在の事実に反する仮定）
「もし～であるならば，～であるのに」
If S＋過去形，S＋would/should/could/might/etc.＋動詞の原形
(3) 仮定法過去完了（過去の事実に反する仮定）
「もし～だったならば，～であったのに」
If S＋過去完了形，S＋would/should/could/might/etc.＋have＋過去分詞

3. 条件文

単なる条件を表す場合，ある状況を単に仮定するだけですから，if 節の時制も主節の時制も意味に応じて，現在，過去，完了，未来など自由です．いくつかのパタンを見ましょう．

[1] If S ＋現在形, S ＋現在形

(1) a. What happens **if** I do not pay the tax?
（税金を払わないと，どうなりますか）

b. Remember that **if** you have any problems, my door is always open.（悩みがあるときには，いつでも私のドアは開かれていることを覚えておいてください）

c. Art books are expensive to produce, especially **if** they contain color illustrations.（美術の本は，特にカラーの図版が入っていると，制作費が高くなります）

d. Silence is better **if** there is nothing specific to say.
（特に言うことがないなら，黙っているほうがよい）

[2] If S ＋現在形, S will/can/etc. ...

(2) a. **If** you have no back-ups, then one day you will lose it and that could be the end of your business.
［back-up（バックアップ）; will は高い可能性，could は低い可能性］
（バックアップをとっておかないと，ある日それ（パソコン内の情報）を失うことになり，それで君のビジネスが終わりとなることもあり得ます）

b. **If** you pay by cash you will normally obtain a receipt as proof of payment. ［will は現在の習慣］
（現金で支払うと，支払いの証明としてレシートを受け取るのが普通です）

c. Writing your own pieces can be very exciting **if** you have a talent for writing. ［can は可能性］
（物書きの才能があるなら，自分自身の作品を書くことはとてもわくわくすることでしょう）

第 18 章　仮定法

　　d. **If** the temperature is too low the beer will stop fermenting.
　　　[ferment（発酵する）; will は性質]
　　　（温度が低すぎると，ビールの発酵が止まります）

次の文では，if 節は未来の事柄を表していますが，未来を表す will がありません．英語では**条件の if 節**（と時の副詞節）では未来の事柄でも現在形で表すのが規則だからです．

　(3)　a. **If** you **argue** it will take even longer.
　　　　（口論をすると，さらにもっと時間がかかりますよ）
　　　b. **If** it **is** fine tomorrow, I will go on a picnic with my friends.
　　　　（明日晴れたら，友人とピクニックに行きます）
　　　c. However, **if** biographies of artists **are** carefully examined, it will be found that they do not necessarily contain much art criticism at all. ［biography（伝記）］
　　　　（しかしながら，芸術家の伝記を注意深く調べてみると，必ずしも多くの芸術批判を含んでいないことがわかるでしょう）

[3]　If S + will（意志）..., S + will/can/etc./ 現在形 ...

　この場合 if 節に will がありますが，この will は意志を表しているのであって，未来を示しているのではありません．意志は現在のことですから，この will は現在を表しています．

　(4)　a. **If** you will not come to us I am resolved to bring Christy to you.
　　　　（君が我々のところに来るつもりがないのなら，私が君の所にクリスティーを連れて行きます）
　　　b. I shall be glad **if** you will sign one copy of the letter and return it to me.
　　　　（書類のコピーにサインをして送り返していただくようにお願いします）
　　　c. **If** you will help us, we'll be able to finish the work today.
　　　　（もし君が手伝ってくれるなら，今日中に仕事を終えることができるでしょう）
　　　d. **If** you will not listen, Edward, take me to somebody who will!
　　　　（エドワード，君に聞くつもりがないのなら，聞くつもりのある人のとこ

ろに私を連れて行ってください)

- e. **If** you will only accept the offer of payment I made to you earlier, then the rest of the debt will be paid very shortly.
(以前にあなたに申し出た支払い額を受け入れるつもりがあるなら,残りの借金はすぐにお支払いしましょう)

次の例では,if節に意志を表す be going to が用いられています.

(5) a. **If** you are going to improve your fitness you will certainly need to increase your exercise level. [fitness (健康)]
(あなたが健康増進に努めたいなら,運動のレベルを上げることが是非とも必要でしょう)

b. **If** you are going to stay, you'll have to get your productivity up.
(君が(この会社に)留まるつもりなら,生産性を上げる必要があります)

[4]　条件文のその他の用例

これまでに見た以外の時制の組み合わせの例を見ましょう.

(6) a. Well, **if** he was repairing the machinery, it can't have been safe in the first place, can it?
[can't (〜であるはずがない), in the first place (そもそも)]
(さて,彼が機械の修理をしていたのなら,そもそも安全であるはずがなかったのではありませんか)

b. **If** I wanted another job I was going to have to lie and I wasn't very good at that. (もしもう一つ仕事がほしければ,嘘をつかねばならなかったし,私は嘘をつくのがそれほどうまくなかったんです)

c. **If** a major artist authenticated a work, then its price was certain to be higher. [authenticate (本物であると証明する)]
(一流の芸術家が作品を本物であると証明したら,その価格はきっともっと高くなったでしょう)

d. **If** you have had the letters to Dr. Dan, could you please send them to his brother? (もしダン博士宛の手紙を受け取っていらっしゃるのなら,それを彼のお兄さんに送っていただけませんか)

e. And it has sometimes been said that obtaining a grant may be

more difficult **if** a student has evidently changed his or her career tack. ［career tack（職業の方向）］
（これまでに時々言われてきたことは，学生が職業の方向を明らかに変えてしまうと奨学金が取りにくくなるかもしれないということです）

f. Your natural ability is the thing that should emerge, and **if** you have been well coached the coaching won't show. **If** you have been badly coached it will show everywhere.
［emerge（現れる），should（当然〜のはずだ：可能性（推量））］
（生まれながらの能力が現れてくるのは当然ですが，もし優れたコーチを受けていたならば，その指導は目に付かないでしょう．もしへたなコーチを受けていたなら，それはあらゆる所で目に付くでしょう）

g. **If** an error of judgement or a bad decision has been made, the vital thing is to recognize that, admit it and take immediate action to break the chain of events while a safe course of action is still possible. ［vital（きわめて重要な）］
（誤った判断をしたり間違った決断をしたとき，きわめて重要なことは，それを認識し，認め，まだ安全な行動方針をとることが可能な間に出来事の連鎖を断ち切るように素早い行動をとることです）

h. There's a saying in the computer industry: **If** in doubt, press a few keys; **if** that doesn't work, ask a colleague; **if** in deep trouble, consult the manual. ［colleague（(仕事上の) 同僚）］
（コンピュータ業界には次の格言があります．迷ったときにはいくつかのキーをたたけ，それでうまく行かないときは同僚にきけ，困り果てたらマニュアルを見よ）

4. 仮定法過去

現在の現実とは異なる仮想世界の事柄について述べるには**仮定法過去**を用います．仮定法過去は，**現在の事実に反する場合や現実に起こる可能性が低い事柄**を表します．

(1) 仮定法過去の型：
If S＋過去形, S＋would/could/might/should/etc.＋動詞の原形

[A] 現在の事実に反する仮定

(2) a. **I could** still catch the early train **if I left** immediately.
(いますぐ出発すれば，早い電車にまだ間に合うのですが)
b. **If I went** to night school, **I'd** be a student.
(もし夜学にでも通っているなら，学生ということになるのですが)
c. Try and think how you **would** feel **if** that **happened** to you.
(君にそのようなことが起こるなら，どう思うかよく考えてみてください)
d. **If** you **came** from Mexico, you **would** understand just how important it is to keep the bookshops, to keep the galleries open, even to keep the opera houses open.
(もし君がメキシコ出身なら，本屋を経営したり，ギャラリーをいつも開いておいたり，オペラ劇場を開いておくことさえもとても重要であることがわかるでしょうに)

仮定法過去では，be動詞は主語の人称に関わりなくwereを用いるのが規則です．口語ではwasを使うこともありますが，wereが基本であると覚えましょう．

(3) a. I'd pay off the school fees first **if I were** you.
(私が君の立場なら，まず授業料を支払うでしょう)
b. **If** there **were** no money, goods **would** have to be exchanged by barter, one good being swapped directly for another.
[good (品物), barter (物々交換), swap A for B (AをBと交換する)]
(通貨がなければ，物々交換，つまりある物を別の物と直接交換することによって，品物を交換する必要があるでしょう)
c. **If** a glider **was** blown over with someone sitting inside it unstrapped, that person **could** be killed.
[unstrapped (シートベルトをしないで)]

(シートベルトをしないで人を乗せてグライダーを飛ばしたら，その人は死ぬかもしれません)

d. **If** this **was** how things worked, just about every war veteran **would** inevitably end up homeless because of their past.
［war veteran（退役軍人），inevitably（必然的に，必ず），end up（結局〜になる）］
(事態がこのように進んでいけば，ほとんどすべての退役軍人が過去の経歴により必然的にホームレスになってしまうことになるでしょう)

［B］ 現実に起こる可能性の低い事柄の仮定

(4) a. **If** I **were** asked to choose just one I **would** choose Johnston's book.（もしどれか一冊を選べと求められることがあれば，ジョンストンの本を選ぶでしょう）

b. Tomorrow, **if** I **could** find a better medium, I **would** throw away cinema.（もしもっとよいメディアを見つけることができるなら，明日にでも映画を放棄するでしょう）

c. **If** all drinkable water **were** divided up evenly across the world, there **would** be more than anyone ever use — but more than a billion people do not have enough usable water.
［evenly（均等に），billion（10億）］
(すべての飲用に適した水を世界中で均等に分けるならば，だれもが使う以上の水があるでしょう．しかし現実には10億を超える人々が使うのに適した充分な水を得られないでいます)

d. The Alexander technique **would** be invaluable **if** it **were** properly included in all drama training programs.
［invaluable（きわめて貴重な），properly（適正に）］
(アレキサンダーの技巧がすべての演劇訓練プログラムに適正に取り入れられるならば，それはきわめて貴重なものとなるでしょう)

［C］ 丁寧な依頼

依頼やお願いをするときにwouldやcouldが用いられるのは，「もしできれ

ばでよろしいのですが」という仮定の意味が背後にあり，断る余地を残しているので丁寧な表現となります．

(5) a. **Would** you mind **if** I **had** some pudding?
（プディングをいただけないでしょうか）
b. I **would** appreciate it very much **if** you **could** give me his phone number. ［it は if 以下の内容を受ける］
（彼の電話番号を教えていただくとありがたいのですが）

［D］ were to を用いる仮定法

(6) **If S＋were to 不定詞, S＋would/could/might/etc.＋動詞の原形**

were to は未来の事柄についての仮定を表します．その実現可能性については，ありそうにないことから実現の可能性のある場合までいろいろですが，実現可能性の低いことを表すことが多いようです．

(7) a. It **would** be a tragic loss to theatre **if** such an important organization **were to** go to the wall. ［go to the wall（破産する）］
（もしそのように重要な団体が破産することになれば，演劇にとって大変な損失となるでしょう）
b. It **would** be nice **if** our friends from the constabulary **were to** join us. ［constabulary（武装警察隊）；it は if 以下の内容を受ける］
（武装警察隊の友達が我々に加わるならば，それはありがたい）
c. The apple **would** "fall up," **if** you **were to** flip the globe upside down. ［flip（ひっくり返す），upside down（逆さまに）］
（地球を逆さまにひっくり返したら，リンゴは「上に向かって落ちる」でしょう）
d. **If** a successful treatment for extending life **were to** emerge suddenly out of all the new developments of medical science, adding extra decades or even centuries to our lives, the results **could** be disastrous. ［treatment（治療法），emerge（現れる），medical science（医学），extra（余分の，追加の）；could は可能性］
（生命を引き延ばす有効な治療法が，医学におけるさまざまな新しい発展

の中から突然に現れ，我々の寿命がさらに数十年あるいは数世紀さえも延びることになれば，その結果は悲惨なものとなるでしょう）

[E] should を用いる仮定法

If ... should は「万一〜ならば」という意味で，話し手はその仮定の内容の可能性が低いと考えている場合に用いられます．絶対に起こりえないことには用いられません．主節（帰結節）は，意味内容に従って，命令形や現在形の助動詞も用いられます．

(8) a. **If** you **should** have any questions, please do contact me without delay. （万一質問があれば，すみやかに私に連絡してください）

b. **If** they **should** fall down the steps the fence will stop them going onto the road. （もし万一階段から落ちるようなことがあれば，フェンスが道路まで落ちるのを防ぎます）

c. **If** you **should** be in need of assistance, I can recommend an excellent gardener.
（万一助けが必要なら，優れた庭師を推薦いたします）

d. **If** she **should** die childless her kingdom of Scotland and her claim to the throne of England should become her husband's.
［claim（権利，資格）；二番目の should は「当然〜だ」の意味］
（万一彼女が子供のいない状態で死ぬとすれば，スコットランド王国と彼女の英国王位の権利は当然彼女の夫のものになります）

if が省略されて，**主語**と **should** が倒置されることがあります．

(9) a. **Should he** permit the ladies to enter the train before him, he would never get to work. ［大恐慌時代の記述］
（万一列車に乗る際に女性が先に乗り込むことを許せば，彼は決して仕事場に行きつくことができないだろう）

b. **Should somebody** somewhere transgress or ignore these rules, a cry of "Unfair" will go up. ［transgress（（規則）を破る）］
（万一だれかがどこかでこれらの規則を破ったり無視したりすると，「不公平」の叫びがわき起こるでしょう）

5. 仮定法過去完了

仮定法過去完了は**過去の事実に反する仮定**を表し，「もし〜だったら，〜だったのに」の意味を表します．

(1) 仮定法過去完了の型：
If S＋過去完了形， S＋would/could/might/should/etc.＋have＋過去分詞

(2) a. You **could have made** it too, **if** you **hadn't been** so stupid.
[make it (成功する)]
(君がそれほど愚かでなかったなら，成功もしたでしょうに)

b. **If** you **had told** me about that when I was a child, I **wouldn't have believed** you. (あなたが私が子供の頃にそのことについて話してくれていたら，あなたの言うことを信用することはなかったでしょうに)

c. **If** he **had read** the small print on his contract, he **would have realized** he had no right to be paid.
[small print (小さい字体 (の部分))]
(もし彼が契約書の小さい字体の部分を読んでいたならば，彼に支払いを受ける権利がないことがわかったでしょうに)

d. I could say without doubt that this lady **would have been** alive today **if** she **had not taken** drugs at that party.
(あのパーティーでドラッグを飲まなかったならば，この婦人は今日まで生きていたであろうことは疑いの余地がありません)

e. It **would have been** better **if** we **had never met**.
[it は if 以下の内容を指す]
(私たちは決して会わなかったほうがよかったのです)

f. **If**, on the other hand, he **had been taught** the details of the local time system, it **would have been** possible for him to adjust himself accordingly.
(他方，彼がその地方の時間システムの細部について教えられていたならば，それに従って状況に順応することができたでしょうに)

g. The great British geologist has suggested that **if** James Hutton, the eighteenth-century father of geology, **had visited** Switzerland, he **would have seen** at once the significance of the carved valleys, the polished striations, the marks where rocks had been dumped, and the other abundant evidence that pointed to passing ice sheets. ［geologist（地質学者），striations（線条痕：重いものが移動した後に残る線条の痕），dump（ドシンと落とす），abundant（豊富な），ice sheet（氷床）］

（偉大なイギリスの地質学者の言うところによれば，もし18世紀の地質学の父であるジェームズ・ハットンがスイスを訪れていたならば，たちどころに，刻まれた谷間，磨かれた線条痕，岩が落ちた痕跡の重要性や，氷床が通って行ったことを示す他の多くの証拠に気づいたことでしょう）

if が省略されて，**主語・助動詞倒置**が起こっている例も多く見られます．

(3) a. **Had I** been more mature, I **could have allowed** my daughter to make a free choice as to whether she wanted to share or not to share. ［Had I been ... = If I had been ...］
（私がもっと分別があったなら，娘が分け合いたいかそうでないかに関して自由な選択をするのを許すことができたでしょうに）

b. I never **would have captured** my new horse **had that** not happened. ［had that not happened = if that had not happened］
（もしあのことが起こっていなかったら，私の新しい馬を捕らえられなかったでしょう）

c. **Had she** done so, she **would have been** following the advice of an Arab proverb. ［Had she done so = If she had done so］
（彼女がそうしていたなら，アラブのことわざの忠告に従っていたことになったでしょう）

6. if 節がない仮定法

　仮定の内容が **if** 節以外の要素によって示される場合があります．そのような場合には，文脈からそれを探り出す必要があります．次の文章は浮浪者（tramp）役などで有名な喜劇王チャーリー・チャップリンがバッキンガム宮殿

でナイト (knight) の称号を与えられる場面について書いたものです．would have fallen は仮定法過去形ですが，if 節がありません．それに相当する部分はどこに隠れているでしょうか．

(1) He went to Buckingham Palace to be knighted by the Queen. Charlie, the tramp, **would have fallen** over as he left. Sir Charlie simply wept.
(彼は女王からナイトの称号を授けてもらうためにバッキンガム宮殿に赴いた．浮浪者のチャーリーだったら，後ろに下がりながらひっくり返っていたことでしょう．サー・チャーリーはただただ涙を流していたのでした)

この例では，名詞の the tramp の部分に仮定の意味が隠れていて，「もし浮浪者役のチャーリーだったら」の意味になります．

(2) a. At home in the United States his responses **would have been** normal ones and his behavior legitimate. ［legitimate (合法的な)，his behavior legitimate = his behavior would have been legitimate；条件の意味は at home in the United States にある］
(母国のアメリカ合衆国でなら，彼の反応は正常な反応であり，彼の行動は合法的とみなされたことでしょう)

b. A scientist who followed Holmes' example **would be disappointed** to find that his inferences are not automatically proved to be true. ［inference (推論)；条件の意味は who 以下の関係節にある］
(科学者がホームズを手本にしたならば，推測が自動的に正しいと証明されるのではないことがわかり，がっかりすることでしょう)

c. Without money, the economic system, which is based on specialization and the division of labor, **would** be impossible, and we **would** have to return to a very primitive form of production and exchange. ［specialization ((労働の) 専門化)，primitive (原始的)；条件の意味は without money にある］
(通貨がなければ，(労働の) 専門化と労働の分業に基づく経済体制は不可能であり，生産と交換という非常に原始的な形態に戻らざるをえなくなるでしょう)

7. 仮定法を用いた慣用表現

[A] if it were not for 〜 ; if it had not been for 〜

if it were not for 〜 は「もし〜がないならば」の意味で，**現在の事実に反する仮定**を表します．

(1) a. We **would** arrive much earlier **if it were not for** the snow.
（雪がなければ，もっと早く着けるのに）

b. Magritte's work **would** almost certainly not **have come** into existence **if it were not for** John and Dominique.
（ジョンとドミニクがいなければ，マグリットの研究は存在しなかったであろうことはほぼ確かです）

c. **If it were not for** the Church of Scotland, some of us **would have been** dead by now.（スコットランド教会がなければ，我々のいく人かは今頃までには死んでしまっていたことでしょう）

if it had not been for 〜 は「もし〜がなかったならば」の意味で，**過去の事実に反する仮定**を表します．

(2) a. **If it had not been for** that vehicle the accident **would not have happened**.
（あの乗り物がなかったなら，その事故は起こらなかったでしょう）

b. **If it had not been for** Agnes's willingness to help, poor Miss Watson **would have been unaided** in her weakness.
[unaided（援助のない），weakness（衰弱，病弱）]
（アグネスが喜んで手助けすることがなかったなら，かわいそうにワトソンさんは衰弱した状態の中で助けを受けないままでいたことでしょう）

c. **If it had not been for** him, we **would** all be dead and there **wouldn't** be anybody telling this.（もし彼がいなかったら，我々全員が死んでいて，このことについて話す人がだれもいないことになったでしょう）

d. He sent a wreath of lilies and a letter to her, saying that **if it had not been for** her tuition, he **would** not be where he was now.
（彼は彼女に百合の花輪と手紙を送り，彼女に授業料を出してもらわな

かったら自分の現在はなかったであろうと述べた）

if が省略されて，**主語・助動詞倒置**を起こしている例もよく見かけます．書きことばの用法です．

(3) a. **Were it not for** my father's offer of friendship, Matthew **would** be a very lonely soul.
［soul (人); were it not for ～ = if it were not for ～］
（私の父からの交際の申し出がなければ，マシューはとても孤独な状態になるでしょう）

b. **Were it not for** the support of sympathetic friends, the people **could** not be given the necessary help and encouragement to overcome their handicap.
（思いやりのある友人たちの支援がなければ，その人々はハンディキャップを克服するのに必要な助けと激励を受けることができないでしょう）

c. The fact presupposed is that the Earth revolves on its axis so that places on the Earth have varying positions relative to the Sun. **Were it not for** this fact of nature we **wouldn't** have our time-of-day language.
［the fact presupposed : presupposed は the fact を修飾; axis（軸），relative to ～（～に対して相対的に），time-of-day（時刻，時間）］
（前提とされている事実は，地球が地軸を中心に自転していて，地球上の様々の場所が太陽に対して異なる位置を取ることです．自然界のこの事実がなければ，我々の時刻に関することばは存在しないでしょう）

(4) a. **Had it not been for** the Cold War, these expectations **might have been** realized.
（冷戦がなかったならば，これらの予測は現実のものとなったかもしれません）［had it not been for ～ = if it had not been for ～］

b. **Had it not been for** the financial support of the telecommunications giant, AT&T, the company **would have been wound** up long before now. ［telecommunication（電気通信），AT&T = American Telephone and Telegraph Corporation（アメリカ電話電信会社），wind up（解散する，終わりにする）］

(電気通信業界の巨人である AT&T の財政的援助がなかったら，その会社はとっくの昔に潰れていたことでしょう)

c. They **would have been** married sooner **had it not been for** David's insistence on finding a career job before settling down.
　　［insistence on（～に対する固執，しつこさ），career job（生涯の仕事，専門的職業），settle down（身を固める）］
　　(デイビッドが身を固める前に専門職の仕事を見つけることに固執しなかったら，彼らはもっと早く結婚していたでしょう)

［B］　**as if ～**（まるで～のように）= **as though ～**
［1］　直説法の場合：　ただ「～のようだ」という意味を表し，現在形も未来形も用いられます．事実である可能性があることを表しています．

(5) a. They look **as if** they know each other.
　　　(彼らはお互いに知り合いのようだ)
　　b. Ma and Father shake hands with everyone and look **as if** they are having a wonderful time.
　　　(お母さんとお父さんはだれもと握手をし，楽しそうだ)

［2］　仮定法過去：　主節の表す時点の事実とは異なる内容を表し，「まるで～であるように」という意味を表します．主節が現在なら，現在の事実と異なる内容を，主節が過去なら，過去の事実と異なる内容を表します．

(6) a. He behaves **as if** he **were** the president of South Korea.
　　　(彼はまるで韓国の大統領であるかのように振る舞う)
　　b. You tend to treat life **as if** it **were** a game of cricket.
　　　(君は人生をあたかもクリケットのゲームのようにあつかう傾向がある)
　　c. He talked **as if** he **knew** everything.
　　　(彼は何でも知っているかのように話した)

［3］　仮定法過去完了：　主節の表す時点より以前の事実とは異なる内容を表し，「まるで～であったかのように」の意味を表します．主節が現在なら，過去の事実と異なる内容を，主節が過去なら，それ以前の事実と異なる内容を表します．

(7) a. She wasn't saying anything, but Ma smiled at her **as if** she **had done** something very clever.（彼女は何も言いませんでしたが，彼女が何か賢いことを成し遂げたかのように，お母さんは彼女に微笑みかけた）

b. His head was buried in the sand **as if** he **had fallen** from a great height.（非常に高いところから落下したかのごとく，彼の頭は砂にめり込んでいた）

c. John looks **as if** he **had been** ill in bed.
（ジョンはあたかも病床に伏していたかのような様子だ）

[4] as if のその他の用法： as if 〜 では，〜 の部分に省略がある場合があります．

(8) a. Peggy, **as if reading** my mind, said, "No, really, I was totally confused when I got here."
［as if reading my mind = as if she were reading my mind］
（ペギーは，あたかも私の心を読んでいるかのように，「いいえ，実際にはここに来たときにとても困惑していたのです」と言った）

b. She leaned closer **as if to impart** a secret.
［as if to impart a secret = as if she were to impart a secret］
（彼女は秘密を告げるかのようにより近くに体を傾けた）

c. At the same moment he very gently squeezed my hand **as if to say**, I don't want it, but I understand your motives.
［as if to say = as if he were going to say］
（同時に彼は，あたかも「そういうことをしてほしくはないけど，動機は理解できる」と言うように，私の手をとてもやさしく握った）

[C] if (...) only 〜（〜でありさえすれば）

仮定法過去形も仮定法過去完了形も用いられます．可能性が高い場合には現在形（直接法）も用いられます．only は述部を修飾しています．したがって，It would only snow!（雪が降ってくれればいいのに）のように only が述部の位置にくることもあります．only はそれが修飾する要素から離れた位置に生じることができるので，述部から離れて if の直後に生じるのです（☞第7章5.1節 (p. 138)）．

第 18 章　仮定法

(9) a. It **would** be better **if only** he knew what had become of James.
[it は if 節の内容を指す]
(彼にとってジェイムズがどうなったのかわかりさえしたらもっといいのに)

b. **If only** one could smoke and **if only** there were upholstered chairs, the library **would** be one of the most delightful places in the world.　[upholstered（装飾された）]
(たばこが吸えて，装飾された椅子がありさえすれば，その図書館は世界で最も楽しい場所の一つなのですが)

c. "**If only** you had been born a boy," he told her. "You **could have been** a lawyer."　(「おまえが男の子でありさえしたら，弁護士になれただろうに」と彼は彼女に言った)

d. The biggest nonsense is the belief that we **can** be physically immortal, **if only** we believe it.　(最もばかげたことは，我々がそれを信じてさえいれば，肉体的に不滅であるという信念である)

e. **If only** I hadn't had that last cup of hot chocolate.
(あの最後の一杯のココアを飲まなければよかったのに)

[D]　I wish ～ (～であればいいのに)：　～には文がきます．

(10) a. I wish [S ＋過去形] で仮定法過去の用法 (～であればいいのに)
b. I wish [S ＋過去完了形] で仮定法過去完了の用法 (～であればよかったのに)

(11) a. **I wish** I **had** long hair.
(髪が長ければいいのに)

b. I **wish** you **could** stay here for ever.
(君がいつまでもここにいることができればいいのに)

c. If you have to go home now, and I **wish** you **wouldn't**, then call me tomorrow and give me a date.
(そうして欲しくはないのですが，もう帰らなければならないのなら，明日電話をして会う約束をしてください)

(12) a. I **wish** I**'d bought** some chips. I'm still pretty hungry.
(チップスをいくらか買っておけばよかった．まだかなりお腹がすいている)

b. I **wish** Mr. Jackson **hadn't seen** me crying.
(ジャクソンさんに泣いているところを見られなかったらよかったのに)

[E] It is (about/high) time that S ＋過去形 (当然〜してもいい頃だ)

high は強めで「とっくにしていてもいいはずだ」のように非難の意味をともないます．不定詞節で書き換えることもできます．

(13) a. If you are finding that you are answering yes to most of these questions, **it is time** you **took** action! (これらの質問のほとんどに対する答えが「はい」であるなら，当然行動を起こすべき時です)

b. But **it is time** they **recognized** the PLO as the real representative of the Palestinian people. (PLO (パレスチナ解放機構) をパレスチナ人の真の代表と認めてもいい頃だ)

(14) a. **It is high time** the system **was** changed.
(当然体制を変えてもいい頃だ)

b. And indeed **it is high time to** think about lunch.
(実際昼食のことを考えてもいい時間です)

c. We think **it is high time** the French government **took** responsibility for their citizens and **should** pay for this kind of damage.
(我々が思うに，当然フランス政府が市民に対する責任をとり，この種の損害の償いをすべき時が来ている)

第 19 章

情報の流れ・右方移動・左方移動

　情報伝達をスムーズに行うためには，聞き手がすでに知っていると思われる既知の情報を提供し，それを足がかりとして聞き手にとって新情報であると思われる情報を追加するのが効果的です．つまり，効率的情報伝達のためには，情報伝達の流れを既知の**旧情報から新情報への流れ**にする必要があります．その結果，文末には新情報で重要な情報がくることになります．

　右方移動は要素を文末へ移動する操作です．要素を文末に移動することによって，その要素が重要であることを示したり，頭でっかちの文になることを防ぐ働きがあります．

　左方移動は要素を文頭へ移動する操作です．要素を文頭に移動することによってそれを強調したり，情報の流れを旧情報から新情報への流れに整える働きがあります．

1. 情報の流れ

　効率的な伝達法は，聞き手がすでに知っていると思われる情報を与え，次にそれを出発点として聞き手にとって新しいと思われる情報を追加するという方法です．この方法は文にも当てはまり，まず話し手が知っていると思われる既知の情報を文頭に置き，それを足がかりとして聞き手にとって新情報であると思われる情報を追加します．つまり，文の中で情報が**旧情報から新情報へ**流れるのです．次の問答を見ましょう．

　　　(1)　　a.　What did Mr. Smith donate?
　　　　　　　（スミスさんは何を寄贈したのですか）

b. Mr. Smith donated the first prize.
（スミスさんは一等賞を寄贈しました）
c. #The first prize was donated by Mr. Smith.
［# は不適切な表現の印］
（一等賞はスミスさんによって寄贈されました）

(1a) の答えとして，(1b) は適切ですが，(1c) はそうではありません．これはなぜでしょうか．Mr. Smith は (1a) ですでに言及されているので，聞き手にとっては旧情報です．これに対して，the first prize は疑問文に対する答えですから新情報です．そうすると，(1b) の情報の流れは旧情報⇨新情報であり適切な情報の流れであるのに対して，(1c) では情報の流れが新情報⇨旧情報となっていて不適切な情報の流れとなっています．このことは日本語でも同じであることは，訳をみるとわかります．次の問答はどうでしょう．

(2) a. Who was the first prize donated by?
（一等賞はだれによって寄贈されましたか）
b. The first prize was donated by Mr. Smith.
（一等賞はスミスさんによって寄贈されました）
c. #Mr. Smith donated the first prize.
（スミスさんが一等賞を寄贈しました）

(2a) の答えとして，(2b) は適切ですが，(2c) は不適切です．the first prize は (2a) ですでに述べられているので旧情報ですから，(2b) では旧情報⇨新情報の流れとなっているのに対して，(2c) ではその逆の流れになっています．能動文と受動文はほぼ意味が同じですから，(2b) でも (2c) でもどちらの答え方も可能なはずですが，(2b) だけが適切な答えであるのは，この文の情報の流れが旧情報⇨新情報となっているからです．

不定冠詞 a(n) などの付く**不定名詞句は新情報**を表します．定冠詞 the の付く名詞句や固有名詞などの**定名詞句は本来旧情報**を表します（☞第26章）．(ただし，定名詞句も，生じる位置によっては新情報を担うことができます．例えば，(2b) の Mr. Smith は固有名詞ですから本来は旧情報を表しますが，この場合には who に対する答えですから新情報となっています) 新情報を表す不定名詞句 a boy を含む次の文を見ましょう．

(3) a. I gave the bike to a boy.
    b. I gave the boy a bike.
    c.# I gave a boy the bike.

(3a) では the bike と a boy の間の情報の流れは旧情報⇨新情報です．(3b) でも the boy と a bike の間の情報の流れは旧情報⇨新情報です．これに対して，(3c) では a boy と the bike の間の情報の流れが新情報⇨旧情報となっているので不適切です．このような場合には，情報の流れが旧情報⇨新情報となるように I gave the bike to a boy. の表現を用います．

　もう一つの例として，庭に犬がいるのを見て，次のように言ったとしましょう．

(4) a.# A dog is in the garden.
    b. There is a dog in the garden.

(4a) では文頭に新情報があり，いわば突然新情報が飛び込んでくるので，聞き手はとまどいます．そのような混乱を避けるために，英語では新情報を提供する時の予備信号として there を用います．there 構文は，予備信号の there を旧情報とし旧情報⇨新情報の流れに従っている構文です．もう一つ別の例を見ましょう．

(5) a.# A president of a big company bought the nice big house.
    b. The nice big house was bought by a president of a big company.
    　（そのすばらしい大きな家をある大会社の社長が買った）

能動文の (5a) では，不定名詞句が主語となっているので，情報の流れが新情報⇨旧情報となっています．これに対して，受動文の (5b) では情報の流れが旧情報⇨新情報となっています．受動文によって情報の流れが整えられている例です．

　このように，英語の情報の流れには旧情報⇨新情報という一般原則があります．したがって，文末には新情報である重要な情報が来ることになり，これを**文末焦点**と呼ぶことがあります．焦点とはその文で重要な情報のことです．

2. 右方移動

2.1. 名詞句の右方移動

名詞句を文末（右方）に移動することによって**情報の流れを整える**ことがあります．文末に移動した要素は，文末焦点の原則により，重要な情報を担うことになります．

(1) a. John bought a foreign car that he liked most for his daughter.
　　b. John bought ∧ for his daughter **a foreign car that he liked most**.
　　（ジョンは娘に自分がもっとも好きな外車を買ってやった）

(2) a. John gave a big picture of Audrey Hepburn to Mary.
　　b. John gave ∧ to Mary **a big picture of Audrey Hepburn**.
　　（ジョンはメアリーにオードリー・ヘップバーンの大きな写真をあげた）

(1a) の a foreign car that he liked most は不定名詞句ですから新情報を表し，(for) his daughter は定名詞句ですから旧情報を表します．したがって，(1a) の情報の流れは新情報⇒旧情報となっているので不適切な語順です．そこで，不定名詞句を文末に移動して (1b) の語順にすると，情報の流れは旧情報⇒新情報となり，適切な語順となります．そして，文末に移動された不定名詞句は文末焦点の原則により重要な新情報を担います．(2) でも同様です．

右方移動構文を正しく解釈するためには，右方移動された要素のもとの位置を的確に捉える必要があります．(1) は buy NP for NP の文型ですから，移動された名詞句のもとの位置は buy の直後であることがわかります．同様にして，(2) は give NP to NP の文型ですから，移動された名詞句のもとの位置は gave の直後であることがわかります．

いくつかの実例を見ましょう．(3)–(7) では移動された名詞句を太字で示しました．(8)–(12) ではそのような標示をしてありません．移動された名詞句とそのもとの位置を見つけてください．

(3) There once was a village that had among its people **a very wise old man**.（昔，村人の中にとても賢い老人がいる村がありました）[had A among ... の A が文末に移動]

(4) Science has revealed to us **a universe so ancient and vast that human affairs seem at first sight to be of little consequence**.
［reveal A to B（A を B に明らかにする）；so ... that の構文；affairs（諸事），at first sight（一見したところ），of little consequence（ほとんど重要でない），consequence（重要性）］
（人間の諸事が一見するとほとんど重要ではないように思われるほど，非常に古く広大な宇宙を，科学は我々に対して明らかにした）［revealed A to B の A が文末に移動］

(5) The Irish who emigrate normally bring with them **a well-rounded education that is valued by employers abroad**.
［Irish（アイルランド人），emigrate（移住する），well-rounded（幅広い），value（（価値を）評価する），employer（雇用者）］
（移住するアイルランド人は，海外の雇用主によってその価値を認められている幅広い教養を身につけているのが通例です）［bring A with B の A が文末に移動］

(6) That would of course place at risk **those minorities who speak the other languages**.
［place A at risk（A を危険にさらす），minority（少数民族）］
（そのことはもちろんそれ以外の言語を話している少数民族を危険にさらすことになるでしょう）［place A at risk の A が文末に移動］

(7) We have the power to extinguish in an astronomical instant **species that took billions of years to evolve**.
［extinguish（絶滅させる），in an astronomical instant（瞬時に），astronomical（天文学的），species（種），billions of（何十億の），evolve（進化する）］
（我々は何十億年もかけて進化してきた種を瞬時に絶滅させる力を持っている）［extinguish A in an astronomical instant の A が文末に移動］

(8) The user of English has at his disposal a wealth of synonyms, among which he can find alternative ways of expressing a given idea.
［at one's disposal（自由に使える），a wealth of（豊富な），synonym（同意語），alternative（代わりの），given（一定の）］
（英語の使用者は，豊富な同意語を自由に使え，その同意語の中に一定の思想を表す別のいろいろな方法を見つけることができます）［has A at his disposal

のAが文末に移動；A = a wealth 以下文末まで]

(9) America seemed to offer to all who were disappointed with the Old World an opportunity to try what they could make of life under new and broader conditions.
[offer A to B (AをBに提供する), Old World (旧世界：アメリカ大陸発見前の世界), opportunity (機会), try what they could make of life (人生から何が作り出せるかやってみる)：make A of B (AをBから作る) cf. What do you make of his behavior? (彼の行いをどう思いますか)]
(アメリカは、旧世界に失望したすべての人々に、新しいもっと寛容な状況のもとで彼らが人生で何ができるかを試す機会を提供するように思われた)
[offer A to BのAが文末に移動；A = an opportunity 以下文末まで]

(10) The historian tries to impose on events some kind of rational pattern: how they happened and even why they happened.
[impose A on B (AをBに押しつける), event ((重要な)出来事), rational (合理的な)；コロン(:)以下は some kind of rational pattern の説明でコロンは「すなわち」の意味] (歴史家は、出来事に関して、それらが生じた経緯やそれらが生じた理由にさえ、ある種の合理的な型を押しつけようとする)
[impose A on BのAが文末に移動；A = some kind of rational pattern]

(11) His careful cleaning, for example, especially after eating, is almost certainly due to an instinctive impulse to remove from his mouth, paws and fur all the traces of his meal, so that he in turn will not be tracked to his home. [his は動物を指す；instinctive (本能的な), impulse (衝動), remove A from B (BからAを取り除く), paw ((かぎ爪のある)動物の足), trace (痕跡), in turn (順に、その結果), track (の跡を追う)]
(例えば、特に食事の後で注意深く汚れを落とすのは、口、足、毛から食事の跡をすべて取り除き、それによってすみかまで跡をたどられないようにするという本能的衝動に基づいていることはほぼ確かです) [remove A from BのAが文末に移動；A = all the traces of his meal]

(12) Environmentalists and ecological scientists are still in the process of reevaluating how to think about, how to create policy with, nature.
[environmentalist (環境保護主義者), ecological (生態学の), reevaluate (再評価する、見直す), policy (方針、政策)；how to think about nature, how

to create policy with nature がもとの形で，nature の部分が同じであるので，それを一つにまとめて文末に移動した型（第 21 章 2.3 節 (p. 396) に類例）]
(環境保護者と生態学者は，自然についての考え方，自然に対してどのような方策をとるかについて，いまだに見直している段階です)

(13) a. Bill put the money, and George hid the jewels, inside the mattress.（ビルはお金を，ジョージは宝石を，マットレスの中に隠した）[put the money inside the mattress と hid the jewels inside the mattress の共通部分の inside the mattress を文末にまとめて移動]

b. Bob always has been, and Carol recently has become, afraid of a dog.（ボブはずっといつも，キャロルは最近，犬を怖がるようになった）[has been afraid of a dog と has become afraid of a dog の共通部分 afraid of a dog をまとめて文末に移動]

2.2. 前置詞句の右方移動

前置詞が右方へ移動されることもあります．(1) は主語の位置から，(2) は目的語の位置から前置詞句が移動している例です．文末に移動された前置詞句が文末焦点の原理により目立つようになっています．

(1) a. A man with green eyes walked in.
(緑色の目をした男が入ってきた)
b. **A man** ∧ walked in **with green eyes**.
(男が入ってきたのですが，その男の目は緑色でした)

(2) a. I saw a red book by John Smith at a bookstore.
(本屋でジョン・スミスの書いた赤い本を見ました)
b. I saw **a red book** ∧ at a bookstore **by John Smith**.
(本屋で赤い本を見ましたが，ジョン・スミスの書いたものでした)

いくつかの実例を見ることにしましょう．

(3) What painting exists of a country home fireplace without a cat curled asleep beside it? [curl (oneself)（体を丸める）; without 付帯状況を表す；修辞疑問文で「どんな絵があるだろうか，ありはしない」の意味]
(田舎の家庭の暖炉の絵で，その側らに体を丸めて眠っている猫が描かれてい

ないような絵が，存在するだろうか）［of 以下が what painting の直後の位置から移動］

(4) On the global network, communities are forming of people who are interested in topics such as stamp collecting, nuclear power, and women's rights, and these communities are largely independent of national boundaries. ［community（地域共同体（社会）），form（形をなす，形成する），nuclear power（原子力），be independent of（〜と無関係である），national boundaries（国境）］
（国際的なネットワークに，切手収集，原子力，女性の権利のようなトピックに興味を持っている人々の共同体ができつつあります．そしてそのような共同体には多くの場合国境がありません）［of people ... women's rights が最初の communities の直後の位置から移動］

2.3. 節の右方移動

関係節や同格節が右方移動する場合もあります．この種の節の移動は頻繁に見られます．(1a) では，関係節 whose speakers ... が先行詞 many local dialects の直後の位置から文末へ移動し，(1b) では，関係副詞節 when ... が先行詞 the time の直後の位置から文末へ移動しています．(1c) では同格節が the claim の直後の位置から文末に移動しています．

(1) a. Yet, at the same time, **many local dialects** ∧ have developed **whose speakers can hardly understand each other**.
（しかし，同時に，多くの地域方言が発達してきていて，それらの方言の話し手はお互いの言っていることをほとんど理解できません）
b. **The time** ∧ may come **when the world will be dominated by just two languages**; on present performance, these will almost certainly be English and Chinese. ［performance（成り行き，遂行）］
（世界がただ二つの言語によって支配される時がくるかもしれない．現在の成り行きから見ると，それらの言語が英語と中国語になることはほとんど確かなことです）
c. **The claim** ∧ was made by the police **that the snow was causing the accidents**.

(警察によって雪が諸々の事故の原因であるという主張がなされた)

(1a) の develop は自動詞ですから後に節をとることはありません．したがって，whose が関係代名詞であることはすぐにわかります．(1b) の when は接続詞の可能性がありますが，そのように解釈すると意味が通りませんから，関係節の可能性を検討する必要が生じます．(1c) では that 節を関係節と解釈することはできませんから，同格節の可能性を探ることになります．

いくつかの実例を見ましょう．節の右方移動は頻繁に見られるので，次の実例で理解を確実なものにしてください．(2)-(5) では移動した節を太字で示してありますが，(6)-(10) ではそうしてありません．どの節がどこから移動しているか探ってみましょう．

(2) However, there are legends being made today **which many people believe**．(しかしながら，今日いくつもの伝説が作り出されつつあり，それを多くの人々が信じています)［関係節の移動で先行詞は legends］

(3) "There are parents walking around out there **who think everything is genetic**," says Steinberg.　［walking around out there「そのあたりを歩き回っている」→「一般の」の意味］
(スタインバーグは「世間の親たちの中にはすべてが遺伝的に決まっていると考えている親がいる」と述べています)［関係節の移動で先行詞は parents］

(4) It seemed as though no day had passed **that she hadn't called me about a new bill she wanted me to pay**.
［as though (あたかも〜のように)］
(彼女が私に払ってほしいと思っている新しい請求書について，私に電話をしてこない日はないかのようでした)［関係節の移動で先行詞は no day］

(5) Hopes were expressed **that the understanding and control of nature would improve techniques in industry and agriculture**.
［improve (改善する)］
(自然を理解しコントロールすることが，産業や農業における技術改善に役立つであろうという希望が表明された)［hopes と that 節が同格関係］

(6) With fifty to one hundred channels available in many locations, television watchers have many types of information available that they did not have in the early part of the twentieth century.

[with は付帯状況を表す; fifty to one hundred (50 から 100 の), available (利用可能な)]
(多くの地域で 50 から 100 のチャンネルが見られるので, テレビを見ている人は 20 世紀初頭では得られなかった多くのタイプの情報を利用できます)
[that 関係節の移動で先行詞は many types of information]

(7) When the time came for him to swim in his assigned qualifying heat, the two other swimmers in the heat were disqualified for false starts.
[assigned (割り当てられた), qualifying heat ((資格認定のための) 予選), heat (複数の予選の中の一回), disqualified (失格である)]
(彼が予選で泳ぐ順番が来た時, その予選の他の 2 人はスタートに失敗して失格となった) [the time for him to swim ... がもとの形で不定詞節が came の直後へ移動]

(8) It is so pleasant a profession that it is not surprising if a vast number of persons adopt it who have no qualifications for it.
[so ... that 構文; adopt (採用する, 選ぶ); 二番目の it は if 以下の内容を指す; qualifications (資格)]
(それはとても楽しい職業なので, 非常に多くの人々が, その資格もないのにその職業を選ぶとしても驚くにあたりません) [who 関係節の移動で a vast number of persons が先行詞]

(9) Though the old order of society and many of the institutions coming down from former days seemed, in the eighteenth century, to be permanent, a new attitude of mind was spreading among thoughtful people which was to influence every aspect of life — political, economic, social, religious, and artistic.
[order (秩序), institution (組織), permanent (永久の, 不変の), attitude (考え, 心構え), thoughtful (思慮深い), artistic (芸術的な)]
(古い社会秩序や昔からある組織の多くは, 18 世紀には永続的であるように思われていたが, 新しい精神的姿勢が思慮深い人たちの間に広まって行って, それが人生のすべての側面——政治, 経済, 社会, 宗教, 芸術——に影響を及ぼすことになった) [which 関係節の移動で a new attitude of mind が先行詞]

(10) At the end of the eighteenth century, Thomas Robert Malthus set forth the theory that while food supplies of the world increased by arith-

metical progression, population increased by geometric progression, and that the day was certain to arrive when the population of the world would exceed its capacity to feed itself.［Thomas Robert Malthus (T. R. マルサス：19世紀初頭に活躍したイギリスの経済学者), set forth（発表する）, arithmetical progression（等差数列）, geometric progression（等比数列）, by geometric progression（加速度的に）, exceed（越える）］
(18世紀末，マルサスは理論を発表し，その中で世界の食糧供給は等差数列的に増加するのに対して，人口は加速度的に増加し，世界の人口が世界の食料供給の能力を超える日が必ずくると述べた)［関係副詞 when 節の移動で the day が先行詞］

2.4. 右方転位

　名詞句の右方移動では，移動された名詞句のもとの位置は空所になっていますが，その位置に代名詞が生じる場合があります．この構文を右方転位（この名称を覚える必要はありません）とよぶことにします．この構文は，話者が話し始めには代名詞を使っても聞き手にそれが何を指しているかわかると考えているのですが，途中で代名詞の指すものを聞き手が正しく理解できないのでないかと考え，**文末にその代名詞の指すものを付加的に付け加える**ものです．したがって，文末にくる名詞句は，聞き手にすでにわかっている既知の情報を表す定名詞句に限られます．頻繁に出てくる形ではありませんが，このような文もあることを知っておきましょう．

(1) a. **It** isn't normal, **this kind of thing**.
（それは尋常ではありませんね，この種のことは）
b. I saw **him** downtown yesterday, **your friend from Mexico**.
（昨日彼に会いましたよ，メキシコ出身の君の友人に）
c. They elected **him** president, **the most stupid man in the congress**.
（彼らは彼を大統領に選出しました，議会で最も馬鹿な男を）
d. "When I saw **it** coming up on the Internet, **that last name**, I thought, 'Oh, my gosh, this is it,'" Adriana's mother said.
（「それがインターネットの画面上に現れたのを見た時，あの名字がね，『おやまあ，これだわ』と思いました」とアドリアーナの母は言った）

3. 左方移動

3.1. 話題・強調の左方移動

　左方移動には，**すでに話題となっている旧情報を文頭に移動して情報の流れを整える場合**と**新情報を文頭に移動して強調する場合**があります．

　まず，情報の流れを整える働きをする場合から見ましょう．次の会話はJohn について論じた会話ですから，John が話題になっています．その話題となっている John を文頭に移動した文が (1A) です．

(1)　Q:　What can you tell me about John?
　　　　　（ジョンについてどういうことを知っていますか）
　　A:　**John** Mary loves ∧ .
　　　　　（ジョンはメアリーが愛しています）

この会話では John はすでに話題となっている旧情報ですから，その John を文頭に置いた (1A) では情報の流れは旧情報から新情報へとなり，情報の流れの原則に合致しています．これに対して次の会話はどうでしょう．

(2)　Q:　What can you tell me about John?
　　　　　（ジョンについてどういうことを知っていますか）
　　A:　Nothing. #But **Bill** Mary loves ∧ .
　　　　　（何も知りません．しかしビルはメアリーが愛しています）

この会話でも John が話題となっていますが，(2A) では文頭に移動しているのは，話題となっている John ではなくて，話題となっていない Bill です．Bill は初めて出てくる新情報ですから，この文では情報の流れが新情報から始まっています．これは情報の流れの原則に反するので，(2) は不適切な会話となります．

　このように話題を文頭に移動する構文は，情報の流れを整える働きをもっています．話題となる要素は，遠い位置から文頭へ移動する場合もあります．

(3)　a.　**This book**, I asked Bill to read ∧ .
　　　　　（この本は私がビルに読むように言った）
　　b.　**This book**, I asked Bill to get his students to read ∧ .

（この本は私がビルに学生に読ませるように言った）

this bookは∧の位置から文頭に移動しています．(3a)では不定詞節の中から，(3b)ではもっと遠い不定詞節の中から文頭へ移動しています．したがって，これらの文を正しく理解するためには，文頭へ移動された要素のもとの位置を的確に見つけだすことが大切です．

左方移動には，ある要素を強調のために文頭に移動する場合もあります．

(4)　Q:　What did Sam give to Helen?
　　　　　（サムはヘレンに何をあげたの）
　　　A:　A BOOK he gave to her.
　　　　　（本を彼は彼女にあげたんだよ）

(4A)のA BOOKは問いに対する答えですから新情報です．それを文頭に移動して強調しています．この場合，文頭の要素に強勢が置かれるので，それを大文字で示してあります．

(5)　a.　A GIRL, whose name by the way is Susie, I love.
　　　　　（私が好きなのは，ついでながら名前はスージーという，女の子です）
　　　b.　A certain strange MONKEY I saw.
　　　　　（私が見たのはある奇妙な猿です）
　　　c.　NOTHING I hate more than a snob.
　　　　　（俗物ほど嫌いなものはありません）

まとめると，左方移動には，すでに話題となっている旧情報を文頭に移動して情報の流れを整える場合と新情報を文頭に移動して強調する場合があります．いくつかの実例を見ましょう．

(6)　**To these**, you can perhaps add a handful of 'dead' languages that are still taught in schools or used in religious services.　［add A to B（AをBに加える），a handful of（少数の）；'dead'の引用符の意味は「一見死語のようであるが」の含み；religious services（宗教上の礼拝）］
　　　（これらに，おそらく，いまだに学校で教えられたり礼拝で使われている少数の「死語」を追加することができます）［add A to BのtoBの前置］

(7)　**A reverse example of this** I encountered in a small French hotel

whose owner had a limited knowledge of English.
［reverse (逆の), encounter (遭遇する)］
(これと逆の例に、フランスの小さなホテルで出くわしましたが、そのホテルの所有者は英語が少ししかわからない人でした)［a reverse example of this が encountered の直後の位置から前置；encounter NP in a small French hotel の型］

(8) **To those who react in this way** I always feel like saying: the world of today isn't really how you imagine it!　［feel like (〜したい気がする)］
(このような反応をする人に対してはいつも次のように言いたくなります、今の世界は実際にはあなた方が思っているようにはなっていないと)［to those who react in this way が saying の直後から前置；say to NP の型］

(9) "I think **all the problems that you've seen in adults**, you can also see in children," said Dan Eisman.
(「私が思うに、これまで大人に見られた問題のすべてを、子供にも見ることができる」とダン・アイズマンは言った)［all the problems that you've seen in adults が see の直後の位置から前置；see NP in children の型］

3.2.　左方転位

日本語で「(話は変わりますが) 衛と言えば、恵子が彼と結婚しますよ」のような言い方があります。これを英語で言うと次のようになります。

　(1)　Speaking of **Mamoru**, Keiko is going to marry **him**.

この文では Mamoru を代名詞の him で受けています。この文の speaking of を省略すると次の文となります。

　(2)　**Mamoru**, Keiko is going to marry **him**.

このような、文頭の要素を代名詞が受ける構文を左方転位 (この用語を覚える必要はありません) と呼びます。この構文は**それまでの話題と異なる新しい話題を導入する**働きをする文です。次の問答を見ましょう。

　(3)　a.　What can you tell me about John?
　　　　　(ジョンについてどういうことを知っていますか)

b. Nothing. But **Bill**, Mary kissed **him**.
   （何も．しかしビルについては，メアリーが彼にキスしたんだよ）
c. #**John**, Mary kissed **him**.
   （ジョンについては，メアリーが彼にキスしたんだよ）

(3a)の問いからジョンが話題となっていることがわかります．(3b)では，それと異なる新しい話題の Bill を導入しているので適切ですが，(3c)ではすでに話題となっている John を新しい話題として導入しているので不適切です．このことから，この構文が新しい話題を導入する働きをもつことがわかります．

これらの文は，(1)，(2) で見たように as for/about/concerning/speaking of（〜に関しては）のような句がある文と同じ構文であると考えてよいでしょう．

(4) a. **Mary**, John gave **her** a new book.
　　 b. As for **Mary**, John gave **her** a new book.
　　　（メアリーに関して言えば，ジョンは彼女に新しい本をあげました）
(5) a. **This room**, **it** really depresses me.
　　 b. About **this room**, **it** really depresses me.
　　　（この部屋について言えば，本当にうっとうしいですね）
(6) a. **This spot on the rug**, you had better get **it** out before the party on Saturday.
　　 b. Concerning **this spot on the rug**, you had better get **it** out before the party on Saturday. （この絨毯のシミについては，土曜日のパーティーまでには取り除くべきです）

この構文は頻繁には生じませんが，このような文もあることを覚えておいてください．

第 20 章

it の用法

　英語ではすべての文に主語があります．天候，時間，距離，状況などを表す文では，主語となる要素がないので，代名詞の it を主語にします．また，it が予備的に主語や目的語の代わりに用いられることがあります．これは日本語には見られない現象ですから特に注意して学習する必要があります．

1. 天候，時間，距離，状況などを表す it

[**1**] 天気・明暗など

　　(1) a.　**It** may rain tomorrow.
　　　　　（明日は雨かもしれない）
　　　　b.　**It** is getting darker and darker.
　　　　　（だんだん暗くなってきている）

[**2**] 時間・曜日など

　　(2) a.　What day of the week is **it** today?
　　　　　（今日は何曜日ですか）
　　　　b.　**It** is Sunday today.
　　　　　（今日は日曜日です）

[**3**] 距離

　　(3) a.　How far is **it** from here to Zao?
　　　　　（ここから蔵王までどのくらいの距離がありますか）

b. **It** is an hour's drive from here to Matsue.
　　　　（ここから松江まで車で1時間です）

[4] 状況

　(4) a. I don't like **it** here.
　　　　（ここは好きではありません）
　　　b. They fought **it** out.
　　　　（彼らは戦い抜いた）
　　　c. I gave **it** hot.
　　　　（私はひどくやっつけた）
　　　d. How's **it** going?
　　　　（この頃どうですか）

(4a–c)のように状況を表すitは目的語の位置にも現れることができます．これらは一種のイディオムと考えるとよいでしょう．このitが何を指しているのかはその場の状況・文脈からわかります．

2. 予備のit

2.1. 主語の予備のit

　次の日本語を見ましょう．

　(1) a. 彼女が試験に失敗したのは本当です．
　　　b. 彼女が結婚したことが我々を驚かせた．

これを英語に直すと次のようになります．

　(2) a. That she failed the examination is true.
　　　b. That she got married surprised us.

しかしこれらの文は主語が長くてスタイルがよくありません．そこでthat節を文末に移動して，空になった主語の位置に予備のitを入れる操作を適用します．

　(3) a. That she failed the examination is true.

　　　　　　　　⇩　〈that 節を文末へ移動〉
　　　b.　＿＿ is true that she failed the examination.
　　　　　　　　⇩　〈空の主語の位置に it を挿入〉
　　　c.　It is true that she failed the examination.

このような操作により (2) から (4) の文が得られます．

(4)　a.　**It** is true **that** she failed the examination.
　　　b.　**It** surprised us **that** she got married.

that 節はもとは主語の位置にあったので，主語の位置の予備の it はその that 節を指すことになります．日本語には予備の it のようなものはありませんから，(4a, b) に対応する日本語はそれぞれ (1a, b) となります．

　主語の位置に予備の it をもつ文型には，that 節のほかに wh 節，不定詞節，動名詞節，if 節も生じます．

(5)　**主語が予備の it である文型：**
　　　It ＋動詞 / 形容詞 / 名詞＋ that 節 / wh 節 / 不定詞節 / 動名詞節 / if 節

[1]　that 節 / wh 節

(6)　a.　**It** came as no surprise **that** she succeeded.
　　　　（彼女が成功したことは驚くにあたらない）
　　　b.　**It** was unfortunate **that** he couldn't come.
　　　　（彼が来られないのは残念だった）
　　　c.　**It** is no wonder **that** you got mad when he broke the vase.
　　　　（彼が花瓶を壊したときにあなたが怒ったのは当然だ）
　　　d.　**It** doesn't matter **what** he said.
　　　　（彼が何と言ったかは問題ではありません）

[2]　不定詞節

(7)　a.　**It** would be a mistake **to** ignore his comments.
　　　　（彼のコメントを無視するのは間違いでしょう）
　　　b.　**It** will be wiser **to** drive slowly on a rainy day.
　　　　（雨の日はゆっくり運転するほうがよい）

［3］ 動名詞節

 (8) a. **It** is no use **your trying** to solve the problem.
    （その問題を解こうと思っても無駄です）
   b. **It**'s no good **complaining** to me.
    （私に愚痴を言ってもだめです）
   c. **It**'s nice **seeing** you.
    （あなたにお会いできて嬉しい）

［4］ if 節

 (9) a. **It** would be a pity **if** your wife got to know.
    （君の奥さんが知ったら可哀想だ）
   b. **It** would be a waste of taxpayers' money **if** I did nothing.
    （私が何もしなかったら税金の無駄遣いだ）
   c. **It** would be helpful **if** you repeated the announcement again.
    （アナウンスを繰り返してくれると助かります）
   d. **It** would surprise me **if** Mary abandoned her job.
    （メアリーが職を捨てるとしたら驚きだ）

ただし，この場合 if 節を主語にすることはできません．
 ここで，主語が that 節の場合と予備の it の場合の意味の違いを見ておきましょう．

 (10) a. That she failed the examination is true.
    （彼女が試験に失敗したことは本当です）
   b. It is true that she failed the examination.
    （事実，彼女は試験に失敗した）

(10a) では that 節の内容が旧情報，(10b) では新情報という違いがあります．つまり，(10a) は聞き手がすでに that 節の内容を知っていて，それが正しいかどうかが問題となっている場合に用いられます．一方，(10b) では that 節の内容が聞き手にとって新情報であり，「真実は that 以下である」という意味です．
 次の文はいわゆる SVOC と呼ばれる文型ですが，第 3 章 2.4.3 節の［A］(p.

56), [C] (p. 58) で述べたように，S + V + [Sn S + C] の文型をしています．したがって，予備の it は主語の位置にあるのであって，目的語の位置にあるのではありません．

- (10) a. Holmes himself found [Sn **it** amusing **that** no one knew how he reasoned]． ［reason（推測・推論する）］
  （ホームズ自身だれも彼がどのように推論しているのかわかっていないことが愉快だと思った）
  b. Bacon considered [Sn **it** unnecessary **to** be a genius in order to make discoveries in science]．（ベーコンは科学上の発見をするのには天才である必要はないと考えていた）
  c. Today, digital networks make [Sn **it** possible **for** everyone **to** be a publisher]．（今日デジタルネットワークのおかげでだれでも出版者になれるようになっている）
  d. As medical science makes [Sn **it** possible **for** us **to** live longer], it becomes increasingly clear that merely having no work to do is not the solution of anyone's problems.
  ［as（～につれて），medical science（医学），merely（単に）］
  （医学のおかげで我々がより長生きできるようになるにつれて，単に仕事をする必要がないことがだれの問題の解決にもならないことがますますはっきりしてきている）

2.2. 目的語の予備の it

動詞 leave, owe は V-A-to-B の構文で用いられ，A にも B にも名詞が生じます．

- (1) a. You may safely leave the decision to his judgment. ［leave A to B］
  （その決定を彼の判断にまかせておいてよいでしょう）
  b. I owe my present position to my boss. ［owe A to B］
  （私の現在の地位は上司のおかげだ）

このことを前提として，次の文を見ましょう．

- (2) a. You may safely leave **it** to his judgment [**to** decide when to start].

(いつ出発するかの決定を彼の判断にまかせておいてよいでしょう)
   b. I owe **it** to my boss [**that** I am still at my present position].
   (私がいまだに現在の地位にあるのは私の上司のおかげです)

(1) の文から明らかなように，これらの動詞の A の位置にくる要素は名詞です．したがって，この位置に不定詞節や that 節を用いることはできません．そこで，この目的語の位置に予備の it を用い，不定詞節や that 節を文末に移動した文が (2) です．この予備の it は文末に移動した that 節や不定詞節を指します．

2.3. 実　例

(1) **It** soon became clear **that** I could no longer rely on friends for help with everyday chores, like shopping and housework, when I needed it. ［no longer (もはや〜ない), chores (家事雑用)］
(すぐに明らかになったことは，買い物や家事のような毎日の雑用が必要な時に，友人の助けをもはやあてにできないことでした)

(2) Although the general attitude towards individuals with a mental handicap is gradually changing, **it** is both reassuring and encouraging **to** see youngsters such as these becoming a more regular part of 'everyday life.'
［attitude (考え方，態度), reassuring (頼もしい), encouraging (心強い)］
(精神的傷害を持つ人々に対する一般の態度は徐々に変わってきていますが，このような若者たちが「日常生活」のもっと当たり前の一部になりつつあることを知るのは頼もしくもあり，心強いことでもあります)

(3) Most experts say that the happiest and longest relationships are based on close friendship and shared interests, not just strong feelings. **It** takes a lot more than just physical attraction **to** make a lasting, happy marriage. ［expert (専門家), interests (趣味，関心事), take (必要とする), physical (肉体的な)；lot は比較級の強め］
(ほとんどの専門家の言うところでは，最も幸せで最も長期にわたる関係は緊密な友情と共通の趣味に基づいているのであって，強い感情だけに基づいているのではありません．長く続く幸せな結婚をするのには単なる肉体的魅力

(4) **It** is said **that** the prison director steals the fuel to warm his own house in Meknes. ［Meknes：モロッコのメクネス州］
(メクネス州では刑務所長が燃料を盗んで自宅の暖房に使っているそうです)

(5) **It** is reported **that** on 22 March Nijazi Beqa and five other political prisoners there went on a hunger strike against their conditions.
(報告によれば，3月22日の時点でニジャジ・ベカと他の5人の政治犯が彼らの置かれている状態に反対してハンガーストライキを続けていたそうです)

(6) Although the team was shown alleged mass graves of babies, **it** was not established **how** they had died. ［team（調査隊），alleged（申し出による，いわゆる），mass（多数の），establish（確立する，証明する）］
(調査隊は申し出によれば大量の赤ん坊の墓であると言われているものを見せられたが，赤ん坊がどのようにして死んだかについては明らかになっていません)

(7) But some drugs cause bad, disturbing flashbacks. Many people who use drugs regularly find **it** difficult **to** exist in a drug-free world.
［disturbing（不安にさせる，心を乱す），flashback（(幻覚剤をやめた後で経験する) 幻覚の現象），drug-free（薬のない）: -free は「...のない」の意味 (cf. chemical-free（無農薬の），tax-free（免税の））］
(しかし薬の中には不快で不安にさせる幻覚現象を引き起こすものがあります．薬を常用している多くの人は，薬のない世界にいることが困難であると思っています)

(8) The fact that the nationals of many refugee-producing countries now need visas to travel to this country has made **it** extremely difficult for many people wishing to apply for asylum, **to** reach the UK.
［national（(ある国の) 人），refugee（避難民），visa（ビザ，入国許可証），asylum（(政治的) 庇護）; the UK = the United Kingdom］
(多くの難民排出国の人々がいまやこの国へ旅行するのにビザを必要としていることが，政治的庇護を申し出たいと思っている多くの人々にとって英国にたどり着くのをきわめて困難にしているのです)［to reach の前のコンマは本来不必要ですが，その前にある difficult につく for の句が長いので，it ... to の関係を明確に示すために入っています］

(9) If you have this disease, a germ can destroy your eyesight. You can also find **it** hard **to** remember things, because germs are multiplying in your brain. ［multiply（どんどん増殖する）］
(この病気に罹ると，病原菌が視力を破壊する可能性があります．また，病原菌が脳のなかでどんどん増殖するので，物事を記憶するのが難しくなります)

(10) In Kenya Harris Okong'o Arara continues to serve a five-year sentence imposed in 1988 under a law which makes **it** a criminal offence simply **to** possess literature critical of the government. ［serve（〜を務める，に服する），sentence（刑，判決），criminal（刑事上の），offence（罪，違反），literature（文献，文書），critical of（〜に批判的な）］
(ケニヤでは，ハリス・オコンゴ・アララが，政府批判の文書を持っているだけで刑事罰とする法律の下で，1988年に課せられた5年の刑を務め続けている)

3. 強調構文

ある要素を強調する最も簡単な方法は，その要素に強勢を置くことですが，特定の文型を用いることによってある要素を強調する方法もあります．

3.1. what 強調文

まず日本語を見てみましょう．

(1) a. 太郎はテレビを買いたいと思っている．
b. ［太郎が買いたいと思っているのは］**テレビ**だ．
c. ［太郎がしたいと思っているのは］**テレビを買うこと**だ．

(1a) の文の「テレビ」と「テレビを買う」の部分を強調した文がそれぞれ (1b) と (1c) です．日本語の強調文は，このように「...のは〜だ」の形をしています．この文は強調したい要素を〜の位置へ移動して作られます．

(2) a. ［太郎が**テレビ**を買いたいと思っているのは］＿＿だ

b. ［太郎が**テレビを買いたいと思っているのは**］＿＿だ
　　　　　└──────────────────┘↑

したがって，強調される要素に対応する空所が必ず「...のは」という主語の中にあります（(2b)では動詞句が移動しているので，空所の位置に「する」が補われます）．この強調文は，次のような文脈を背景としています（∧は空所を表しています）．

(3) Q: 太郎は**何を**買いたいと思っているのですか．
　　A: ［太郎が ∧ 買いたいと思っているのは］**テレビ**です．
　　　　　　　　前提　　　　　　　　　　　　焦点

(3Q)の疑問文に対して，(3A)のように答えることができます．(3A)の括弧の部分はすでに疑問文に含まれていますから，これは旧情報です．これに対して太字の部分は問いの答えですから新情報です（これらをそれぞれ前提，焦点と呼びます）．つまり，「...のは～だ」では「...のは」の部分が前提を表し，「～だ」の部分が焦点を表します．

　この日本語の強調文に対応する英語の強調文があります．日本語の強調文「...のは～だ」は，英語では **what ... is ～** の型で示されます．(1)の日本語に対応する英語は(4)です．

(4) a. Taro wants to buy a TV set.
　　b. [**What** Taro wants to buy ∧] **is** a TV set.
　　c. [**What** Taro wants to do ∧] **is** (to) buy a TV set.

英語の強調文も日本語と同様の方法によって作られます．

(5) a. [What Taro wants to buy **a TV set**] is ＿＿．
　　　　　　　　　　　　　　　└────┘↑
　　b. [What Taro wants to do **buy a TV set**] is ＿＿．
　　　　　　　　　　　　　　　└────┘↑

(4)で ∧ によって示されているのが，強調される要素（焦点）のもとの位置です．日本語の強調文と同様に，**what** 節の中に **be** 動詞の直後の要素に対応する**空所**があります（日本語と同様に，動詞句が移動している (5b) では空所の位

置に do が補われています）．

どこに空所があるかに注意して次の例を検討してください．

(6) a. **What** John took a picture of **was** his son.
（ジョンが写真を撮ったのは彼の息子だ）
b. **What** John did **was** prove the theorem.
（ジョンがしたのは定理の証明だった）
c. **What** the enemy intends to do **is** destroy the city.
（敵が意図しているのは町を破壊することだ）
d. **What** Fred told us **is** that he wants to quit school.
（フレッドが我々に話したのは，学校を止めたいということです）

3.2. it 強調文

what 強調文は日本語の強調文に対応した形をしていますが，英語にはもう一つ別の強調文があります．それは **it is ... that ～ の型**をしていますので，it 強調文と呼びましょう．この強調文は what 強調文よりもはるかに頻繁に使用されますが，日本語にはない型なので，その仕組みを十分理解することが大切です．(1) の文中のどの要素を強調するかによって，(2) のそれぞれの文ができます．

(1) John wore a white hat at the party last night.
（昨夜ジョンはパーティーで白い帽子をかぶっていた）
(2) a. It was **John** that wore a white hat at the party last night.
（昨夜パーティーで白い帽子をかぶっていたのはジョンだ）
b. It was **a white hat** that John wore at the party last night.
（昨夜ジョンがパーティーでかぶっていたのは白い帽子だ）
c. It was **at the party** that John wore a white hat last night.
（昨夜ジョンが白い帽子をかぶっていたのはパーティーでだ）
d. It was **last night** that John wore a white hat at the party.
（ジョンがパーティーで白い帽子をかぶっていたのは昨夜だ）

(2b) を例にとると，この文は次のような操作によって作られます．

(3) a. It was ___ that John wore **a white hat** at the party last night.

b. It was **a white hat** [that John wore ∧ at the party last night].
　　　　焦点　　　　　　　前提

it 強調文では，that 節が前提（旧情報）を表し，be 動詞直後の要素が強調される焦点（新情報）となります．it 強調文では，強調したい要素を it is ... that 節の ... の部分に移動しますから，**that 節の中に空所**が生じます．その空所を正しく捉える必要があります．また，it 強調文の焦点となるのは名詞句，前置詞句に限られます（(2d) の last night は名詞句の副詞用法であると考えておきましょう）．したがって，what 強調文のように動詞句や文を強調することはできません．

ここで what 強調文と it 強調文を比較して見ましょう．

(4) a. [What John ate] was a fish.
　　b. It was a fish [that John ate].

この二つの文の日本語訳はどちらも「ジョンが食べたのは魚だ」となります．what 強調文では，まず前提となる部分を what 節で述べて，それに該当する新情報を最後で明らかにする文です．これに対して，it 強調文ではまず強調したい新情報を述べて，それがどのような前提の中に位置づけられるかを that 節で述べています．つまり，**焦点と前提の示し方が異なっています**．日本語には what 強調文に対応する文しかありませんから，it 強調文を理解するのには練習が必要です．it is ... that 強調文で，that の代わりに which が使われることもあります．また，強調される要素が人間である場合には that の代わりに who が用いられることもあります．

4. 実　例

[**1**]　what 強調文

(1) **What** I want **is** something between these two extremes: courteous and constructive criticism.　[courteous（思いやりのある）]
（私が望んでいるのはこれらの両極端の中間にあるもの，つまり思いやりのあ

る建設的な批判です）［コロンは「つまり」の意味；空所は want の直後］

(2) **What** I was hoping **was** that you might help mediate between Terri and me. （私が望んでいたのは，君がテリーと私の間の仲裁の手助けをしてくれることでした）［空所は hoping の直後］

(3) **What** he really needed and wanted from Mary **was** for her to help him handle some of the demands of his business.
［demand（すべきこと，必要事項）］
（彼が本当に必要としメアリーに望んでいたのは，彼女が彼の仕事のいくつかを手伝ってくれることでした）［needed and wanted from Mary の直後に for her to help ... に対する空所］

(4) **What** appeared to be a food shortage may, in fact, **be** an uneven worldwide distribution of economic power. ［uneven（不均衡な）］
（食料不足にみえるのは，実際には経済力の不均衡な世界的分布であるのかもしれない）［空所は appeared の主語の位置］

[2] it 強調文

(5) **It is** not just happy and sad moods **that** influence our judgments of other people.　Anxiety can also affect the way we see others.
（他人をどう判断するかに影響を与えるのは楽しい気分や悲しい気分だけではありません．心配も他人の見方に影響を与えます）［空所は influence の主語の位置］

(6) How often can we say "Of course I believe it ― I saw it with my own eyes!"　But can we really be so sure what **it is that** our eyes tell us?
（「もちろん信じています，私自身の目でそれを見たのですから」と言うことがしばしばあります．しかし我々の目が教えてくれるのが何であるかに本当にそれほど確信が持てるのでしょうか）［it is what that ... の疑問形；空所は tell us の直後］

(7) But just what **was it** in the house **that** was causing our illnesses?
（しかし我々の病気を引き起こしていたのは家の中にある何だったのですか）［it was [what in the house] that ... がもとの形で疑問詞の what が文頭に移動している；空所は was causing の主語の位置］

(8) **It was** on that trip **that** he stood in front of the Berlin Wall and said,

"Mr. Gorbachev, tear down this wall!"

(彼がベルリンの壁の前に立って，「ゴルバチョフさん，この壁を取り壊してください」と言ったのはその旅行の時でした) [ゴルバチョフ：ソビエト連邦最後の最高指導者 (1931-) ; the Berlin Wall は 1961 年から 1989 年の間に存在した東ドイツ (東ベルリンを含む) と西ベルリンを隔てる壁]

(9) **It was** not until he started work as an animator in his early twenties **that** Miyazaki was finally able to feel he had shaken off Tezuka's influence. [not until (... になってやっと)]

(20 歳代のはじめにアニメーターとして仕事を始めてからやっと，宮崎は最終的に手塚の影響を振り払うことができたと感じた)

(10) **It's** only when the drugs are marketed to the general population and taken by large numbers of women, children and the elderly **that** more obscure side effects emerge.

[market (市場で売る), population (人々), obscure (わかりにくい，はっきりしない), side effect (副作用), emerge (現れる)]

(よりわかりにくい副作用が現れるのは，薬が一般市場で販売されて，たくさんの女性や子供や高齢者が使うようになる時だけである)

(11) **It is** not without justification **that** money has been called one of the great inventions contributing to human freedom.

[justification (正当化，理由づけ)]

(貨幣が人類の自由に貢献する偉大な発明品の一つであると呼ばれてきたのは，理由のないことではない)

(12) Remember, **it is** not only the person you are writing to **who** may read the letter.

(覚えておいてください，その手紙を読むのはあなたが手紙を書いている相手だけではないのです) [it is [the person you are writing to] who ... の型]

(13) But **it was**, above all, the men of science **who** broke the hold of the past on men's mind. **It was** they **who** revealed by their discoveries that many accepted ideas were false and **who** laid the foundations for ever-increasing knowledge.

[hold (制約，拘束), reveal (〜 (ということ) を明らかにする)]

(しかしとりわけ人間の精神に関する過去の制約を打ち破ったのは科学者で

あった．多くの受け入れられている考えが誤りであることを発見によって明らかにし，そして絶えず増加していく知識の基礎を築いたのも彼らであった）[it was they who ... and who ... の型]

(14) **It was**, I think, the animal's intelligence, his knowledge that **it was** an innocent child and not a grown-up **that** was taking this liberty with him, **which** restrained his impulse to strike. ［子供が馬の尻尾をつかんで遊んでいる場面の記述；the animal ＝馬；take liberties with（なれなれしくする），restrain（抑制する，抑止する），impulse（衝動）］

(私が思うには，蹴飛ばしたいという衝動を抑えたのは，その動物（馬）の知性，すなわち，自分にこんな風になれなれしくしているのは無邪気な子供であって大人ではないということを知っていたからであろう）［二つの強調文があり，一方が他方の強調文に含まれている複雑な形；一つが it was the animal's intelligence ... which restrained his impulse to strike の強調文，もう一つが it was an innocent child and not a grown-up that ... の強調文；his knowledge と that 節は同格関係；the animal's intelligence と his knowledge も同格関係］

第 21 章

等位接続

接続詞には，等位接続詞と従属接続詞があります．**等位接続詞**は要素を同等の資格で結びつけますが，**従属接続詞**では一方の要素が他方の要素に従属する形で結びつきます．例えば，「太郎と花子」では「太郎」と「花子」は対等の資格で結びついています．一方，「太郎が来た時，花子は留守でした」では，「太郎が来た時」は主節の「花子は留守でした」を修飾する形で結びついています．したがって，このような「(〜する) 時」のような接続詞を従属接続詞と呼びます．日本語の従属接続詞には「〜 (である) と (思う)」「〜 (する) 時」「〜ので」などの表現があります．英語でも同様で，that 節の that，副詞節の when, since, though などが従属接続詞です．従属接続詞は節の接続しか許しません．ここでは等位接続詞についてのみ説明します．

1. 等位接続詞とその特徴

日本語の等位接続詞は「と」「しかし」「あるいは／または」です．英語でも同様で **and, but, or, nor** が等位接続詞です．

(1) 等位接続詞の特徴：
  i. 語，句，節のいずれの要素も結びつけることができる．
  ii. 結合される要素が同じ品詞 (範疇) に限られる．

等位接続では接続される要素に制限があり，語と語，句と句，節と節の接続は許されますが，語と節，句と節などの接続は許されません．また，動詞と動詞，名詞と名詞など同じ種類の要素の接続は許されますが，動詞と名詞，名詞と形容詞など異なる種類の接続は許されないのが原則です．

1.1. and

and は文脈によっていろいろの意味を表します．対等な関係にある「**A と B**」，時間的前後関係を表す「**そして〜**」，対照的関係を表す「**ところが一方〜**」，理由を表す「**したがって**」，条件を表す「**そうすれば**」などの意味をもっています．

(1) a. I met John **and** Mary on the street.
   (通りでジョンとメアリーに会いました)［対等関係］
   b. John started the engine **and** drove away.
   (ジョンはエンジンをかけて，運転していった)［順序関係］
   c. I was just a young man, **and** he was a very old man.
   (私はただの若者で，一方彼は大変な高齢であった)［対照］
   d. He speaks very softly, **and** I like him very much.
   (彼は話し方がとても優しいので，私は彼が好きです)［理由］
   e. One more step, **and** you'll fall down.
   (もう一歩動いたら落ちるよ)［条件］

二つの要素が and で結びついて，発音上も意味上もあたかも 1 語のようになる場合があります．これらの表現では，and は /n/ としか発音されません．

(2) a. bread and butter (バター付きパン)，a cup and saucer (受け皿付きのカップ)，a watch and chain (鎖付きの時計)，a rod and line (釣り糸付きの釣り竿)，a needle and thread (糸を通した針)，man and wife (夫婦)
   b. come and see me (会いにくる)，try and sleep (寝るように努める)，wait and see (待って見る)
   c. nice and warm (とても暖かい)，nice and cool (とても涼しい)，good and tired (とても疲れた)

(2b) の come and see me = come to see me は目的を表す不定詞によって書き換えられる意味を表します．このような用法は口語的で，come, go, run, stay, stop, try, wait のような動詞に見られます．(2c) も口語的表現で nice and warm = very warm の意味です．

1.2. but

but は対をなしている要素が**反対あるいは対立**を成すような場合に用いられます。日本語には「腹が減ったが、少し休みませんか」のような「が」の使い方がありますが、これは前後の要素に対立関係があるわけではないので、英語では but ではなく、むしろ and で表されます (I'm hungry and let's take some rest.)。

(1) a. This house is small **but** comfortable.
   (この家は小さいが、住み心地がよい)
 b. It's hard work **but** very rewarding.
   (それは重労働だが、報酬はよい)
 c. They were released in 1990, **but** are still subject to restriction on freedom of movement.
   (彼らは1990年に解放されたが、いまでも移動の自由に制限がある)
 d. Nobody seems to have explained this to her, **but** finally she understands. (だれも彼女にこのことを説明しなかったようだが、彼女は最終的には理解している)

(1a) では形容詞が、(1c) では動詞句、(1d) では節が but によって結ばれています。(1b) の hard work は名詞句で、very rewarding は形容詞句ですが、これらはともに述語として用いられているので同類とみなされ、but による接続が可能です。

but には、**not A but B**（AではなくてB）、**not only A but also B**（AのみならずBもまた）、**it is true that A, but B**（なるほどAだが、しかしB）などの用法もあります。

(2) a. I am **not** to blame, **but** you are to blame.
   (非難されるべきは私ではなくて、君だ)
 b. Gogh is famous **not only** for his art **but also** for his writing.
   (ゴッホは芸術のみならず、著作でも有名です)
 c. **It is true that** there was a lot of housework **but** I used to be very lonely.
   (なるほど家事はたくさんありましたが、私はいつもとても孤独でした)

1.3. or と nor

or には，[1] 選択的に要素を結びつけ「**A あるいは／または B**」の意味，[2] その前の要素の示す内容をわかりやすく，あるいはより正確に言い換える場合に用いられ「**すなわち**」の意味，[3] 条件を表して「**さもなければ**」の意味の三つの用法があります．

[1] 選択的に要素を結び，「A あるいは／または B」の意味の場合：

(1) a. You can pay by cash **or** by cheque.
(現金か小切手で支払いができます)
b. A lawyer **or** accountant can act as an adviser if you so wish.
(お望みであれば，弁護士あるいは会計士がアドバイザーになります)
c. Those people are often too weak **or** ill to care for themselves properly.（それらの人々は，非常に弱っているか非常に不健康な状態にあり，自分のことをきちんとできないことが多い）
d. The first payment should be on **or** after the date on which the contract is signed.（最初の支払いは，契約が交わされる日あるいはその後でなされることになっています）
e. Whether you need medical **or** nursing advice or practical support in the home we can help. ［whether A or B (A にせよ B にせよ)］
(あなたが医学上のあるいは看護上のアドバイスを必要とするにせよ，家での実際の援助を必要とするにせよ，我々は援助をすることができます)
f. if you become unemployed **or** your income falls below a certain level, ...（もしあなたが職を失ったりあるいは収入が一定レベルを下回るならば，...）

(1a) では前置詞句 (by cash or by cheque), (1b) では名詞 (lawyer or accountant), (1c) では形容詞 (weak or ill), (1d) では前置詞 (on or after), (1e) では形容詞 (medical or nursing), (1f) では節（文）がそれぞれ or によって結ばれています．このように，どの要素が等位接続されているのかを正しく捉えることが必要です．

[2] 「すなわち」の意味をもつ場合：

この用法は意外と多くみられます．or rather のように rather を伴って「い

やむしろ」のように使われることもあります．

- (2) a. the strange novel, **or** the thriller (その奇妙な小説，つまりスリラー)
  - b. the young man, **or** John (その若者，つまりジョン)
  - c. from the donor **or** from a 'connected person'
    (ドナー（臓器提供者）から，つまり「親類関係の人」から)
  - d. This computer is old, **or rather** very out of date.
    (このコンピュータは古いというよりもとても時代遅れだ)

[3]「さもなければ」という条件の意味の場合：

- (3) a. Do it right now, **or** you'll be sorry.
    (すぐにそれをしなさい，さもないと後悔しますよ)
  - b. We can't wait any longer, **or** we'll be late for the concert.
    (これ以上待てない，さもないとコンサートに遅れてしまう)

否定文では or を nor の代わりに用いることができます．

- (4) a. They ca**n't** give you a purpose **or** meaning in life.
    (それらは人生の目的も意味も与えてくれません)
  - b. John did**n't** telephone **or** write to me.
    (ジョンは電話も手紙もくれませんでした)
  - c. He is **neither** clever **nor** wise.
    (彼は利口でもないし，賢明でもない)

(4a, b) で or の代わりに nor を用いることもできますが文語的です．(4c) の neither A nor B (A も B も～ない) では nor しか用いられません．

2. 等位接続される要素

第1節 (1) で等位接続詞の特徴として (i)「等位接続される要素は，語，句，節（文）のいずれの要素でもよい」ことを述べましたが，さらに pre- and post-war cameras (戦前戦後のカメラ) のように接辞を等位接続することもできます．また，等位接続詞の特徴 (ii) では「等位接続される要素の種類は同じ（同じ品詞）である」ことを述べました．副詞句と前置詞句は同じ働きをする場合があ

るので，等位接続が可能です．

「太郎あるいは次郎と花子」という表現は二とおりの解釈，すなわち「[太郎あるいは次郎] と [花子]」と「[太郎] あるいは [次郎と花子]」の二つの解釈があります．英語でも同様に John or Jim and Susan は二とおりの意味（[John or Jim] and [Susan] と [John] or [Jim and Susan]）をもちます．また，young men and women も，[young men] and [women] とも young [men and women] とも解釈できます．このように，等位接続詞では，何と何が接続されているのかを見定めることが大切です．次の例で練習をしましょう．

2.1. 動詞・名詞・形容詞の場合

(1) Worst of all, they can't listen to any of the usual methods of communication and persuasion designed to convince them or help them to change their ways.
[they = ここでは扱いにくい困った人たちを指す；persuasion（説得）]
（一番困るのは，彼らは，彼らのやり方を変えるように説得あるいは手助けする目的で作られている，意思伝達や説得の普通のどんな方法に対しても聞く耳を持たないことです）[the usual methods of [communication] and [persuasion], [convince them] or [help them] to change their ways]

(2) Language is a natural and historical product which is developed among, and cultured by, the people who speak it.
（言語はそれを話す人々の間で発達し，それらの人々によって培われる自然の歴史的産物である）[a [natural and historical] product, [[developed among] and [cultured by]]；もとの形は which is developed among the people who speak it and (is) cultured by the people who speak it で，下線部が同じであるのでまとめて文末に移動した形（2.3 節 (p. 396) も参照）]

(3) People have been biologically shaped by, and adapted to, the situation and life-style that lasted for a long time.
（人々は，長い間続いた状況や生活スタイルによって生物学的に形作られ，かつそれに適応してきた）[the [situation and life-style], [[(biologically) shaped by] and [adapted to]]；adapt は他動詞で，adapt oneself to（〜に順応する）の受動形；この文の作り方は (2) と同じ］

(4) But numbers and mathematics have the curious tendency of contributing even to the understanding of things that are, or at least appear to be, extremely remote from science.
(しかし数字と数学には，科学とははるかにかけ離れている，あるいは少なくともそのように見える，事物の理解にさえも貢献するという不思議な傾向がある) [[are] or [at least appear to be]；この文の作り方は (2) と同じ]

(5) Shouldn't your imaginary playmate be someone you tell secrets to and sing songs with?
[imaginary (想像上の)，cf. imaginative (想像力に富む)]
(君の想像上の遊び友達は，秘密を打ち明けたり，一緒に歌を歌ったりする人のはずではないのですか) [[tell secrets to] and [sing songs with]]

(6) Many people's everyday lives are enhanced by, and unimaginable without, computers, televisions, and other electronic appliances.
[appliance (機器，器具)]
(多くの人々の日常生活は，コンピュータ，テレビ，その他の電子機器によって質が高められていて，それらなしでは考えられません) [[[enhanced by] and [unimaginable without]]；過去分詞と形容詞が同類とみなされています；この文の作り方は (2) と同じ]

(7) More than at any other moment in human history, increasing numbers of us are becoming conscious of our deep need for and dependence on others for life in every sense of the word ― physical, emotional, spiritual. [in every sense of the word : the word は life を指し，every sense (あらゆる意味) の内容がダッシュ (―) 記号以下で述べられている]
(人間の歴史の他のいかなる時代よりも，生きるというあらゆる意味において，つまり肉体的，感情的，精神的に，他人を非常に必要とし，他人に依存することを意識するようになっている人々の数がますます多くなっている) [our [deep need for] and [dependence on] others]

2.2. 前置詞・副詞の場合

前置詞の等位接続，副詞の等位接続，前置詞と副詞の等位接続を見ましょう．前置詞と副詞は役割が同じ場合には等位接続ができます．

第 21 章　等位接続

(1) Ships can be sent direct to Europe and Africa from its eastern coast, and direct to Asia and Australia from its western.
（東海岸から直接ヨーロッパとアフリカへ，西海岸からは直接アジアとオーストラリアへ，船を行かせることができます）[[direct to Europe and Africa from its eastern coast] and [direct to Asia and Australia from its western]]

(2) Many people live alone in the crowd, anonymously, and under rapidly changing conditions.　[anonymously（匿名で，無名で）]
（群衆の中でひとりで，名もなく，急速に変化する状況のもとで生きている人々がたくさんいる）[[alone in the crowd] [anonymously] and [under rapidly changing conditions]；副詞句と前置詞句の等位接続]

(3) How could thousands of fireflies orchestrate their flashings so precisely and on such a vast scale?
[thousands of（何千もの），firefly（蛍），orchestrate（統合・調整する）]
（どのようにして，何千もの蛍が，そのように正確にそのように大規模に点滅を同調させることができるのだろうか）[[so precisely] and [on such a vast scale]；副詞句と前置詞句の等位接続]

(4) It is essential that we understand the current struggles in and around the university in their historical context because only then can we understand their meaning; only then can we comprehend fully the reason for and the nature of the changes that have been taking place in American universities in the past several decades.
[essential（重要な，肝心な），struggle（紛争），context（状況，背景）]
（我々は歴史的背景の中で大学内と周辺で起こっている現在の紛争を理解することが肝心である，というのはその時にのみその紛争の意味を理解できるからである．つまりその時にのみ過去数十年間にアメリカの大学で起こってきている変化の理由と本質を十分に理解できるからである）[[in] and [around] the university; [the reason for] and [the nature of] the changes]

(5) This process took bread baking out of the kitchens and small bakeries and into the factories.　[process（製法）]
（この製法により，パン製造が台所や小さなベーカリーから追い出されて工場へ移った）[[out of the kitchens and small bakeries] and [into the factories]]

2.3. 「主語＋動詞」の場合

この接続の形はよく出てきますから，下の例でどのようにして作られる構造であるかを確認してください．

(1) People say, and you would probably agree, that you can see your own country better and more objectively when you are out of that country.　[you は読者]

(一般に言われていて，恐らくあなたも同意するでしょうが，自国の外にいる時のほうが自国をよりよく，より客観的に見ることができます）[[People say] and [you would probably agree]；People say that you can see ... and you would probably agree that you can see ... の下線部が同じなのでまとめて文末に移動した形]

(2) The country produced, or was capable of producing, the same trees, the same fruits, the same crops, with the valuable addition of cotton, sugar, and rice.　[addition（追加）]

(その国は同じ木，同じ果物，同じ作物を産出していたかあるいは産出する能力があり，さらに加えて綿，砂糖，米などの貴重なものもあった）[The country [produced] or [was capable of producing] the same trees, ... ； The country produced the same trees, ... or was capable of producing the same trees, ... の下線部が同じなのでまとめて文末に移動した形]

(3) Men will often either coin new words or expressions or take up old-fashioned ones, if by the means they are enabled, or think they are enabled, to find a more adequate or precise expression for their thoughts.　[coin（(新しいことばを)作る），adequate（適切な），ones = words or expressions, by the means（その方法で）]

(男性は，新しい語や表現を作ったり古い語や表現を使ったりすることがよくありますが，それはそのような方法によって自分の考えをより適切にあるいは的確に表現できる，あるいは表現できると思う場合です）[either [coin new words or expressions] or [take up old-fashioned ones]; they [are enabled] or [think they are enabled]；they are enabled to find ... or think they are enabled to find ... の下線部が同じなのでまとめて文末に移動した形]

第 22 章

否　定

　日本語では否定の意味を表すのに「来ない」「来ません」のように否定要素「～ない」「～せん」を文末につけますが，英語ではいくつもの否定要素があり，それらが現れる位置も異なっています．また，「すべての学生が授業に来ませんでした」と「すべての学生が授業に来たのではありません」では否定される部分が異なっています．前者では文の内容全体が否定されているのに対して，後者で否定されているのは「すべて」の部分です．このように，否定文では**否定の及ぶ範囲**と**否定されている部分**を読み取ることが重要です．

1.　否定要素

　日本語の否定要素は基本的には「～ない」だけですが，英語にはいくつかの否定要素があります．

［1］　**not**　（最も基本的な否定語）

- (1) a.　This has **not** happened by accident.
     （これは偶然に起こったのではありません）
  b.　I did**n't** feel comfortable with them.
     （彼らと一緒にいると心地よくありませんでした）
- (2) a.　Still **not** knowing that, Tom married Janet.
     ［分詞節では not は分詞の前に］
     （まだそのことを知らないで，トムはジャネットと結婚した）
  b.　He advised me **not** to make a quick decision.
     ［不定詞節では not は to の直前に］

397

(彼は私に決断を急がないように忠告してくれた)

[2] no, few, little

　これらは名詞と結びつく否定要素で，no（〜ない）は数えられる名詞にも数えられない名詞にも用いられます．few（ほとんど〜ない）は数えられる名詞と，little（ほとんど〜ない）は数えられない名詞とともに用いられます．no はまったくないことを意味するのに対して，few と little は（あると思っていたのに）ほとんどないことを表します．no と結合した nobody（だれも〜ない），nothing（何も〜ない），none（だれも〜ない，何ひとつ〜ない）の表現もあります．

(3) a. There is **no** limit to the number of ways to raise money.
(金儲けの方法（の数）には限りがありません)

　　b. **No** ambulance is available at the moment.
(今のところどの救急車も利用できません)

(4) a. **Few** chefs were offered jobs in those days.
(当時職を与えられるシェフはほとんどいませんでした)

　　b. Those who had any career success were extremely **few** in number.
(出世をした人々の数はほんのわずかでした)

(5) a. She is Ugandan and speaks **little** English.
(彼女はウガンダ人で英語をほとんど話せません)

　　b. Catholic nationalists were arrested with **little** suspicion, detained, and frequently beaten. (カトリック教派の民族主義者はほとんど嫌疑なしに逮捕され，拘留され，たびたび殴打された)

(6) a. I met **nobody** on my way out of the building.
(そのビルを出る途中でだれにも会いませんでした)

　　b. '**Nothing** will come of nothing,' as King Lear said once upon a time. (リア王が昔言ったように「無から何も生じない」)[2番目のnothing＝(無)]

(7) a. **None** of us believed that it had happened.
(我々のだれもそれが起こったことを信じなかった)

　　b. This change could create a new market where **none** existed before.
(この変革が以前に何もなかったところに新しいマーケットを生み出すかもしれない)

[3] never, little

never = not + ever（どんなときでも，常に）で「決して～ない，どんな場合にも～ない」（強い否定）の意味です．little は dream, expect, know, think などの動詞の前に置かれると「まったく～ない」の強い否定の意味を表します．

(8) a. A question of this kind will **never** receive a decisive answer.
（この種の問題には確固とした解答は決してないだろう）
b. I have **never** attempted such a difficult task before.
（これまでにそんな難しい仕事をやったことはありません）
c. **Little** did I dream that I would win.
（勝つなどと夢にも思わなかった）

[4] hardly, scarcely

主として「程度」に関して「ほとんど～ない」の意味を表します．

(9) a. He **hardly** understood what had been happening in the room.
（彼は部屋で起こっていたことをほとんど理解していませんでした）
b. Her feet **scarcely** touched the ground.
（彼女の足はほとんど地面につきませんでした）
c. The first was **scarcely** large enough to qualify as a room.
（最初のは部屋として使うのに十分な広さがなかった）

[5] seldom, rarely

「頻度」に関して「めったに～ない」の意味です．

(10) a. Young people are **seldom** interested in a previous generation's sacrifices.
（若い人々が前の世代の払った犠牲に関心をもつことはめったにない）
b. This is the main reason why I **rarely** attend beer parties these days.（これが最近ビール・パーティーにめったに出席しない主な理由です）

2. 文否定, 部分否定, 語否定

否定要素の影響は文全体に及ぶ場合と語や句に限られる場合とがあります.

(1) a. The arrow did**n't** hit the target.
    ← [The arrow hit the target] + [not]
    矢が的に当たらなかった ← [矢が的に当たる] + [ない]
  b. I do**n't** like Chinese food. ← [I like Chinese food] + [not]
    私は中華料理が好きではない
    ← [私は中華料理が好きだ] + [ない]

(1a) の日本語の例では, [矢が的に当たる] という文を文末にある [ない] が否定して, 文全体を否定しています. 英語では not を助動詞の位置に置くことによって文全体を否定します. つまり, 意味上 not は [The arrow hit the target] の文全体を否定しています. 日本語と英語では否定要素の位置が違いますが, 文全体を否定している点では同じです. これを**文否定**と呼びましょう.

否定の及ぶ範囲が文全体であっても, 「いつも～というのではない」, 「まったく～というのではない」というように部分的に否定する表現があります. これを**部分否定**と呼びましょう.

(2) a. It is**n't** **always** comfortable to live alone.
    (一人暮らしがいつも快適というのはありません)
  b. I do**n't** **entirely** agree with you.
    (私は君の意見にまったく同意しているのではありません)

これに対して, 次の例では否定されている要素が文中の 1 語に限られています.

(3) a. **Not** long ago Tom got a letter from her.
    ← [Not long ago] Tom got a letter from her.
    (つい先頃トムは彼女から手紙を受け取った)
  b. **Not** many years ago I was there.
    ← [Not many years ago] I was there.

(数年前に私はそこにいました)

日本語訳に否定表現がないことからもわかるように，not は文ではなく long, many を否定しています．これを**語否定**と呼ぶことにしましょう．

2.1. 文否定

文否定となるのは，not や never が助動詞の位置にある場合と，主語や目的語が nobody, nothing, no one などの場合です．

(1) a. I do**n't** want to get more money.
(もっとお金が欲しいとは思いません)
b. I have **never** seen such a beautiful sunset.
(あんな美しい夕日は見たことがない)
(2) a. **No one** gave John anything.
(だれもジョンに何も与えませんでした)
b. **Nobody** complained about it.
(だれもそれについて不平を言いませんでした)

次の例は否定要素が目的語にある場合です．

(3) a. You will have **no** school tomorrow.
(=You wo**n't** have **any** school tomorrow.)
(明日学校は休みです)
b. The government offered **no** evidence to substantiate this claim.
(= The government did**n't** offer **any** evidence to substantiate this claim.)
(政府はこの主張を実証するための証拠を何も出さなかった)
c. He has **no** idea how to get home and has **no** money for transport.
(= He does**n't** have **any** idea how to get home and does**n't** have **any** money for transport.) [transport 〈英〉 = transportation 〈米〉(輸送，移動)]
(彼は家に帰る方法がわからないし，乗り物に乗るお金もない)

これらの例では，not を助動詞の位置に置いて not 〜 any の形式によって書き

換えできるので，文否定であることがわかります．
　次の例では否定要素が動詞句を修飾する修飾要素の中にあります．

(4) a. You will be allowed to go out **at no time**.
   (= You wo**n't** be allowed to go out **at any time**.)
   (決して外出は許されません)[at no time (決して〜ない)]
   b. You see such things **in no other countries**.
   (= You do**n't** see such things **in any other countries**.)
   (他のどんな国でもそのようなものは見ないでしょう)
   c. Communications should be sent to the prisoner **in no circumstances**.
   (= Communications should**n't** be sent to the prisoner **in any circumstances**.)
   (いかなる状況でもその囚人に情報を伝えるべきではありません)

この場合も not 〜 any による書き換えができることから文否定です．文否定では，否定要素が文頭に移動すると**主語・助動詞倒置**を引き起こします．これらの否定要素を文頭に移動すると倒置が起こるので，文否定であることがわかります．

(5) a. **At no time** will you be allowed to go out.
   b. **In no other countries** do you see such things.
   c. **In no circumstances** should communications be sent to the prisoner.

2.2. 部分否定

　否定の及ぶ範囲が文全体であっても，その中に「いつも」「すべて」「完全に」などの表現があると，「いつも〜なのではない」「すべて〜なのではない」「完全に〜なのではない」というように，全部を否定するのではなく一部を否定する意味となります(部分否定と次節で見る語否定は異なることに注意)．

(1) a. I am **not quite** well.
   (私はまったく健康であるというのではありません)
   b. It's **not always** a pleasant walk, especially on rainy nights.
   (散歩はいつも楽しいわけではない，特に雨の降る夜は)

c. The facts, however, do **not entirely** bear this out.
[bear out (実証する)]
(しかしながらその事実がこのことを完全に実証しているのではない)

d. **Not everyone** likes the singer.
(だれもがその歌手を好きなのではない)

部分否定となる語に共通の意味は「**すべて・完全**」という意味です (both は「両方ですべて」の意味).

(2) all (すべて), both (両方), every (どれも); altogether (まったく), always (いつも), completely (完全に), entirely (まったく), necessarily (必ず), quite (まったく), etc.

さらに，否定の及ぶ範囲が文全体であっても，その中に数・量・程度の多さを表す many, much, so often, very much などの表現があると，「あまり多くない」「それほど頻繁ではない」のようにこれらの表現が否定されます.

(3) a. I do**n't** like him **very much**.
(私は彼をとても好きというのではありません)

b. Tom does**n't** go to town **so often**.
(トムはそんなに頻繁に町にでかけるのではありません)

c. **Not many** smokers chew gum.
(ガムをかむ喫煙者は多くありません) ← (多くの喫煙者がガムをかむというのではありません)

d. **Not much** rain fell last year.
(昨年降った雨は多くなかった) ← (昨年雨がたくさん降ったというのではありません)

2.3. 語否定

否定要素が文中の語だけを否定する場合があります.

(1) a. **Not long** ago it rained.
(つい先頃雨が降った)

b. **Not far** away the accident happened.

(そう遠くない所で事故が起こった)
   c. **Not a few** people believe that.
      (少なからぬ人々がそれを信じた)
   d. He will reject these suggestions **in no time**.
      (彼はこれらの提案を即座に退けるでしょう)
   e. He is **no fool**.
      (彼はばか者どころではない (利口者だ))
      Cf. He is **not** a fool.
          (彼はばかではありません)
   f. It's **no joke**.
      (笑いごとではない)
   g. It's **no small** matter.
      (大問題です ← 小さいどころではない問題)
   h. He is **no ordinary** boy.
      (彼は非凡な少年です ← 並どころではない少年)

(1a) では not は long を, (1b) では far を, (1c) では a few を否定しています. (1d–f) では no は名詞を, (1g, h) では形容詞の small, ordinary を否定しています.

次の文は, 一見, 語否定のように見えますが実は文否定で, 動詞句の省略によって語否定のように見えるものです.

   (2) a. The old people wanted to remain, but **not** the young people.
          [= but the young people did not want to remain]
          (年寄りは残ることを望んだが, 若者たちはそうではなかった)
       b. Suggestions, but **not** corrections, are needed.
          [= but corrections are not needed]
          (修正が必要なのではなく, 提案が必要です)
       c. Mary can come in, but **not** anybody else.
          [= but not anybody else can come in]
          (メアリーは入ることができるが, 他の人はだれも入ることはできない)

3. 否定の及ぶ範囲と意味

英語には「**否定される要素は否定要素の右側になければならない**」という**否定の原則**があります．この原則のもとで，どの要素が否定されるかは否定される要素の位置，音調，構造によって決まります．

[A] 語順と否定

まず語順と否定の関係を見ましょう．

(1) a. I do**n't** go to town **very often**.
   (町にはそれほど頻繁にはでかけません)
   b. **Very often** I do**n't** go to town.
   (町に行かないことが頻繁にあります)

(2) a. I did**n't** see **many** of my friends at the party.
   (パーティーで会った友人は多くありませんでした) ← (パーティーで多くの友人に会ったのではありません)
   b. **Many** of my friends I did**n't** see at the party.
   (多くの友人にパーティーで会いませんでした)

(3) a. **Not many** of the arrows hit the target.
   (的に当たった矢は多くなかった) ← (多くの矢が的に当たったのではない)
   b. **Many** of the arrows did**n't** hit the target.
   (多くの矢が的に当たらなかった)

(1a) では not ⇨ very often の順序ですから，否定の原則により，very often が not により否定されます．一方，(1b) では very often ⇨ not の順序ですから，very often は否定されません．同様に，(2a) では not ⇨ many の順序なので many が否定され，(2b) では many ⇨ not の順序ですから many は否定されません．(3) にも同様のことが当てはまります．このように，否定される要素は否定要素の右側になければならないというのが否定の原則です．

[B] 音調と否定

音調によっては，否定要素の右側にある要素でも否定されないことがありま

す．

 (4) I did**n't** do it on purpose.
  A: 私は故意にそれをしたのではありません．
  B: 私は故意にそれをしませんでした．

on purpose に強調が置かれると，on purpose が否定され (A) の意味となります．一方，動詞に強調が置かれると，動詞が否定されて (B) の意味となります．同様のことが次の例にも当てはまります．

 (5) I have **not** eaten all of the apples.
  A: 私はすべてのリンゴを食べたのではありません．
  B: 私はすべてのリンゴを食べませんでした．

all に強調が置かれると all が否定され，部分否定 (A) の意味となります．動詞に強調が置かれると動詞が否定されて (B) の意味となります．

[C] some, any と否定

否定と some, any の関係について見ましょう．

 (6) a. I did**n't** buy **any** books.
   （私は本を一冊も買いませんでした）
  b. I did**n't** buy **some** books.
   （私が買わなかった本が何冊かあります）

否定文における any は否定の範囲が及んでいることを表す印です．一方，some は否定の範囲が及んでいないことを表します．したがって，(6a) では否定は books まで及んでいますから「一冊も本を買わなかった」となります．(6b) では否定は some まで及ぶことはなく，動詞が否定され「買わなかった本が何冊かある」の意味となります．つまり，「否定文では some を用いない」という言い方は誤りで，any を用いるときと some を用いるときとでは否定の及ぶ範囲が異なり，意味が違います．また，「だれも来なかった」を *Anyone didn't come. で表すことはできません．「否定の及ぶ範囲はその右側である」という否定の原則から，否定の及ぶ範囲内にあるべき any が not の範囲内にないからです．正しい文は No one came. です．

[D] 構造と否定

　否定される要素は否定要素の右側になければならない，というのが否定の原則ですが，否定要素の右側にあっても，要素の構造上の位置によっては否定されないことがあります．次の (7) では，because 節は否定要素の右側にありますが，because 節が否定される意味も否定されていない意味もあります．これは because 節の構造上の位置が異なっているためです．

 (7) I do**n't** beat my dog because I love her.
   A: 犬を愛しているので殴らない．
   B: 犬を愛しているから殴るのではない．

(7A) の意味では not は beat を否定していて，(7B) の意味では because 節を否定しています．この違いは，because 節が動詞句 beat my dog を修飾しているか，文 I don't beat my dog を修飾しているかの構造の違いに基づいています（☞第 11 章 1 節 (p. 190)）．

 (8) a. [$_{Sn}$ I do**n't** beat my dog] [because I love her].
    ［(A) の意味（文を修飾）］
   b. I do**n't** [$_{VP}$ beat my dog because I love her].
    ［(B) の意味（動詞句を修飾）］

(8a) は because 節が文を修飾している場合です．この場合 not の影響の及ぶ範囲は文 Sn 内なので，because 節は否定の対象とならず，beat my dog が否定されます．これに対して，(8b) では because 節は動詞句を修飾しているので not の影響の及ぶ範囲内にあり，not は because 節を否定します．このように，否定要素の右側にある要素でも，その構造上の位置によって否定されるかどうかが決定されます．

[E] I don't think that ...

　日本語で「彼は来ないと思います」のように言いますが，英語では否定要素の位置が日本語と異なるので注意しましょう．

 (9) 彼は<u>来ない</u>と思います．
 (10) a. I do**n't** think that he is coming.

b. I think that he is**n't** coming.

日本語の (9) に対応する自然な英語は (10a) で，否定要素の位置が日本語と違います．否定要素の位置が日本語と同じである (10b) は，「来ない」ということが強調される表現となるので，(10a) とは厳密には同じ意味ではありません．このように用いられる動詞は，appear (〜のようだ), believe, expect, guess, imagine, reckon, seem, suppose, think など「思う」という意味の動詞に限られます．これに対して，claim, feel, hope, know などの動詞はそれぞれ独自の意味をもっているので，否定要素の位置によって意味がまったく異なります．

(11) a. I claimed that John was**n't** coming.
   （私はジョンは来ないと主張した）
b. I did**n't** claim that John was coming.
   （私はジョンが来ると主張しなかった）

4. 否定要素を用いた慣用表現

[1] **cannot ... too 〜** (いくら〜してもしすぎることはない)

(1) You **cannot** be **too** careful about who you buy or rent your mobile system from. （誰から携帯電話のシステムを買ったかあるいは借りたかにいくら注意してもしすぎることはない）

(2) Such a difference in conceptions of gender and gender roles **cannot** be **too** strongly emphasized. （性別や性別による役割の概念におけるそのような相違は，いくら強く強調してもしすぎることはありません）

[2] **have nothing to do with ...** (... と関係がない)

(3) The name is believed to **have nothing to do with** cheeses.
（その名前はチーズとは何の関係もないと思われている）

(4) It would be silly to think that the university should **have nothing to do with** any profession.
（大学が専門的職業と無関係であると考えるなんて馬鹿げている）

[3］ **nothing but ...** (... だけ ← ... 以外何もない）

(5) There was **nothing but** calm black water whichever way you looked.
（どちらを見ても波のない黒い水面だけだった）

(6) He tried to make a big toy with **nothing but** wood and string.
（彼は木とひもだけで大きなおもちゃを作ろうとした）

[4］ **It is not long before ...** （ほどなく ← ... する前に長く時間がかからない）：not は long を否定．

(7) **It** wo**n't** be **long before** this information gets into the newspaper.
（ほどなくこの情報は新聞に載るでしょう）

(8) **It** was **not long before** he began to take an interest in political affairs.
（ほどなくして彼は政治的事柄に興味を持ち始めた）

Cf. **Not long before** he died, John visited London.
（亡くなるちょっと前に，ジョンはロンドンを訪れた）

[5］ **It is not until ... that 〜** （... になってはじめて〜する ← ... まで〜ない）

(9) **It was not until** the turn of the century **that** the best guide to Italy was published.（今世紀の変わり目になってはじめて，もっとも優れたイタリアの旅行案内書が出版された）

(10) **It is not until** his second book **that** he really develops the idea.
（2冊目の本ではじめて彼は実際にそのアイディアを展開している）

Cf. People do **not** know the blessing of health **until** they lose it.
（人は健康を失ってはじめてそのありがたみを知る ← 健康を失うまでありがたみを知らない）

この表現では一見 not が until 句を否定しているように見えますが，原義が「... まで〜ない」であることからわかるように，not は実際には that 節の内容を否定しています．この表現は次のようにして作られると考えましょう．

(11) i. The best guide to Italy [was**n't** published] [**until** the turn of the century] →

ii. It was [**until** the turn of the century] that the best guide to Italy [was**n't** published] →

   iii. It was **not until** the turn of the century that the best guide to Italy was published.

(i) で not は was published を否定しています．(ii) で it 強調文により until 句が強調されます．(iii) で not が（おそらく，できるだけ否定要素は前に置くという原則によって）前置されます．このように，not は一見 until 句を否定しているように見えますが，意味上は that 節内を否定しています．

参考までに次の文の二つの意味を見ましょう．

(12) i. John did**n't** talk until two o'clock.
       A: ジョンは2時までしゃべらなかった．
       B: ジョンは2時までしゃべったというのではありません．
  ii. a. John [did**n't** talk] **until** two o'clock.
        → **Until** two o'clock John did**n't** talk.
     b. John did**n't** [talk **until** two o'clock].
        → **Not until** two o'clock did John talk.

(12iA) の意味では not は talk を否定していて，しゃべらない状態が2時まで続いたことを述べています．この構造は (12iia) です．(12iB) の意味では not の影響は動詞句全体に及び，その中に until two o'clock が含まれているので，until two o'clock が否定されています．その構造は (12iib) です．until two o'clock が否定されていると，(12iib) の矢印の右側の文のように not until two o'clock をまとめて文頭に移動することができます．これに対して，it is not until ... that 〜 の表現では，not until ... がひとまとまりになっていて，not が until ... を否定しているように見えるにもかかわらず，実際には not は until ... ではなくて that 節内を否定している点がおもしろいところです．（ちょっとむずかしかったかもしれませんが，it is not until ... that 〜 を単に熟語として暗記していると，このような問題には気付かないでしょう）

5. 実 例

(1) **Not everyone** believes in these stereotypes to the same extent.

[believe in（～の正当性を信じる），stereotype（既成概念）］
（これらの既成概念の正当性を同程度にみんなが信じているのではない）

(2) The drugs are**n't adequately** studied before being released to the public. ［adequately（十分に）］
（薬は一般に発売されるまでに十分に研究されているのではない）

(3) Perhaps I had **not really** understood how unbearable the heat could be.（おそらく私はその熱がどれほど耐え難いものであるか本当には理解していなかったのでしょう）

(4) I am **not quite** sure that there is a logical explanation for all this.
（このことすべてに対する論理的説明があるとまったく確信しているのではありません）

(5) To be creative one need **not necessarily** write books or paint pictures.
（創造的であるためには必ずしも本を書いたり絵を描いたりする必要はない）

(6) **No single** reason can explain adequately the great rise of interest in exploration which is found in Europe at the beginning of the "age of discovery" in the 15th century. ［exploration（探険）］
（15世紀の「発見の時代」の初期にヨーロッパで見られた，探険に対する興味の大きな高まりをただ一つの理由で十分に説明できるのではない）［**no single reason** = **not any** single reason と書き換えることができるので（☞ 2.1節（p. 401）），no は文否定で「ただ一つの理由で説明できるのではない」の意味となり，いくつかの理由が必要であることになります．次の例と比較］

(7) **Not a single** person appreciates his achievement.
（だれひとりとして，彼の業績を評価するものはいない）［**Not a** sound was heard.（音一つ聞こえなかった），There is **not a** breath of wind.（そよ吹く風もない）のような表現では no を使うところですが，not a を用いると否定の意味が強くなります．not a single となると否定の意味がさらに強くなります］

(8) **Not much later** the baby will discover words and the endless possibilities of combining them into sentences.
（ほどなくその赤ん坊は単語の存在とそれらを結びつけて文を作る無限の可能性に気付くでしょう）［語否定］

(9) **Not long ago**, 250 to 300 out of every 1,000 babies born died in infancy; now from four-fifths to nine-tenths of the babies who used

to die survive.　[infancy (幼児期), four-fifths (5 分の 4)]
(つい最近まで，生まれた赤ちゃんの 1000 人のうち 250 人から 300 人が幼児期に死亡していた．いまでは，かつては亡くなっていた赤ちゃんの 5 分の 4 から 10 分の 9 が生存している) [語否定]

(10) **Not infrequently** you will find him crossing the continent by jet plane, giving lectures 1,000 miles from home, or meeting hundreds of other scientists at a conference.　[hundreds of (何百もの〜)]
([アメリカの科学者についての話] 科学者がジェット機で大陸を横断したり，家から 1000 マイルも離れた所で講義をしたり，あるいは学会で何百人もの他の科学者と会うこともめずらしくないことになるでしょう) [語否定；厳密には not は接頭辞の in- を否定]

(11) I am proud that I am serving my country which to me is Ithaca, our home, and all of the Macauleys. I do **not** recognize any enemy which is human, for **no** human being can be my enemy.
[Ithaca：アメリカのニューヨーク州にある町]
(僕は国のために働いていることを誇りに思っている．僕にとって国とはイサカと自分の家庭とマッコーレイ家の人々である．僕は人間を敵とはみなさない，というのは人間が僕の敵であることなどあり得ないからだ)

(12) **No** word is ever used twice in just the same sense.
(どんな単語もまったく同じ意味で二度用いられることは決してない)

(13) It is **not without** justification that money has been called one of the great inventions contributing to human freedom.
[justification (正当化，正当な理由)]
(貨幣が人間の自由に貢献する偉大な発明の一つであるとよばれてきたのも正当な理由がないわけではない) [not without で二重否定]

(14) In many ways, our age is **no** different from any other: most people work hard merely to survive while a few live in the lap of luxury.
[in the lap of luxury (贅沢ざんまいに：lap は「ひざ」の意味で比喩的に人が育てられる「環境」の意味もある)]
(多くの点で我々の時代は他のいかなる時代とも少しも異なっていない．ほとんどの人々はただ生き延びるために懸命に働き，少数の人々が贅沢ざんまいの生活をしている) [no は比較級や different, similar など比較の意味をもつ

形容詞とともに用いられて「少しも〜ない」の意味．cf. get no better（少しもよくならない），go no further（少しも進めない），no later than six o'clock（6時前に）］

(15) I do **not** think it is so difficult to recapture this feeling.
　　　［recapture（思い起こす，再現する）］
　　　(私はこの感情をもう一度思い出すのはそれほどむずかしくないと思います)

第 23 章

挿入節

　挿入節とは,「ジョンは,私が思うに,天才である」の「私が思うに」のように,「ジョンは天才である」という文に挿入されて,その文に対する話者の判断を付け加えるものです.挿入節には「ジョンは,私が思うにはオランダへ,行く予定です」のように,「オランダへ」という文の一部について話者の意見を述べる場合もあります.このように,挿入節には**文を対象とする場合**と**文の一部を対象にする場合**があります.

1. 文を対象とする挿入節

　挿入節は,埋め込み節が格上げされて主節になった結果,もとの主節が格下げされたものであると考えることができます.したがって,挿入節は次のようにして作られると考えられます.

(1) a. I think (that) John is a genius. → b. John is a genius, I think ∧.

(1a), (1b) の二つの文の意味はほぼ同じですが,(1b) では John is a genius が主節となっているので,(1a) の that 節よりも重要な情報となります.

(2) a. The report is false, **I think**.
   （私が思うに,その報告書は間違っています）
   b. I think (that) the report is false.
   （その報告書は間違っていると思う）

(3) a. You don't understand me, **I'm afraid**.

(君は私の言うことを理解していないようだね)
- b. I'm afraid (that) you don't understand me.
(君は私の言うことを理解していないのではないかと心配です)
(4) a. John has caught a fish, **I hope**.
(ジョンは魚をとったでしょう)
- b. I hope (that) John has caught a fish.
(ジョンは魚をとったと思います)

I'm afraid はよくないことの場合に，I hope はよいことの場合に用いられます．いずれも「思う」の意味です．

疑問節が格上げされて主節になると，主語・助動詞の倒置が起こります．

(5) a. When would dinner be, **John asked Mary**?
(John asked Mary when dinner would be.)
(夕食はいつですか，とジョンはメアリーに尋ねた)
- b. What did John break, **I want to know**?
(I want to know what John broke.)
(ジョンが何を壊したか，僕は知りたい)

挿入節が現れる位置は，文末に限られるのではなく，下の文中の ∧ の位置に生じます．これは文副詞の probably が現れる位置と同じです（ただし文副詞が文末に生じるのはまれで，この点は挿入節と違います）．

(6) a. John ∧ will ∧ send the money to Mary, **I think**.
(私が思うには，ジョンはメアリーに送金するでしょう)
- b. **Probably** John ∧ will ∧ send the money to Mary.
(おそらく，ジョンはメアリーに送金するでしょう)

挿入節は主文の内容に対する話者の判断を表していますが，これは文副詞がその文の可能性に対する判断を表しているのと似ている点に注意してください．

挿入節に用いることのできる動詞・形容詞には次のものがあります．

(7) a. 認識動詞・形容詞 (think タイプ)： believe, expect, guess, hope, seem, suppose, think, wonder; afraid, ashamed, clear, glad, obvious など．

b. 伝達動詞（say タイプ）： add, agree, argue, assert, confess, declare, insist, point out, state, say, suggest, tell, warn など.
c. 情報獲得動詞（know タイプ）： discover, find out, grasp, learn, know, notice, note, realize, remember, see など.

2. 句を対象とする挿入節

挿入節が文の一部を対象とする場合があります．

(1) a. John is going, **I think**, to *Holland* next month.
   （ジョンは来月，私が思うにオランダへ，行くでしょう）
b. He likes, **I suppose**, *every* kind of fruits.
   （彼は，私が思うにすべての種類の，果物が好きです）
c. He is, **I believe**, an *intelligent* man.
   （彼は，私が思うに知的な，人です）
d. *John,* **I think**, hit Mary.
   （私が思うにジョンが，メアリーを殴ったのです）

これらの例では，斜体部に強勢が置かれ，挿入節はその部分を対象としています．例えば，(1a)ではジョンが来月どこかに行くことはわかっているのですが，その行き先がはっきりせず，「私が思うにオランダだろう」と言っています．このように文の一部を対象とする場合には，挿入節はその対象のすぐ近くに置かれ，対象となる部分に強勢が置かれるのが普通です．

3. 実　例

[A] 挿入節の例

(1) Dad, **we discovered**, had a lovely sense of humor.
   （お父さんにはすばらしいユーモアの感覚があることがわかった）
(2) These cheers, **he believed**, enabled him to hang on in there, endure, and finish the longest and most grueling swimming race of his life.
   [cheer（声援），hang on in there（がんばり抜く），grueling（過酷な）]

第 23 章　挿入節　　　　　　　　　　　　　　　　　　417

(彼が思うに，これらの声援で彼は踏ん張ることができ，我慢することができ，彼の人生で最も長く最も過酷なレースを最後まで泳ぐことができた)

(3) But then, **she added almost apologetically**, she would return the sample to the sea.（しかし，ほとんど言い訳でもするように彼女は付け加えて，いつも標本を海に帰すことにしていたと言った）

(4) Akira, **I was delighted to learn**, had returned to Shanghai to resume at his old school in the North Road.　［resume（再開する）］
（私が知って嬉しかったことには，朗がノースロードにある昔教えていた学校で再び教えるために上海に帰ってきた）

(5) The most intelligent animals, **modern zoologists tell us**, from the whale and the dolphin to the gorilla and the chimpanzee, not only lead extremely sociable lives but engage in their own kind of talk.
［zoologist（動物学者），lead a sociable life（社交的な生活を送る），engage in（～にかかわる，に従事する）］
（現代の動物学者の話によれば，鯨やイルカからゴリラやチンパンジーにいたるもっとも知能が高い動物は，きわめて社交的な生活を営むばかりでなく，それらに特有のおしゃべりをしている）

(6) Every human culture, **the historian would surely agree**, has had a solid conversational basis and has depended on the lively exchange of ideas, and of the thoughts and feelings from which ideas spring.
［spring from（～からわき出る）］
（歴史家はきっと同意するでしょうが，あらゆる人間文化は，確固たる会話の基盤をもっており，アイディアの活発な交換や，アイディアが生じるもととなる思考や感情の活発な交換に依存してきた）［the lively exchange [of ideas] and [of the thoughts and feelings]] の構造；もとの形は the lively exchange of ideas and the lively exchange of the thoughts and feelings で下線部が同じなので二番目のものが削除されている］

(7) Abstraction, philosophizing, these tended to delay the mastery of nature, and this is why, **I think**, the theory developed comparatively late in the evolution of the American mind.
［アメリカの発展の足跡と特徴を述べた文；these はその前の abstraction と philosophizing を指す；abstraction（抽象化），philosophizing（哲学的に考

えること), mastery (支配), evolution (展開)]
(抽象化や哲学的思考，これらは自然の支配を遅らせる傾向があり，これが，私が思うに，アメリカ人の精神の展開において理論の発達が比較的遅れた理由である)

(8) With humans who, **he has discovered**, are slow of understanding, the cat must add actions to words, as humans do when seeking to explain something to other humans of imperfect understanding.
[with (〜に関して) cf. It's all right with me. (私に関してはそれで結構); he = the cat; slow of understanding (理解が遅い), seek to (〜しようと努める)]
(人間が物わかりが遅いことをネコは知っているのですが，その人間に対してネコはことばに動作を加える必要があります．それは人間が理解力の不足している相手に何かを説明しようとするときと同じです) [挿入節の対象は who are slow of understanding の関係節]

[B] 挿入句の例

(9) There are few, **if any**, suggestions of how individual movements can be linked together to achieve the goal.
(その目的達成のために個々の運動がどのように連結できるかについての提案は，あるにしても，すこししかない)

(10) The ordinary soldiers never knew when, **if ever**, they were going to be moved. (普通の兵士たちは，たとえあるにしても，いつ移動させられるかについてはまったく知りませんでした)

(11) Doctors understood little about this horrible illness, but tried, **often in vain**, to save their patients.
(医者はこの恐ろしい病気についてはほとんど何もわからなかったが，患者を救うために努力した．けれども，多くの場合無駄でした)

(12) We know something about greed, **not much but a little**.
(我々はどん欲ということについてある程度，多くではないが少しは知っている)

(13) With language, **written and spoken**, we can pass information from person to person, extending knowledge and experience from

generation to generation across the ages.
(書き言葉や話し言葉の言葉によって，我々は情報を人から人へ伝え，知識と経験を世代から世代へと時代を越えて広げることができる)

(14) In fact, a cat's expression of, **for example**, love for a human is often as clear as a cat's expression of a desire to go outdoors.
(実際，たとえば人間に対するネコの愛情表現は，外に出たいという願望の表現と同じくらい明瞭であることが多い)

(15) She is one of those babies who are not much interested in crawling and thus spends most of her time, **when not in the arms of her mother or father**, sitting on the ground playing with every object she can get hold of.　[crawling (はいはい)，get hold of (つかむ)]
(はいはいにはあまり興味を示さず，お母さんあるいはお父さんの腕に抱かれていない時には，床に座って彼女の手の届く範囲にあるすべての物で遊びながら大半の時間を過ごすような，彼女はそんな赤ん坊です) [spends most of her time sitting ... の表現の中に挿入句が割り込んでいる]

第 24 章

倒　置

　倒置は普通の語順と異なる語順ですから，まず普通の語順に戻してみる必要があります．倒置には，疑問詞や否定要素の前置に伴って生じる**主語・助動詞の倒置**と，前置詞句などの前置に伴って生じる**主語・動詞の倒置**の二つがあります．

1.　主語・助動詞の倒置

　疑問詞や否定要素が前置されると，それに伴って主語・助動詞の倒置が起こります．

[A]　疑問文

　wh 疑問文にせよ Yes/No 疑問文にせよ，疑問文における主語・助動詞の倒置は疑問文であることを表すための仕組みです．

(1)　a.　**Is he** coming?
　　　　　（彼は来るんですか）
　　　b.　Where **did he** go?
　　　　　（彼はどこへ行きましたか）

[B]　否定要素と only の前置

　否定要素の前置に伴って主語・助動詞の倒置が生じます．否定要素の前置は否定要素を強調するためです．

(2)　a.　Never **have I** borrowed money. ← I have never borrowed money.

（これまでに借金をしたことは一度もありません）
　　　b. Seldom **has John** been so pleased. ← John has seldom been so pleased.
（ジョンがそんなに喜んだことはこれまでめったにない）

　only は「～だけ」の意味ですが，これは「～以外はそうではない」という意味で否定の意味を含むので，only を含む要素が前置されると主語・助動詞の倒置が起こります．

　(3)　a. Only on weekends **did I** see those students on campus. ← I saw those students on campus only on weekends.
（キャンパスでそれらの学生を見たのは週末だけでした）
　　　b. Only recently **have males** changed their old ways of earning, governing, and fighting. ← Males have changed their old ways of earning, governing, and fighting only recently.
（男性が昔からのお金の稼ぎ方，支配の方法，戦い方を変えたのはやっと最近になってからです）

2.　主語・動詞の倒置

　前置詞句，副詞句，形容詞句の前置に伴って主語・動詞の倒置が起こる場合があります．

［A］　前置詞句の前置
　前文とのつながりをよくするために場所や方向を表す前置詞句が前置され，それに伴って主語・動詞が倒置されます．

　(1)　a. Over the hill **appeared a herd of cows**.
　　　　← A herd of cows appeared over the hill.
（その丘の向こうに牛の群れが現れた）
　　　b. Out of the house **came an old lady and three men**.
　　　　← An old lady and three men came out of the house.
（その家からひとりの老婦人と3人の男が出てきた）

c. Among the guests **sat the President and his family**.
   ← The President and his family sat among the guests.
   (来賓の中に大統領とその家族がいた)

d. On the horse **was the most beautiful woman they had ever seen**.
   ← The most beautiful woman they had ever seen was on the horse.
   (馬上には彼らがいままで見たこともない美女がいた)

(1a, b) のように主語が不定名詞句である場合，それを文頭に置くと前文とのつながりがよくありません．前置詞句に含まれる旧情報を表す定名詞句を前置することによって，情報の流れを旧情報から新情報の流れにし，前文とのつながりをよくしています．また，これらの文では，**主語を文末に置くことによって重要な情報であるとみなしています**（☞第19章1節 (p. 359) の「文末焦点」)．

[B] 副詞句の前置

次の例では副詞句を前置することによって生き生きとした表現となっています．

(2) a. Here **comes the train**. ← The train comes here.
       (ほら列車が来た)
   b. Round and round **spins the wheel**.
       ← The wheel spins round and round.
       (くるくると車輪が回っている)
   c. Up **trotted the horse**. ← The horse trotted up.
       (早足で馬が走っていった)
   d. Away **he ran**. ← He ran away.
       (彼が逃げていった)［主語が代名詞の場合には倒置なし］

[C] 形容詞句などの前置

次の文は，一見，形容詞句の前置に伴い主語とbe動詞が倒置しているように見えます．

(3) Just as surprising **was** his love for antiques.

(まったく同様に驚くべきことは彼の骨董品に対する愛着であった)

しかし実際には，この文は主語と形容詞句が be 動詞を中心として入れ替わっている文です．このことは次の例の has been のところを見るとはっきりします．もし主語と助動詞の倒置であるとすると，この語順にはなりません．

(4) More important **has been** the establishment of transportation. ←
[NP The establishment of transportation] has been [AP more important]

(もっと重要なことは輸送手段の確立です)

日本語の訳で，前置された形容詞句が「もっと重要なことは〜」のように主題を表す主語のように訳されていることからもわかるように，この文型では前置された形容詞句がその文の主題となっていると考えられます．この構文は受動態や進行形でも見られますが，形容詞句の場合が最も頻度が高いようです．

(5) a. More difficult **would be** a solution for the environmental problems. ← [A solution for the environmental problems] would be [more difficult].
(もっとむずかしいのは環境問題に対する解決案でしょう)

b. Most embarrassing of all **was** losing my keys.
← [Losing my keys] was [most embarrassing of all].
(最も困ったことは鍵をなくしたことでした)

c. More important to conceptions of the post-industrial society **is** the place of knowledge.
［post-industrial（脱工業化）とは工業化後の情報化のこと］
(脱工業化社会の概念にとってさらに重要なのは知識の位置である)

(6) a. On one counter **was set** a sign saying "Tyrolean Hats."
← [A sign saying "Tyrolean Hats"] was set [on one counter].
(一方のカウンターには「チロルハット」と書いた看板があった)

b. Speaking at today's meeting **will be** our professor.
← [Our professor] will be [speaking at today's meeting].
(今日の会議で話すのは私たちの教授です)

以上のように，倒置には，主語・助動詞の倒置と主語・動詞の倒置があります．次の実例によって倒置の知識が十分であるかどうかを確認しましょう．

3. 実　例

[1]　前置詞句

(1) From this **came** writing and writing systems as well as the ability to play with ideas — logic and philosophies.
(言葉についての記述：このことから概念をもてあそぶ能力，つまり論理学や哲学，ばかりでなく書記や書記体系が生まれた)

(2) Among them **was** a small, persimmon-colored stone, a carnelian. On its face **was** the image of a rooster, carved there by someone during the time of Christ.　[persimmon (柿)，carnelian (紅玉髄：水晶と同じ種類の赤色や橙色の鉱物)]
(それらの中に小さな柿色の石，紅玉髄があった．その表面には，キリストの時代に彫られた雄鶏の像があった)

(3) Subway life in a way symbolizes city life: in the daily life situation within the subway **are** the collective physical conditions and psychological tensions that give rise to a manner of life defined as urbanism.　[subway life = daily life situation within the subway と言い換えてある；in a way (ある点で)，symbolize (象徴する)，collective (集団的な)，physical (物理的な)，tension (緊張)，give rise to (を生む)，define (定義する)，urbanism (都市生活様式)]
(地下鉄の生活はある点で都市生活を象徴している．地下鉄内の毎日の生活状況の中には，都市生活様式と定義される生活様式を生み出す集団的物理的状況と心理的緊張がある)

[2]　否定要素

(4) Never before **has** there been such disorder, such lack of discipline, such disregard for tradition. Never before **have** the young shown similar contempt for good sense and their elders.

[discipline (規律), disregard (無視), contempt (軽蔑)]
(これまでそのような無秩序，規律の欠如，伝統の無視は一度もありませんでした．これまで若者が良識や年長者に対して同様の軽蔑を示すことも一度もありませんでした)

(5) Only after a device had been in use for a considerable time **did** consumers come to feel that they "needed" it. [device (機器)]
(機器がかなりの期間に渡って使用された後になってやっと，消費者はそれが「やはり必要だ」と感じるようになった)

(6) Not until the appearance of mass society in the eighteenth century **could** popular culture be said to exist. [mass society (大衆社会)]
(大衆文化が存在したと言えるのは，18世紀に大衆社会が出現してからです)

(7) This process still happens today: not only **do** these small bodies continue to strike the Earth, with effects ranging from spectacular fireballs to mass extinctions, but they continue to bump into each other as well. [宇宙の話；body (物体)，fireball (大流星群)，effect (結果，影響)，range from A to B (AからBに及ぶ)，mass extinction (大量絶滅)，bump into (衝突する)；not only ..., but ... as well の型]
(この過程は今日でもまだ起こります．つまりこれらの小さな物体は地球に衝突し続け，壮大な大流星群から大量絶滅に及ぶ結果を引き起こすばかりでなく，お互いに衝突し続けてもいるのです)

[3] 形容詞・分詞など

(8) Typical of the new trend **is** Susannah Hedgley, 14, who has run up a bill of nearly £300 on her mobile phone in the past two months.
[run up a bill (勘定をためる)]
(新しい流行の典型例はスザンナ・ヘジリー14歳で，彼女は過去2か月で携帯電話料金として約300ポンドの勘定をためてしまった)

(9) Prominently displayed in the room **was** a sign in English that began, "The direction ...." [prominently (目立って)，direction (使用法)]
(部屋の目立つところには「使用法は ...」で始まる英語の標示があった)

(10) Central to these processes **are** the role and capabilities of computers in managing the increase in volume, speed and distance with which

increasingly complex information is generated and transferred.
〔capability (性能), volume (量)〕
(これらの処理過程にとって重要なのは, ますます複雑化する情報が生成され伝達される際の量, 速度, 距離における増加を処理するコンピュータの役割と性能です)

(11) So obvious **was** the popular voice against us that most of the ladies who had attended the convention and signed the declaration, one by one, withdrew their names and joined our persecutors. However, of course, the anti-slavery papers stood by us.
〔so ... that の構文; popular voice (世論), convention (集会), declaration (宣言), persecutor (迫害者), stand by (を支持する)〕
(我々に対する世論の反対はきわめて明らかだったので, 集会に出席し宣言に署名した婦人のほとんどが, ひとりまたひとりと, 名前を取り消し迫害者の側についた. しかしながら, もちろん, 奴隷制度反対派の新聞は我々を支持した) 〔The popular voice against us was so obvious that ... が基本語順〕

(12) But no less surprising **is** the tendency to shy away from the teaching of evolution not, as is sometimes the case in the West, on religious grounds, but because the ministry considers it too sophisticated for first-year students. 〔shy away from (を避ける), evolution (進化論), as is sometimes the case (時々あることだが), ministry (省庁:ここでは日本の文部科学省に相当), sophisticated (高尚な, 精錬された); as 節は on religious grounds を修飾〕
(しかし同様に驚くべきことには, 進化論を教えることを避ける傾向があり, それが, 時々西洋で見られる宗教的理由によるのではなく, 文部科学省が1年時の生徒には進化論が高尚すぎると考えているという理由からです) 〔The tendency ... for first-year students is no less surprising が基本語順; not, ..., on religious grounds, but because ... は not A but B の型で A = on religious grounds, B = because 節〕

第 25 章

同　格

　同格とは，二つの要素が併置され，**一方の要素が他方の要素の内容を説明あるいは限定する働きをする**関係を言います．二つの要素がコンマによって併置される場合が最も一般的ですが，単に併置される場合もあります．また，二つの要素間に of が介在している場合，the fact that 節のように「名詞＋ that 節」の型で名詞と that 節が同格関係にある場合があります．

1.　併置による同格

　同格では，併置される二つの要素の間にコンマが置かれるのが普通ですが，my uncle Tom（叔父のトム）のように二つの要素が緊密に結びついている場合にはコンマは置かれません．二つの要素の間には，2 番目の要素が 1 番目の要素の内容を説明する場合（Miss Jennings, our second-grade teacher（2 年生担任のジェニングさん），his uncle, the renowned physician（有名な医者である彼の叔父）や 2 番目の要素が 1 番目の要素を限定する場合（a good teacher, Professor Hale（ヘイル教授というよい先生），a lawyer, Mr. Smith（スミスという弁護士），the celebrated explorer, Sven Hedin（有名な探検家のスウェン・ヘデン）などがあります．

　　(1) a. The disease was Asiatic cholera, also known as spasmodic cholera of India, its place of origin.
　　　　　[Asiatic（アジアの），cholera（コレラ），spasmodic（突発性の）]
　　　　　（その病気はアジアコレラで，インド，つまりそれが発生した地，の突発性コレラとしても知られていた）[India と its place of origin が同格]

427

b. There is another important reason for studying Japanese, one which is often overlooked or neglected. ［one = reason］
(日本語を勉強するもう一つの重要な理由，しばしば見落とされているかあるいは無視されている理由があります）［another important reason ... と one which is ... が同格］

同格には，これまで見た名詞句と名詞句の同格のほかに，節と節の同格，前置詞句同士の同格などがあります（☞4節）．同格自体は単純なものですが，実際の場面でどれとどれが併置されているのかを正しく捉えることが必要です．

2. of による同格

of によって同格関係を表すこともできます．

(1) a. the city of Prague (プラハの町)
b. the idea of a just society (公正な社会という概念)
c. the question of subjectivity (主観性という問題)
d. their isolationist attitude of feeling themselves to be unique
(自分たちがユニークであると思う彼らの孤立主義者的態度)
(2) "How many?" "We are four of us."
（「何名さまですか」「4名です」）［four と us が同格で「我々4人」の意味］
(3) a. This raises the question of whether it will be possible to publish the book. (このことがその本を出版することが可能かどうかという問題を提起した)
b. The question of a couple being happy or unhappy did not really seem to arise. (恋人同士が幸せか幸せではないかという問題は実際には生じないように思われた)

3. the fact that 節の型の同格

日本語で「～という事実・うわさ・主張・信念・考え・証拠・仮定」等々のように表現される名詞のほとんどが同格節をとります．同格節をとる名詞をあげておきましょう（☞第5章2.3.1節 (p. 102)）．

(1) advice（助言），agreement（合意），announcement（知らせ），answer（回答），assertion（主張），assumption（仮定），attitude（態度），belief（信念），claim（主張），complaint（不平），conclusion（結論），consequence（帰結，結果），evidence（証拠），explanation（説明），fact（事実），fear（恐れ），feeling（感じ），hypothesis（仮定），idea（考え），knowledge（知識），notice（通知），news（ニュース），opinion（意見），order（命令），possibility（可能性），principle（原則），rumor（うわさ），statement（声明），suggestion（提案），truth（真実），view（見解）など，problem（問題），question（問題）などは疑問節をとります．

(2) a. There is **a rumor that** Susan is getting married again.
　　　（スーザンが再婚するといううわさがあります）
　　b. **The question whether** we will be employed is quite important.
　　　（我々が雇用されるかどうかの問題はきわめて重要だ）

4. 実 例

[1] 名詞句と名詞句の同格

(1) My mother, a widow, is extremely poor, and relies on me for financial help all the time.
（母は未亡人で，非常に貧しく，いつも私に財政的援助を頼っています）

(2) The phrase that Hitler coined for the Germans, 'a sleep-walking people,' would have been better applied to the English.
［coin（(新しいことば)を作る），sleep-walking（夢遊病の）］
（ヒトラーがドイツ人のために作った言葉である「夢遊病的国民」は，英国人のほうによりよく当てはまったことでしょう）

(3) Biologically people are still stone age beings. Now, however, we stone age beings live in the modern industrialized system with its big cities normally far removed from a natural environment.
［beings（生物，生き物），removed from（～から隔たった）］
（生物学的には人間はいまだに石器時代の生き物である．今では，しかしながら，我々石器時代の生き物は，普通自然環境とははるかに異なった大都市をも

つ近代的な産業化されたシステムの中で生きている）［we と stone age beings が同格関係］

(4) Between conversation and civilization, the art of talking and the art of living, there has always been a vital link.
［vital（重要な），link（関係，関連）］
（会話と文明，すなわち話す技術と生活の技術，の間には常に重要な関連がある）［conversation and civilization と the art of talking and the art of living が同格；and で結ばれた等位構造同士の同格］

(5) We tend to think of globalization as uniquely modern, a product of 20th century advances in transportation, technology, agriculture, and communications.
（我々はグローバル化，つまり交通，技術，農業，情報伝達における 20 世紀の進歩の産物，をまったく現代のものであると考える傾向がある）［少し離れていますが globalization と a product of ... が同格］

(6) Also, in moments of supreme crisis the whole nation can suddenly draw together and act upon a species of instinct, really a code of conduct which is understood by almost everyone, though never formulated. ［supreme（究極の，最大の），draw together（団結する）；a species of ＝ a kind of；code（規範），conduct（行動）；though never formulated ＝ though it (＝ a code of conduct) is never formulated；formulate（明確に述べる）］
（また，最大の危機の瞬間には，国民全体が突然団結し，一種の本能，つまり決して明確に述べられているのではないが，ほとんどだれにも理解されている行動規範，に基づいて行動できるのです）［a species of instinct と a code of conduct which ... が同格］

[2] 節と節の同格

(7) In a world of specialization there is a risk, though, that we may lose sight of our place in nature, that we may begin to view ourselves as above it all — as supernatural: ［specialization（専門化），above（〜を超越している）；it ＝ nature；supernatural（超自然な）；as supernatural は as above it all の言い換えで，ダッシュは「すなわち」の意味］

第25章　同　格

（専門化した世界では，もっとも，我々が自然界における位置を見失ってしまうかもしれない危険，つまり自分たちを自然を超越したもの，超自然なものとみなし始めるかもしれない危険があります）[a risk that ..., that ... の構造で，a risk と that 節が同格関係，さらに二つの that 節が同格]

(8) From the outset of its history, the American people has had the sense that it was conquering a wilderness, that it was, as it were, wresting from Nature an unlimited area of virgin soil.

[outset（初期）；it = the American people；wilderness（荒野），as it were（言わば），wrest A from B（B から A を奪い取る）；wrest from B A の語順になっている]

（アメリカの歴史の当初から，アメリカの国民には荒野を征服しているのだ，いわば自然から限りない領域の処女地を奪い取っているのだ，という感覚がずっとある）[the sense that ..., that ... で the sense that 節は同格関係で，さらに二つの that 節が同格]

(9) The greedy man is a man who is trying to fill up a hole inside himself, to make up with wealth, position, esteem, and power for his lost sense of his own worth.

[greedy（どん欲な），make up for（～の埋め合わせをする，～を補う），esteem（尊敬），sense of his own worth（自分自身の価値の感覚（自尊心））]

（どん欲な人とは，自分の中にある穴を埋めようとする人，つまり富，地位，尊敬，権力によって自分の自尊心の喪失の埋め合わせをしようとする人である）[不定詞節の to fill up ... と to make up ... が同格]

[3]　前置詞句の同格

(10) We shall be thrown back forcibly to brutality, to the level of the least evolved member of the human race, (unless ...)

[forcibly（無理やり，強引に），brutality（野蛮（な状態）），evolved（進化した，発達した）]

（（もし ... でなければ）我々は野蛮な状態，つまり人類の中で最も進歩していない人のレベルにまで強引に引き戻されることになるであろう）[to brutality と to the level ... が同格]

[4] the fact that 節型の同格

(11) The knowledge that humans not only talk but also have grammatical rules for talking is taken for granted today.
［take ～ for granted (～を当然のことと考える)］
(人間は，話すばかりでなく，話すための文法規則をもっているという認識は今では当然のことと考えられている)

(12) What is more, the common belief that you can't think unless you can put it into words has yet to be demonstrated. ［what is more (さらに), put into words (言葉に表す)，have yet to ～ (いまだ～していない)］
(さらに，言葉に表すことができる場合を除いては思考できないという通念は，いまだ証明されていません)

(13) What unifies all Nihonjinron writings is their fundamental assumption and central conclusion that Japanese people are different and even unique. ［unify (統一する，束ねる)；their ＝ all Nihonjinron writings；different (特異な)］
(すべての日本人論の書き物に共通しているのは，日本人は特異でありユニークでさえあるという，基本的前提と中心的結論である)

(14) Environmental scientists are becoming ever more concerned with the fact that without equal concern for these species, the planet's biological diversity will be destroyed, leaving us with a loss of potential new foods and drugs. ［ever more (ますます：ever は比較級の強め)，species (種)；these species：ここでは虫やバクテリアなどの小さな種のこと；planet (惑星：ここでは地球＝planet earth)，biological (生物上の)，diversity (多様性)，potential (潜在的な)］
(これらの種に同様の関心を払わなければ，地球の生物上の多様性は崩壊し，新しい食料や薬になりうる可能性のあるものを失うことになるだろうという事実に，環境科学者はますます関心をもつようになってきている)

第 26 章

冠詞と名詞

　日本語には冠詞に相当するものがありませんから，日本人にとって冠詞を理解することはなかなかむずかしいことです．しかし冠詞の基本的意味を理解すれば，冠詞の用法はかなりの程度まで理解できます．**定冠詞**の基本的用法は**それが指し示すものを唯一的に決定できること**であり，**不定冠詞**の基本的用法は**あるものの存在を表す**ことです．名詞は5種類に分かれ，冠詞と深い関係があります．

1. 定冠詞と不定冠詞

　日本語で「太郎がその車を運転した」という場合，「その車」がどの車かは話し手にはもちろん，聞き手にも唯一的に決定できます．つまり，この表現は話し手にも聞き手にも「その車」がどの車を指すのかわかっている状況でのみ用いられます．同じことが Taro drove the car. の定冠詞表現 the car にも当てはまります．これに対して，「太郎は車をほしがっている」では，聞き手には「車」が存在していることはわかりますが，どの車を指しているのかはわかりません．一方，話し手は特定の車（例えば，ディーラーのショウウィンドーにあった車）を頭に描いて「車」と言っている場合と，単に「車」と言っている場合があります．同じことが Taro wants to have a car. の不定冠詞表現 a car にも当てはまります．定冠詞と不定冠詞の基本的用法は次のようになっています．

　　(1)　a.　**the ＋名詞**：　　それが指すものを唯一的に決定できる．つまり，話し手にも聞き手にも，それが指し示すものがわかる．

    b. **a(n)＋名詞**： あるものの存在を表す．聞き手にはそれが指し示すものはわからないが，話し手は，(i) 特定のものを頭に描いている場合と，(ii) そうでない場合がある．

このことを次の文章で説明しましょう．

(2) **A friend of mine** named Paul received **an automobile** from his brother as a Christmas present.　On Christmas Eve when Paul came out of his office, **a street urchin** was walking around **the shiny new car**, admiring it. "Is this your car, Mister?" he asked.　Paul nodded. "My brother gave it to me for Christmas."　**The boy** was astounded.
〔urchin（浮浪児）〕

（ポールという名の友人が兄からクリスマスプレゼントとして車をもらった．クリスマスイヴにポールが事務所を出ると，路上生活の浮浪児がそのぴかぴかの新車の周りを歩き回っていて，感嘆しながら，「これ，おじさんの？」と尋ねた．ポールはうなずいて，「兄がクリスマスにくれたんだ」と言った．その少年はとても驚いた）

文章の初めにある a friend of mine は，初めて出てくる表現ですから，これが誰を指すのかは聞き手にはわかりません．したがって，不定冠詞が用いられています．話し手（筆者）は，それがポールという名前の自分の友人だと言っていますから，話し手は特定の人を頭に置いて a friend of mine と言っています．an automobile は聞き手にとってはそれがどの車を指すのかはわかりません．話し手は，すでにその車を見ていて，特定の車を頭に描いているかもしれませんし，単に車をもらったことしか知らず，特定の車を頭に描いていないかもしれません．その点については不明ですが，聞き手にとっても話し手にとっても車が存在していることは明らかです．a street urchin についても，聞き手にとってはどの浮浪児を指すかはわかりません．一方，話し手は時々見かける浮浪児を頭に描いてこの表現を使っているかもしれませんし，そうでないかもしれません．the shiny new car は an automobile を指していますから，話し手はもちろん聞き手もそれが指し示すものを唯一的に決定できます．the boy は a street urchin を指していますから，同様に話し手はもちろん聞き手もそれが指

2. 定冠詞

「定冠詞＋名詞」の表現は，話し手にも聞き手にもそれが指し示すものがわかる，つまりそれが指し示すものを唯一的に決定できる場合に用いられます．次のような場合がこれに該当します．

[1] 以前に出たものを指す場合

(1) An old man sat with a cat on her lap. **The man** stroked **the cat** and it purred.（老人が膝にネコを抱いて座っていた．その人がネコをなでるとネコはのどを鳴らした）

[2] 状況からそれが指し示すものが唯一的に決定できる場合

(2) a. There's someone at **the door**.
（誰かドアのところにいる：その家のドア）
b. Open **the window**, will you?
（窓を開けてくれませんか：今いる部屋の窓）
c. Pass me **the bucket**.
（バケツをとってください：その場面にあるバケツ）

[3] 前述したものに関連するものを指す場合

(3) a. I inspected the house. I decided not to buy it because **the roof** was leaking.（その家を調べて，買わないことに決めました．というのは，屋根が雨漏りしていたからです）［the house の屋根］
b. That wedding was a disaster. Fred spilled wine on **the bride**.
（その結婚式はさんざんだった．フレッドが花嫁にワインをかけたのだ）［that wedding の当事者である花嫁］

[4] 形容詞などの修飾語が付くことによって唯一的に限定される場合

(4) a. **The prettiest girl** at the party was Sue.
（パーティーで一番の美人はスーでした）

b. **The only girl** at the conference was Mary.
   (会議に出席した唯一の女性はメアリーでした)
c. That is **the same idea** as mine.
   (それは私のと同じ考えです)
d. We have **the identical system** to the one used in France.
   (フランスで用いられているものとまったく同じシステムを持っている)
e. **The student in question** is lazy.
   (問題の学生は怠け者です)
f. We are discussing **the fact** that you are wrong.
   (我々は君が間違っているという事実について論じているのです)
g. We bought **the bigger rabbit** of the two.
   (2羽の中で大きいほうのウサギを買った)
h. Let us discuss this problem in **the following section**.
   (次のセクションでこの問題を議論しましょう)

(4a)のように形容詞の最上級が付くと，その対象物は普通唯一的に決定されるので定冠詞が付きます．(4b)の only が付くとそれだけしかないことを意味しますから，唯一的に決定可能となり定冠詞が付きます．(4c)の same は「(私の考えと)同じ」という意味ですから，唯一的に決定可能となり定冠詞が付きます．(4d)の identical は exactly the same の意味ですから，やはり定冠詞が付きます．(4e)では in question という限定により学生が唯一的に決定されるので定冠詞が付きます．(4f)の同格表現の the fact は，その内容が that 節によって唯一的に限定されるので定冠詞を伴います．(4g)は二つの中の一方を表すので，唯一的に決定可能です．(4h)では following によりセクションが唯一的に決定されるので定冠詞が用いられます．

[5] 関係節による限定がある場合

(5) a. He bought **the book** that sold very well.
    b. He bought **a book** that sold very well.
       (彼はとてもよく売れていた本を買った)
(6) a. I saw **the man** Tom told me about.
    b. I saw **a man** Tom told me about.

（私はトムが私に話してくれた人に会った）

これらの (a) と (b) 二つの文は冠詞の部分でのみ異なっています．定冠詞を用いた場合は，本あるいは人が話し手はもちろん聞き手にもわかっている（唯一的に決定できる）場合です．つまり「あなたはよく売れていたその本をご存じでしょうが，その本を彼は買いました」という意味です．これに対して，不定冠詞を用いた場合は，このような前提はなく，よく売れていた本が存在し，それを彼が1冊買ったことを意味します．聞き手にはその本がどの本を指すかはわかりませんが，話し手は特定の本を頭に描いている場合とそうでない場合があります．(6b) では「トムが私に話してくれた人」と言っていますから，この文脈では話者にわかっている人を指していると考えるのが自然です．

(7) a. He greeted me with **the warmth** that was expected.
（彼は期待どおりの温かみを込めて私に挨拶をした）
Cf. He greeted me with warmth.
b. He greeted me with **a warmth** that was puzzling.
（彼は不可解な温かさを込めて私に挨拶をした）
(8) a. There was never **a problem** for large cities in England.
（イギリスには大都市の問題は決して存在しなかった）
b. In England there was never **the problem** that there was in America. （アメリカにあった問題は英国には決して存在しなかった）

(7) の warmth は抽象名詞ですから通例は冠詞なしで用いられます．ところが (7a) のように「期待どおりの」のような唯一的に特定化する関係節があると定冠詞が現れます．一方，(7b) のように「不可解である」のような修飾要素は warmth を唯一的に特定化できないので不定冠詞が現れます．また，there 構文では，(8a) のように不定冠詞を用いるのが原則ですが，関係節によって限定されると (8b) のように定冠詞が現れることがあります．いずれにしても，定冠詞が用いられるのは，聞き手が唯一的にそれが指し示すものを決定できると話し手が判断している場合です．

[6] 定冠詞の総称的用法

「定冠詞＋名詞」で特定のものを指すのでなく，その類全体を指すのが**総称的用法**です．この場合にも定冠詞はそれが指し示す類を唯一的に決定する働き

をしています.

(9) a. **The lion** is the king of beasts.
   (ライオンは百獣の王である)
  b. I like **the rose** best.
   (私はバラが一番好きだ)
  c. **The dog** is a faithful animal.
   (犬は忠実な動物である)

類全体を総称的に表す方法には，(10)に示す三つの方法があります．

(10) a. **The beaver** builds dams.
   (ビーバーはダムを作る習性がある)
  b. **A beaver** builds dams.
  c. **Beavers** build dams.

the beaver は，いわば特定の一つを取り出すことによって類全体を表す方法，a beaver は類の中から不特定の一つを取り出すことによって類全体を表す方法，beavers は複数形によって類全体をカバーすることによって類全体を表す方法です．

[7] 定冠詞が「典型」「まさに」などの意味を表す場合

(11) a. He is quite **the gentleman**.
   (彼は紳士の典型だ)
  b. That's **the word**.
   (まさにそのとおり)

[8] 「the＋形容詞」で人々を表したり，抽象名詞に相当する場合

(12) the rich（金持ちの人々），the poor（貧乏な人々），the dead（死者），the learned（博学の人），the deceased（故人），the accused（被告人），the beautiful（＝beauty）（美），the true（＝truth）（真実），the living（生物）

[9] その他の定冠詞が付く場合

第26章　冠詞と名詞　　　　　　　　　　　　　　　　439

(13) 世の中に一つしかないと考えられるもの： the sun (太陽), the earth (地球), the future (未来), the present (現在), the right (右) など．

(14) 国民・民族： the Japanese (日本人), the Chinese (中国人), the Arabs (アラブ人), the French (フランス人) など．

(15) 家族・一門の人々： the Tokugawas (徳川家), the Carnegies (カーネギー家一族), the Smiths (スミス家の人々) など．

(16) 学派・宗派・党派： the Stoic School (ストア学派), the Puritans (清教徒派), the Democrats (民主党) など．

(17) 連邦・連盟： the United States of America (アメリカ合衆国), the United Nations (国際連盟), the six University League (六大学リーグ) など．

(18) 地名： the Hague (ハーグ：都市名), the Tyrol (チロル地方), the Balkans (バルカン半島) など．

(19) 船舶・列車の名： the Mayflower (メイフラワー号), the Fukuryumaru (福竜丸), the Hikari (ひかり号) など．

(20) 海・湾・海峡・半島・群島・河川・湖水： the Pacific (太平洋), the Japan Sea (日本海), the Gulf of Mexico (メキシコ湾), the English Channel (イギリス海峡), the Malay Peninsula (マレー半島), the Philippines (フィリピン群島), the Tone River (利根川), the Lake of Shinji (宍道湖) など．

(21) 官公庁・学校・病院・劇場・神社仏閣・団体： the Foreign Ministry (外務省), the University of Tokyo (東京大学), the Japan Red Cross Hospital (日本赤十字病院), the Kabuki-za (歌舞伎座), the Horyuji Temple (法隆寺), the Rotary Club (ロータリークラブ) など．

(22) 新聞名・雑誌名： the Japan Times (ジャパンタイムズ紙), the Herald Tribune (ヘラルドトリビューン紙), the Gendai (『現代』) など．

3. 不定冠詞

[A] 「不定冠詞＋名詞」表現の表す意味

　「不定冠詞＋名詞」表現はあるものの存在を表します．聞き手にとっては新

情報なので，この表現が指示するものはわかりません．これに対して，話し手は特定のものを頭に描いている場合と，そうでない場合があります．次の二つの文を比較してみましょう．

(1) a. John has a car.
   （ジョンは車を持っています）
   b. John wants to have a car.
   （ジョンは車を欲しがっています）
(2) a. I saw a handsome blond.
   （私はハンサムな金髪の男性に会った）
   b. The casting director is looking for a handsome blond.
   （配役担当責任者はハンサムな金髪の男性を探している）

(1a)の a car は，聞き手にとっては新情報であり，どの車を指すのかわかりません．一方，話し手には，ジョンが所有している車ですから，それが指す車はわかっているのが普通です．(1b)の a car も聞き手にとっては新情報であり，どの車を指すのかわかりません．一方，話し手には，ジョンがある特定の車を欲しがっていることを述べている場合と，単に車を欲しがっていることを述べている場合の二とおりの場合があります．(2a)では話し手は a handsome blond に会っているので，話し手にとっては特定のハンサムな金髪の男性を指します．これに対して，聞き手にとっては新情報であり，どの男性を指すのか不明です．(2b)の a handsome blond も聞き手にとっては新情報であり，どの男性を指しているかは不明です．一方，話し手には，特定のハンサムな金髪の男性を探している場合と，単にハンサムな金髪の男性を探している場合があります．

「不定冠詞＋名詞」の表現が話し手にとって特定のものを指しているかどうかは，それを代名詞で受けることができるかどうかで判断できます．

(3) a. She has **a car**. **It**'s blue.
   （彼女は車を持っています．それは青色です）
   b. She doesn't have **a car**. *It's blue.
   （彼女は車を持っていません．＊それは青色です）

(3a)では，a car を it で受けることができるので，a car は（話し手にとって）

特定の車を指しています．(3b) では「車を持っていない」と言っていますから特定の車を想定することはできません．したがって，代名詞 it で a car を受けることはできません．

[B] **不定代名詞 one**

すぐ上で述べたように，「不定冠詞＋名詞」の表現が特定のものを指す場合には代名詞で受けますが，特定のものを指さない場合には**不定代名詞 one** で受けます．

(4) The casting director is looking for **a handsome blond**. (= (2b))
（配役担当責任者はハンサムな金髪の男性を探している）

(5) a. She found **him** in North Dakota. ［特定の人を指している場合］
（彼女はノース・ダコタでその人を見つけました）
b. She found **one** in North Dakota. ［特定の人を指していない場合］
（彼女はノース・ダコタでひとり見つけました）

(4) の a handsome blond は，話し手から見て特定の人を指している場合とそうでない場合があります．特定の人を指している場合には，(5a) のように代名詞 him で受けることができます．これに対して，特定の人を指していない場合には，(5b) のように不定代名詞の one で受けます．

ついでながら，one には**数えられる名詞の代用**として用いる用法もあります．

(6) a. Those **apples** look delicious. But I like this **one** better.
（あれらのリンゴはおいしそうに見えるけど，私はこのほうが好きだ）
b. We import green **tea** rather than black **tea**.
（紅茶よりもむしろ緑茶を輸入します）

(6a) では apple の代用として one が用いられています．一方，(6b) では black tea の代わりに black one ということはできません．tea が数えられない名詞だからです．

[C] その他の用法
[1] 総称的用法

(7) a. **A lion** is a fierce animal.
    (ライオンはどう猛な動物である)
　　b. **A beaver** builds dams.
    (ビーバーはダムを作る習性がある)
　　c. **A bird** flies.
    (鳥は飛ぶ)

[2] 「不定冠詞＋抽象名詞」で普通名詞となる場合

(8) an authority (権威，大家)，a beauty (美人)，a good (善行)，a shame (恥ずべき行為)，a success (一つの成功)，a Power (強国)

[3] 「不定冠詞＋物質名詞」で普通名詞となる場合

(9) a coffee (一杯のコーヒー)，a copper (銅貨)，a fire (火事)，a long rain (長雨)，a paper (新聞，論文)

[4] 「不定冠詞＋固有名詞」で普通名詞となる場合

(10) a Mr. Sato (佐藤という人)，an Edison of Japan (日本におけるエジソンのような人)，a Honda (ホンダ製の車)

[5] certain, different, mere, similar, などの形容詞が付くと不定冠詞

(11) a certain man (ある人)，a mere child (単なる子供)，a similar idea (類似の考え)，a different color (異なる色)

4. 冠詞の省略

[1] 官職・称号・血族関係などを表す場合 (定冠詞の省略)

(1) King Lear (リア王)，President Bush (ブッシュ大統領)，Professor Sato (佐藤教授)，Captain Hook (フック船長)，Victoria, Queen of England (イギリス女王ヴィクトリア)，Dr. Johnson, chairperson of

第 26 章　冠詞と名詞

the committee（委員長ジョンソン博士）など．

[2]　補語となる場合

(2)　a.　He is Prime Minister.
　　　　　（彼が首相です）
　　　b.　He is manager of our team.
　　　　　（彼が我々のチームの監督です）
　　　c.　They elected him President of the U.S.A.
　　　　　（彼をアメリカ合衆国大統領に選んだ）［him = President の関係なので President は補語］
　　　d.　He acted as interpreter in the conference.
　　　　　（彼は会議で通訳を務めた）［he = an interpreter の関係なので interpreter は補語］

[3]　食事・病名・季節・スポーツ名などは通例無冠詞

(3)　a.　Breakfast is ready.
　　　　　（朝食の準備ができています）
　　　b.　My wife is suffering from (the) flu.
　　　　　（妻はインフルエンザにかかっています）
　　　c.　Spring has come.
　　　　　（春が来た）
　　　d.　Let's play baseball after lunch.
　　　　　（昼食を食べたら野球をしよう）

[4]　建物や場所などが本来の機能を表している場合

(4)　go to school（(勉強のために) 学校に行く），leave school（卒業する），be at school（授業中である），go to bed（寝る），be in bed（寝ている），go to hospital（通院する，入院する），be in hospital（入院している），go to town（街に行く）など．［米語では go to/be in the hospital となる］

[5]　移動・通信の手段を表す表現

(5)　by airplane（飛行機で：動詞 fly を使うのが一般的），by bus（バスで），by

car（車で：動詞 drive を使うのが一般的），by train（電車で），by e-mail（電子メールで），by telephone（電話で：動詞 call を使うのが一般的），on foot（徒歩で：動詞 walk を使うのが一般的），on horseback（馬に乗って）

[6] 対句の表現

(6) man and wife（夫婦），young and old（老いも若きも），day and night（日夜），from city to city（町から町へ），day after day（毎日毎日），step by step（一歩一歩），from beginning to end（初めから終わりまで），face to face（面と向かい合って）

5. 名詞の種類

名詞は次の5種類に分けられます．

(1) a. 普通名詞 (book, boy, day, week, etc.) [可算名詞]
    b. 集合名詞 (audience, family, people, etc.) [可算名詞]
    c. 物質名詞 (gold, water, air, wood, butter, etc.) [不可算名詞]
    d. 抽象名詞 (vice, virtue, silence, speech, etc.) [不可算名詞]
    e. 固有名詞 (John, London, Germany, Sunday, etc.) [不可算名詞]

普通名詞と集合名詞は数えられる名詞（可算名詞）で many, (a) few を用いますが，物質名詞と抽象名詞は数えられない名詞（不可算名詞）で much, (a) little を用います．固有名詞は特定の人・もの・場所などを表すので不可算名詞です．

[1] 普通名詞： 人やものを表し，数えることができる．

(2) boy, boys; city, cities; day, days; lesson, lessons; mile, miles など

[2] 集合名詞： 一定のメンバーからなる集合体を表す．

(3) audience（聴衆），cattle（牛），class（同期生），committee（委員会），crew（乗組員），family（家族），government（政府），league（連盟参加者（団体）），navy（海軍：兵員・艦船を含む），people（人々），police（警察），team（チーム），poultry（家禽：鶏・七面鳥など）

集合名詞を**一つの集合体**として扱うときには普通名詞として扱われ，単数形や複数形で用いることができます．一方，**集合体のメンバー**が問題になるときには，形は単数形で複数の扱いを受けます（ただし，cattle, people, police, poultry などは複数扱いのみ，a people/peoples は「国民」の意味）．

(4) a. There are three **committees** for this problem.
(この問題に対して三つの委員会があります)
b. The **committee** have decided not to support him.
(委員会は彼を支持しないことに決めた)

(5) a. My **family** is a large one.
(私の家族は大家族です)
b. My **family** are all well.
(私の家族はみんな元気です)

(6) a. The **audience** was excited at the concert.
(コンサートで聴衆は興奮していた)
b. The **audience** were all greatly impressed by his performance.
(聴衆はみんな彼の演技にとても感動した)

(7) a. The **government** is responsible for the accident.
(その事故の責任は政府にあります)
b. The **government** are responsible for the accident.
(政府関係者にその事故の責任があります)

[3] 物質名詞： 形状の一定していない物質を指す名詞です．日本語から見ると物質名詞と考えにくいような furniture（家具），baggage（手荷物），sand（砂），rice（米）なども物質名詞です．量を表すには much, (a) little を用います．

(8) air, bread, cake, chalk, clothing, dust, electricity, fire, furniture, food, fruit, iron, milk, money, paper, rice, salt, soap, sugar, tea, water, wine, wood など

物質名詞の単位を表すのにはそれぞれの名詞ごとに異なる表現を用います．

(9) **a piece of** chalk/furniture/baggage/bread/cake（一本／一竿／一つの）

a cup of coffee/tea/hot chocolate (一杯の)
a glass of wine/water/juice/soda (コップ一杯の)
a sheet of paper/newspaper (一枚の)
a cake of soap/tofu (一個／一丁の)
a spoonful of sugar/milk/jam (スプーン一杯の)
two slices of bread/ham/bacon (二切れの)
two handfuls of sand/grain/rice (二つかみの)

[**4**] 抽象名詞： 行為・状態・性質・感情・思考などの抽象的な概念を表します．これらの名詞は具体的なものは指しませんので，通例不可算名詞です．抽象名詞の多くは動詞や形容詞から派生した名詞形です（☞第5章）．

(10) destruction (破壊) (← destroy)　　achievement (達成) (← achieve)
　　 laughter (笑い) (← laugh)　　　　happiness (幸せ) (← happy)
　　 poverty (貧困) (← poor)　　　　　silence (沈黙) (← silent)
　　 honesty (正直) (← honest)　　　　kindness (親切) (← kind)
　　 wisdom (知恵) (← wise)　　　　　pleasure (喜び) (← pleasant)
　　 surprise (驚き) (← surprising)　　 joy (歓喜) (← joyful)
　　 knowledge (知識) (← know)　　　learning (学識) (← learn)
　　 thought (思考) (← think)　　　　 truth (真実) (← true)

学生の英作文で多い間違いの一つは，抽象名詞の advice (助言)，information (情報)，homework (宿題)，news (ニュース)，progress (進歩・前進) などを可算名詞とみなし，不定冠詞を付けたり複数形にするものです．これらの抽象名詞が可算名詞として用いられることはなく，数を数える時には a piece of advice/information のようになるので注意しましょう．

　また，抽象名詞の中には普通名詞として用いられるものもありますが，その時には抽象名詞の場合と意味が異なります（前が抽象名詞の意味で，後が普通名詞の意味です）．

(11)　beauty (美：美人)，experience (経験：経験談)，failure (失敗：失敗者)，
　　　sight (視力：光景)，speech (ことば：演説)，success (成功：成功者)，
　　　virtue (美徳：美点)，weakness (弱さ：弱点)，work (仕事：作品)

[5] 固有名詞： 特定の人・もの・場所等に付けられている名前を表します．これだけで十分な情報をもっていますから，修飾要素が付くことはなく，唯一的ですから複数形になることもありません．Susan, April, Japan, Mt. Fuji, the Atlantic Ocean, the Thames（テムズ川）などがその例です．ただし，固有名詞で表される人・ものが複数存在する時には普通名詞と同じ扱いを受け，複数形になります．また固有名詞で表されるものの一面を表す場合には，修飾要素によって限定することができます．

(12) a. There are **three Johns** in this class.
（このクラスにはジョンという名の人が3人います）
b. **the Paris** that I love （私が好きなパリ）
c. **the Tokyo** of the early twentieth century （20世紀初頭の東京）

(12b, c) では，それぞれパリと東京の限定された一面を表しています．

参考文献

石黒昭博・高尾典史 (1998)『大学英文法演習』郁文堂.
江川泰一郎 (1991)『英文法解説』(改訂三版) 金子書房.
杉山忠一 (1998)『英文法詳解』学習研究社.
高山英司 (2007) *All in One* (4th ed.), Linkage Club, Tokyo.
多田正行 (2002)『思考訓練の場としての英文解釈 (1)』育文社. ［初版は 1973 年］
多田正行 (1980)『思考訓練の場としての英文解釈 (続)』オリオン社.
中村捷・金子義明 (編) (2007)『英文法研究と学習文法のインターフェイス』東北大学大学院文学研究科.
宮川幸久・綿貫陽・須貝猛敏・高松尚弘 (1988)『ロイヤル英文法』旺文社.
安井稔 (1983)『英文法総覧』開拓社.
綿貫陽・マーク・ピーターセン (2006)『表現のための実践ロイヤル英文法』旺文社.

Chomsky, N. (1965) *Aspects of the Theory of Syntax*, MIT Press, Cambridge, MA.
Curme, G. O. (1931) *Syntax*, D. C. Heath, Boston.
Jespersen, O. (1933) *Essentials of English Grammar*, George Allen & Unwin, London.
Levin, B. (1993) *English Verb Classes and Alternations: A Preliminary Investigation*, University of Chicago Press, Chicago.
Hornby, A. S. (1954) *A Guide to Patterns and Usage in English*, Oxford University Press, London.
Huddleston, R. and G. K. Pullum (2002) *The Cambridge Grammar of the English Language*, Cambridge University Press, Cambridge.

Longman Dictionary of Contemporary English, Longman Group Ltd.
Oxford Advanced Learner's Dictionary, Oxford University Press.
『スーパー・アンカー英和辞典』学習研究社.

実例について

実例のほとんどは大学の入学試験問題から採ったものです．その理由は，大学の入学試験問題は内容・文体・英語の難易度などが厳しく吟味された結果採用されていること，小説・科学雑誌・新聞・論説文など様々の材料が用いられていて多様性があること，大学の入学試験問題を正確に読む力があればさらに高度の英語を読む基礎力が十分にあると認められること，のような点にあります．

実例の出典については，わかる範囲で明記しました．それ以外については大学名と出題年を明記しました．出題年が不明のものは年号を記載してありません．（番号がないものは出典を控えておらず，不明です）

資料：『全国大学入試問題正解　英語（国立大学編）』（旺文社，2003年）
　　　『全国大学入試問題正解　英語（国立大学編）』（旺文社，2005年）
　　　『英語長文読解教室』（伊藤和夫著，研究社，2004年）
　　　British National Corpus（BNC）
　　　その他

実例の出典

第4章　形容詞

4. (1)（愛知県立大05）　(2) T. Gray, "For that Healthy Glow, Drink Radiation" *Popular Science*（一部改変）（東京医歯大05）　(3) P. R. DeVita and J. D. Armstrong (eds.), *Distant Mirrors: America as a Foreign Culture*（茨城大03）　(4) Japanese Education: *The Daily Yomiuri*（群馬大03）　(5)（電通大03）　(6)（金沢大03）　(7) From a new release by Center for the Advancement of Health（埼玉大05）　(8) M. Rin, *Pacific Friend*（滋賀大03）　(9)（県立広島大05）　(10)（金沢大03）　(11)（宮崎大05）　(12) Japanese Education: *The Daily Yomiuri*（一部改変）（群馬大03）　(13)（東京農工大05）　(15)（京都工繊大05）

第5章　名詞の型

3. (1) *The Daily Yomiuri*（群馬大03）　(2)（東京大03）　(3)（東京大03）　(4)（新潟大03）　(5)（一橋大03）　(6) *The Best American Essays 2003*（首都大05）　(7)（愛知県立大05）　(8)（愛知県立大05）　(9)（帯広畜産大05）　(10) A. Frommer, "The

451

rhetoric of a noble cause, used for commercial ends"（埼玉大 05） (11)（京都大 03）
(12) Anne and Andy Conduit, "Educating Andy"（秋田大 05） (13)（愛媛大 05）
(14) P. R. DeVita and J. D. Armstrong (eds.) *Distant Mirrors: America as a Foreign Culture*（茨城大 03） (15) K. W. Michael Siu, "Red Packet: A Traditional Object in the Modern World," *Journal of Popular Culture*（静岡大 03） (17)（早稲田大） (18)（国際商科大）

第 6 章　前置詞
4.　（1a）（神戸商船大） (1c)（一橋大） (1d)（電通大 03）

第 7 章　副詞
7.　(1)（電通大 03） (2) R. Ehrenreich, *A Garden of Paper Flowers*（福井大 03） (3)（京都大 03） (4) S. Gupta, "Say 'I Do' to Health," *Time*, 2004（茨城大 05） (5) F. L. Schodt, *Dreamland Japan: Writing on Modern Manga*（茨城大 05） (6) J. Diamond, *Guns, Germs, and Steel*（北九州市大 05） (7)（京都大 05） (8)（京都工繊大 05） (9)（群馬大 05） (10)（群馬大 05） (11)（滋賀県立大 05） (12)（東京女子大） (13)（電通大） (14) F. Fordham, *Psychology and Education* (15)（東北大）

第 8 章　不定詞節
7.　(1)（千葉大 03） (2)（名古屋大 03） (3)（滋賀大 05） (4)（名古屋工大 03） (5)（愛知県立大 05） (6)（三重大 03） (7)（小樽商大 05） (8) R. Ehrenreich, *A Garden of Paper Flowers*（福井大 03） (9)（名古屋工大 03） (10)（名古屋大 03） (11)（一橋大 03） (12)（新潟大 03） (13)（金沢大 03） (14) R. Ehrenreich, *A Garden of Paper Flowers*（福井大 03） (15)　（明治大）

第 9 章　動名詞節
7.　(1) K. Krull, *Lives of the Writers*（鹿児島大 05） (2)（福岡女子大 05） (3) *The Straits Times*（滋賀大 03） (4) Ann and Andy Conduit, *Educating Andy*（秋田大 05） (5) Ann and Andy Conduit, *Educating Andy*（秋田大 05） (6) *The Sunday Telegraph*（静岡大 03）（一部省略） (7)（名古屋大 03） (8)（東京学芸大 03） (9)（東京工大 03） (10)（名古屋大 03） (11) K. W. M. Siu, "Red Packet: A Traditional Object in the Modern World," *Journal of Popular Culture*（静岡大 03） (12) P. R. DeVita and J. D. Armstrong (eds.) *Distant Mirrors: America as a Foreign Culture*（茨城大 03） (13) Ann and Andy Conduit, *Educating Andy*（秋田大 05） (14)（神戸商大） (15) K. W. M. Siu, "Red Packet: A Traditional Object in the Modern World," *Journal of Popular Culture*（静岡大 03）

実例について 453

第 10 章　分詞節

2.　(2)（都留文化大 05）　(3)（福島県立医大）　(4)（都留文化大 05）　(5)（埼玉大 03）　(7)（神戸商大）　(8)（小樽大 05）　(9) D. Feldman, "Why Are Milk Packages so Difficult to Open and Close?" *Imponderable: The Solution to the Mysteries of Everyday Life*（埼玉大 05）　(10)（大阪大 05）　(11)（神戸大）　(13)（大分大 05）　(14)（県立広島大 05）　(15) Leaflet of the British Library（静岡県立大 05）(in the British Library の句を挿入)　(16)（北海道大 05）　(17)（佐賀大 05）　(18) E. Robert, "Get Your Child to Say Yes," *Reader's Digest*（信州大 03）　(19)（千葉大 05）　(20)（神戸大 05）　(21)（都留文化大 05）　(22) N. Reagan, "The Eternal Optimist," *Time*（福井大 05）　(23)（京都大）　(24)（京都府立大 05）　(25)（千葉大 05）　(27)（九州大 05）　(28)（奈良女子大 03）　(30) E. Robert, "Get Your Child to Say Yes," *Reader's Digest*（信州大 03）　(31)（神戸市外大 05）　(32)（神戸大 03）

3.　(1)（宮教大 05）　(2) J. Canfield and M. V. Hansen, *Chicken Soup for the Soul*（弘前大 05）　(3)（兵庫県立大 05）　(4) D. Niven, *The 100 Simple Secrets of Happy Families*（埼玉大 05）　(5)（千葉大 05）　(6)（北海道大 05）　(7)（熊本大 05）　(8)（岡山大）　(9)（岡山大 05）　(10) P. Donoghue, *Novia Scotia Fly Fishing*（横浜国大 05）（一部改変）

6.　(2a)（早稲田大）　(2b)（東京都立大）

第 11 章　副詞節

2.1.　(1a)（電通大 03）　(1b)（筑波大 03）　(1c) D. Owen, *Lighter than Air*（福井大 05）　(1d) J. Allsop, *Happy Days and Other Short Stories*（弘前大 05）　(2a)（神戸大 03）　(2b)（奈良女子大 03）　(3b)（電通大）　(4b)（神戸大 03）　(5a)（京都大 05）　(5b)（東京女子大）　(6a) R. Epstein, "Get Your Child to Say Yes," *Reader's Digest*（信州大 03）　(7a)（金沢大 03）　(7b)（山口大）　(8a)（岩手大 05）　(8b) *Rich Dad's Guide to Becoming Rich*（Warner Books）（広島大 05）　(8c)（都立大）

2.2.　(3c)（一橋大 03）

3.　(2a) *The Sunday Telegraph*（静岡大 03）　(2b)（福岡女子大 05）　(3a)（大阪女子大）　(4a)（九州大 05）　(4b) J. van Emden and L. Becker, *Effective Communication for Arts and Humanities*（静岡県立大 05）　(5a)（BNC）　(5b)（BNC）　(6a)（BNC）　(6b)（BNC）

4.　(1a)（立命館大）　(2a)（千葉大 05）　(2b) R. Ehrenreich, *A Garden of Paper Flowers*（福井大 03）　(3a)（佐賀大 05）　(3b)（滋賀県立大 05）　(3c)（京都大 05）

5.　(1b)（大阪大 03）　(1c)（神戸大 03）

6.　(1b)（京都大）　(2b)（お茶の水女子大）　(3a)（一橋大 03）　(3b)（名古屋大 03）　(4a)（東京大 05）　(4b)（東京学芸大 05）　(5a)（北海道大）　(5b)（名古屋大 03）

7.　(1a)（神戸大 03）（一部改変）

8.　(1a)（秋田大 05）（一部改変）　(1b)（静岡県立大 05）

第 12 章　関係節

2.1.2. （3）（小樽商大 05）　（4）*Mainichi Weekly*（鹿児島大 05）　（5）（京都大）　（6）T. Jarson, *Speak: A Short History of Languages*（鳥取大 05）　（7）G. J. Borden and K. S. Harris, *Speech Language, and Thought*（宮崎大 05）　（8）（東北大 03）

2.1.3. （5）（香川大 05）　（6）（名古屋大）　（7）（愛媛大 05）　（8）（都立大）

2.1.4. （3a）*The Sunday Telegraph*（静岡大 03）　（3b）（大阪大 05）　（3c）（東京大 03）（一部改変）

2.1.5. （2a）（東京工大 03）　（2b）（津田塾大）　（2c）（都立大）

2.2. （1a）（電通大）　（1b）*The Best American Essays 2003*（首都大 05）　（2a）T. Jarson, *Speak: A Short History of Languages*（鳥取大 05）　（2b）（大阪外大 05）　（3）（九州大 05）　（4a）J. L. Kinneavy and J. E. Warriner, *Elements of Writing*（秋田大 05）　（4b）J. Diamond, *Guns, Germs and Steel*（北九州大 05）　（4c）Anne and Andy Conduit, *Educating Andy*（秋田大 05）　（5）（東京学芸大 03）　（6）（愛知教育大 05）　（7）（神戸商船大）　（8a）（都留文科大 05）　（8b）（群馬大 05）

2.3. （2）（北海道大）　（3a）（千葉大）　（3b）J. L. Kinneavy and J. E. Warriner, *Elements of Writing*（秋田大 05）　（4a）（愛知県立大 05）　（4b）（滋賀県立大 05）

2.4. （1）（九州大 05）　（2）J. L. Kinneavy and J. E. Warriner, *Elements of Writing*（秋田大 05）　（3）（愛媛大 05）（一部改変）　（4）Anne and Andy Conduit, *Educating Andy*（秋田大 05）　（5）（岩手大 03）　（6）（北海道大 03）　（7）（大阪府立大 05）　（8）（大阪府立大 05）

4.2. （8b）R. M. Bramson, *Coping with Difficult People*（北九州大 05）　（9a）（東北大 03）　（10b）（長崎大 05）

4.3. （1）（大阪大 05）　（2）（京都工繊大 05）　（3）（東京工大 03）　（4）（福岡女子大 05）　（5）（神戸大 05）　（6）（北海道大）　（7）（長崎大 05）

第 13 章　削除構文

6. （1）（奈良女子大 03）　（2）J. L. Kinneavy and J. E. Warriner, *Elements of Writing*（秋田大 05）　（3）R. L. Smith, *A Quaker Book of Wisdom*（熊本県立大 05）　（4）（岩手大 05）　（5）（愛媛大 05）　（6）（慶応大）　（7）T. Gray, "For That Healthy Glow"（東京医歯大 05）　（8）T. Gray, "For That Healthy Glow"（東京医歯大 05）　（9）（熊本大 05）　（10）B. Hubendick, "Industrialization and Urbanization"（岐阜大 05）

第 14 章　比較構文

5.1. （1）（名古屋工大 03）　（2）（電通大 03）　（3）（京都大 03）　（4）（大阪府立大 05）　（5）B. S. Mikulecky and L. Jeffries, *More Reading Power*（熊本県立大 05）

5.2. （1）（京都大 05）　（2）（東京大 05）　（3）（愛媛大 05）　（4）『週刊 ST』（下関市立大 05）　（5）（電通大 03）　（6）（一橋大）　（7）（埼玉大 03）　（8）（富山大 05）

5.3. （1）（山口大 05）　（2）（静岡県立大 05）　（3）B. S. Mikulecky and L. Jeffries, *More*

実例について 455

Reading Power（熊本県立大 05）　（4）S. Golombok and R. Fivush, *Gender Development*（秋田大 03）　（5）B. S. Mikulecky and L. Jeffries, *More Reading Power*（熊本県立大 05）　（6）（津田塾大）

5.4.　（1）（千葉大 03）　（2）（富山大 05）　（4）（大阪府立大 05）　（5）（東京医歯大）　（6）（立命館大）

5.5.　（2）*The Sunday Telegraph*（静岡大 03）　（3）（福島県立医大）　（4）（京都工繊大 05）　（5）（東京工大 05）

第 15 章　能動文と受動文

7.1.　（1）（学習院大）（一部改変）　（2）（名古屋大 03）　（3）（東京医歯大）　（4）（愛媛大 05）　（5）（県立広島大 05）　（6）（滋賀県立大 05）　（7）（愛知教育大 05）　（8）（大阪外大 05）　（9）（神戸大 05）　（11）（愛知教育大 05）

7.2.　（1）（埼玉大 03）　（2）（県立広島大 05）　（3）P. R. DeVita and J. D. Armstrong (eds.) *Distant Mirrors: America as a Foreign Culture*（茨城大 03）　（4）（県立広島大 05）　（5）（県立広島大 05）　（6）（県立広島大 05）　（7）J. van Emden and L. Becker, *Effective Communication for Arts and Humanities Students*（静岡県立大 05）　（8）（北海道大 05）　（9）（岡山大）　（10）（東北大）　（11）（岡山大）　（12）（東京大 03）

7.3.　（1）（福岡女子大 05）　（5）（一橋大）　（6）（京都大 05）　（7）（神戸市外大 05）　（8）（大阪女子大）

第 16 章　時制と相（完了形・進行形）

6.3.1.　（5）（千葉大 05）　（6）（千葉大 05）　（7）（千葉大 05）　（8）（東北大 05）　（9）（千葉大 05）　（10）（東北大 05）　（11）（千葉大 05）（一部改変）　（12）（愛知県立大 05）　（14）（富山大 05）

6.3.2.　（2）（東京学芸大 05）　（3）（東北大 05）　（4）T. Jonson, *Speak: A Short History of Languages*（鳥取大 05）　（5）（京都大）　（6）（京都大 05）

7.6.　（2）R. Ehrenreich, *A Garden of Paper Flowers*（福井大 03）　（3）R. Ehrenreich, *A Garden of Paper Flowers*（福井大 03）　（5）E. Hemingway, *Indian Camp*

第 17 章　助動詞

2.1.3.　（2）K. W. M. Siu, "Red Packet: A Traditional Object in the Modern World," *Journal of Popular Culture*（静岡大 03）　（3）（東京学芸大 03）

2.2.3.　（3）R. Dawkins, *The Blind Watchmaker*（宇都宮大 05）

2.3.3.　（1）（金沢大 03）　（2）（金沢大 03）

3.2.[D]　（5）（大阪大 03）　（6）（小樽商大 05）　（7）（金沢大 03）

3.3.[G]　（9）（奈良女子大 03）　（10）（岡山大 05）　（11）（九州大 05）　（12）（神戸大 05）　（13）（神戸大 05）

第 18 章　仮定法
出典が明記されていないものの出典はすべて BNC.
3. (1c) (1d) (一部改変) (2a–d) ((2c) (一部改変)) (3a, c) (4a–b) (4d–e) (6a–h) ((6d) は一部改変))
4. (3b) (早稲田大) (3d) (4c) (金沢大 03) (4d) (7a–b) (7c) (群馬大 05) (8a–b, d) (9a) (学習院大) (9b) (お茶の水女子大)
5. (2f) (東京医歯大) (2g) (東京外大 05) (一部改変) (3a) (三重大 05) (3b) (岩手大 05) (3c) (九州大 05)
6. (2a) (東京医歯大) (2b) (神戸大 05) (2c) (早稲田大)
7. (1b) (一部改変) (1c) (2a–d) (3a–c) ((3b) 一部改変) (4c) (千葉大 05) (8a) R. Ehrenreich, *A Garden of Paper Flowers* (福井大 03) (8b) R. Ehrenreich, *A Garden of Paper Flowers* (福井大 03) (8c) (奈良女子大 03) (9a, b, d) (9c) (東北大 05)

第 19 章　情報の流れ・右方移動・左方移動
2.1. (3) (岩手大 05) (4) (京都府立大 05) (5) M. Gannon, *Understanding Global Cultures* (滋賀大 05) (6) (東京外大 03) (7) (京都大 03) (8) (名古屋市大 05) (9) (新潟大) (10) (佐賀大) (11) (滋賀県立大 05) (一部改変) (12) (東京外大 03)
2.2. (3) (滋賀県立大 05) (4) (東京農工大 05)
2.3. (1a) (東京大 03) (1b) (東京大 03) (2) (帯広畜産大 05) (3) (長崎大 05) (4) (島根大 05) (5) (東京大 05) (6) (電通大 03) (7) (新潟大 03) (8) S. Maugham, *The Summing Up* (熊本県立大 05) (9) (立命館大) (10) (千葉大)
3.1. (6) (東京大 03) (7) (名古屋市大 05) (8) (北海道大 05) (9) (名古屋工大 03)

第 20 章　it の用法
2.1. (10a) (神戸大 05) (10b) (京都大) (10c) (東京農工大 05) (10d) (九州大)
2.2. (3)–(12) (BNC)
3.2. (5) (九州大 05) (7) (新潟大 03) (9) (東京工大 03) (10) (神戸大 03) (11) (北海道大 05) (12) N. Reagan, "The Eternal Optimist," *Time* (福井大 05) (13) (筑波大 03) (14) (三重大 03) (15) (早稲田大) (16) (神戸大 03) (17) (立命館大) (部分改変) (18) (都立大)

第 21 章　等位接続
2.1. (1) R. M. Bramson, *Coping with Difficult People* (北九州市立大 05) (2) (群馬大 05) (3) (岐阜大 05) (4) (京都大 05) (5) (東北大 05) (6) (京都大 03) (7) (東京女子大)
2.2. (1) (新潟大) (2) B. Hubendick, "Industrialization and Urbanization," *The Global Environment* (岐阜大 05) (3) (京都大 05) (4) (一橋大 05) (5) (兵庫県立大

05)
2.3. (1)（群馬大 05） (2)（新潟大）

第 22 章　否定
5. (1) S. Golombok and R. Fivush, *Gender Development*（秋田大 03） (2)（三重大 03） (3)（島根大 05） (5)（九州大） (6)（神戸商大） (8)（京都大 05） (9)（福島県立医大） (10)（東京大） (11)（北海道大） (13)（早稲田大） (14)（京都大 03） (15)（京都工繊大 05）

第 23 章　挿入節
3. (1)（名古屋大 03） (2)（新潟大 03） (3)（神戸商船大） (4)（九州大 05）（一部改変） (5)（京都府立大 05） (6)（京都府立大 05） (8)（共通一次） (11)（神戸市外大 05） (12)（東北大） (13)（京都大 03） (14)（共通一次） (15)（京都大 05）

第 24 章　倒置
3. (2)（熊本大 05） (3)（学習院大） (4)（一橋大） (6)（東京学芸大 05） (7)（大阪外大 03） (8) *The Sunday Telegraph*（静岡大 03） (9)（名古屋市大 05） (10)（福島大 03） (11)（東北大 05） (12)（山形大 05）

第 25 章　同格
4. (1)（島根大 05） (2)（東京女子大） (3) B. Hubendick, "Industrialization and Urbanization," *The Global Environment*（岐阜大 05）（一部改変） (4)（京都府立大 05） (5)（滋賀県立大 05） (6)（東京女子大） (7)（京都大 03） (8)（東京理科大） (9)（東北大） (10)（津田塾大） (13)（愛知県立大 05）（一部改変） (14)（愛知県立大 05）

索　　引

1. 日本語はあいうえお順　英語はABC順に並べた．
2. 事項索引の〜は，見出し語句の代用をする．
3. 数字はページ数を示す．

1.　事項索引

[あ行]

意志未来　290, 322
　　主語の意志　290
　　話者の意志　290
一時的状態　306
右方移動　359, 362, 369
影響性の条件　31
永続的性質　306

[か行]

確定的な予定　288, 307
獲得動詞　49
過去完了形　296
過去時制の用法　289
過去進行形　306
過去の習慣　334
可算名詞　444
仮想世界　340
活動動詞　286
仮定法　340
　　ifの省略　351, 354
　　丁寧な依頼　348
　　〜過去　341, 345, 346
　　〜過去完了　341, 350
可能性　314, 316, 320, 329, 330, 333, 336
可能性（推量）の度合い　86, 339
関係節
　　二重〜　220
　　不定詞〜　151
　　〜と冠詞　436
　　〜の限定用法　210
　　〜の叙述用法　210, 222
　　〜の作り方　208
　　〜の非限定用法　222
関係代名詞　209
　　what　226
　　「主格の〜＋be動詞」の省略　218
　　〜と前置詞　215
　　〜の種類　211
　　〜の省略　217
　　〜の長距離移動　212
関係副詞　229
　　howとwhy　232
　　whenとwhere　231
冠詞と名詞　438
感嘆文　19
　　間接〜　21
　　how型　19

what 型　19
完了形　293
　　現在〜　293
　　過去〜　296
基本語順　23
　　〜の原則　8
基本文型　7, 23
許可　313, 315
義務　319, 335, 337
疑問詞＋to〜　155
疑問文　14
　　wh〜　15
　　Yes/No〜　14
　　間接〜　20
旧情報　360, 422
　　〜から新情報への流れ　359
強調構文　381
　　what 強調文　381
　　it 強調文　383
句　3
　　〜の成り立ち　3
形容詞
　　〜などの前置　422
　　〜の限定用法　88
　　〜の叙述用法　88
結果の副詞節　207
結果の不定詞節　157
結果を表す動詞　57
原級　255
原形不定詞　147
現在完了形　293
現在完了進行形　308
現在時制の用法　286
現在進行形　303
　　〜の確定的な予定　303
　　〜の用法　301
現在の習慣的行為　287
語順　5, 23

英語の〜　5
基本〜　23
日本語の〜　5
固有名詞　444

[さ行]

最上級　253
削除　225
　　動詞を含む中間部の〜　243
　　動詞句の〜　240
　　文の〜　241
　　名詞句の〜　243
左方移動　359, 370, 372
使役動詞　59
事実指向　40
時制　285
　　過去〜　289
　　現在〜　286
　　〜をもたない節の構造　22
時制の一致　291
　　〜を受けない場合　292
自動詞　24
習慣的行為　304
集合名詞　444
修飾要素　9
従属接続詞　388
主語　1
　　〜の状態について述べる述語　187
主語・助動詞の倒置　351, 354, 402, 420
主語・動詞の倒置　421
述語動詞　2
述部　1
受動文　269
　　イディオムの〜　272
　　〜と前置詞　272
　　〜の主語　277
　　〜の主語の原則　270

索　引　　461

〜の進行形　280
〜の使われ方　273
主部　1
授与動詞　49
瞬時的到達動詞　286
条件文　340, 341, 342
状態的　90
状態的形容詞　90
状態動詞　286, 304
状態変化　24
情報獲得動詞　416
情報伝達動詞　70
情報の流れ　359
省略　240（→削除）
焦点　382
助動詞　310
　　〜の意味　311
助動詞＋完了形　300
所有関係の意味　53
進行形　301
　　現在〜　302
　　現在完了〜　308
　　過去〜　306
　　未来〜　309
新情報　360, 422
心理動詞　44
随意的な要素　10
推量　86, 339
節　2
　　〜と節の同格　430
　　〜の右方移動　366
絶対比較級　267
先行詞　208
前置詞　110
　　空間に関する〜　113
　　〜の残留　17
　　〜の選択　112
　　〜を修飾する副詞　138

前置詞句　4, 110
　　「狭い＞広い」の順序　126
　　「場所＞時」の順序　126
　　形容詞相当語としての〜　124
　　〜が二つ（以上）連続する場合　125
　　〜の右方移動　365
　　〜の構造　110
　　〜の前置　421
　　〜の同格　431
前提　382
挿入節　414
　　句を対象とする〜　416
　　文を対象とする〜　414

［た行］

達成動詞　286
他動詞　24
段階的　90
　　〜形容詞　90
単純未来　290
知覚動詞　62
抽象名詞　444
長距離の移動　16
直接体験　59
定冠詞　433, 435
　　〜の基本的用法　433
　　〜の総称的用法　437
定名詞句　360
伝達動詞　416
等位接続詞　388
　　〜の特徴　388
同格　102, 427
動作的　90
　　〜形容詞　90
動詞
　　結果を表す〜　57
　　活動〜　285, 295

使役〜 59
出現を表す〜 72
瞬時的到達〜 285
授与〜 49
状態〜 285, 304
心理〜 44
情報獲得〜 416
情報伝達〜 70
知覚〜 62
達成〜 285
〜の意味と完了形 295
〜の意味分類 285
〜の型 23
動詞句 4
〜削除 240
動詞修飾の副詞 130
動詞修飾の不定詞節 153
動詞的動名詞 166
倒置を伴った as 205
同等比較 247
〜の倍数表現 264
動名詞節 21, 35, 40, 162
〜の「時」の区別 165
〜の型 163
〜の事実指向 35, 40
〜の主語 164
動名詞と不定詞の相違 40, 167
時 285
〜の副詞節 192, 196
独立不定詞 158

[な行]

二重関係節 220
二重前置詞句 111
二重否定 412
二重目的語 53
認識動詞 415

能動受動文 278
能動文 269
能力 313

[は行]

倍数表現 266
話し手の判断 134
比較
　形容詞の〜 262
　数・量の〜 266
　同等〜 247
　副詞の〜 261
　〜の倍数表現 267
比較級 250, 257
　絶対〜 267
　〜＋and＋〜 257
非制限的関係節の縮約形 180
非段階的 90
　〜形容詞 90
必須要素 9
否定
　音調と〜 405
　構造と〜 407
　語順と〜 405
　語〜 401, 403
　二重〜 412
　部分〜 400, 402
　文〜 400, 401
　〜されている部分 397
　〜の及ぶ範囲 397, 405
　〜の原則 405
　〜要素の前置 420
品詞 3
付加疑問文 14
　肯定の付加疑問 15
　否定の付加疑問 14
不可算名詞 444

索　引　463

複合関係詞　233
複合関係代名詞　233
複合関係副詞　235
副詞　129
　　形容詞修飾の〜　136
　　前置詞修飾の〜　138
　　動詞修飾の〜　130
　　文修飾の〜　133
　　副詞修飾の〜　136
　　名詞修飾の〜　137
副詞句　4
　　〜の前置　422
副詞修飾の副詞　136
副詞節　190
　　結果の〜　207
　　条件の〜　203
　　譲歩の〜　204
　　時の〜　192
　　目的の〜　206
　　理由の〜　198
　　様態の〜　201
　　〜の働き　190
付帯状況を表す with　188
普通名詞　444
物質名詞　444
不定冠詞　433, 439
　　〜＋固有名詞　442
　　〜＋抽象名詞　442
　　〜＋物質名詞　442
　　〜の基本的用法　433
不定詞関係節　151
不定詞節　21, 32, 40, 147
　　結果の〜　157
　　〜における「時」　150
　　〜の意味上の主語　149
　　〜の主語　147
　　〜の未来指向　32, 40
　　〜の四つの型　147

不定代名詞 one　441
不定名詞句　72, 360
普遍的な事柄　287
文　1
　　〜と名詞句の関係　94
　　〜の削除　241
　　〜を先行詞とする関係節　224
　　〜を対象とする挿入節　414
分詞構文　22, 176（→分詞節）
分詞節　22, 176
　　being の削除　177, 184
　　〜の意味上の主語　177
　　〜の表す意味　178
　　〜の構造　176
　　〜の時制　177
　　〜の主語　186
文の埋め込み　20
　　that 節の埋め込み　20
　　感嘆文の埋め込み　21
　　疑問文の埋め込み　20
文副詞　133
文末焦点　361
平叙文　13
補語　25

[ま行]

未来　325, 326
未来指向　40
未来進行形　307
未来を表す表現　290
名詞句　4
　　〜の削除　243
名詞形　94
　　〜の受動形　95
名詞的動名詞　166
名詞
　　〜修飾の副詞　137

〜の型　96
〜の種類　444
命令文　18
目的の副詞節　206

[や，ら，わ行]

様態の副詞節　201
理由の副詞節　198
歴史的現在　288

[英語]

delicious クラスの形容詞　88
hard クラスの形容詞　84
I don't think that ...　407
if 節がない仮定法　352
if の省略　349
it
 主語の予備の〜　375
 目的語の予備の〜　378
 状況などを表す〜　374
 予備の〜　375

It ... that 構文　73
it 強調文　383
likely クラスの形容詞　86
of による同格　428
only の前置　420
should を用いる仮定法　349
some/any と否定　406
tense と time　285
than 以下の省略　267
the fact that 節の型の同格　428
The fact ＋ is ＋ that ... の型　105
the ＋形容詞　438
the ＋最上級＋ in 〜　253
the ＋最上級＋ of 〜　253
the second ＋最上級　255
the third ＋最上級　255
there 構文　71
to ＋完了形　300
were to を用いる仮定法　348
what 強調文　381
wise クラスの形容詞　83
would と used to の違い　334

2.　語句索引

[A]

a cake of　446
a cup of　446
a glass of　446
a handful of　446
a piece of　445
a sheet of　446
a slice of　446
a spoonful of　446
ablaze　89
able　79, 313
about　373
above　116
absent　77
absolutely　133
absorption　109
accustomed to 〜ing　168
acknowledge　42
adherence　98
admirable　83
admiration　167
admire　44
admit　39, 42
advantage　100
advise　43, 66, 69
affirm　42

索　引

465

afire　89
afloat　89
afraid　76
afraid of　40
afraid to　40
after　197
against　127
ago　140
agree　33, 43
ajar　89
alarming　83
allegedly　135
allocate　49, 53
allow　39, 65
almost　138
alone　137
already　139
although　204
always　132
amaze　45
amazed　79
amazed at　46
amazed by　46
amazingly　136
ambition　101
among　119, 127
amuse　45
amused　79
amused at　46
amused by　46
amusement　99
and　257, 389
anger　45
angry　76, 78
announce　42
annoying　83
answer to　29
anxiety　99, 101

anxious　79, 80
any　406
apparent　81
apparently　134, 144
appear　27, 73
appearance　96, 99
appoint　56
appreciate　39
approve of　29
apt　80
argue　42
arise　72
around　119
arrange　33
arrival　96
as　192, 200, 201, 205
as ... so ～　202
as ～ as　247
as ～ as any ...　256
as ～ as ever ...　256
as ～ as one can　255
as ～ as possible　255
as for ～　373
as if ～　202, 355, 356
as soon as　196
as though　202, 355
ashamed　79
ask　44, 66, 69
ask for　29
asleep　89
assert　42
assertion　107
assign　49, 53
assume　58, 64
assure　69
astonish　45
astonished　79
at　113, 119, 128

at large　111
at least　137
at no time　402
attempt　32, 101, 109
attitude　100
attractive　82
audience　445
avoid　36
aware　75
awful　83
awkward　83

[B]

bad　83
baggage　445
bake　49, 55
baptize　56
barely　138
be　25, 71
be about to　291
be going to　291, 344
be to　156, 291
be used　168
bear　36
beautiful　88
beautifully　131
beauty　446
because　199
become　26
before　140, 197
begin　34, 36
belief　98
believe　41, 58, 64
believe in　29
below　116
beside　127
between　119

big 249
biologically 135
bitter 82
blend 49, 55
boast of 29
boil 49, 55
bored 79
boring 82
bother 34, 45
bravely 135
briefly 135
bring 48
build 49, 55
busy ～ing 170
but 390
but that 111
buy 49, 55
by 121
by the time 198

[C]

call 56
can 311, 313
candidate 100
cannot ... too ～ 408
cannot help ～ing 168
cannot ＋ have ＋ 過去分詞 314
can't help 36
capture 94
carefully 135
cattle 445
cause 60
cease 37
certain 81, 86, 442
certainly 134
certainty 103

chance 74
chiefly 137
christen 56
claim 103
clean 52
clear 52, 81
clearly 134
clever 83
cleverly 135
come 26, 72
come to 156
comfortable 82
command 43
commence 36
committee 445
comparison 99
compel 65
competent 79
complain 42
completely 132
concern 100
concerning 373
confused 79
conquest 94
conscious 79
consent 33
consequence 108
conservative 91
consider 39, 41, 58, 64
considerably 136
consult with 29
contemporaneous 77
content 79
continue 38
convince 66, 69
cook 49, 55
could 328
Could I ～ ? 330

Could you ～ ? 330
count on 29, 71
crazy 83
criticism 97
crucially 134
cure 52
curiosity 102
curious 83
curiously 134
curiously enough 144
custom 100

[D]

dangerous 85
decide 33, 42, 43, 44
decision 100
declare 42
definitely 133, 134
delay 38
delicious 88
demand 43
depend on 29, 71
depressing 83
deprive 52
description 109
designate 56
desire 43
destruction 95
determine 33, 43
detest 35, 44
develop 72
different 77, 442
difficult 82, 85, 92
directly 195
disallow 39
disappoint 45
disappointed with 46

索　引

disappointing　83
discouraged　79
discover　42
discovery　107
discussion　97
dislike　35, 44
dispossess　52
dissatisfaction　99
distribution　99
disturbed　79
doubt　41, 103, 104, 108
dramatically　143
dub　56
during　120
dwell　71

[E]

each time　195
eager　80
easier　92
easy　82, 85
economical　82
effect　109
effective　82
effort　107, 109
elect　56
election　97
embarrassed　79
empty　52
encourage　45
end　37
endure　36
enjoy　39
enough to　155, 161
entirely　132
entitled　79
envious　76

equal　77
equivalent　77
escape　36
evade　36
even　137, 138
even if　205
even less　257
even though　205
ever　141
every time　195
evidence　103
evident　81
evidently　134
exactly　137
examination　95
except that　111
exchange　50
excited　79
excuse　39
exile　51
exist　71
existence　96
expensive　82
experience　446
explain　70
explicit　81

[F]

fact　102, 105, 107
failure　98, 446
faint　89
fairly　136
family　445
famous　77
far from ～ing　170
fascinate　45
fear　44

fear ～ing　40
fear to　40
feed　49, 53
feel　27, 58, 62, 64
feel like ～ing　169
feeling　103
fetch　49, 55
few　398
fight with　29
figure　41, 58, 64
find　42, 49, 55, 59
find out　44
finish　37
fix　49, 55
fond　75
foolish　83
foolishly　135, 142
for　120, 123, 127, 201
for fear that　207
for long　111
force　65
forget　34
forget ～ing　40
forget to　40
forgetful　75
fortunate　87
fortunately　134
fragrant　88
frankly　135
frequently　131
frighten　45
frightened at　46
frightened by　46
frightened with　46
frightening　83
from　117, 119, 122, 128
from among　111
from bad to worse　111

from behind   111
from between   111
fully   132
furnish   50
furniture   445

[G]

gain   49, 55
generally   135
get   26, 49, 55, 60, 61
get to   156
give   49, 53
glad   76
go   26
go on   38
go on ～ing   40, 169
go on to   40
good   76, 83
government   445
grant   42
grateful   79
grow   26, 72
growth   96
guarantee   42
guess   41, 58, 64

[H]

habit   100
had better   337
halt   37
hammer   57
hand   47, 53
happen   74
happen to   29
happily   134
happy   76, 78

hard   82, 85, 92
hardly   132, 399
hardly A when/before B   196
hate   34, 35, 44, 64
have   60
have a hard time ～ing   169
have nothing to do with ...   408
have to   319, 320
hear   62
hear of   29
heavy   88
help   60
here   133
hesitant   80, 91
hesitate   34
high   249
hit me on the face   31
home   133
honestly   135
hope   34
horrified   79
horrify   45
hot   88
how（関係副詞）   232
how about ～ing   168
however   235
hurtful   76

[I]

I wish ～   357
idea   104
identical   76
if   203
if any   418

if ever   418
if it had not been for ～   353
if it were not for ～   353
if necessary   244
if possible   244
if (...) only ～   356
if ... should   349
imagine   39, 41, 58, 64
immediately   195
impatient   79
imperative   83
implicit   81
important   92
importantly   134
impossible   81, 82, 85, 86, 92
improbable   81, 86
in   114, 118, 119, 127, 128
in between   111
in case   204
in front of   127
in general   111
in no circumstances   402
in no other countries   402
in no time   404
in order that   207
in order to   154, 159
in public   111
in that   111
in vain   418
inability   102, 107
inasmuch as   200
inclined   80
incompetent   79
indeed   133
indicate   70

索　引

indignant　76
inferior　77
information　104
insist　42, 43
install　47
intend　32, 64
interest　45
interested in　46, 99
interestingly　142
invention　95
involved　89
It goes without saying　171
It is ... that 〜 の型　383
It is about time that S ＋過去形　358
It is high time that S ＋過去形　358
It is no use 〜ing　171
It is not long before 〜　409
It is not until ... that 〜　409
It is true that A but B　390

[J, K]

just　138
keep　25, 38
kick　47
kind　83
kindly　135
kiss her on the cheek　31
knock　57
know　42, 44
know about　29
know of　29

knowledge　104

[L]

laugh　58
laugh at　29
learn　42
lease　49, 53
leave　49, 55
lend　49, 53
less A than B　261
less than　260
lest　207
let　60
liable　80
like　34, 35, 44, 63
like 〜ing　40
like to　40
likelihood　103
likely　81, 86, 92
listen to　62
little　398, 399
live　71
load　48
loan　49, 53
loath　80
logically　135
long　249
look　27
look at　62
look forward to 〜ing　169
love　34, 35, 44, 97
low　249
luckily　134
lucky　87

[M]

mail　47
make　49, 55, 56, 60
make up one's mind　33
manage　32
mathematically　135
may　311, 315
may as well　317
may as well do A as do B　318
may not　316
may well　317
may ＋ have ＋過去分詞　317
maybe　134
mean　32
meet with　29
mere　442
message　106
might　330
might as well　317
might as well do A as do B　318
Might I 〜?　331
mind　36
miss　36
more 〜 than　250
more A than B　261
more than　260
mostly　138
much　136, 257
must　312, 319
must not　320
must ＋ have ＋過去分詞　321
mystery　102, 105

469

[N]

name 56
narrow 249
navigable 89
necessarily 134
necessary 83
necessity 102
need 337
need + not + have + 過去分詞 338
needless to say 158
neither A nor B 392
never 132, 399
news 102, 105
nice 83, 93
nickname 56
no 398
no ＋比較級 282
no better 413
no different 〜 412
no doubt 135, 143
no fool 404
no further 413
no joke 404
no later 413
no less than 260
no less A than B 259
no matter how 236
no matter what 236
no matter when 236
no matter where 236
no matter which 236
no matter who 236
no more than 260
no more A than B 258
no one 401
no ordinary 〜 404
no single 〜 411
no small 〜 404
no sooner A than B 196
nobody 401
nominate 56
nor 391
not 397
not a 〜 411
not A but B 390
not a few 404
not a single 〜 411
not always 402
not entirely 403
not everyone 403
not far away 403
not have to 320
not less than 260
not long ago 403
not many 403
not more than 260
not much 403
not much but a little 418
not only A but also B 390
not quite 402
not so much A as B 256
not so much as A (but) as B 256
note 42
nothing but ... 409
nothing more than 259, 401
notice 42, 62
notorious 77
now 133

[O]

objectively 143
observe 42, 62
obvious 81
obviously 143, 145
oddly 134
of 119
of ability 125
of basic importance 124
of historical significance 124
of late 111
of minor interest 124
of no significance 125
offer 49, 53
often 132
old 249, 253
on 114, 118, 119, 127, 128
one 441
once 141, 193
only 137, 138, 144
or 391
or rather 391
order 43, 65, 104
ought to 337
outside of 127
over 115, 127

[P]

paradoxically 144
participation 98
pass 47, 49, 53
patently 134
pay 49, 53
people 445
perceive 42

索引

perhaps 134
permit 39, 65
perplexed 79
persuade 66
persuasion 101
pile 48
pitch 47
pity 105
place 47
plain 81
plan 33, 101
plead with 71
pleased with 46
police 445
polite 83
politely 135
position 47
possibility 103
possible 81, 85, 86, 93
possibly 134
postpone 38
poultry 445
powerful 93
practically 137
practice 39
precisely 137, 138
prefer 34, 35, 64
prepare for 29
present 50
presumably 135
pretty 136
prevent 39
primarily 137
privileged 79
probable 81, 86
probably 134, 143
problem 104
prohibit 39

promise 67, 101
prone 80
propose 43, 70
prove 27, 74
provide 50
put 47
put off 38

[Q]

qualified 79
quarrel 98
question 104, 106, 108
quick 91
quickly 131
quit 37
quite 132, 136

[R]

rarely 132, 399
rather 136
realize 42
really 133
reason 100, 108
recall 42
recommend 39, 43
refrain from 29
refusal 101, 106
refuse 33
regret 42
relevant 76
reluctant 80, 91
rely on 29, 71
remain 25, 71
remember 34, 42
remember ～ing 40
remember to 40

remind 69
remove 51
render 56
rent 49, 53
replace 50
report 42
reportedly 135, 143
request 43, 105
require 43
reside 71
resistance 97
responsible 89
result 72, 102, 105
revolve 33
rice 445
rid 52
rightly 142
rise 72
risk 108
rob 52, 53
roughly 137
round 119
rudely 135, 136
rumor 102, 107

[S]

sadly 134
safe 91
sand 445
satisfied with 46
satisfy 45
save 49, 55
say 42, 70
scarcely 132, 399
scarcely A when/before B 196
scare 45

scared of   46
see   42, 44, 62
seem   27, 73
seemingly   134
seldom   132, 399
sell   49, 53
send   47
sense   62
separable   77
shall   290, 325, 326
Shall I ～?   327
Shall we ～?   327
shocked   78
shocking   83
shoot   47
short   249
should   43, 80, 82, 104, 207, 335, 337
should ＋ have ＋ 過去分詞   336
shout to   71
show   69
sight   446
significantly   134
similar   77, 442
simple   85
simply   144
since   122, 140, 198, 200
slightly   132, 136, 138
slippery   88
small   249
smart   83
smell   27
so ... as to ～   155
so as to ～   154
so much as   256
so that   207
socially   135

solicitous   80
some   406
sometimes   132
somewhat   132
soon   133
sorry   78, 80
sound   27
sour   88
southward   133
speaking of ～   373
speech   446
spend <time> ～ing   170
splash   48
spray   48
stand   36
start   34, 36
startle   45
state   42
stay   25
steal   53
still   139, 257
stop   37
strange to say   159
strangely   134
strictly   135
strip   52
strongly   132
stun   45
stupid   83
stupidly   135
subject   76
substitute   50
success   446
suggest   43, 70
suggestion   104
superior   77
supply   50
suppose   41, 58, 64

supposedly   135, 143
sure   78, 80, 86
surely   134
surprise   45
surprised   45
surprised at   46
surprising   45, 83
surprisingly   134, 142
suspect   41
sweet   88
synonymous   77

[T]

take   48
talk   58
talk about   29
tall   249
taste   27
tell   44, 66, 69
tendency   106
terminate   37
the day   195
the instant   195
the moment   195
the morning   195
the night   195
the ＋比較級 the ＋比較級   257
there   133
There is no ～ing   172
thick   249
thin   249
think   41, 58, 64
think about   29
think of   29
thoroughly   132
though   204

索　引

thoughtful　83
through　120
throw　47
tightly　131
till　121, 198
till after　111
to　117, 118, 127
to be frank with you　158
to be precise　158
to begin with　158
tonight　133
too ... to 〜　154
toss　47
tough　82, 85
transfer　54
transmit　54
truth　102, 105
try　32
try 〜ing　40
try to　40
turn　26, 56
turn out　27, 74

[U]

ugly　88
uncertain　91
undeniably　134
under　115
understandable　92
undoubtedly　134
unfortunate　87
unfortunately　134
unless　203
unlikely　81, 86
unluckily　134
unlucky　87
unquestionably　134

until　121, 198
until after　111
until recently　111
upsetting　83
upward　133
urge　43
urgent　83
used　76
used to　334
useless　92
utterly　132

[V]

very　136
virtue　446
visible　89

[W]

wait for　30, 71
want　34, 63
warn　69
watch　63
weakness　446
well-known　81
were to　348
what（関係代名詞）　226
what ... is 〜　382
whatever　234
when　194
when（関係副詞）　231
when a child　244
whenever　236
where（関係副詞）　231
whether　237
whether A or B　206
whichever　234

while　195
while young　244
whisper　70
whoever　233
why（関係副詞）　232
wicked　83
wide　249
will　290, 312, 322, 324, 326, 343
will ＋ have ＋過去分詞　323
will ＋進行形　325
willing　80
willingness　106
wipe　57
wise　83
wisely　135
wish　34, 63
with　123, 188
withdraw　51
within　127
wonder　44, 105, 108
wonderful　82
won't　322
work　446
worth 〜ing　171
would　332, 334
would like to　334
Would you 〜？　334
would you mind 〜ing?　170
write　42
wrongly　142

[Y]

yet　139
young　249, 253

著者紹介

中村　捷　(なかむら　まさる)

1945 年島根県生まれ．
現在：東北大学名誉教授．博士（文学）．
職歴：東京学芸大学，東北大学大学院文学研究科，東洋英和女学院大学を経て，現在．マサチューセッツ工科大学研究員（フルブライト若手研究員）．カリフォルニア大学（アーバイン校）客員教授（文部省在外研究員）．
著書：『形容詞』（現代の英文法第 7 巻，共著，研究社出版，1976：市河賞受賞），『束縛関係―代用表現と移動―』（ひつじ書房，1996），『ことばの核と周縁―日本語と英語の間』（共編著，くろしお出版，1999），『ことばの仕組みを探る―生成文法と認知文法―』（共著，研究社，2000），『生成文法の新展開―ミニマリスト・プログラム―』（共著，研究社，2001），『英語の主要構文』（共編著，研究社，2002），『意味論―動的意味論―』（開拓社，2003），『英文法研究と学習文法のインターフェイス』（共編著，東北大学大学院文学研究科，2007），『英語学モノグラフシリーズ』全 21 巻（共編，研究社），訳述書『実用英文典』（齋藤秀三郎著，開拓社，2015），『名著に学ぶ　これからの英語教育と教授法』（編著，2016），など．

©2009 Masaru Nakamura
ISBN978-4-7589-2146-6 C3082

実例解説英文法

著作者	中村　捷
発行者	武村哲司
印刷所	萩原印刷株式会社

2009 年 10 月 20 日　　第 1 版第 1 刷発行
2021 年 6 月 22 日　　　第 4 刷発行

発行所　株式会社　開拓社
〒 112-0013　東京都文京区音羽 1-22-16
電話　(03) 5395-7101（代表）
振替　00160-8-39587
http://www.kaitakusha.co.jp

JCOPY　＜出版者著作権管理機構　委託出版物＞
本書の無断複写は著作権法上での例外を除き禁じられています．複製される場合は，そのつど事前に，出版者著作権管理機構（電話 03-5244-5088，FAX 03-5244-5089，e-mail: info@jcopy.or.jp）の許諾を得てください．